全国司法职业教育"十二五"规划教材

罪犯劳动组织与管理 （第三版）

全国司法职业教育教学指导委员会　审定

主　编◎周雨臣

副主编◎程玉敏　李　静

撰稿人◎（以撰写单元先后为序）

　　　周雨臣　程玉敏　李　静

　　　姚　峰　胡栋方　张新爱

　　　张其亮

中国政法大学出版社

2023·北京

图书在版编目（ＣＩＰ）数据

罪犯劳动组织与管理/周雨臣主编. —3版. —北京：中国政法大学出版社，2023.1
ISBN 978-7-5764-0682-5

Ⅰ.①罪…　Ⅱ.①周…　Ⅲ.①犯罪分子－劳动改造－组织管理－中国　Ⅳ.①D926.7

中国版本图书馆CIP数据核字(2023)第015426号

书　　名　罪犯劳动组织与管理 ZUIFAN LAODONG ZUZHI YU GUANLI
出 版 者　中国政法大学出版社
地　　址　北京市海淀区西土城路 25 号
邮　　箱　fadapress@163.com
网　　址　http://www.cuplpress.com (网络实名：中国政法大学出版社)
电　　话　010-58908435(第一编辑部) 58908334(邮购部)
承　　印　固安华明印业有限公司
开　　本　720mm×960mm　1/16
印　　张　21.75
字　　数　414 千字
版　　次　2023 年 1 月第 3 版
印　　次　2023 年 1 月第 1 次印刷
印　　数　1～5000 册
定　　价　59.00 元

出　版　说　明

　　世纪之交，我国高等职业教育进入了一个以内涵发展为主要特征的新的发展时期。1999年1月，随着教育部和国家发展计划委员会《试行按新的管理模式和运行机制举办高等职业技术教育的实施意见》的颁布，各地成人政法院校纷纷开展高等法律职业教育。随后，全国大部分司法警官学校，或单独升格，或与司法学校、政法管理干部学院等院校合并组建法律类高等职业院校举办高等法律职业教育，一些普通本科院校、非法律类高等职业院校也纷纷开设高职法律类专业，高等法律职业教育蓬勃兴起。2004年10月，教育部颁布《普通高等学校高职高专教育指导性专业目录（试行）》，将法律类专业作为一大独立的专业门类，正式确立了高等法律职业教育在我国高等职业教育中的重要地位。2005年12月，受教育部委托，司法部组建了全国高职高专教育法律类专业教学指导委员会，2012年12月，全国高职高专教育法律类专业教学指导委员会经教育部调整为全国司法职业教育教学指导委员会，积极指导并大力推进高等法律职业教育的发展。

　　截至2007年11月，全国开设高职高专法律类专业的院校有四百多所，2008年全国各类高校共上报目录内法律类专业点数达到七百多个。为了进一步推动和深化高等法律职业教育教学的改革，促进我国高等法律职业教育的质量提升和协调发展，原全国高职高专教育法律类专业教学指导委员会（全国司法职业教育教学指导委员会）于2007年10月，启动了高等法律职业教育规划教材编写工作。该批教材积极响应各专业人才培养模式改革要求，紧密联系课程教学模式改革需要，以工作过程为导向，对课程教学内容进行了整合，并重新设计相关学习情景、安排相应教学进程，突出培养学生一线职业岗位所必需的职业能力及相关职业技能，体现高职教育职业性特点。教材的编写力求吸收高职教育课程开发理论研究新成果和一线实务部门工作新经验，邀请相关行业专家和业务骨干参与编写，着力使本规划教材课程真正反映当前我国高职高专教育法律类专业人才培养模式及教学模式改革的新趋势，成为我国高等法律职业教育的精品、示范教材。

全国司法职业教育教学指导委员会

2013 年 6 月

第三版说明

　　2009 年 7 月，司法部全国高职高专教育法律类专业教学指导委员会初步确定《罪犯劳动组织与管理》作为第二批高等法律职业教育规划统编教材，而后 9 月在杭州市召开的部编教材大纲审定会上，各位专家和评委又对编写大纲进行了全面审定，并提出了一些中肯意见和建议，编写组在充分吸收专家、评委意见和建议的基础上，对原大纲进行了反复论证和研讨，最后在征求行业专家意见的基础上，确定了该教材的正式编写大纲。从那时开始，在全体编写组成员的艰辛努力下，历经近两年的时间，终于完成了本教材的编写和修订工作。

　　本教材在编写中始终坚持继承与创新相结合的基本原则，遵循高职院校教育教学的基本规律，注重理论知识学习与实践技能培养并重，倡导警学结合、理实结合、学做结合、训战结合的职业教育理念，摒弃了以往刑事执行（监狱管理）专业教材编写中惯用的学科本位模式，而是以培养学生未来的职业能力和操作技能为根本出发点来设计教材大纲和体系。在内容架构上，坚持从监狱人民警察组织罪犯劳动的职业岗位出发，以此推导民警应具有的职业能力，由职业能力归纳核心能力，再由核心能力构建工作任务或学习情境。该教材包括基础理论篇和工作任务篇两大部分，重在强调监狱人民警察从事罪犯劳动组织与管理这一职业岗位，既需要丰富的理论知识和理论素养，又必须具备相应的实践技能和方法技巧，这两者是相辅相成的关系，不可偏废。在对待理论知识方面，我们坚持以够用为度，对于民警从事罪犯劳动组织与管理所必需的基本理论，坚持在教材中体现，并要求学生全面掌握。在对待职业能力方面，我们坚持以民警组织与管理罪犯劳动的基本流程或整个过程为线索，以此设计出工作任务或工作情境，在每个工作任务（工作情境）中又按照该项内容的基本规则和运作路径进行编写。

本教材的编写团队由我国多所同类司法警官院校的专业教师和行业专家共同组成。教材编写前，本教材编写团队先后四次论证和修改了编写大纲；在编写过程中，编写组成员又多次交流和研讨，有的章节反复修改，几易其稿，直到符合要求和满意为止。由于本教材的编写在体例和内容上均比以往教材有重大突破，特别是编写教师不仅到行业挂职，而且多次召开调研会，获取了大量的行业第一手资料，使本书的编写建立在行业和职业现状的基础上，正是这样，才使该教材具备了鲜活性、实用性、推广性和示范性，而各位编写成员为此所付出的艰辛劳动和辛勤汗水是可想而知的。

本教材由周雨臣（浙江警官职业学院科研处处长、教授）担任主编；程玉敏（浙江警官职业学院刑事司法系副教授）、李静（浙江警官职业学院培训部教学科科长、讲师）担任副主编。编写成员还有：张其亮（新疆兵团警官高等专科学校副校长、副教授）、张新爱（河北司法警官职业学院刑事执行教研室主任、副教授）、姚峰（安徽警官职业学院刑事执行教研室主任、副教授）、胡栋方（浙江省第二监狱一监区教导员）等同志。具体编写任务分工为：周雨臣（课程标准、学习单元一、二、三）；程玉敏（学习单元四、十）；李静（学习单元五、九）；姚峰（学习单元六）；胡栋方（学习单元七）；张新爱（学习单元八）；张其亮（学习单元十一、十二）。

本教材系我国刑事执行（监狱管理）专业《罪犯劳动组织与管理》同类教材中第一本具备警学结合模式的专业教材，它既可以作为政法类院校（尤其是司法警官类院校）开设该课程的专门性教材，也可作为监狱民警进行学术研究、在职培训和业务自学的参考读物。

本教材在编写过程中，由于是一种全新模式的探索和构建，加之编写中可资参考和借鉴的资料很少，且因编写人员的水平所限，书中的缺点和错误

肯定会有不少，敬请广大同仁和读者批评指正，不吝赐教，以便再版时加以
更正。

编　者
2022 年 5 月

课 程 标 准

一、课程的性质

《罪犯劳动组织与管理》是高等警官职业院校刑事执行（监狱管理）专业一门必不可少的专业课，也是一门专门培养学生如何做好罪犯劳动组织与管理工作的专业技能课。

《罪犯劳动组织与管理》主要介绍对罪犯如何科学组织与实施劳动改造的基本应用知识和技能。它是研究如何通过科学有效的劳动组织与管理，从而实现劳动对罪犯的教育矫治功能的一门监狱管理应用理论课程。

课程名称	对应的典型工作任务	对应的职业核心能力	前导课程	后续课程
罪犯劳动组织与管理	1. 罪犯出收工管理 2. 罪犯劳动现场管理 3. 罪犯劳动绩效考核管理 4. 罪犯安全生产管理 5. 罪犯劳动保护管理	罪犯劳动组织与管理能力	监狱学基础理论 监狱警察职业伦理 罪犯教育实务 狱政管理实务 罪犯心理及其矫正	综合实训 顶岗实习

二、学习目标

通过教学和训练，使学生系统地了解和掌握罪犯劳动组织与管理的基本知识、基本方法和管理技巧，培养学生驾驭和管理罪犯劳动的能力，增强学生分析、研究和解决罪犯劳动中各种问题的水平，以适应新时期对罪犯劳动改造的根本需要。

（一）专业能力

1. 罪犯出收工管理及指挥能力。

2. 罪犯劳动现场组织管理及督查能力。

3. 罪犯劳动绩效考核能力。

4. 罪犯劳动安全生产管理能力。

5. 罪犯劳动保护组织与实施能力。

6. 制作与罪犯劳动相关的各种计划、总结和执法性文书的能力。

（二）方法能力

1. 罪犯劳动现场组织管理能力。

2. 罪犯劳动安全生产管理能力。

3. 罪犯劳动计划与总结能力。

4. 提高学习的能力。

（三）社会能力

1. 忠诚、守法、守纪意识和认真、信心、敏锐、尊重等职业精神。

2. 良好的社会协调能力。

3. 良好的团队协作精神。

三、学习内容

该课程的学习内容主要包括罪犯劳动组织与管理的基础理论和工作任务两大部分。基础理论部分主要包括罪犯劳动基本概念、罪犯劳动的本质和特点、罪犯劳动的地位和功能、罪犯劳动管理的岗位职责要求、罪犯劳动组织结构、类型和方式、罪犯劳动改造质量的监控与评估等内容；工作任务部分主要包括罪犯劳动组织安排、罪犯劳动现场管理、罪犯劳动保护、罪犯劳动绩效管理、罪犯劳动教育、罪犯劳动文化建设等内容。

学习单元	教学内容	学习任务（项目）	参考学时	其中	
				理论	实训
学习单元1	罪犯劳动基本概念	学习任务一　劳动	2	2	0
		学习任务二　罪犯劳动	2	2	0
		学习任务三　罪犯劳动组织与管理	1	1	0
学习单元2	罪犯劳动的本质和特点	学习任务一　罪犯劳动的本质	2	2	0
		学习任务二　罪犯劳动的特点	2	2	0
学习单元3	罪犯劳动的地位、功能和运作模式	学习任务一　罪犯劳动的地位	1	1	0
		学习任务二　罪犯劳动的功能	2	2	0
		学习任务三　罪犯劳动的目的	1	1	0
		学习任务四　罪犯劳动的运作模式	2	2	0
学习单元4	罪犯劳动管理的特点及其岗位要求	学习任务一　罪犯劳动管理的特点	1	1	0
		学习任务二　罪犯劳动管理岗位的职责	1	1	0
		学习任务三　罪犯劳动管理岗位的要求	1	0	1

续表

情境	教学内容	学习单元	参考学时	其中	
				理论	实训
学习单元5	罪犯劳动组织结构和类型	学习任务一　罪犯劳动组织结构	2	2	0
		学习任务二　罪犯劳动类型	2	1	1
学习单元6	罪犯劳动改造质量的监控与评估	学习任务一　罪犯劳动改造质量的内涵	1	1	0
		学习任务二　罪犯劳动改造质量的激励	0	0	0
		学习任务三　罪犯劳动改造质量的监控	2	2	0
		学习任务四　罪犯劳动改造质量的评估	2	1	1
学习单元7	罪犯劳动组织安排	学习任务一　罪犯劳动项目的评估与选择	2	1	1
		学习任务二　罪犯劳动技能培训	2	1	1
		学习任务三　罪犯劳动定员、定岗、定额	2	1	1
学习单元8	罪犯劳动现场管理	学习任务一　罪犯出收工管理	2	1	1
		学习任务二　罪犯劳动现场作业和质量管理	2	1	1
		学习任务三　罪犯劳动现场定置管理	2	1	1
		学习任务四　罪犯劳动现场监督管理	2	2	0
学习单元9	罪犯劳动保护	学习任务一　罪犯劳动保护概述	0	0	0
		学习任务二　罪犯劳动现场生产安全防范	2	1	1
		学习任务三　罪犯劳动人身安全	2	1	1
		学习任务四　罪犯劳动卫生	2	1	1
		学习任务五　罪犯劳动时间安排	2	1	1
		学习任务六　罪犯劳动保险	2	1	1
		学习任务七　特殊罪犯的劳动保护	2	1	1
学习单元10	罪犯劳动绩效管理	学习任务一　罪犯劳动考核与奖惩	2	1	1
		学习任务二　罪犯劳动报酬	3	2	1

续表

情境	教学内容	学习单元	参考学时	其中	
				理论	实训
学习单元11	罪犯劳动教育	学习任务一　罪犯劳动心理分析	2	2	0
		学习任务二　罪犯入监初期的劳动教育	2	1	1
		学习任务三　罪犯服刑中的劳动教育	2	1	1
		学习任务四　罪犯刑满释放前的劳动教育	2	1	1
学习单元12	罪犯劳动文化建设	学习任务一　罪犯劳动日常文化建设	2	1	1
		学习任务二　罪犯劳动竞赛	2	1	1
		学习任务三　罪犯劳动团队文化建设	2	1	1
总　计			72	49	23

四、学习情境设计与实施思路

教学模式改革总体思路：根据本课程学习内容和岗位工作任务的特点，针对民警组织罪犯劳动核心能力培养要求，进行理论教学、案例教学、情境教学、模拟教学、实训教学相结合的教学模式改革，引导学生积极思考，提升学生运用知识分析和解决实际问题的综合能力。

学习情境	工作任务	主要教学内容	教学方式	实训地点	师资配备	参考学时
情境1 罪犯劳动项目选择	罪犯劳动项目实现科学选择	1. 罪犯劳动项目的辨识 2. 罪犯劳动项目的决策 3. 罪犯劳动项目选择的论证组织	编制案例，进行模拟训练	监狱综合模拟实训场	专业教师1名，行业教官1名	2
情境2 罪犯劳动组织管理	组织罪犯进行劳动，并对劳动进行有效管理。	1. 岗前培训 2. 劳动定额确定 3. 劳动现场管理 4. 劳动分工与协作组织 5. 劳动竞赛组织与管理 6. 出收工组织与队列指挥	根据实际工作任务编制成模拟剧进行训练	监狱综合模拟实训场	专业教师1名，行业教官1名	8

情境3 罪犯劳动考核奖惩	公平公正地组织开展罪犯劳动考核与奖惩	1. 罪犯劳动考核的组织与实施 2. 罪犯劳动奖惩的组织与实施	根据实际工作任务编制成模拟剧进行训练，并组织讨论	监狱综合模拟实训场	专业教师1名，行业教官1名	4
情境4 罪犯劳动保护	高度树立人权意识，严肃认真做好罪犯劳动保护工作	1. 罪犯劳动保护现状分析 2. 罪犯劳动保护的组织实施 3. 罪犯劳动报酬的组织实施	根据成功与失败两方面的案例，组织学生讨论和训练	监狱综合模拟实训场	专业教师1名，行业教官1名	8
情境5 罪犯劳动越轨行为控制	对罪犯劳动中的越轨行为实现有效控制	1. 罪犯劳动中破坏生产类（如故意浪费原材料、故意制造产品质量问题、故意破坏机器设备等）行为控制 2. 罪犯劳动中破坏执法秩序类（如消极怠工、打架斗殴、自伤自残、脱逃等）行为控制	根据实际工作中的真实案例进行讨论和训练	监狱综合模拟实训场	专业教师1名，行业教官1名	4
情境6 罪犯劳动安全管理	采取各种措施，实现罪犯劳动的安全管理	1. 罪犯劳动安全防范责任制 2. 罪犯劳动安全防范制度 3. 重大罪犯劳动安全事故的防范	根据实际工作中的制度和发生的重大罪犯劳动安全事故进行讨论研究，寻求对策，并演练	监狱综合模拟实训场	专业教师1名，行业教官1名	4

五、学习资源的选用

1. 司法部高职高专院校统编教材《罪犯劳动管理学》（2002 年）。

2. 编写《罪犯劳动组织与管理实训指导手册》。

3. 编写《罪犯劳动组织与管理案例库》，收录 60 个案例。

4. 建立《罪犯劳动组织与管理习题库》《罪犯劳动组织与管理试题库》。

5. 设计 Powerpoint 多媒体教学课件。

6. 建立"罪犯劳动组织与管理教学化视频资源库"，收集教学光盘 5 张。

7. 建立"罪犯劳动组织与管理"课程建设网站。

8. 购置与《罪犯劳动组织与管理》教学相关的参考书三十余册。

六、教学方法

采用案例教学法、模拟教学法、综合实训法、任务教学法和讨论教学法等。

七、考核标准与方式

该课程应抛弃传统理论考试模式，实施全新综合性考核方式，具体是采用试卷考核方式的理论考核占 40 分；平时成绩考核（包括考勤、回答问题、讨论发言情况、作业完成情况、训练主动性和表现等）占 20 分；实训考核占 40 分（带队出收工、罪犯劳动的组织、罪犯劳动竞赛的开展、原材料及产品的放置各占 10 分），总计 100 分。

1. 考核项目：①带队出工；②罪犯劳动的组织；③罪犯劳动竞赛的开展；④原材料及产品的放置；⑤带队收工。

2. 考核能力：①罪犯出收工队列指挥能力；②罪犯劳动现场管理能力；③罪犯劳动竞赛组织管理能力。

3. 考核方式：

（1）考核方法：①教师和学生自评、互评相结合，各占 50%；②每实训完成一个项目，以小组为单位，采用无记名方式进行打分，去掉最高和最低分，以平均分为该项目的学生自评和互评分；③教师分和学生自评、互评分相加即为该项目的分值。

（2）项目分值。总分为 50 分。其中，带队出工、罪犯劳动的组织、罪犯劳动竞赛的开展、原材料及产品的放置及带队收工各 10 分。

（3）每个项目考核要点：①角色扮演真实 2 分；②熟悉工作流程 2 分；③情况处置得当 2 分；④程序操作规范 2 分；⑤参与积极主动 2 分。

（4）等级评定：总分 50~45 分为优秀；总分 44~38 分为良好；总分 37~31 分为中等；总分 30~26 分为及格；总分 25 分以下为不及格。

目录CONTENTS

第一部分 基础理论篇

第二部分 工作任务篇

第一部分
基础理论篇

学习单元一 罪犯劳动基本概念

学习目标与任务

● 通过本单元的学习，使学生掌握劳动、罪犯劳动和罪犯劳动组织与管理等基本概念的内涵与实质，从而为学习该教材后续的罪犯劳动理论和实务知识与技能奠定良好的基础。学生在学习过程中，应重点把握这些概念的基本含义、发展过程和实质特征，从而知晓罪犯劳动的发展历程和基本脉络。

 案例导入

从监狱里走出的企业家[1]
季承志 满峰 袁园

在江苏省苏北某县有个颇具规模、名气很大的新兴企业——江苏吴天集团。这个 2006 年创建，占地四十多亩，拥有员工近 200 人的企业，固定资产和流动资金超过 3000 万元，成为当地的重点企业和纳税大户。而这家企业的创办者和掌门人则是曾经在洪泽湖监狱服刑近 8 年的王天民。这位被誉为"监狱里走出的企业家"用短短 3 年时间，先后创立三家机械制造公司，为"浪子回头金不换"这句至理名言作出了生动的诠释……

2010 年 7 月 19 日，入伏后又一个炎热高温的日子，洪泽湖监狱人头攒动，热闹非凡。原监狱服刑人员，现任江苏吴天集团有限公司董事长王天民先生，在县司法局有关领导的陪同下，专程来监捐赠 2300 件纯棉背心，给数千名囚子送来一丝清凉和关爱。这是他继 2009 年 7 月 15 日捐赠价值 1 万余元的书籍之后又一次感恩回报，也是该监狱教育改造工作品牌——"明天的太阳依然美丽"系列活动中又一次阳光助教活动。

谈起过去的人生，回想起所走过的路，王天民先生陷入了沉思：

王天民大学毕业后，毅然放弃了去大城市工作的机会，回到家乡，到镇政府办公室工作。在许多人的眼里，他政治上可靠，办事稳重，是一个大有可为的青年干部。

---

[1] 摘自《黄丝带》2010 年 10 期。

然而，在一次经济纠纷中，他没有通过合理合法的途径，而是采取以恶制恶的手段，带人把欠款人打成重伤。1998年3月，王天民被当地法院以故意伤害罪判处有期徒刑12年，同年12月被投送到江苏省洪泽湖监狱服刑。

　　刚入狱时，王天民面对漫长的刑期，彷徨、痛苦、迷茫，整天心乱如麻，无精打采。屋漏更逢连夜雨，不久，他妻子也从供销社下岗，还要抚养膝下两个儿女。面对这一切，王天民感到人生无望，常常一个人从睡梦中惊醒……

　　王天民的消沉没有逃过中队指导员郑警官的眼睛。在郑警官的教育挽救下，王天民很快从人生低谷中走了出来。他主动找到了主管生产的警官，要求调到又苦又脏又累的岗位上，心甘情愿地接受最为艰苦的劳动改造。

　　监狱不仅是改造人的特殊园地，而且是学校、是工厂，是培育人的摇篮。对此，王天民深有体会。他把改造作为磨砺人生意志的"宝贵财富"，把服刑作为人生经历中弥足珍贵的"一段插曲"，把那段时间真正地利用好、充实好。他每年都写一本笔记，每年积累一本厚厚的剪报。他给自己制定了改造规划和减刑目标，并为此而努力。他先后担任过检验、小岗、组长，在实际服刑近8年的日子里，从未违规，监狱"积改"和表扬几乎年年都有他的份，还多次被评为省级改造积极分子，先后减刑3次，合计近4年。

　　服刑期间，妻子对他不离不弃，每个月都往返数百里前来探视。八十多岁的老父亲也经常给他写信，进行规劝和抚慰。重新找回自我的王天民，每季度都给家人写一封长信，细述自己的学习和改造情况。王天民的改造表现受到了警官及狱友的高度评价。在劳动改造中，王天民操作过车床、磨床、铣床等，对各种机械部件制作的工艺流程比较了解，从而萌生了刑释后做机械方面业务的思路。在监狱改造的7年5个月的时间里，他一共写了10万字的笔记，在剩余刑期还有2个月的时间里，他在最后一本服刑笔记中写了一份"创业计划初拟"。

　　2006年，王天民回到家乡时，家里只有5000元钱。他先用一个月时间考察市场，看到了当时房地产行业的巨大商机，便采用"借鸡生蛋"的办法，用自家的3间住宅作抵押，并游说亲朋好友，筹措资金360万元，以当时县里最高价拿下了城区八亩一分地进行开发。9个月后，地价大涨。他拿出收益的50%回报亲朋，剩余部分成为他进行商业运作的第一桶金。2007年，王天民又成功运作了一个城建项目。为了更好地回报社会和亲人的关怀，王天民组建了江苏天晟工程机械有限公司。通过7个月没日没夜的拼搏，占地7000平方米的厂房、占地1200平方米的办公楼建立起来，2008年2月投产，生产工程机械系列产品及汽车配件，产品远销国内外，获得了巨大的效益。2009年，他又购地26亩建了6600平方米标准厂房，公司呈现出快节奏发展的迅猛态势。企业的产品因质优价廉而供不应求，通过省市有关部门的技术质量鉴定，部分产品被列入江苏省农机下乡政府补贴目录。

王天民在个人财富不断增加和企业规模不断扩大的同时，想得最多的是回报社会。他的企业先后吸纳了二十多名刑释回归人员以及部分下岗职工，还安排了十几名大学生就业。2008 年，四川汶川发生大地震，王天民第一个赶到县民政局，表示愿意捐出 3 台装载机和 3 台翻斗车。他积极参加县里的爱心基金会活动，资助乡镇贫困户、失学儿童、敬老院五保户、公司困难职工。3 年中，累计捐赠善款近 10 万元。

王天民创业成功后，一直没有忘却"前车之鉴"。他多次参加县里组织的义务普法教育活动，用自己不懂法获重刑的惨痛经历，警醒他人吸取教训。

2009 年 7 月 15 日，刑满释放整整 3 年的他，又重新回到了当年改造过、奋斗过，并为之流汗流泪的地方——江苏省洪泽湖监狱。故地重访，王天民百感交集。在这里，虽然难以找到当年一同服刑改造过的狱友，但是监狱领导来了，县政法委及司法局的领导来了。面对台下服刑人员羡慕的眼神，王天民侃侃而谈。他讲认罪服法、积极改造、先后减刑 45 个月的"秘诀"；他讲不气馁、不悲观、不怨天尤人，迎难而上的坎坷经历；他讲常怀一颗感恩的心，主动回报社会，积极为当地政府和群众排忧解难的赤子情怀……他用自己的回归创业经历，给服刑人员上了一堂生动精彩的人生励志课。台上情真意切，台下心潮澎湃。随后，王天民向服刑人员捐献价值 1 万余元的图书，并表示，今后再忙也要抽空回监狱走走看看。因为，他对这块土地充满感情，他对这里的一草一木饱含深情，他对这里帮助过他的人有着难以割舍的情怀。

"没有永远的挫折，只有暂时的失败"，这是王天民常常挂在嘴边的一句话。当年，他正是在监狱警官的帮助教育下，通过不断学习法律知识，认真规范言行，注重道德感化和人格的重建，时刻反省自己过去的犯罪行为给社会和他人带来的危害，从而坦然走出了人生失败的低谷。当年办工厂时，他找到地方政府的有关部门，坦陈自己服过刑和回来后回报社会的打算，受到当地司法部门的大力支持。他从 5000 元起家，看准市场、把握机遇，一步一步地稳扎稳打，用 3 年多时间，打造出年产值 6000 万元的高效企业。下一步他还计划把集团扩建成占地 80 多亩、带动 2000 人就业、生产大型挖掘机的现代化企业，向年产值超亿元冲刺。

目前，身为企业集团老总的王天民被推选为县工商联常务理事、市县老科技工作者常务理事、县企业家协会副会长，多次被评为市县先进工作者。2009 年 8 月，他向党组织递交了入党申请书。他的企业最近被市、县司法局挂牌为"阳光扶助就业基地"，准备吸纳更多的刑释人员就业，并对他们进行创业辅导。

王天民的传奇经历，为每位服刑人员树立了前进的标杆。"有志无恒，一事难成""志不强者智不达"，王天民的成功告诉大家一个道理，希望和成功永远属于热爱生活和敢为人先的强者。只有给自己加油，才能让心灵飞翔；只有树立正确的人生观、价值观，积小善为大善，积小成为大成，才能真正走出人生的沼泽，成为社会的有用之材。

从监狱里走出来的企业家，怀着一颗感恩的心，倾心回报社会，情系在押服刑人员，在当地传为美谈。他那真实感人的故事犹如炎炎夏日给人们吹来的一阵清凉的风。

学习任务一　劳　动

劳动是人类社会所必需的，是人类生活永恒的自然条件。无论是哪种社会形态，也不管是哪种社会制度，只要有人类，只要社会需要发展，就要进行劳动。经济条件和政治条件可以改变，一种社会制度可以被另一种社会制度替代，但是劳动永远不会改变。正是从这个意义上说，劳动是一种神圣的、永恒的、普遍的社会活动。马克思曾经说过："任何一个民族，如果停止劳动，不用说一年，就是几个星期，也要灭亡，这是每一个小孩都知道的。"[1]

劳动是人类最重要的实践活动。人类社会的历史就是人类劳动的发展史和创造史，是推动人类社会发展和进步的原动力。从原始人群的采集狩猎、刀耕火种，到古代畜力人耕的农业生产；从近代的蒸汽机、电力简单机器的使用，到现代的新能源、新材料、无线电通信系统和现代化网络智能技术，这就是人类所走过的伟大的劳动历程。在这个发展过程中，由于有了劳动，自然界、人类社会和人的思维系统都发生了巨大变化，产生了史无前例的物质文明、政治文明、精神文明和社会文明。因而，劳动对人类的生产、生活、社会发展、思维方式等都具有无可比拟的巨大作用。

劳动是一个哲学概念和基本范畴，既是历史唯物主义的逻辑起点，也是历史唯物主义的逻辑终点，其内涵博大精深且意义十分深远，因此，给劳动下一个权威的定义实属不易。那什么是劳动呢？我们认为，劳动是指人类为了自身的生存和发展，通过支出和消耗体力、精力，作用和改变自然物，创造必要的社会财富的有目的的活动。从以上关于劳动的概念可以看出，劳动有以下几层涵义：①劳动是人类为了维持自身的生存和发展所进行的活动，而且是人类所特有的，动物

〔1〕《马克思恩格斯选集》（第4卷），人民出版社1972年版，第368页。

是不存在真正意义上的劳动的，通过劳动可以实现人类的生存和发展。②劳动必须支出和消耗精力，作用和改变客观对象。一种劳动或者需要支出和消耗体力，或者需要支出和消耗脑力、智力，或者兼而有之。劳动还必须作用和改变客观对象，或者对客观对象加以利用，或者进行加工生产出产品，或者进行研究和开发等，但都是对客观对象的一种作用。③劳动必须是创造社会财富的活动。劳动要为人类社会造福，任何劳动都必须以创造社会财富为根本目的。社会财富可以包括物质财富、精神财富、政治财富等诸项内容。不创造社会财富，甚至损害和破坏社会财富的活动，不能称之为劳动，如犯罪分子的抢劫、盗窃等。④劳动还必须是一种有意识、有目的的活动。人类劳动和动物的本能行为最大的区别就在于劳动是一种有目的、有意识的活动，而动物本能则是一种本能支配。真正的劳动一般是在人的头脑中形成蓝图、计划、目标的前提下所进行的活动，是有着明确目的性和指向性的活动。那种无意识的、潜意识的行为不能称之为劳动，如梦游症患者所做的类似于劳动的行为。

劳动的种类很多，包括：体力劳动和脑力劳动，生产性劳动和非生产性劳动，简单劳动和复杂劳动，熟练劳动和非熟练劳动，有效劳动和无效劳动，必要劳动和剩余劳动，自愿劳动和被迫劳动，积极劳动和消极劳动，等等。

劳动作为一个基本范畴和原概念，其自身包含着无比丰富的内涵。劳动的内涵从不同学科的角度又可以概括出不同的意义和价值，如劳动的哲学意义、劳动的政治学意义、劳动的伦理学意义、劳动的社会学意义、劳动的生理学意义、劳动的心理学意义、劳动的法学意义、劳动的经济学意义等。

 ## 学习任务二　罪犯劳动

罪犯劳动是指由于其本身所具有的惩罚功能和经济属性，行刑者将其运用于罪犯服刑，从而使罪犯遭受摧残、惩罚和痛苦，达到对罪犯进行报应、惩役和矫治目的的活动。历代统治阶级和行刑者正是看到了劳动自身所具有的讲得多功能，尤其是惩役功能和经济功能，从而把劳动运用到治理犯罪和惩治罪犯的领域中来，这样罪犯劳动便应运而生。罪犯劳动在不同的社会性质、历史条件和社会背景下，又会表现出不同的形式。

一、奴隶社会的罪犯劳动

我国阶级社会始于夏朝。从夏朝起，就出现了奴隶主和奴隶两个相互对立的阶级，而监狱就是阶级矛盾不可调和的产物。据考古工作者的发现和古代文献资料的记载，我国最早的监狱是随着夏朝的出现而产生的。经过殷商、西周、春秋各时期的发展，基本上形成了古代监狱的基本形态。

奴隶社会由于是奴隶主统治的社会，奴隶主占有生产资料和奴隶，奴隶处于受统治、受摧残的地位，这种阶级矛盾形态反映到狱制上就是极其野蛮、残忍的惩治主义、报复主义和威吓主义，反映在刑罚制度上就是一种生命刑和报应刑。特别是由于神权和政权的合二为一，神权治狱的色彩非常浓厚，监狱便成为神秘的对囚犯"天罚"的场所。他们对囚犯的监禁，不以犯罪为条件，而是披上执行天命的外衣对囚犯进行残酷的杀戮、残肢解体、暴尸荒野，监狱成为对囚犯待讯、待质、待决的场所。这种现象在第一个奴隶制国家——夏朝表现得尤为明显。

商朝统治者接受了夏朝覆亡的教训，社会经济的发展进一步提出了更广泛的无偿使用奴隶劳动的历史要求，这些因素促使在刑罚制度上要施行劳役制。据史料《尚书·周书·武成》注疏称："论语云箕子为奴，是纣囚之又为奴役之。""为之奴者系于罪隶之官，是为奴以徒隶役之也。"[1] 意思是说，《论语》中讲箕子被处以囚徒，是纣王把他囚禁起来，并强迫其从事劳役。箕子是犯罪的官吏被拘，继而从事强制劳役的囚徒。箕子原是商朝的一位官吏，因向纣王进谏并激怒纣王而沦为囚犯，直到周初才得以释放。其实，这种奴役罪囚劳役之事并非始于商末，在商王武丁时代，古文献《墨子·尚贤下篇》就有记载："昔者傅说，居北海之州，圜土之上，衣褐戴索，庸筑于傅险之城。"傅说原本是一名奴隶，沦为罪囚后，傅说衣着粗陋，身戴枷锁，在傅险这个地方从事繁重的版筑劳动，且被关押在圜土之中。以上记载足以说明，在殷商时期，我国监狱中就有了罪犯劳动，劳役刑已经萌芽了。

到西周时期，社会经济、政治、文化都达到一定程度，典章制度也发生了很大变化，统治阶级一方面继承了"天命""天罚"的思想武器，作为实行阶级统治的依据和手段；另一方面又鉴于夏商推崇刑辟而败亡的历史教训，提出了"以德配天""明德慎罚"的政治法律观，大力主张"替天行罚"的神意报应思想。在狱政思想上，西周的统治者不仅把监狱看成单纯的惩办罪犯的场所，而且把监狱看作按统治阶级标准来教化罪犯的武器，如西周的圜土，成为"凡害人者""而收教之"的场所。西周的图圄，则被解释为"令人幽闭思衍"的意思。所以，西周的严刑酷法比夏、商两代大大减弱，强化了教化的因素，而强迫罪囚参加劳动就是这种教化的主要表现形式。整个西周时期，罪囚的劳役刑得到了很大的发展。据《周礼·秋官·司圜》载："司圜掌收教罢民，凡害人者，弗使冠饰，而加明刑焉，任之以事而收教之。能改者，上罪三年而舍，中罪两年而舍，

---

[1]　杜雨主编：《罪犯劳动改造学》，群众出版社1991年版，第4页。

下罪一年而舍。其不能改而出圜土者，杀。虽出，三年不齿。"[1] 意思是说，圜土是掌管接收教化罪囚（罴民）的场所，这些害人者不许他们戴冠或佩带其他饰物，把他们的罪行书于版面上而固定其背，为的是将其罪行公之于众而加以羞辱。"任之以事"就是根据罪囚的技能强迫其罚服劳役，从而对其进行教化。如果能够改悟，上罪 3 年可以释放，中罪 2 年可以释放，下罪 1 年可以释放。对于不知悔改而逃离圜土的人则要处死。"三年不齿"就是 3 年内不得列为平民。由此可见，西周时期已提出了一套强制罪犯劳役的制度，历史上称为"圜土之制"。

在国外，据史料记载，世界上比较发达的奴隶制国家，如古代埃及、印度、希腊、罗马等，进入奴隶制之后都已经有了监狱。不过，那时的监狱还仅仅是个雏形。由于奴隶制刑罚思想是所谓的同态复仇，主要采用生命刑和身体刑，而且执行刑罚又十分野蛮和残酷，所以，那时的监狱只是僧侣权势和掌握国家权力的统治阶级用来对罪犯待讯、待质、待决的一种场所，关押罪犯主要是进行肉体折磨，以达到报复的目的，这在古巴比伦表现得尤为明显。古巴比伦《汉谟拉比法典》规定：房屋倒塌使房主致死时，承建该房的建筑师应处死；如房主之子致死，则建筑师之子应处死。又如，一个阿维鲁（自由民）将另一个阿维鲁的眼睛挖掉时，他自己的眼睛就应被挖掉。如果他折断了另一个阿维鲁的骨头，他自己的骨头也应被折断。这完全是以血还血、以牙还牙、以眼还眼的绝对报应原则。

由奴隶主阶级报应主义、威吓主义、惩罚主义的刑罚观所决定，对囚犯的劳役制就表现为羞辱主义和奴役主义的合二为一，是极其残忍和野蛮的。例如，古代印度的监狱，囚人如饿鬼，啼饥号寒，苦不堪言，在吃不饱、穿不暖的条件下，罪犯还要被强迫从事大量的繁重劳动。古希腊的矿役刑，在罪犯大多都戴有戒具的情况下，把罪囚像牲口一样赶去开矿挖金，其劳动量之大、条件之恶劣、手段之残忍都是前所未有的。有的国家在法律上就规定了对罪囚的"劳动惩役"制度，这种残酷的劳役制度是对罪囚从身体到精神、从肉体到灵魂的折磨和报复，体现的是一种报应、威吓、惩罚的野蛮的行刑思想。

二、封建社会的罪犯劳动

我国在战国时期，已经基本完成了从奴隶制向封建制的过渡。中国封建社会历经两千多年，尽管朝代不断更替，但儒家思想一直是占据统治地位的国家意识。两周早期的"明德慎罚"思想经过改造延伸，到西汉时发展为崇尚"德主刑辅""礼法并用"的儒家主张，并且逐渐上升而被确定为封建制国家立法的指导原则，礼仪、教化、劳役与法律、刑罚相辅为用。这种封建性法律思想反映在

---

[1]　杜雨主编：《罪犯劳动改造学》，群众出版社 1991 年版，第 280 页。

狱制上，体现为一些对罪囚的具体劳役制度，肉刑逐步被废止，死刑得到缩减，徒刑被扩大，大批罪囚得以保存性命，被强迫从事繁重的劳动，这不但可以维护和巩固封建王朝的阶级统治，而且可以为他们创造大量廉价的社会财富。

战国时期，随着刑徒制的兴起，劳役监也随之发展起来，刑徒（罪囚）服役的场所，不同于对囚徒进行待讯、待质、待决的拘禁监，而是具有劳役监的性质。劳役监对待刑徒，不仅惩罚他们，拘禁他们，而且还要强迫他们劳动，从而为统治阶级创造财富。

秦朝沿袭并发展了战国时期的刑徒制。秦朝刑徒大量增加，修宫殿、造陵墓、筑长城、戍五岭等巨大工程和边防任务，都由刑徒承担。秦律规定："城旦为工殿者，笞人百；大车殿，赀司空啬夫一盾，徒笞五十。"即刑徒在城旦做工而被评为下等，每人笞打一百；所造大车被评为下等，罚管理刑徒的司空啬夫（狱卒、看守）一盾，刑徒每人各笞五十。囚徒如不受监管，或不好好劳作，都要受到严厉的惩罚。如果囚徒有毁折瓦器、铁器、木器、大车折辕等破坏行为，要减少其口粮使之挨饿，每天还少给口粮半斗。秦朝还沿袭了以劳役抵偿债务的传统，在播种和田间管理等农忙季节，可以各回家 20 天；又如，一家有两人以上的劳役抵偿债务而无人照看家室者，可以放归一人，让他们轮流服役。秦朝大量的刑徒形成了一股庞大的阶层力量，最终对秦朝的严刑酷法、横征暴敛以及对刑徒的残酷役使达到忍无可忍的地步，暴发了以陈胜、吴广为代表的秦末农民起义。

汉代鉴于秦朝速亡的历史教训，特别是受到董仲舒"王权神授"和"罢黜百家，独尊儒术"哲学主张的影响，为了加强中央集权君主专制的统治，提出了一整套系统的狱政思想，主要是"德主刑辅""宽缓刑狱"的法律思想，实行"德刑兼施，礼法并用"，初步废除残人肢体的肉刑，把部分罪犯转化为劳役，即作刑，从事重大工程和矿冶等繁重的劳动。同时，他们还让大批的囚徒到西北边疆从事屯田、戍守边界等极艰苦、极繁重的劳役。汉代的劳役监发展到了我国的西北边陲，戴罪服役的刑徒兼有服刑、生产和戍边的三重任务。汉代这种将肉刑变为劳役刑的刑制改革，有重大历史进步意义，也是社会发展到一定程度的客观要求。

唐朝建立了比较完备的徒刑制。徒刑和流刑是唐朝五刑中的重要刑种。徒刑制是西周"圜土制"、秦汉"刑徒制"发展演变的结果，既禁其人，又役其身，是拘禁和劳役相结合的刑罚制度。唐朝的徒刑以三年为限，分为一年、一年半、二年、二年半、三年等，据唐《狱官令》言："犯徒应配居作。"居作就是强制劳动，居作时间与徒刑期限是相等的。流刑作为仅次于死刑的严厉刑罚，不但要流放于荒原远避之处，使罪犯遭受流离之苦，而且均加居作，即都要强制劳动。

关于居作的年限，徒刑与刑期一样，流刑则有所不同。流刑分为三等，即流放二千里、二千五百里、三千里，均居作一年。囚徒劳动时要戴上钳或木枷等戒具，担负沉重的劳动，如有病可卸去戒具而得到治疗，但病愈后仍要补上因病所耽误的劳役时间。

唐朝轻重异处、男女有别、违制加惩的居作制，一直延续到明清。封建社会发展到晚期——明清时代，手工业和商业经济都有了长足的发展，统治者日益看到囚犯劳役所创造的经济作用，因而"以役代刑"制度逐渐发展起来。以役代刑制度，是明朝狱制中劳役制度的一项重大变化。徒刑和流刑，既拘禁又罚劳役，这在明朝以前是一贯制度，用铜、钱、钞或物来赎刑也是常法，各朝各代都能见到。但是，以役代刑，不限于徒刑犯必须拘禁劳役，而是实行自杂犯死罪以至于笞、杖罪都允许用罚服劳役的办法来赎罪抵刑的原则，按刑期、役限执行。《明会典》载："拘役囚人，国初，令罪人得以力役赎罪，死罪拘役终身，徒流照年限，笞杖计月日，满日疏放，或修造、或屯种、或煎盐炒铁，事例不一。"由此可以看出，明朝的罪囚都要用劳役来赎罪，死刑罪囚可以免死，但必须终身被拘禁强制劳动，徒刑和流刑按照所规定的年限强制劳役。笞杖罪的囚犯则用月、日计算劳役时间。劳役可以免受皮肉之苦，期满立即释放回家。罪囚的劳动项目有的是修造楼殿房屋，有的是屯田耕作，有的是从事煎盐、炼铁行业；等等。

纵观中国整个封建社会的劳役刑制度，我们可以看出，由于统治阶级一直把劳动作为一种卑贱和低下的活动，因而统治阶级把劳动作为对罪犯进行摧残、虐待和报复的一种手段，从而达到对犯罪人的惩罚和巩固统治秩序的根本目的。另一方面，随着社会政治、文化和法律制度的不断发展，社会文明的不断进步，统治阶级又认识到"杀之不如役之"，让罪囚劳役不仅能达到惩罚的目的，还可为封建统治阶级创造大量无偿的经济价值和社会财富，可谓一举两得，劳役刑从此成为封建刑罚制度的主体，内容得到了长足的发展。

一些国家从奴隶制过渡到封建制以后，其监狱制度的发展仍然是很缓慢的。特别是在中世纪复仇主义、威吓主义进一步发展后，宗教各派之间矛盾斗争加剧，宗教势力与政体合一，统治阶级更多地使用监狱来镇压、威吓农奴和异教徒的反抗，监狱便成了使罪犯遭受残酷镇压的场所。他们施以种种酷刑，对罪犯进行从身体到心灵的双重折磨。不但如此，贵族、大地主、寺院还设立私狱，如英国的塔狱、意大利威尼斯的河底狱、德国纽伦堡地下监狱等，都以惩罚罪犯为宗旨。

后来，随着封建制政治、经济、文化的发展，刑罚观念的转变，一些国家开始利用罪犯作苦役，搞经济开发，致使残废刑逐渐被废除，劳役刑得到迅速发展，例如，希腊、罗马利用罪犯开采煤矿和其他矿冶资源，让罪犯开渠挖河，疏浚河道；德国利用罪犯当船夫，修筑道路、桥梁；荷兰利用女犯发展纺织业，等等。另一方面，一些国家开始对罪犯实行所谓的"教化"。1550 年，英国在伦敦创设了第一个惩治监，也称感化院。随后，1588~1669 年，其他国家先后建立了惩治监。建立惩治监、惩治场的目的，按照创建者的愿望，是不再对囚犯单独进行监禁、威吓，而是实行"勤勉作业"与"教育感化"相结合的方法。这些惩治监的所谓"作业"，带有教育刑的理念，是近代自由刑的萌芽。由封建贵族和僧侣阶层的本质所决定，报复主义、威吓主义仍是他们把持政权、制裁所谓犯罪和异教徒的主要目的。他们既不可能让罪犯真正实行所谓的勤勉作业和教育感化，也不可能达到使罪囚改过迁善的要求。事实也正是如此，罪犯的劳动是艰苦的，条件非常恶劣，罪犯常常不得温饱、老幼同房、男女同席，监狱行刑仍以让罪犯感受痛苦和折磨为根本目的。

总之，封建社会的刑罚制度尽管仍以报应刑、生命刑为其本质追求，但封建社会末期出现的自由刑代替生命刑、报应刑的趋势，劳役、感化等行刑思想的提出，无疑是人类刑罚发展史上的一大进步，这不仅是社会文明日益进步的标志，还是社会经济发展的客观要求，更反映了资产阶级日益发展壮大的趋势及其追求自由、平等、博爱的政治主张，为日后的资产阶级狱制改良奠定了良好的刑罚和文化基础。

三、资本主义社会的罪犯劳动

资产阶级革命胜利后，为了适应政治、经济、文化的需要，强化资产阶级专政的工具，维护和巩固资本主义制度，从 18 世纪开始兴起了狱制改良运动。到 18 世纪末 19 世纪初，狱制改良形成了高潮，当时各主要资本主义国家——美国、英国、瑞士、德国、法国、日本、瑞典、丹麦、意大利等，都根据本国的实际情况在狱制改良中做出了巨大努力，并且取得了一定成效。

一些资产阶级的思想家、法学家为资产阶级的狱制改良奠定了大量的思想、理论准备。资产阶级学者认为，近世以来，人民看到了过去刑罚的残酷，学者深知刑罚的残酷有悖人道，违背公理。总之，狱制改良已迫在眉睫。具体来说：

1. 狱制改良是博爱思想观念的要求。博爱观念是资产阶级革命时提出的"自由、平等、博爱"三大口号之一，是资产阶级民主的基本思想。他们认为，人类中有犯罪者本身即为不幸，如社会不加以帮助，反而以暴力强加，就会给社会增添更大的不幸。所以，对犯罪者要常怀恻隐之心。

2. 狱制改良是经济思想的需要。他们认为，国家赖以经济而生存，经济赖以人民而滋长，人民为经济的根本来源。所以，若仍像过去那样，任意杀戮、截手削足，断其生产及生活资财，使其忍辱而痛不欲生，这对社会、对国家又有什么益处呢？倒不如留其生命，收容于一定的场所，令其劳作，一来可以自食其力，改恶迁善；二来可以为社会增添财富。

3. 狱制改良是时势发展的必然要求。时代的发展，使得改良刑罚成为大势所趋。过去那些残酷的刑罚现已失去了存在和发展的基础，人们不再信仰那样的严刑峻法，转而热衷于摆脱旧制，而且能鉴别制度优劣。

因此，18 世纪中叶以后，资产阶级各国死刑、流刑大大减少，身体刑几近消除，自由刑大大发展起来。随着自由刑的发展，监狱关押的人激增，监狱设施及管理制度如不实行改革，就不能适应刑罚变化的需要，起不到维护资产阶级统治的作用。

近代资产阶级监狱改良运动的首创者是英国的约翰·霍华德，他被称为近代监狱改良运动的鼻祖。他曾蹲过法国的监狱，对封建国家狱制的残酷深有体会。为了改良监狱，他自费 6 次周游欧洲各国对监狱进行考察，前后历时 12 年，最后死于考察途中。他著有《监狱事情》一书，对封建国家的监狱状况作了详细记载和无情揭露，提出了他对狱制改良的宗旨：必须使之勤劳，方能成为善良的公民。他推崇的狱制原则是：①必须使不良少年及贫民，养成勤勉劳动的习惯；②对罪犯不可以监禁和驱逐为满足，必须以劳动教诲、诱导感化之；③凡行为表现善良者，应当采用缩短刑期的制度，以鼓励囚犯悔改。他所采取的措施为：男女隔离；成年与儿童隔离；改良卫生设备、劳动与生活卫生条件。作为一个资产阶级的监狱学者，能在 18 世纪无情地揭露封建狱制的残酷、腐朽，并提出自己对监狱改革的设想，这无论在刑法史，还是监狱史上，都是一大进步。

资产阶级监狱改良主义是从罗马撒米岂尔青少年监狱开始的。罗马教皇库里曼斯十一世在 1703 年将撒米岂尔僧院的一部分改造成监狱，收容 20 岁以下的青少年罪犯，实行"矫正"，晚上分别关押，白天在严格沉默纪律下共同劳动。与此同时，荷兰监狱也作了一些改良，如改善监房条件，注意清洁卫生，采用"矫正主义"，实行劳动教养。凡能迁善悔改的，监狱可以缩短刑期，以资鼓励。

经过狱制改良，近代目的刑、教育刑取代了古典报应刑。这些思想反映在监狱劳动中就是罪犯的教化作业制度在狱制中的地位日益提高。资产阶级刑罚学家、监狱学家认为：①现代刑罚是教育刑，强调罪犯教育、矫正，注意行刑合理化和行刑教育化，为此必须强制罪犯劳动作业，劳动作业是教育刑的一部分，是教育刑的重要手段之一。②强制罪犯劳动可避免自由刑执行中单纯监禁的弊端，罪犯因禁狱中无所事事，悲观失望，自暴自弃，过分的精力无法宣泄，容易重新犯罪。③许多罪犯是怠于劳动、厌恶劳动的游手好闲之徒，劳动能矫治怠惰并获取谋生手段，复归社会，自食其力。④罪犯劳动经济收入可观，既可减轻国家开支，又可为社会挽回损失。

在资产阶级狱制改良思想的影响下，美国兴起了宾州制（分房制）和奥本制，对罪犯劳动管理提出了一系列主张和措施。所谓分房制，是指1796年美国宾夕法尼亚州的非拉特尔菲亚监狱所实行的昼夜隔离制度，这样可以杜绝犯罪之间的传染，促使罪犯产生反省悔悟之心。

奥本制的宗旨是把罪犯劳动作为行刑的重要手段并注意经济效益，还与资本家订立契约，出卖罪犯劳动力。奥本制的创立者奥斯本订立了对待罪犯劳动的四项原则：①为使罪犯回归社会，任何监狱都必须以有效率和诚实的劳动为基础；②要促使罪犯自愿地劳动；③提高罪犯劳动效率就必须给其报酬；④罪犯从劳动中获取充分的收入，也应付出必要的代价。由于奥斯本组织罪犯有效率地劳动使监狱产品和资本家的产品发生了竞争，因此，时常遭到抨击，奥斯本本人也曾遭到控告。

奥本制在美国的发展最后成为劳动合同制，即把罪犯交给私人企业主雇佣，后者给监狱支付报酬。在一段时间内，监狱曾靠此发了大财。1828~1833年间，奥伯恩监狱的收入高达25万美元，真可谓犯罪有益，有利可图。到了19世纪末，合同制受到了来自几个方面的攻击，没有拿到雇佣罪犯合同的公司反对它，工会和人道主义者为罪犯的劳动条件鸣不平，甚至有些监狱工作人员也表示反对。最初几届监狱工作者代表大会曾就这个问题有过多次争辩，从这些大会的会议记录看，监狱当局反对合同制的原因可以归纳为以下几点：①狱方认为企业主权力太大，因为他们有时让监狱服从自己，把狱方看作是次要的、被领导的角色。②从罪犯身上榨取的巨额利润本来应归狱方，而实际上往往落入雇主经纪人的腰包。③堪萨斯监狱的监狱长在1870年监狱工作者代表大会上讲得很清楚：从道德观点看，这种合同制对罪犯有致命的危险，罪犯每天清晨到深夜一直干着力不能及的工作，他们一分钟也顾不上考虑自己的思想，这就根本不可能指望什么思想改造。言外之意是说这对美国的社会制度和公共秩序是不利的。到20世纪30年代中期，罪犯劳动合同制已经不再流行，而代之以"狱办工业"。

资本主义早期的罪犯劳动，比封建社会有了历史性的进步，在观念上由注重自由刑的裁判转而注重自由刑的执行，赋予监狱感化、矫正、教育等职能，且罪犯劳动成业作为使罪犯改过迁善的重要手段之一，在作业制度、劳动时间、劳动条件、劳动报酬和劳动组织等方面都有明显的改进和提高，这是应当明确给予肯定的。但我们也必须认识到，尽管资本主义早期进行了狱制改良，但由资本主义制度的本质属性所决定，监狱仍然是以维护资本家为主体的统治阶级利益的工具，他们所倡导和实施的罪犯劳动作业制度仍然是以惩役、苦罚、摧残和折磨罪犯，使罪犯备受痛苦，榨取罪犯血汗并以此补偿社会损失为根本目的。

四、社会主义社会的罪犯劳动

在中国，社会主义社会的罪犯劳动产生于新民主主义革命时期，发展于社会主义革命和建设时期，逐渐成熟于改革开放后社会主义建设的新时期。

20世纪20~40年代，中国大地在中国共产党的领导下进行了新民主主义革命运动，这次革命的目标是推翻压在中国人民头上的三座大山，即帝国主义、封建主义和官僚资本主义，最终建立人民当家作主的社会主义新中国。推翻"三座大山"、建立新中国不可能一蹴而就，需要以星星之火构成的燎原之势。因此，新的人民民主专政政权的建立是逐渐壮大和发展起来的，并且最先是在中国共产党领导下的红色革命根据地开始建立的。由于新生的红色政权是在推翻旧的统治政权、砸碎旧的国家机器的基础上建立的，特别是新生政权接收了一些国民党的旧监狱等国家机器，在战争中产生了一些犯罪问题，除了革命队伍内部的犯罪分子之外，主要是俘获的战争罪犯以及红色区域内的反革命分子和刑事犯罪分子。这些问题急迫需要新生的人民政权加以妥善解决。

在这种历史条件下，以毛泽东同志为首的中国共产党人以马克思主义的国家学说、专政学说、无产阶级历史使命学说、劳动学说为理论基础，以苏联罪犯劳动改造模式为实践依据，大胆提出了用劳动改造解决犯罪问题的根本思想。于是，新生的人民政权陆续建立起一批以劳动改造为中心的新型刑事执行机关。例如，在国共合作时期、土地革命时期、抗日战争时期和解放战争时期，各解放区大多都设立了监所、劳动感化院、罪犯自新学艺所和监狱等，1939年2月，陕甘宁边区高等法院[1]发布《通令》指出：为了克服抗战困难，法院决定，利用已判决人犯的劳动力，也给犯人转变错误的机会，因此，全边区各县已判决人犯在严密看管之下，使之参加生产劳动。由此，罪犯劳动获得广泛展开，主要是开荒种地、从事简单的手工业生产、搞短途运输、组织包工队等。[2] 在这些监所里，劳动是惩罚和改造罪犯的主要手段和基本途径，劳动和教育相结合的政策，成功地改造了一大批反革命分子和刑事犯罪分子，这可以说是社会主义社会罪犯劳动的初级形式。

新中国成立前夕，在中国共产党的组织和倡议下，召开了中国人民政治协商会议。1949年9月20日通过的带有临时宪法性质的《中国人民政治协商会议共同纲领》第7条规定，对于一般的反动分子、封建地主、官僚资本家，在解除其武装、消灭其特殊势力后，仍需依法在必要时期内剥夺他们的政治权利，但同时给予生活出路，并强迫他们在劳动中改造自己，成为新人。《中华人民政治协商会议共同纲领》的这一规定成为新中国社会主义罪犯劳动得以发展的理论基础。1949年10月1日，中华人民共和国成立，但是，新生的中华人民共和国依然困

---

〔1〕 各级各类看守所、监狱、自新所、拘留所等都隶属于各级政府的法院管辖。

〔2〕 杜雨主编：《罪犯劳动改造学》，法律出版社2002年版，第329页。

难重重，面临着严峻的考验。国内外敌对势力并不甘心自己的失败，尤其是国民党反动派妄想卷土重来，推翻新生的人民政权。国内的特务、反动党团骨干、土匪、恶霸、地痞流氓、地主、富农、反动会道门组织、惯盗、社会渣滓等反革命分子和刑事犯罪分子与盘踞在我国台湾地区的国民党反动派及国外其他敌对势力遥相呼应，蠢蠢欲动，进行着各种破坏活动。在这种极其复杂的形势下，为了捍卫新生的人民民主政权，巩固国家和人民的胜利成果，保护广大人民群众的根本利益，新中国成立初期，党和国家开展了剿匪反霸、镇压反革命、"三反"、"五反"等政治运动，捕判了一大批犯罪分子。除了对极少数罪大恶极、不杀不足以平民愤的主要犯罪分子处以极刑外，对其余上百万的犯罪分子都处以死刑缓期二年执行和其他刑罚。对这些罪犯如何处置，是摆在新生的人民民主政权面前的一件大事。在这种情况下，经党中央批准，在1951年5月召开了第三次全国公安工作会议，会议通过了《关于组织全国犯人劳动改造问题的决议》，决议明确指出：大批应判徒刑的犯人，是一个很大的劳动力。为了改造他们，为了解决监狱的困难，为了不让判处徒刑的反革命分子坐吃闲饭，必须立即着手组织劳动改造的工作。凡已有这一工作的地区，应在原有基础上加以扩大。主要的办法是，由县一级、专署一级、省市一级、大政区一级和中央一级，共五级，分工负责，划分人数，调拨经费，调配干部和管押的武装部队，组织犯人劳动，从事大规模的水利、筑路、垦荒、开矿和造屋等生产建设事业。此事极为艰巨，又极为紧急，必须全力迅速地获得解决。这次会议对罪犯劳动的基础地位和用劳动改造反革命分子和刑事犯罪分子的思想进行了进一步明确和强化，并确定了罪犯劳动改造的组织机构、人员、经费渠道、劳动项目等一系列基本问题，使罪犯劳动改造工作在全国得以大范围铺开，也使罪犯劳动改造工作真正步入了一个正规发展和快速推进的新时期。

1952年6月召开的第一次全国劳动工作会议重点解决了监狱工作中出现的一些突出问题，确定了监狱设置和罪犯生产劳动项目逐步走向集中的问题。在罪犯劳动组织方面，出现了个别监狱单纯追求赢利、忽视教育和改造、与民争利、不适应国家经济建设需要等问题和现象。为了解决这些问题，会议决定今后罪犯劳动项目的安排上主要以兴修水利、筑路、开荒、开矿等国家基本建设为主。在处理改造和生产的矛盾问题上，提出了在强迫罪犯劳动生产中，必须同时进行严格的管制和经常的教育工作，两者不得脱节。第一次全国劳改工作会议解决了罪犯劳动运作中产生的突出问题，使罪犯劳动制度得以健康有序地发展。1954年9月7日，经过多次修改，中华人民共和国政务院公布施行了《中华人民共和国劳动改造条例》，这是新中国劳动工作的第一部法规。该条例第1条规定："根据《中国人民政治协商会议共同纲领》第七条的规定，为了惩罚一切反革命犯和其他刑事犯，并且强迫他们在劳动中改造自己，成为新人，特制定本条例。"第4条规定："劳动改造机关对于一切反革命犯和其他刑事犯，所施行的劳动改造，应当贯彻惩罚管制与思想改造相结合、劳动生产与政治教育相结合的方针。"[1]《中华人民共和劳动改造条例》在罪犯劳动上的最大贡献是明确提出了狭义上的劳动改造，并把它与广义上的劳动改造和劳动改造生产区分开来。该条例在第三章中专设"劳动改造和教育改造"内容，使劳动改造和教育改造一道成为监狱改造罪犯的两大基本手段。该条例第25条提出的"劳动改造必须同政治思想教育相结合，使强迫劳动逐渐接近于自愿劳动"；第27条提出的"对犯人应当注意培养他们的生产技能和劳动习惯，对有技术的犯人，在劳动改造中，应当注意充分利用他们的技术"；第28条提出的"在犯人中可以进行生产竞赛，以提高生产效率和促进犯人劳动改造的积极性"等规定是对罪犯进行劳动改造的重要内容。这些规定促进了对罪犯劳动改造工作的深化和发展。该条例专设第四章"劳动改造生产"内容，并明确规定了劳动改造生产的目标、管理体制、管理机构、发展方向、安全生产制度等内容，使罪犯劳动改造这种以改造人为宗旨的活动与劳动改造生产这种以追求经济效益为目标的活动区别开来，从而为罪犯劳动改造的顺利发展扫清了道路。

从1954年颁布《中华人民共和国劳动改造条例》后，我国劳动改造工作（监狱工作，以下同）进入了一个全面发展阶段，《中华人民共和国劳动改造条例》及一些相关配套规范性文件的出台为劳改工作提供了法律依据。1962年12月，公安部又试行了《劳动改造管教队工作细则（试行草案）》，对惩罚改造工作进一步规范化和具体化，罪犯劳动改造工作也取得了很大成效，不仅通过劳动改造了罪犯思想，而且为国家和社会创造了一定的社会财富，监狱、劳动队逐渐建立起设备比较先进、门类比较齐全、产品质量有保证、经济效益较好的一大批全民所有制性质的工厂和农场。但是，在劳改工作发展中，改造和生产的矛盾一直作为劳改工作的基本矛盾普遍存在，有时还十分激烈。特别是劳改工作的领导部门在制定相关的规范性文件或业务指导的过程中，并未真正厘清劳动改造和劳动改造生产的区别和联系，往往认为对罪犯组织了劳动改造生产，就是进行了劳动改造，从而把二者混为一谈。比如，1962年12月公安部试行的《劳动改造管教队工作细则（试行草案）》中未能按照《中华人民共和国劳动改造条例》的规定把劳动改造和劳动改造生产区别开来，只规定了第五章"生产管理"内容，而对劳动改造内容的规定却非常少，这在一定程度上导致了弱化劳动改造的倾向，也使得基层干警认为劳动改造生产即劳动改造。基于此，不少监狱和干警出

---

[1]　司法部劳动局编：《劳改工作文件汇编》，公安部第十一局1987年版，第71页。

现了偏重于罪犯劳动为国家创造社会财富、获取经济价值的一面，而忽视了劳动对罪犯思想和恶习进行改造和矫正的一面，导致生产指标过高，劳动强度过大，罪犯在劳动中的死亡率大幅度上升，一些社会管理部门，如专、县领导机关，只向劳改单位要粮食，不管犯人生活；只压生产任务，不管改造工作。针对这种情况，1962 年 3 月，毛泽东同志在听取公安部负责人的汇报后严肃指出："劳动改造罪犯，生产是手段，主要目的是改造，不要在经济上做许多文章。只教他们做事、生产，不给饭吃，就等于不维修机器。"1964 年 4 月，毛泽东同志又指出："究竟是人的改造为主，还是劳动生产为主，还是两者并重？是重人？重物？还是两者并重？有些同志就是只重物，不重人。其实，人的工作做好了，物也就有了。"1964 年 8 月，毛泽东同志又说："就是应该把人当人，反革命也是人嘛。我们的目的是把他们改造好，改造应当作为第一位。做好人的工作，使他们觉得有个奔头，能够愿意改造，生产当然也会好的。"1965 年 9 月，毛泽东在接见阿尔巴尼亚内务部代表团的讲话中又指出："劳改农场总的方向应该是改造他们，思想工作第一，工业、农业的收获多少，是否赚钱是第二位的。过去许多地方把它反过来了，把搞业务放在第一，思想工作放在第二，甚至思想斗争很薄弱。如果把对反革命分子、刑事罪犯的思想改造得很适当，这样的话，业务（工业、农业）不要去催促，也是会搞得很好的。"正是在这种情况下，1964 年召开的第六次全国劳改工作会议上，用"会议纪要"的形式把劳改工作的方针确定为改造与生产相结合，"改造第一、生产第二"。"改造第一、生产第二"劳改工作方针的提出对于正确处理改造与生产的基本矛盾，充分发挥罪犯劳动的改造功能，维护和尊重罪犯人权都起到了极其重要的作用。

"文革"期间，我国罪犯劳动改造遭受了严重挫折和损失，在"彻底砸烂公检法"等口号下，大批劳改单位被撤销下放，甚至劳改机关被撤销，机关干部被"批斗"或调出，罪犯劳动的秩序和环境受到严重破坏，已完善的各项劳动改造制度、规章被冲击，农业生产停滞，工业生产落后，劳动改造罪犯的效益大受影响。但是，在这种特殊情况下，广大劳改工作干警尽最大努力与之进行了斗争，他们在个人境遇十分危险的情况下，依然顶住压力，排除干扰，坚守岗位，恪尽职守，使罪犯劳动改造与其他部门相比秩序相对稳定，努力在各方面尽量减少损失，不仅在生产上作出了一定贡献，而且保持了监管改造场所的秩序稳定，为在特殊条件下维护社会稳定作出了突出贡献。

党的十一届三中全会以后，特别是 1981 年第八次全国劳改工作会议以后，我国劳改工作进入了一个全面发展的新时期，罪犯劳动改造工作也有了突飞猛进的发展。1982 年 2 月，公安部通知各地试行《监狱、劳改队管教工作细则（试行）》，该细则对罪犯劳动的方针政策、劳动改造组织管理、劳动时间、劳动保护、劳动安全、劳动考核、劳动奖惩等方面都进行了规定，为罪犯劳动改造工作在新时期的创新和发展奠定了法制基础。随着20世纪80年代我国劳改工作推行"管教、生产双承包责任制""办特殊学校""百分考核，以分计奖"等措施，罪犯劳动改造工作也得到了深化和发展，如在罪犯劳动中广泛推行了科学管理、文明管理，完善了罪犯劳动改造和监狱生产的各项管理制度，加强了劳动安全和劳动保护工作，普遍开展了劳动分工、劳动协作、劳动竞赛、劳动教育、劳动行为控制、劳动考核、劳动奖惩等工作，不论是在罪犯劳动的改造效益发挥方面，还是在监狱生产的经济效益方面，都有了长足的发展。特别是1994年12月《监狱法》[1] 的正式颁布和实施，使罪犯劳动由政策形态和行政法规变成了法律规范，使罪犯劳动真正走上了法制化的轨道。监狱法无论是总则，还是分则，都对罪犯劳动进行了全面的规定，涉及近20个条款，包括罪犯劳动的原则、地位、经费保障、劳动组织、劳动时间、劳动保护、劳动报酬、劳动保险、劳动考核、劳动奖惩、未成年犯的劳动等内容。《监狱法》实施后，我国罪犯劳动改造工作日益向科学化、规范化、法制化和社会化的方向发展。

但是，由于多年来我国对罪犯劳动改造工作重视不够，特别是罪犯劳动改造与监狱生产的概念界定不清，加之监狱法把罪犯劳动归入对罪犯的教育改造中，致使罪犯劳动的基本手段地位有一定削弱，尤其是进入社会主义市场经济以后，由于原有的"监企社合一"的体制越来越不能适应市场机制的要求，国家所拨经费与监狱实际所需经费缺口较大，导致监狱盲目抓生产，注重经济效益的提高，而对于罪犯劳动的改造功能却加以大大弱化，甚至出现了罪犯劳动改造的异化现象。这种现状已引起党中央、国务院的高度重视，司法部以国务院文件的形式于2002年12月下发了《关于在全国进行监狱体制改革的决定》，随后又在全国监狱系统开展了监狱工作法制化、科学化、社会化的工作，同时在全国监狱系统进行了布局调整。这些措施的提出，特别是全国范围的监狱体制改革的实施，从根本上解决了监狱计划经济体制下产生的弊端，使监狱的刑罚执行功能和教育改造功能得到强化，探索出了一条市场经济条件下监狱工作深化发展的新路子，也使作为监狱刑罚执行内容之一的罪犯劳动走上一条崭新的健康发展之路。

---

〔1〕 即《中华人民共和国监狱法》，为方便表述，本书涉及我国法律省去"中华人民共和国"字样，全书统一，不再赘述。

学习任务三　罪犯劳动组织与管理

一、管理的含义

所谓管理，是指在社会组织中，为了实现预期的目标，以人为中心进行的协调活动。这一表述包含了以下五个观点[1]：

1. 管理的目的是实现预期目标。世界上既不存在无目标的管理，也不可能实现无管理的目标。

2. 管理的本质是协调。协调就是使个人的努力与集体的预期目标相一致。每一项管理职能、每一次管理决策都要进行协调，都是为了协调。

3. 协调必定产生在社会组织之中。当个人无法实现预期目标时，就要寻求别人的合作，形成各种社会组织，个人原来的预期目标也就必须改变为社会组织全体成员的共同目标。个人与集体之间以及各成员之间必然会出现意见和行动的不一致，这就使协调成为社会组织必不可少的活动。

4. 协调的中心是人。在任何组织中，都同时存在人与人、人与物的关系。但人与物的关系最终仍表现为人与人的关系，任何资源的分配也都是以人为中心的。由于人不仅有物质的需要，还有精神的需要，因此，社会文化背景、历史传统、社会制度、人的价值观、人的物质利益、人的精神状态、人的素质、人的信仰，都会对协调活动产生重大的影响。

5. 协调的方法是多种多样的，需要定性的理论和经验，也需要定量的专门技术。计算机的应用与管理信息系统的发展，将促进协调活动发生质的飞跃。

二、劳动组织与管理的含义

所谓劳动组织与管理，就是通过建立劳动组织结构，规定职务或职位，明确责权关系，使劳动组织中的成员互相协作、互相配合、共同劳动，有效实现劳动组织目标的过程。劳动组织与管理是组织管理活动的一部分，也称组织与管理职能。劳动组织与管理的工作内容，概括地讲，包括四个方面：

1. 确定实现劳动组织与管理目标所需要的活动，并按专业化分工的原则进行分类，按类别设立相应的工作岗位。

2. 根据劳动组织与管理的特点、外部环境和目标需要划分工作部门，设计组织机构和结构。

3. 规定劳动组织与管理结构中的各种职务或职位，明确各自的责任，并授予相应的权力。

---

〔1〕　周三多等编著：《管理学——原理与方法》，复旦大学出版社 2005 年版，第 11 页。

4. 制定规章制度，建立和健全劳动组织与管理结构中纵横各方面的相互关系。

总之，实施劳动组织与管理，应该使人们明确劳动组织中有些什么工作，谁去做什么，工作者具有什么权力，承担什么责任，与劳动组织结构中上下左右的关系如何。只有这样，才能避免由于职责不清而造成的执行中的障碍，才能使劳动组织协调有序地运行，从而保证劳动组织目标的实现。

三、罪犯劳动组织与管理

所谓罪犯劳动组织与管理，是指监狱在依法对罪犯组织劳动改造的过程中，通过建立罪犯劳动组织结构，设置罪犯劳动岗位，协调罪犯劳动组织关系，调适罪犯劳动中的各种矛盾，整合各种劳动改造要素和资源，最终达到罪犯劳动目标的职能活动和运作过程。罪犯劳动组织与管理是对罪犯进行刑事执法和有效惩罚与改造的重要活动内容，是最大限度实现罪犯劳动改造质量的必要措施。罪犯劳动组织与管理的主要内容可包括：

1. 罪犯劳动组织安排，即对罪犯实施劳动改造活动的前期准备工作及具体任务安排。包括罪犯劳动项目选择；罪犯劳动技能培训；罪犯劳动定员、定岗、定额等内容。

2. 罪犯劳动现场管理，即对罪犯劳动的整个过程和环节进行有效的组织、部署、协调、监督和控制的全过程。包括罪犯出收工管理；罪犯劳动现场作业和质量管理；罪犯劳动现场定置管理；罪犯劳动现场监督管理等内容。

3. 罪犯劳动保护，即在罪犯劳动中，对罪犯的人身安全和健康进行有效保护和防范的制度和措施。包括罪犯劳动现场生产安全防范；罪犯劳动人身安全；罪犯劳动卫生；罪犯劳动时间；罪犯劳动保险；特殊罪犯的劳动保护等内容。

4. 罪犯劳动绩效管理，即对罪犯在劳动中的改造效益和劳动生产效益进行评估、考核、奖惩的活动过程。包括罪犯劳动考核；罪犯劳动奖惩；罪犯劳动报酬等内容。

5. 罪犯劳动教育，即在组织罪犯劳动的过程中，为了实现劳动改造目标而开展的一系列教育改造活动过程。包括罪犯劳动心理分析；罪犯入监初期的劳动教育；罪犯服刑中的劳动教育；罪犯刑释前的劳动教育等内容。

6. 罪犯劳动文化建设，即监狱在组织罪犯劳动的过程中，通过创设和开发劳动场所文化氛围，开展劳动文化建设活动，挖掘劳动改造罪犯的文化资源而达到对罪犯进行有效改造的活动过程。包括罪犯劳动日常文化建设；罪犯劳动竞赛；罪犯劳动团队文化建设等内容。

拓展训练

一、相关案例选编
案例一

"昔日战争罪犯"[1]

宋希濂，湖南湘乡人，生于 1907 年，原为国民党川、湘、鄂边区绥靖公署中将主任。1942 年 12 月 19 日于四川大渡河畔被俘，曾先后在重庆市的白公馆、松林坡、北京的功德林接受改造。1959 年 12 月 4 日第一批获得特赦。现任全国政协常委、文史专员，黄埔同学会副会长。

（一）

政府为了加速对我的改造，1954 年我由重庆松林坡转到了北京德胜门外的功德林。我被单独安排住在一间房里，一天、两天，我每天计划着日子，自认为这几年改造已有不小的进步，为何反而越改造越糟糕，蹲起小号了呢？不到半年工夫，我的身体不适，脑袋经常感到眩晕。医生给我一检查，血压高达两百多，随即将我送到附近的公安部医院诊治，在医院诊断，医生写的是"神经性高血压"。显然，这与自己的苦闷、思想波动有关。

回来后，我被分配到一间大房子里，和我同室的有邱行湘、康泽、郭旭、梁培璜、沈蕴存、陈长捷等十人，我们编为一组，又过上集体生活了。每日的主要活动就是学习、读书看报、讨论时事，以提高思想觉悟。

功德林里陆续来了不少人，大约有 120 人左右。范汉杰、廖耀湘等人从东北调来，王耀武、陈金诚等由山东调来，早已到功德林的杜聿明也搬来了，还有一些军长也从重庆、武汉、西安等地集中到了功德林。组与组之间原来是不许会面的，这时也允许互相见面了。一见这么多熟人，大家都很高兴，彼此相贺，庆幸余生。

管理所把这一百多人分成 12 个组，每组选派出正副组长各一人，由我和王耀武总负责，管理这一百多人的学习和生活。但把这么多国民党的高级将领集中到一起到底干什么，我们谁也猜不透。

1956 年 1 月 11 日上午，功德林的负责人、原公安部十三局局长姚伦，在礼堂给我们作了一个重要讲话。他的讲话解除了我们的思想负担，使我们知道了集中是为了加速我们的改造，以便使我们早日成为新人。姚局长还谈到对我们在初期改造中不得不采取强迫改造这一形式的原因，并宣布今后准许家属、亲友前来

---

[1] 中央劳改劳教管理干部学院教学参考资料：《改造顽固犯一百例》，1990 年编，第 24～29 页。

访问及对外通信。姚局长还鼓励我们自觉地推进改造，宣布不久将组织大家去参观，让大家看一看国家发展的情况。

1956年的五、六月份，管理所组织我们到北京附近参观。我们先后参观了北京市容、北京的水利建设，还参观了一些新建的工厂。尤其在参观棉纺厂时，给我的感触最大。

这个棉纺厂是新中国成立后新建不久的工厂，厂里大多是女工。据厂方领导介绍，这些职工在旧社会里人人都有一部血泪史。她们中有一部分是北京原来八大胡同的妓女，靠卖身维持生计。解放后为安置她们，兴建了工厂，让她们参加劳动。现在多数人已经成家立业，过上了幸福生活。厂里还有一部分人曾参加过帮会组织，过去专干绑票等不法之事，政府对这部分人在进行劳动改造后，现在也给予自新之路，为他们安排了工作，成了自食其力的劳动者。

听完介绍，我的心久久不能平静。在旧中国，无论是大城市，还是小城市，都有许多以卖淫为生的妓女。她们中的大多数是良家女子，由于生活所迫，才不得不走上这条道路。旧社会的帮会组织是很多的，青帮、红帮、四川的袍哥，这些地痞、流氓无恶不作，到处欺男霸女。过去，外国冒险家到中国来也是好事没干，坏事做尽，开烟馆、设赌场、贩卖人口、武器、作奸犯科，用各种办法来榨取中国人民的血汗。鸦片之害，人尽皆知，在旧中国，不知有多少人因吸鸦片而倾家荡产，卖妻鬻子。过去军阀统治时期，他们在云南、四川大种鸦片，将鸦片运往香港、天津、上海等地贩卖，赚到钱后又向外国购买军火，造成了中国长期的内乱。鸦片对中国人身体的摧残和精神的毒害确实很大。烟、赌、娼确为中国的三大祸害。所以，解放后，人民政府采取了有效措施，先是禁种，再是禁卖、禁吸，从而使帝国主义再也不能利用鸦片毒害中国人民了。能在几年之内，使毒害中国社会几十年的烟、赌、娼绝迹，以及扫除过去大小军阀割据的局面，完成了在大陆上的真正统一，确实是做到了荡涤旧社会的污泥浊水，使祖国的面貌为之一新。

这年的7月，一些爱国民主人士到管理所来看望我们。有程潜、张治中、傅作义、邵力子、卫立煌等，能同他们谈一谈，听听他们对国家形势的分析，是很有意义的。据他们中有些人透露，毛主席和党中央有意在不久要特赦我们，大家知道后都感到兴奋。当年确实已准备在秋天特赦一批战犯，但又因故推迟了。后来才知道是因为国际上又发生了匈牙利事件，对国内外的形势有些影响，所以才改变了原来的计划。

（二）

1958年秋，管理所组织我们到秦城进行劳动。参加劳动的人共分为五个队。身体强壮的编为一、二队，年老体弱、身体差些的编为三、四队。我被编入第三队。开始劳动时，一、三队到大田里干活，我所在的队是上山栽果树和负责果树管理。刚到秦城时，我的思想还有些负担，认为自己多年来一直没有劳动过，怕乍一干活吃不消，可没想到给我安排的都是些轻活，每天只有半天劳动，另外半天学习。共产党对我们进行劳动改造的目的，并不是要惩罚，而是希望我们能够通过劳动锻炼、培养一些劳动人民的感情，使我们能够树立起"不劳动者不得食"的思想，目的仍是为了改造，使我们成为一名新人。

在秦城劳动时，我们的伙食搞得很好，每天还可以到河边洗澡，而且劳动时能同大自然接触，心情很愉快。所以，我认为，在我将近十年的改造生活中，这一段时间是我心情最舒畅、精神最愉快的一个时期。

通过劳动改造，我端正了自己的劳动观点，联系到自己的过去，初步认识到自己过去骑在人民头上所过的那种剥削的寄生生活是可耻的，多少有了一些劳动人民的情感。

1959年10月，领导叫我们回到功德林继续学习，写自被俘后通过学习、劳动的体会。12月4日早上，领导忽然通知大家把衣服穿整齐些到礼堂开会。待我们整队进入会场时，才知道要开特赦大会。当时，我们的心情很激动，既高兴又紧张，因为谁也不知道是全部还是部分特赦。

上午10点，大会正式开始。最高人民法院领导讲话后，开始宣布特赦名单。当读到我的名字时，我的心情万分激动，一时竟不知所措。我们第一批特赦的有10人。杜聿明、王耀武和我3人曾登台代表被赦人员，对党和人民政府给予的再生之恩表示感谢，并表示今后要继续改造自己的思想，做一个合格的新中国的公民。

大会后，马上换上了政府发给我们的新衣服，整理行装，北京市民政局的王局长亲自来接我们，用车一直把我们送到市区的旅馆。这样，我们告别了功德林，走上了社会。

抚今忆昔，我的心情久久不能平静。记得我在长沙上学时读过一篇古文，欧阳修的《纵囚论》。这篇文章谈到唐太宗李世民曾于贞观六年将三百多名准备处死的囚犯放回家，让他们料理一下后事，与家人再团聚一次。临走时同他们约定好期限，到时叫他们"自恨以就死"。等约定的日期到，"而卒自归无后者"，竟然全部回来了，于是唐太宗全部赦免了他们。当时，我读到这一段，觉得唐太宗确实了不起。可今天仔细一想，唐太宗的做法和共产党、人民政府对待战争罪犯的做法不能相提并论。唐太宗的纵囚，不过是沽名钓誉，收买人心。正如欧阳修所说："若夫纵而来归而赦之，可偶一为之尔。若屡为之则杀人者皆不死，是可为天下之常法乎？"而中国共产党和人民政府对待我们这些罪犯采取的方法却是既人道又实际的改造方法，目的是化消极因素为积极因素，使犯人能够脱胎换骨，重新做人。这要比唐太宗的做法更具有积极性，进步很多。

翘首神州，更觉往事如梦如烟。但这十年的改造生活，却在心里留下了深刻的回忆。我永远不能忘记，是中国共产党给了我第二次生命，把我从一个战争罪犯改造成一个新中国的公民。

案例二

正义和道德的土地[1]

你看过老舍先生的名著《西望长安》吗？那写的可是真人真事，只不过主人公的真名不叫栗晚成，而叫李万铭，即50年代惊动全国的大政治骗子李万铭。三十多年过去了，李万铭怎么样了，这三十多年是怎么过来的？现在情况如何？

李万铭出生在陕西省安康县，临近全国解放时不过是二十多岁的一个小伙子，国民党207师一个普通的政工人员。但因为精于揣摩、巧于逢迎，竟靠着私刻公章、伪造历史等手段，在不长的时间内，成为红极一时的革命英雄，官至中南林业部人事处副处长、党总支书记等职。1954年，依靠骗术，作为"中国农民访问苏联参观团"成员，出国访苏，随后被调到中央林业部任职。1954年秋，伪造周士弟司令员的信件，说要调他"担任12军参谋长兼35师师长，速乘飞机至兰州商谈军务"，便于1955年1月3日飞抵西安。末日来临，在这座古都里，把戏露底，身陷法网，被押解北京候审。1956年8月30日被北京市中级人民法院判刑15年，剥夺政治权利5年。于是，开始了他的劳改生涯。

我是人，不是动物

监狱的夜晚，他倚窗沉思，想起了百头攒动的公审会，想起妻子改嫁、孩子易姓，想起今后十五载大好年华将要在高墙中度过，他绝望了。他想到死！但举目回顾，看不见任何可以结束自己生命的诸如绳索、铁器之类的东西。同室的两名犯人组长，不时翻身，证明他们的未眠和警惕。窗外，传来了看守人员来回走动的清晰的脚步声：死，竟然也这么难。

白天接受参观的情景此时此刻又浮现心头：花坛边，他垂手而立，眼前人头晃动，足音杂沓，偶尔还会飞来几句刺耳的嘲讽，飘来几星唾沫珠……想到这里，他那原已有些麻木的神经仿佛注进了什么兴奋剂，活跃起来。"我是人，不是动物，监狱不是动物园"，于是，一封措词激烈的"抗议书"塞进了意见箱，转到了监狱长手中，他感到一阵惬意，一种发泄后的满足，静静地等待着惩罚。

然而，结果却完全出乎他的意料。几天后，监狱的秘书告诉他，监狱领导对他的意见很重视，决定改变看视方法。其后，前来访问的人们看到的不再是迎风

---

[1] 中央劳改劳教管理干部学院教学参考资料：《改造顽固犯一百例》，1990年编，第125～133页。

兀立的孤影，而是站在机床边操作不息的劳动者了。想到意见书上那些尖刻的字眼，他产生了愧怍之感，同时，对监狱——共产党的劳改机关产生了一丝敬意。

当他第一次站在织袜机旁，他是那么不习惯。是的，"青年军官""骗子手"这些字眼和"劳动"二字确实很难连到一起。但是，他还是很不情愿地走上了机台，因为罪犯的自由毕竟是有限度的。他感到艰苦、单调、乏味，受不了，便更加怀念起往事。他终于想出了妙法，怀揣上一瓶热水，体温骤然升高，接着便心安理得地请了病假，躺下休息。

故技重演，终被揭穿。他被带上了教育会，批评是严肃的，但没有讽刺，没有挖苦，一切都显得那么平静。末了，让他回去反省。

事后，管教人员对他还和往常一样，奇怪的是一起改造的犯人，尽管队长一再叮嘱他们不要歧视自己，他们仍然避之唯恐不及。他内心非常苦闷，想到了那些得奖、减刑、假释的犯人脸上的笑容，想到因抗拒改造受惩处罪犯的追悔，也想到自己继续顽抗的可能后果。他明白了：这儿是正义和道德的土地，容不得虚伪和狡诈。他终于出工了。

一种从未有过的意识产生了，当他再看到这些机器时，心头不禁涌上了几缕亲切之感。

事实又一次嘲弄了他的"聪明"

北大荒南郊，广袤肥沃，兴凯湖水清澈如镜。但这一切并未增添囚徒的兴致，他们想得更多的是这里的严寒和荒芜，担心来到这种地方，纵未宣判死刑，恐怕也不能活着出去。但事实又一次嘲弄了他的"聪明"。1958年1月，他来到这儿的农场不久，就穿上了新棉衣、厚毛皮鞋，戴上了毛手套、狗皮帽。寒冷的威胁从肉体和精神上同时消失了。

在那冰冻雪封的世界里，管教人员和他们一道投入了艰苦的劳动热潮中，一道在乌黑的土地上播下丰收的种子。他的心又一次被震动了。

他的伙伴中也有少数人抱着去西伯利亚寻求伊甸园的幻想，泅着湖水偷越出境，但结果是梦破心碎，被绑在一块木板上，抛入水流中，漂回农场，水漫浪打，苦不堪言，有的葬身湖底。他没有走这条路，因为他对共产党的劳改政策已经有了信心。他埋头耕耘。他耕耘了大地，也耕耘着自己道德荒芜的心田。

1966年11月，他被调到古城西安的一座砖厂继续劳动改造。在这里，他和"火"要打交道。火，他很熟悉，能给你温暖，给你愉快，是生活中不可缺少的伴侣；但这里的火却不同，它比冷风还可怕，比猛兽还凶恶，只有这时，他才真正懂得了火的涵义。面对70℃~80℃的高温，他披着浸过水的棉衣进窑，裹着炽热的烟云出窑，与热浪、烟光、泥污结下了不解之缘。烈火把烂泥变成坚固的砖头，也把他灵魂中的杂质烧掉。来到这座古城后，他常常缅怀旧事。25年前，就在这座古城里，他从一个衣衫褴褛的老头手中抢走了一件准备典卖的皮大衣，带给了自己的母亲，这种事在当时的西安司空见惯。今天他却受到良心的谴责。

他戒烟了，他把每月两块五角零花钱积攒起来，在年底，他给母亲寄去了30元钱，信中写道：这些钱是我劳动所得，是干净的。

他在日记中记了奥斯特洛夫斯基的一段话："只相信一条，灵魂是在劳动时产生的，劳动是一切钝感的最好的医生。"

"最大的冒险"没有带来"最大的欢乐"

他出身于地主兼工商家庭。小时候，尽管门楣上高悬着"货真价实，童叟无欺"的招牌，奸商老子背地里却教他往酒中掺水、药中掺假，在他幼小的心灵里种下虚伪和狡诈的种子。他的哲学是"人不为己，天诛地灭"，他的口头禅是"经历最大的危险，才能获得最大的快乐"。有些意识根深蒂固，他原封不动地带进了监狱，什么"吹牛皮不犯死罪，我是不想升官发财，就判我15年啊！"什么"我的败露，促进了共产党的审干运动，我不仅无罪，而且有功"，等等。说明他不仅不认罪，而且是"犯罪有功论"，这就是他刚入监时的思想状况。对此，管教人员既不听之任之，也没疾言厉色、动辄训斥，而是和颜悦色、耐心教育、以理服人。他们给他讲法律和政策，讲国家的形势，讲劳动人民的优良品质，引导他正确划分是非和荣辱界限，还安排他参观和参加一些社会调查。在一次忆苦大会上，一个头发花白的老大娘手捧一件血迹斑斑的衣服，讲述往日的苦难，那摧肝裂胆的控诉，使他难过得流下了泪。当老大娘说到新社会给她带来的幸福和欢乐时，他也情不自禁地鼓了掌。我国建设的成就，人民大众的心声，促使他开始重新看待这个新政权。

他回想着，对比着。那是1946年10月，他从国民党军队退伍，因为冒领了100法币退伍费，被关进了沈阳陆军监狱。每天只有4两发霉的高粱米，出入时要爬狗洞。不到半年，他就被折磨得形销骨立，气息奄奄。一次，他发高烧到40度，狱方不仅不予治疗，还把他送进太平间和死人放在一块。后来只是由于年轻，抵抗力强，才自动退烧，捡了一条命。今天，自己劣迹斑斑，罪不可赦，但共产党不体罚、不虐待，待之以诚，晓之以理，相比之下，真是天壤之别。越是比较，他越感到愧悔和自责：我为什么要欺骗共产党！他就像憎恨敌人一样痛恨自己，他写道："'经历最大的危险，才能获得最大的快乐'，但这种危险如果是反人民的，那就是最大的罪恶；瞧，公正的判决——刑期15年，这就是生活给我过去的总结。生活，生活，无情地鞭挞着坏人——我，它要我认识一点，真正的老实人，才是世界上最幸福的人。"灵魂的解放，带来了身心的愉悦。往日，他对监狱的制度、规定，视如桎梏，今天，都认为均属天经地义，心里舒坦多了。白天，他拉着车子出窑运砖；晚上，他帮助其他罪犯学习文化。当秋雨连绵的日子里，拉砖的马车在厂内那修坡路上翻倒时，他曾三次不顾个人安危，抢救马车脱险。为此，他得到了政府的嘉奖。

"西望长安"与"北望莫斯科"

他永远忘不了在劳改中发生的一些事件。在"一打三反"开展得如火如荼的时候，警卫人员在一次监舍检查中，从他的箱子底搜出了一张刊有刘少奇访问印尼时的照片和一张"国际免疫证明书"，顷刻间在犯人中引起了轩然大波。"修正主义孝子贤孙"，"过去西望长安，如今还想北望莫斯科"。一顶顶帽子劈头盖脸而来。但是，劳改单位的领导和管教人员未被当时的政治迷雾所蒙蔽，妥善地处理了这一起所谓"政治事件"，使他免遭不白之冤。

在十年内乱中，他也确实受了委屈。1968年9月30日，他被以反革命罪加刑10年。但是当共产党恢复了实事求是的作风之后，这桩错案很快被纠正了。1979年5月29日，宣告平反。

1978年4月20日，西安市郊区人民法院庄严宣布：罪犯李万铭通过政府耐心反复教育，深挖犯罪根源，逐渐认识其犯罪严重性，相信党的政策，增强改造信心，确有改恶从善的表现，故依法裁定：提前释放。

于是，在监狱度过了25个春秋之后，李万铭获得了新生。

当他从管教人员手中接过那黑色的眼镜盒时，他愕然了。25年前，他在北京入监时交存的物品又回归自己的手里。还有那只罗马表。依然锃亮，拧两下，又开始嘀嗒作响；那几枚缝衣针虽然已遍体黄锈，都也仍安然地躺在盒子里。二十五年，岁月悠悠，当年自己不满30岁，而今已年过半百；足迹也由华北而东北，而西北，换过5个单位，但由政府代存的25年前的旧物，却完整如故。想起在国民党陆军监狱，不到半年时间，不仅自己随身的钱物被洗劫一空，连衣服也被扒走的情况，他不禁涕泪滂沱了。

"当年是我们演你，现在该你自己演自己"

1979年春节，他回到离别30年的故乡，回到了母亲的怀抱。

同村一个白发苍苍的老奶奶，颤巍巍地走到他跟前，仔细打量了一会儿，然后摇摇他的胳膊，扳扳他的腿，说："你犯了那么大的罪，坐了那么多年牢，身体还这么结实，真想不到。"

母亲紧紧抱着他，他拉着母亲的手，哭着说："今天能见上您老人家，应该感谢共产党的政策英明。"

是的，是党引他走上了再生之路，是党给了他幸福和光明！在经省劳改局、劳动局批准后，他已转为国家正式工人。此后，他将靠自己的双手，靠自己的劳动生活，而不再是靠"骗"。

人民是宽宏大量的。全国不少人给他写信，对他表示鼓励、支持。

杭州市望江医院的一个素昧平生的医生写来了热情洋溢的信，并寄来一本"口吃矫正讲义"，表示愿为他矫正口吃，减少痛苦。

天津市一个青年，从海河之滨寄来明信片，希望他和年轻人一道"跨入属于中国的二十一世纪"。

最使他感动的是，青海省的一位工人孔某，得知他年老身孤，千里投书，自告奋勇承担赡养他的责任。

当年演《西望长安》的演员们拉着他的手，高兴地说："当年是我们演你，现在该你自己演自己了。"

1979 年的一天，他身穿崭新服装，手捧着粉红色的选民证，兴冲冲地排队走向投票箱，他是那样激动，以致连续三次才能把选票准确地投入箱内。

他感到了充实和幸福，因为，一切与人民同呼吸共命运的人都是幸福的。

他感谢共产党给他新生的政策，忘不了帮他走上新生道路的监狱领导和管教人员，也担心着和他过去一样走上迷途的犯人们。看到一些新入监的犯人不好好认罪服法，他就给他们谈自己的改造体会："认罪是改造的前提，不认罪是反改造的祸根。"面对台下千余名罪犯，他讲述自己"对抗——反复——自新"的改造三部曲。随着报告的进行，会场上凝重的空气消散了，低沉的头抬了起来。看着一张张自省的脸，一行行悔恨的泪，他感到莫大的鼓舞和欣慰。

是什么东西促使他这样做？他回答说："我过去做的坏事太多了，今天总想多做些好事来弥补。"

问他今后的打算，他回答说："老老实实地做人，踏踏实实地工作，在垂暮之年为四化建设尽微薄之力。同时希望人们叫我：李万铭同志。"

案例三

改造第一，精神复苏，知人善用，改造开花 [1]

案 由

毛某，男，30 岁，文化大学毕业（电子专业），诈骗，刑期 14 年。在河北省第一监狱劳动改造。

毛某，是"二进宫"，罪重刑长，加之成家不久的爱妻也提出要离婚，政治的、事业的、家庭的、生活的"砖头"，一齐向他砸来。他承受不了，想呐喊，想自杀，想"认堆"，总之，他惊愕茫然了。

事 实

管教干警从多次查阅毛某档案、多次找毛某谈心中得知，毛某的电子专业功

---

〔1〕 中央劳改劳教管理干部学院教学参考资料：《改造顽固犯一百例》，1990 年编，第 133～136 页。

底较好，而且有较强的向上心。这是这个"二进宫"罪犯存在着的另一面。干警出于职业的本能，经过反复研究和思考，确立了如下改造毛某的方案：利用并发挥毛某的电子专业之长的积极因素去抑制与克服毛某罪重刑长、悲观消沉的消极因素，进而引导其改恶向善、做新人。

为了贯彻与落实这一方案，根据毛某夫妻的情感现实，首先做好毛某妻子的工作，动员其妻协助政府共同挽救毛某。其妻在理解政府的意图后，决心配合政府与其夫分担这 14 年的牢狱之苦。

毛某在干警的改造教育下，鼓起了立功赎罪、重新做人的勇气。他订阅了《中国电子报》《电子世界》《电子科学技术》等十几种专业报刊。他爱人也把家里珍藏的有关书籍、资料送来，在高墙内，毛某又在电子科技的海洋里扬起了远航的风帆。

劳改生产是一项特殊而伟大的实践，电子理论知识的不断丰富，再结合实践的课题，给毛某插上了翱翔的翅膀。根据劳改生产的需要，在干警的支持下，毛某废寝忘食，常年不息，先后搞出了 6 项技术革新。用自己的改造成果缩短了刑期，并建树了可喜的前途。

红外线遥感技术是我国国内一个新的科研领域，为了增强攻关的实力，干警让毛某的爱人去北京等地购买《红外研究》等资料，并亲自带领毛某到华北电力学院、河北大学等院校进行理论探讨和技术交流，使毛某在较短时间里完成了红外监测报警器的设计工作。

进入试制阶段，有一次，由于数据计算不准确，一支价值 400 元的大功率发射管安到试验机上后，只见蓝光一闪就报废了，毛某浑身颤抖，他明白自己的责任，他想向家中要钱赔偿，想到受处分，但更担心的是怕政府取消或停止他的试验。他痛苦、自责，几天的时间体重减少了 11 斤！

干警不仅没有责备他，反而语重心长地说："不是告诉你不要怕这怕那嘛，搞科研，世界上哪项发明创造不是经过多次失败才成功的呀！"

"啊！我具有和科研人员同等的人身价值：既允许成功，也允许失败。"毛某心潮起伏，激动得一句话也说不出。

最大的理解，莫过于对人的存在价值的理解；最好的尊重，莫过于对科学、对知识、对人格的尊重。这里包含任何数字都难以显示的动力。

更大功率的发射管从北京买回来了，试验在继续进行。

1986 年 2 月，样机终于成型了。可一试，监测距离仅有 5 米！

有关资料证明，监测距离清华已达 100 米，实用要求，还要大大超过这个距离。

胜利是由失败中前进的道路铺平的，在干警的直接支持、鼓励下，毛某艰难跋涉的足迹在延伸，报警器的监测距离也在延伸。

150米，毛某不满足，干警也不满意；

200米、250米，毛某仍不停步，干警继续热情勉励；

300米！这个距离，在国内同类产品中遥遥领先，成功啦！

红外监测报警器在边防、公安、劳改机关、银行等部门有广泛的保安用途。

是啊，当初搞这项试验的动机之一，就是从《中国电子报》上发表的老山前线部队向全国电子行业求援——研制远距离报警器的消息而开始的。

毛某自费花了300元买齐了零件，精心装了一台监测报警器机样，连同整套图纸、资料一起寄给了老山前线35192部队。

不久，干警收到了发自老山前线某部的来信。

河北省第一监狱领导同志：

你们数十年如一日为维护法律尊严，在改造罪犯和挽救失足青少年中，付出了劳动和心血，结出了丰硕成果。特别是毛某，更是你们心血浇灌出来的一个典范……特别是他寄来的红外线报警器，为我前沿阵地粉碎敌特工偷袭提供了较为先进的预报装置，在防御作战中起到了重大作用。为此，我部全体将士特向你们并通过你们向毛某表示衷心的感谢！

中国人民解放军某部政治处

1987年2月20日

结　语

改造罪犯，首先在于真正"知情"，只有在"知情"的基础上，有的放矢地制定"转化思想"的工作方案，逐步实施，才能把罪犯引向新生的彼岸。河北省一监的干警支持毛某的革新活动，看起来只是个生产科研问题，实质上则是从实际出发，知人善用，通过支持科研活动，去教育人、改造人，培植和启发犯人的人身价值，使罪犯在活生生的生活中去改造主观世界，重新做人。

案例四

这是一片充满希望的天空 [1]

山西省晋中监狱　刘晶晶　严永涛

"孙警官，离开您快5年的时间了，但我始终忘不了在监狱服刑的那段日子里，您总鼓励我们要自学企业管理专业知识，钻研职业技术，以便刑释后回归社会就业创业。现在经过近5年的努力，我的汽修厂已经开业了，并逐步走上正轨。饮水思源，如果没有监狱警官的引导和教育，也许我现在还自暴自弃，混天

———————————

〔1〕 摘自《黄丝带》2010年第9期。

度日。我今天有了一个充满希望的开始，真的是很感谢你们……"这封朴实感人的书信是一位刑释人员写给晋中监狱六监区孙文斌教导员的。

他叫曹顺银，3年前刑释出狱，今年5月1日是他的厂子开张大吉的好日子，他试着联系原服刑监区警官，希望他们能前来参加开业仪式。这一想法得到了孙文斌教导员等警官的理解，虽因工作忙不能前往，但还是发了数条短信予以祝贺。

晋中监狱教育科杜汾生副科长介绍，随着监狱劳动改造项目的大力调整，70%以上的服刑人员在刑释时都能掌握一技之长，出狱后就业创业的比例逐年上升。一些吃苦耐劳、头脑灵活的刑释人员利用在狱中学到的技术和管理经验办起了工厂、开了店铺，走上了勤劳致富的道路。每当他们立业成家、结婚生子时，都从内心里感谢监狱的重塑再造之恩，给监狱警官寄来喜糖并邀请他们出席自己厂子、店铺的开业仪式和婚礼。这些已成为监狱里最感人的一幕……

现年35岁的辛生（化名）自幼聪明好学，那时他的目标就是考上大学。然而，家里的一场重大变故摧毁了他的梦想。无奈之下，他弃学打工。因为没有技术，文化水平低，难以找到理想的工作。为了奢望的财富，他把罪恶的双手伸向了社会，最终因诈骗罪被判处无期徒刑。

当囚车载着泪流满面的他驶进那高墙电网时，他感到青春之火已经熄灭，甚至想到自杀。

尽管高墙囚禁罪恶，但并不囚禁阳光。辛生入狱后，监狱警官很快摸清了他的情况，对他进行了细致的思想教育，使他很快从悲观绝望中振作起来。在警官的关怀和支持下，辛生参加了高教自学考试。从此，监狱的育新学校、心岸图书馆都留下了他学习和求知的身影。2007年10月，他顺利修完了《市场营销》专业的16门课程，以优异的成绩获得了大专毕业证书，成为大墙里培养出来的大学生。辛生凭借积极改造、学习突出的良好表现，多次获得减刑奖励。2008年4月29日，他提前刑释回归社会。

回归社会后，辛生凭借自己所学专长，很快受聘于大同市某广告公司，月薪两千多元。就业后，他给监区的服刑人员寄来了一封意味深长的信："现在的社会是个科学技术日新月异的社会，如果没有文化，没有技术，简直寸步难行。回想当初，少知识，缺技术，让我走上了犯罪的道路。在监狱的十几年，正是有了监狱警官的亲切关怀和无私帮助，不仅圆了我的'大学梦'，更让我用知识的力量创造了美好的新生活。希望广大服刑人员从我的真实经历中得到启示，努力学习文化知识，把刑期变为学期，为新生打下坚实的基础，用勤劳的双手重塑幸福的明天。"

福建某环保公司近期晋升刑释人员丛新（化名）为该公司车间主管，月薪

3000元。消息传到晋中监狱，引起了许多服刑人员的强烈反响。现年36岁的丛新，1992年因故意伤害罪被判刑改造。入狱后，在监区警官的引导下，他立志把刑期变学期，努力钻研各种知识，积极参加高教自学考试，利用工余时间练习书法及写作技巧。2002年，他以优异的成绩取得了高等教育自考《工商企业管理》专业大专文凭。他勤学好问，钻研图纸，成了生产中的技术骨干，多次被评为省级改造积极分子，累计获得8年6个月的减刑奖励，2008年4月份提前刑满释放。

在监狱监区领导的推荐下，丛新顺利成为与监狱有着业务关系的福建某环保公司的员工。工作伊始，恰逢"5·12"汶川大地震，丛新留下当月生活费，把余下的1500元捐给了灾区。由于在公司的良好表现，他受到了公司领导及工友们的一致好评，也赢得一位靓丽姑娘的芳心，俩人准备在今年10月1日举行婚礼。

一次因业务工作关系，昔日警官与丛新见了面，丛新感到非常的亲切。他说："我会永远铭记监狱人民警察对我的挽救之恩，不但使我由一名死囚犯重获新生，还使我成为一个对社会有用的人！"

谢恩（化名），1994年因故意伤害罪入狱。谢恩至今还清晰地记得梁海军副监狱长当时勉励他积极改造时说的一句很朴实的话："要学会做人，这是根本；要学门手艺，饿不了肚子。"

在监狱医院服刑8年，2002年，谢恩走向自由。凭着自己在监狱积累的医疗知识和临床经验，谢恩顺利考取了乡村医生行医资格。由于医术高明，医风端正，赢得了老百姓的良好口碑。一个偶然的机会，一个患斑秃病多年的患者找到了他。看着患者，谢恩回想起自己曾协助监内医院院长治愈过同样病例。于是，他从一个小箱子中翻出当时院长留存的药方，参照施治，不想就这样治愈了一个又一个斑秃病患者。许多病人带着希望而来，又带着无限的欣喜回到亲人身边。谢恩说：他现在感到心灵的宁静、助人的快乐远胜于对金钱的渴望。

从这一个个鲜活的典型事例中，我们见证了在晋中监狱这所特殊学校里，一批批囚子通过教育改造转化为合格的守法公民。这座熔炉对于绝大多数追求积极改造的服刑人员来说，并不意味着自由的失去，而是意味着洗练身心、重塑自我的新生。在监狱教育改造政策的重塑下，绝大多数刑释人员从艰辛的淬炼过程中吸取了犯罪的教训，用坚实的脚步走向了充满希望的明天。

二、讨论与思考

1. 通过以上几个案例的学习，我们可以获得什么启示？

2. 通过学习和考察历史上不同社会制度下的罪犯劳动制度，请同学们畅谈我国社会主义罪犯劳动制度与奴隶社会、封建社会、资本主义社会罪犯劳动制度的联系和区别，并指出我国罪犯劳动制度的独特优势。

三、阅读书目

1. 金鉴主编：《监狱学总论》，法律出版社 1997 年版。

2. 杜雨主编：《中国特色的劳改学和监狱学》，中国人民公安大学出版社 1997 年版。

3. 中华人民共和国司法部编：《外国监狱资料选编》，群众出版社 1988 年版。

4. 兰洁主编：《罪犯劳动改造学》，社会科学文献出版社 1989 年版。

5. 杜雨主编：《罪犯劳动改造学》，群众出版社 1991 年版。

学习单元二　罪犯劳动的本质和特点

学习目标与任务

● 罪犯劳动的本质和特点是罪犯劳动改造工作的实质和核心，也是罪犯劳动组织与管理者开展劳动改造执法的基础和保障。通过本单元的学习，旨在使学生掌握和明确罪犯劳动的根本性质和基本特征，从而自觉地做好罪犯劳动的组织与管理工作。学生在本单元学习中，应重点把握罪犯劳动本质和特点的基本内涵与理论机理，从而树立科学的罪犯劳动观。

 案例导入

再创业，发家致富靠诚信[1]

新疆兵团新湖监狱三监区　刘晓阳　金瑞森

新疆昌吉市诚信种子公司订单不断，下设的诚信销售点，前来购买种子的承包户更是络绎不绝。看到这欣欣向荣的景象，谁会想到，公司的总经理兼法定代表人戴新平在一年之前还是一名因销售假冒伪劣种子而被判刑的服刑人员呢？出狱后不到一年的时间，他又是怎样让承包户由对他深恶痛绝转化为深信不疑的呢？让我们一起回首戴新平跌倒又奋起的坎坷人生。

出生于 20 世纪 60 年代初的戴新平，头脑灵活，小打小闹地干过不少小买卖，也积累了一定的资金，自己买了房、买了车，比同龄人先一步踏入了小康生活。遗憾的是，富裕起来的戴新平忘记了自己是农民的儿子，背离了中华民族的优良传统，黑了良心只认钱。为了牟取暴利，在 2003 年 1 月，他采用更换标签及包装的方法，将伪劣种子冒充合格种子进行销售，致使用户损失达 293 万元，被石河子市人民法院以销售伪劣种子罪依法判处有期徒刑 8 年，投入新疆兵团新湖监狱服刑改造。

高墙耸立，铁窗冰凉，大好的光阴不得不在高墙铁窗内度过，戴新平好似掉入了万丈深渊。

"刑期可以缩短，自暴自弃只能使悲剧延伸，是男子汉就站起来。"监区警官一遍又一遍地教育他振作精神，从头开始。亲人也频频会见、来信，鼓励他正

---

〔1〕　摘自《黄丝带》2010 年第 9 期。

视现实，多学知识，去实现新的人生价值。警官的关怀像阳光洒在他的身上，亲人的叮嘱似甘露滋润他的心田。戴新平醒悟了，他发誓一定要学出名堂，有所收获。

从那以后，戴新平信心坚定地踏上了积极改造的道路。由于是土生土长的新疆本地人，他对棉花种植和滴灌技术都非常精通，为此，监区将他安排到新犯分监区任大组长，专门负责指导新入监和转监服刑人员劳作方面的知识。对于监区领导的信任，戴新平感激不尽，当晚就递交了保证书，表示绝不辜负警官的信任和期望。他是这样说的，也是这样做的。入监5年，他教了4年的新犯，自身从无违规违纪现象发生，协助分监区警官圆满完成了各项生产任务。除此之外，戴新平还抓紧时间自学企业管理和营销方面的知识，摘录了13本读书笔记。2009年7月23日，戴新平提前踏上了新生的归途。

一个与社会隔绝了6年之久的"世外"人，再丰富的理论知识，对于瞬息万变的市场经济来讲都只是纸上谈兵。成熟起来的戴新平深深地明白"适者生存"的道理。从哪里跌倒，再从哪里爬起来，他决定干自己的老本行：销售种子。广大的土地承包户是基础，只有让承包户都信任，生意才会兴隆，事业才能做大。在亲人的支持下，他在昌吉开了一家名为"诚信"的种子代销点，不图赚钱，只为熟悉业务，打开局面。"诚信"开张后，他按照"信誉第一、顾客至上"的宗旨，服务细致周到，态度热情诚恳，以信为本，以诚待人，受到顾客的称赞，频频光顾的回头客使"诚信"生意兴隆，利润渐丰。由于尝到了诚实经营、热诚服务的甜头，思及6年前的往事，他更加悔恨，这成了他无法原谅自己的"心结"，怎么也开心不起来。开明的妻子知道了他内心的想法后，在一个星期天专门买了些礼品，陪同他挨家挨户地去当年受到损失的承包户那儿赔礼道歉。当年的承包户很多搬了家，迁到了别的连队，戴新平和妻子奔波在赔礼道歉的路上，从早上7点出发，到晚上10点才回到家，他期望以此来减轻昨日的罪孽。用他的话说，那天是他最高兴的一天，身体的疲劳与良心的谴责相比又算得了什么！令戴新平没有想到的是，他登门道歉为求良心安稳的无意之举在各个场部、连队广为传颂，受到了群众的高度赞扬，并为他的事业赢得了商机，很多承包户都专门找到"诚信"购买种子，用他们的话讲："一个敢于面对并坦承错误的人，值得信任。"

客户的成倍增加，让一个小小的种子代销点应接不暇，戴新平当机立断，准备办一家属于自己的种子公司。他的想法得到了亲人的大力支持。就在戴新平刑释3个多月后的11月16日，在亲人和朋友的帮助下，在社会各界的关心和支持下，戴新平创办了"诚信"种子公司。一个刚出狱的人要谋求一份好的工作已属不易，而戴新平却白手起家创建公司，这在当地引起了轰动。公司创建近半年，戴新平又当经理又当杂工，充分发挥在监狱学到的理论知识，使之与实践结合起来。他没日没夜地跑业务，有时为了做成一笔生意、联系好一项业务，一连几天睡不好觉。当签好订单，送货上门时，他也同员工们一道将种子卸下车，搬到客户指定的地方。熟悉的客户跟他开玩笑："都当老板了，干嘛这么累？"他坦然地说："只要大家伙儿满意，比什么都舒坦。"

都说万事开头难，戴新平却成功了。他用吃苦耐劳和诚实守信，为自己的事业开好了头，起好了步。成功后的戴新平没有忘记监狱，没有忘记这个给了他第二次生命的地方。他知道监狱冬季没有什么劳作项目，种子公司成立后，第一项最大的订单——100吨棉种的挑选项目全部委托给了监狱。他说：没有新湖监狱警官的谆谆教诲，就没有我戴新平的今天，将项目交给监狱，也算是我对监狱经济发展做一点点贡献；监狱有严格的要求和监规纪律，生产质量有保障，把项目交给监狱，放心！朴实的语言，表达了他对监狱的深深感激之情；独特的眼光，成为他拼搏商海的重要保障。戴新平回来了，回到了新湖监狱三监区。人还是那个人，改变了的是他的身份：从一名曾经的服刑人员变成了种子公司的老总。他是来验货和检查质量的。有熟悉的服刑人员在他验货时跟他开玩笑："戴老板，检查那么仔细干嘛，少捡一公斤废种你就多挣10块钱，多划算。"戴新平感慨地说："钱是永远赚不完的，农民兄弟都不容易，现在外面采用的都是精确播种，一粒种子一个穴，多一粒废种就会少收几朵甚至十几朵棉花，农民就会少收入。兄弟啊，黑了良心的钱我不能赚，也不敢赚。你要是真的为我好，就把棉种捡好。"一席话，说得那名服刑人员红了脸，低了头。戴新平变了，他用事实证明了，他不再是6年多前那个只认钱的戴新平，现在的他变得明大理、晓大义，知道为他人考虑、为大局着想了。

"信"由诚而来，戴新平视信誉如生命，为了信誉，别人都是6%的破损率，他硬是降低到了4%。为了信誉，他情愿多付人工费，也要保证种子质量。群众的眼睛是雪亮的，诚信种子公司的种子质量好，得到了承包户的肯定，一传十，十传百……戴新平的事业在2010年就迎来高峰期，在服务群众的同时，自己也获得了可观的收入。

戴新平的成功，许多人在拭目以待的同时，更多的是议论他为何会取得如此成就。有的说："戴新平家庭条件好，他才能置办公司。"有的说："他运气好，所以一帆风顺。"还有的说："他有一个强大的关系网。"而戴新平却说："是政府挽救了我，并为我矫正了人生航向，改变了我的人生观、价值观，这才是我创业成功的扎实基础。"当谈到创办公司的目的时，戴新平言简意赅地做了概述："一是想凭自己的劳动致富；二是尽自己的全部能力为社会服务，减轻昨日的罪孽，报答政府的挽救教育之恩。"

这是昔日浪子精神升华的具体表现！
这是监狱改造政策结出的累累硕果！
这更是"人是可以改造好的"的有力证明！

 学习任务一 　　**罪犯劳动的本质**

任何事物内部都有其特殊的矛盾属性，正是这种特殊的矛盾属性，使得一事物和他事物区别开来，这种特殊的矛盾属性就是事物的本质。我们研究罪犯劳动的本质就是要揭示其内部特殊的矛盾属性。罪犯劳动的本质问题是罪犯劳动改造学中一个十分重要的理论问题，正确认识和科学界定罪犯劳动的本质，对于充分发挥罪犯劳动的改造功能，正确认识罪犯劳动在监狱工作中的重要地位和作用，从而实现罪犯劳动改造的科学化和规范化，都有着十分重要的意义。

一、罪犯劳动是国家与犯罪和罪犯作斗争的社会活动

1. 罪犯劳动是马克思主义世界观和方法论的重要内容。马克思主义认为，劳动是人类社会生存和发展的最基本条件，劳动不仅创造了人，还创造了生产力和生产关系，进而产生了社会生产方式。在此基础上，又产生了社会的经济基础和上层建筑。人类社会正是以劳动为逻辑起点一步步由低级到高级发展起来的。劳动不仅是推动社会发展的根本动力，还是进化人、完善人、提高人的重要途径。正如马克思所说："在再生产本身的行动中，不仅客观条件改变了，例如，乡村变为城市，荒野变为清除了林木的耕地，等等，而且生产中也改变着、炼出新的品质，通过生产而发展和改造自身，造成新的力量和新的观念，造成新的交往方式，新的需要和新的语言。"[1] 不仅如此，马克思主义还认为，劳动是消除一切社会病毒的伟大消毒剂。马克思早在 1875 年的《哥达纲领批判》中，就主张生产劳动是犯人"改过自新的唯一手段"，坚决反对使"犯人受到牲畜一样的待遇"，认为"这是应当期待于社会主义者最低限度的东西"。列宁也强调了用劳动手段改造剥削阶级分子以及从劳动人民中分化出去的寄生虫的重要性，他指出：富人、骗子、懒汉和流氓"是人类的渣滓"，是资本主义遗留给社会主义的"传染病、瘟疫和溃疡"，无产阶级专政的国家机器"必须使一切骗子（其中包括不愿做工的懒汉）都不能逍遥自在，而是被关进监牢，或者罚以最繁重的强迫劳动；使一切违反社会主义规则和法律的富人都不能逃避骗子的命运……骗子的

---

〔1〕《马克思恩格斯全集》（第 46 卷），人民出版社 1972 年版，第 494 页。

命运也应该是富人的命运"。"不劳动者不得食——这就是社会主义实践的训条。"[1] 用劳动手段改造剥削阶级分子是毛泽东同志的伟大创造,他第一次提出了消灭剥削阶级是消灭制度,而不是从肉体上消灭个人,从而制定了消灭其制度、改造其人的政策。毛泽东在《论人民民主专政》中明确指出:"对于反动阶级和反动派的人们,在他们的政权被推翻以后,只要他们不造反,不破坏,不捣乱,也给土地,给工作,让他们活下去,让他们在劳动中改造自己,成为新人。"正是从这种意义上来说,劳动不仅能创造人、进化人、完善人,而且能改造人。由此可见,罪犯劳动改造是马克思主义世界观和方法论的重要内容。

2. 罪犯劳动是国家与犯罪和罪犯作斗争的社会活动。劳动改造是无产阶级实现自己伟大历史使命的重要手段。改造自然,改造社会,解放全人类,最终实现共产主义,是无产阶级根本的历史使命。由于犯罪是社会消极现象中最严重的触犯国家刑律的行为,它对社会主义建设和人民生命财产安全的破坏性和危害性最大,因此,在社会主义社会,无产阶级要改造社会,解放全人类,必然首先要消灭犯罪和罪犯,因为只有这样,才能真正过渡到无阶级、无犯罪和无罪犯的共产主义社会。而由于劳动自身特有的创造人、进化人、完善人和改造人的伟大功能,无产阶级政党必然会把马克思主义劳动学说和劳动改造理论作为指导思想,并把劳动改造作为一种国家意志和国家行为,自然也会把劳动改造思想引入监狱,运用到消灭犯罪和改造罪犯这一艰巨工程之中,这样就使得罪犯劳动成为社会主义国家与犯罪和罪犯作斗争的社会活动,同时也使罪犯劳动这一活动带有强烈的社会意识形态色彩。

半个多世纪以来,我国罪犯劳动在毛泽东劳动改造罪犯思想的指导下,在与犯罪和罪犯作斗争的社会综合治理活动中发挥了重要功能,取得了突出成就。我国罪犯劳动部门不仅顺利地改造了日本战犯、国民党战犯和末代皇帝溥仪,而且成功改造了数以百万计的反革命分子、敌对分子和形形色色的刑事犯罪分子,使他们成为拥护社会主义制度的新人、自食其力的劳动者、社会主义现代化建设的守法公民和有用之材。

二、罪犯劳动是监狱执行刑罚的基础和本体性活动

1. 罪犯劳动实施所产生的社会存在为罪犯的改造提供了本体性条件。罪犯劳动的过程首先表现为一种人与自然的过程,即罪犯通过作用和改变自然物或劳动对象使之为人类服务,并创造出一定的经济效益和社会效益,因而罪犯劳动能产生一定的生产力。另一方面,罪犯劳动的过程又是在干警的直接管理和监督下,罪犯集体相互分工、相互协作、共同创造的过程,这就必然产生罪犯与干

---

〔1〕《列宁文选》(第3卷),人民出版社1972年版,第396~399页。

警、罪犯与罪犯等生产关系。而根据马克思主义的基本原理，生产力和生产关系的统一是生产方式，生产方式的总和又构成社会存在，而社会存在又直接决定社会意识。罪犯的犯罪从本质意义上讲是由于错误的社会意识造成的，把罪犯改造成为守法公民就必然要求改造和矫正罪犯的错误社会意识，而由劳动改造实施所产生的社会存在无疑为罪犯错误社会意识的转变提供了本体性条件，这就从客观上使罪犯错误社会意识的转化具备了现实可能性。

2. 罪犯劳动使罪犯对如何做守法公民有了更实质性的认识。我国监狱法明确把罪犯的改造目标确定为守法公民。守法公民从表面上看，只指罪犯应该知法、懂法，并具有一定的法律意识。实际上，守法公民的内涵远不止这些。在我国目前的社会条件下，做一名守法公民，其中一个很重要的方面，就是要求罪犯应树立正确的劳动观，掌握谋生的本领和技能。做守法公民，就要做一名合格的社会劳动者，懂得劳动是做人的根本，是人生的真谛，做人应该自食其力、勤劳致富，用辛勤的汗水和智慧创造美好人生。而不应该靠非法手段暴敛财富，发不义之财。通过劳动改造，罪犯不仅能够树立正确的劳动观和人生观，而且能够学到谋生的本领和做人的真知，更对如何做一名守法公民有了切切实实的感悟、体会和实践，这就为罪犯早日成为守法公民奠定了坚实的基础。

3. 罪犯劳动在监狱工作三大基本手段中起着基础性作用。在罪犯改造工作中，劳动改造和监管改造、教育改造一起构成罪犯改造的三大基本手段。这三大基本手段是我国监狱刑罚执行工作的整体，不可割裂开来，它们各司其职，各负其责，不可替代。在三大基本手段中，劳动改造起着根基性作用。从劳动改造和教育改造的关系来看，劳动改造是教育改造不可或缺的实践基础和价值检验渠道，教育改造需要劳动改造为其提供信息、检验成效及论证价值，离开了劳动改造，教育改造难免就有空洞说教之嫌，显得苍白无力、抽象乏味。从劳动改造和监管改造的关系来看，劳动改造为监管改造提供了有效管理的空间和必要途径，劳动改造过程不仅是对罪犯进行科学监督管理的过程，而且是对罪犯进行行为矫正和技能养成的必不可少的场所。离开了劳动改造，监管改造不仅不能有效发挥管理和约束作用，而且容易走入单纯监禁和单独羁押的窠臼。

三、罪犯劳动是以刑事法律为根本依据的严肃执法活动

1. 罪犯劳动是建立在刑事法律基础上的严肃执法活动。我国罪犯劳动的实施是建立在严格的刑事法律基础之上的，对此，我国《宪法》《刑法》《刑事诉讼法》《监狱法》等重要法律部分都作了明确确定。罪犯劳动改造是我国刑罚执行制度的重要内容和惩罚改造罪犯的重要途径。有劳动能力的罪犯参加劳动改造，是国家法律赋予罪犯的特定义务；组织罪犯参加劳动改造是国家给予监狱机关的法定权力，这是任何一名有劳动能力的罪犯无论如何都不能逃避的，否则就是严重违反监规纪律和国家法律的行为，也必然会受到相应的惩罚。正是由于罪犯劳动有明确的法律规定和严格的法律要求，也使其成为一项监狱惩罚改造罪犯工作中的严肃执法活动。无论是罪犯，还是监狱机关，任何违反或违背罪犯劳动执法要求的行为都是违法的，都应受到法律的追究。

2. 罪犯劳动的刑事执法属性对罪犯提出了特定要求。罪犯劳动作为一种带有强制性的严肃执法活动，使得对参与这一活动的罪犯提出了一系列特定要求。对罪犯来说，参加劳动改造是依法强制进行的，罪犯必须依法履行自己的法定义务，在劳动中，罪犯只有按质按量圆满完成劳动任务的义务，而没有向政府和干警挑挑拣拣、讨价还价、要求获取多少报酬和利益的权利。罪犯在劳动改造中，虽有生产建议权、休息权、获取劳动报酬权、劳动保护权和劳动保险权等，但个人没有权利决定自己劳动的单位、工种、期限和时间，不能选择自己的组织和领导者。

对监狱人民警察来说，由于罪犯劳动改造是一项严肃的刑事执法活动，因而干警在组织和实施劳动改造中必须严格依法进行，做到劳动项目科学、劳动定额合理、劳动管理文明、劳动考核公正。广大干警应认真研究和探索罪犯劳动的内涵，并制定出一套科学组织和实施劳动改造的规范程序和工作制度，切实使罪犯劳动的过程成为将罪犯改造成新人的过程，真正实现罪犯劳动改造的规范化、制度化、法制化，从而大大减少罪犯劳动实施中的随意性、盲目性和目标偏差性。罪犯劳动的严肃执法性还要求广大监狱人民警察在组织和实施劳动改造中要秉公执法、不徇私情，模范执行监狱工作的方针和政策，切不可在罪犯劳动问题上执法不公、厚此薄彼，甚至索贿受贿。广大监狱人民警察对工作要脚踏实地，认真负责。在罪犯劳动现场，监狱人民警察应时刻进行督察和巡视，注意发现罪犯在劳动中出现的问题并及时进行教育引导，切不可擅自脱离工作岗位，更不能远离劳动现场从事与劳动改造管理无关的活动，否则，就是一种失职和严重不负责任的行为。

四、罪犯劳动是具有不可选择性的刑事强制活动

1. 由劳动改造的特定性决定的。罪犯劳动改造不是一种随意的活动，而是我国监狱对罪犯执行刑罚的重要内容。我国《监狱法》第 4 条明确规定："监狱对罪犯应当依法监管，根据改造罪犯的需要，组织罪犯从事生产劳动，对罪犯进行思想教育、文化教育、技术教育。"[1] 可见，罪犯劳动改造不是简单的处遇措施和改造手段，而是一项对罪犯进行惩罚和改造的刑事执行活动，是依据人民法院所作出的已经生效的法律判决，在刑罚的有效期内，在监狱或其他改造场所对

---

〔1〕　法律法规实用手册编辑组编：《法律法规实用手册》，金城出版社 2003 年版，第 207 页。

罪犯所组织的劳动改造的行刑活动,必须随着刑罚执行的终结而结束。罪犯劳动作为执行刑罚的重要内容,作为国家执行刑罚的职能活动,不是任何机关、任何时间、任何场所都能执行的。依照法律的规定,罪犯劳动只能由国家刑事执行机关执行,只能在罪犯服刑期内在劳动改造场所实施,罪犯必须依法接受劳动改造。同时,监狱机关实施对罪犯的劳动改造必须严格按照法律的规定执行。

2. 由罪犯在劳动改造中的特殊地位决定的。在我国的一般社会劳动中,由于我国是人民民主专政的社会主义国家,工人阶级和广大人民群众是国家的主人。因此,在企业中,一般来说,企业领导人员和职工都是企业的主人,职工依法有参加企业民主管理的权利,有职业、工种等选择的自由。企业领导人员和职工的关系除了领导与被领导的关系之外,同时也是同志式的平等互助关系,而罪犯劳动则是赎罪性质的劳动,劳动过程中,罪犯没有自我选择的自由。监狱机关和监狱人民警察与依法被强制劳动改造的罪犯之间是惩罚与被惩罚、改造与被改造、拯救与被拯救的关系。

罪犯劳动是监狱机关一项非常严肃的执行刑罚的活动。既然是执行刑罚,劳动改造必须是一种强制性的劳动。它是在对罪犯剥夺人身自由、实行军事管制的前提下实施的。罪犯劳动的过程就是在执行刑罚的前提下对罪犯所实施的强制性的改造过程。当然,这种强制性的改造过程在罪犯的不同改造时期会有不同的表现形式。正因为如此,不论罪犯愿意与否,只要有劳动能力的罪犯都必须在法律的强制下参加劳动,这种不可选择性的劳动很明显带有执行刑罚的刑事强制属性。

由于在罪犯劳动的过程中带有不可选择的强制性,致使罪犯劳动和一般社会劳动产生了本质的区别。尽管二者在某种意义上来说都属于社会生产活动的范围,都应遵循社会生产的一般规律运行,在表现形式上也会有很多相似之处,但是,罪犯劳动作为对罪犯进行改造的一种重要手段,与一般社会劳动在功能、活动目标、经营范围、运行机制、管理方式等一系列方面都有本质的不同。最根本的区别就在于,监狱机关由其刑罚执行性质所决定,对罪犯的劳动是以改造罪犯为最终目标的,追求经济效益虽然也是监狱机关所极力希望达到的,但它不是罪犯劳动的根本目的;一般社会劳动部门的最终目标是获得最大的经济利益,为社会创造更多的社会财富。

3. 由罪犯劳动报酬的不完全性决定的。劳动是人类创造社会财富并取得报酬的活动。由于我国是社会主义国家,因而我国目前实行的是按劳取酬的原则,劳动者有获取劳动报酬的权利,实行同工同酬。罪犯在监狱参加劳动改造尽管是一种特殊性质的劳动,但由于也具有一般劳动的共性,罪犯也具有劳动者的特性,因而也有获取劳动报酬的权利。正是基于此,我国《监狱法》第 72 条规定:

"监狱对参加劳动的罪犯，应当按照有关规定给予报酬并执行国家有关劳动保护的规定。"[1] 然而，在监管改造场所服刑的罪犯劳动由于在本质上是一种刑罚执行活动，罪犯劳动带有明显的赎罪性质，因而表现在劳动的结果上是，罪犯不能完全参与劳动成果的处理，不能完全体现一般社会劳动部门按劳取酬和同工同酬的基本原则。罪犯在劳动中只有按质按量完成所规定的生产任务的义务，却不完全具有一般社会群众所拥有的根据其劳动成果多少或质量好坏获取劳动报酬的权利。其部分劳动报酬依法被国家予以剥夺。罪犯劳动报酬制的实施，并没有改变对罪犯不完全实行按劳分配的实质，也并没有因为罪犯获取了一定数量的劳动报酬就使罪犯达到了与一般社会群众相同的劳动地位。罪犯在劳动报酬获取上的不完全性或低报酬制，恰恰反映了罪犯劳动的刑事强制属性。

4. 由罪犯劳动改造的身心痛苦性决定的。罪犯劳动作为一种严肃的执行刑罚的活动，不管罪犯对劳动的态度如何，都要依法强制他们参加劳动改造。因此，对罪犯来说，参加劳动是被迫的，精力和体力的付出是被动的，是迫于刑罚的威慑不得已而为之的，这就大大增加了罪犯劳动改造的痛苦性。罪犯劳动除了同一般劳动一样需要付出艰辛外，还有监管约束、武装看押、干警管教等共生因素，其艰辛性有倍于一般劳动，加之，大多数罪犯都鄙视体力劳动，身无一技之长，对劳动改造本身具有不同程度的抵抗情绪，因而在劳动改造过程中，罪犯的身心都要经历一个痛苦的适应过程。痛苦性是随强制性而产生的，在一定程度上可以说是刑罚的固有属性。

五、罪犯劳动是以生产劳动为基本形式的改造活动

1. 罪犯劳动在本质上是改造罪犯的基本手段。罪犯劳动之所以能够成为改造罪犯的基本手段，并不是人为拔高，而是由其在罪犯改造中所处的地位和表现出的独特职能所决定的。

（1）罪犯劳动在我国刑罚目的的实现中起着重要的促进作用。我国刑罚目的的主要内容是特殊预防和一般预防。劳动改造通过矫正罪犯享乐主义和拜金主义的劳动观和人生观，矫治罪犯好逸恶劳、贪图享乐、不劳而获、放荡不羁、目无法纪等不良恶习，培养罪犯具备良好的劳动技能和成为合格的社会劳动者等方面的功能，不仅能够实现刑罚的特殊预防，而且能够通过劳动改造的军事管制性和刑事强制性震慑罪犯和社会上的不稳定分子，达到预防和减少犯罪的目的，从而实现刑罚的一般预防。

（2）罪犯劳动在罪犯改造中发挥着独特的改造职能。罪犯劳动的最大贡献在于能够使罪犯由一个犯罪人成为一个自食其力的守法公民和合格的社会劳动

---

〔1〕　法律法规实用手册编辑组编：《法律法规实用手册》，金城出版社 2003 年版，第 215 页。

者，从而为监狱行刑目的的顺利实现提供坚实保证。具体来说，劳动改造有以下功能：①使罪犯错误的劳动观、人生观得以转化的功能；②使监狱社会存在方式得以形成，从而使罪犯实现重新社会化的功能；③对罪犯的改造程度、改造水平和日常改造表现的检验和评价功能；④使罪犯正确处理和协调人际关系，从而培养和增强罪犯社会适应能力的功能；⑤对罪犯不良恶习和不良心理状态的矫正和调节功能；⑥消除罪犯错误审美观的美育功能；⑦提高罪犯劳动技能、法纪观念，促进罪犯身心健康的培养和保健功能；等等。

2. 罪犯劳动以生产劳动为基本形式和重要载体。要运用劳动改造罪犯，首先必须找准劳动改造的最佳途径和方式。劳动改造的形式很多，如生产性劳动、非生产性劳动、习艺性劳动、公益性劳动、自我服务性劳动等，这些形式应该说对罪犯都有一定的改造作用。基于此，在罪犯劳动改造实践中，我们应进行科学合理的实施，真正使这些劳动改造形式充分发挥各自的功用。但是，在劳动改造形式中，唯有生产劳动是最佳和最优的改造途径。这不仅因为生产劳动是人类社会实践中最基本的活动形式，而且因为生产劳动对罪犯的改造力度和改造作用最大。因而，罪犯劳动应以生产劳动为基本活动形式。生产劳动具有集体组织性、互助协作性、体力消耗性、经济效益性和社会沟通性等一系列特点，而这些特点对罪犯改造来说作用尤为明显。不仅如此，生产劳动还使得罪犯劳动与整个社会劳动连为一体，使罪犯劳动成为社会劳动的重要组成部分。另外，生产劳动还能创造一定的经济价值，从而也给劳动改造赋予了一种特定的经济属性。

但是，劳动改造并不等同于生产劳动，劳动改造是实体，生产劳动是载体；劳动改造是本质，生产劳动是现象；劳动改造是目的，生产劳动是手段；劳动改造是内容，生产劳动是形式。劳动改造有着极其丰富和精深的内涵，而生产劳动只是实现劳动改造目标的一种途径和方法。因而，我们绝不能把劳动改造与生产劳动混为一谈，错误地认为对罪犯组织了生产劳动就是进行了劳动改造。

劳动改造更不等同于监狱经济，监狱经济是罪犯生产劳动的必然结果，因而也是劳动改造中的必然现象，但劳动改造与监狱经济有着本质的差别。具体来说，劳动改造是一种严肃的执法活动，是刑罚执行的重要内容，属于国家上层建筑的范畴；监狱经济是一种特殊的社会经济现象，是特定领域的生产经营和企业管理活动，属于经济基础范畴。另外，劳动改造和监狱经济在活动目标、运动轨迹、追求价值、服务内容、运行机制、管理方式和检测标准等方面都有本质区别，其中一个最显著的区别就是，劳动改造追求的是罪犯思想的转化和技能的养成，而监狱经济所关注的是生产经营的管理和经济效益的提高。当然，劳动改造与监狱经济也有密切联系，监狱经济是劳动改造活动展开的必然结果和效用价值，离开了监狱经济的正常运行和价值实现，劳动改造也难以实现自己的特定目标，监狱经济为劳动改造价值的顺利实现和功能的充分发挥提供了效用支持、机能保障和物质后盾。

 学习任务二　罪犯劳动的特点

罪犯劳动的特点是罪犯劳动本质的外部表现和主要征象。特点是由其内在矛盾性所决定的，特殊的内在矛盾性、别具特色的外部征象构成了罪犯劳动区别于其他事物的特有品性，而这些特有品性就是罪犯劳动的特点。罪犯劳动的特点主要有以下几点：

一、依法强制的不可选择性

1. 罪犯劳动具有依法性。罪犯劳动是一项严肃的执行刑罚的活动，是国家有关法律法规明文规定的一种活动，是对判处死刑缓期二年执行、无期徒刑和有期徒刑的罪犯，只要有劳动能力都必须无条件参加的一种活动。因此，监狱组织有劳动能力的罪犯参加劳动，不是一种随意和人为附加的行为，而是一种严肃的执法活动。组织罪犯参加劳动既是国家赋予监狱的法定职权，同时也是国家要求监狱必须履行的法定义务，监狱不能自主放弃和不作为，否则就是一种违法行为。对罪犯来讲也同样如此，劳动既是罪犯的一种权利，也是罪犯的一项法定义务。

2. 罪犯劳动具有强制性。罪犯劳动是一种国家行为，体现的是广大人民的意志，监狱代表国家对罪犯进行劳动改造执法，因而，罪犯劳动不可能不具有一定的强制性。罪犯劳动的强制性是由罪犯劳动的依法性决定的，任何执法活动都有一定的强制性，这是由法律的本质属性决定的。但是，作为规范罪犯劳动行为的监狱法律是一种刑事法律，而刑事法律的强制属性远远超过一般性法律，因此，罪犯劳动的强制属性是由罪犯劳动的刑罚执行性质决定的。罪犯劳动执行的是国家的意志，是最广大人民的根本利益体现。因此，违反罪犯劳动的法律规定就会受到国家强制的干涉，罪犯劳动是一种以国家强制力为后盾的严肃执法活动，其强制性非常明显和强烈。

罪犯劳动的强制性不等于野蛮性和报应性，罪犯劳动的强制性是一种法律属性，是由罪犯劳动的刑事法律属性所决定的。罪犯劳动的强制性是对有劳动能力的罪犯实施的。对于丧失劳动能力的罪犯，国家出于社会主义人道主义考虑则实行特殊保护，并不强制他们进行劳动。对于部分丧失劳动能力或老弱病残的罪犯，监狱则组织他们开展力所能及的劳动项目，且对他们不实行严格的劳动定额，这体现了我国监狱法律的人道性和区别对待的原则。

3. 罪犯劳动具有不可选择性。罪犯劳动的不可选择性主要指，罪犯不能自主选择参加劳动或不参加劳动，按照法律规定，有劳动能力的罪犯必须参加劳动。罪犯还无权选择服刑场所（即在哪一所监狱服刑改造），无权选择监狱管理者和人民警察，无权要求监狱按照社会劳动标准支付报酬或给予何种奖励，等等。为什么在劳动中罪犯不能享有普通劳动者所享有的劳动选择权呢？主要原因就是罪犯劳动与一般劳动存在本质区别。罪犯劳动是一种严肃的执法活动，是一种带有惩罚和强制性质的刑罚执行活动。当然，在社会主义市场经济条件下，罪犯劳动不可选择性的范围有所缩小，如为了使罪犯劳动与社会劳动相适应，一些监狱鼓励罪犯竞争上岗，通过竞聘的方式鼓励罪犯自主择岗，且岗责相协调，这有利于培养罪犯的竞争、进取、自主意识，可考虑推广和实施。

二、潜移默化的渐染性

所谓潜移默化的渐染性，是指罪犯在劳动中的改造和教育作用是在潜移默化、不知不觉中发生的，且这种作用的发挥是一个循序渐进的过程。

1. 罪犯劳动的改造和教育作用是在不知不觉中发挥的。罪犯劳动不同于罪犯教育，罪犯教育是通过灌输理论、传授真知和解疑释惑等方法对罪犯进行明白无误的教育和引导，它明确地告诉罪犯应该怎样做人，为什么自己犯罪是可耻的，在改造中应如何树立正确的改造观，等等。可见，罪犯教育是通过语言即第二信号系统对罪犯进行影响的。而罪犯劳动则不同，罪犯劳动是由罪犯即劳动者使用劳动工具对劳动对象进行加工或改造，从而生产出物质产品或提供某种劳务的过程，这一特点决定了罪犯在劳动中主要通过对客观对象的感知或在劳动对象的刺激下而产生一些感受和体会。可见，罪犯劳动主要是通过第一信号系统即外界刺激物的不断刺激而产生教育和感染作用。因此，罪犯劳动对罪犯的感染和影响、改造和教育作用是在长期劳动中通过对客观事物的感知和外界刺激物的不断刺激而实现的，这也决定了它对罪犯的改造是潜移默化的，罪犯在不知不觉的劳动过程中就已经受到了教育。这也是有些同志"罪犯劳动作用有限论"和"劳动改造无用论"产生的认识论基础，他们被罪犯劳动潜移默化性和无声无息性所蒙蔽，因而也得出了不正确的观点。

2. 罪犯劳动的改造和教育作用是在迂回曲折中实现和发挥的。由于罪犯劳动作用的发挥依赖第一信号系统，即主要依靠罪犯在劳动中对刺激物和劳动过程的体会和感受，不能像第二信号系统那样通过有声的语言和有形的文字获取明白无误的道理和信息。因而也就使得罪犯劳动对罪犯的教育和影响变得复杂和多样化。在罪犯劳动过程中，很多要素都会发生作用，如罪犯因素、劳动技能状况因素、劳动性质因素、劳动过程因素、劳动种类因素等，这些要素又可分为正向要素和负向要素，只有积极的正向要素占据主导地位，才会产生积极影响；反之，如果消极的负向要素占据主导地位，则可能产生消极不利的影响。例如，一个消极抗改的罪犯如果从事一项繁重的、需要较高技术的工种，对他来说，他可能产生抵触、恐惧、紧张不适的情绪反应，进而对劳动产生排斥的思想和意识。如果让一个积极改造、文化技术较高的罪犯从事这一工种，他可能不仅会产生对政府的信任情绪，而且也可能在劳动中获取更多积极的、向上的感受和收获，进而对劳动产生热爱和追求的思想意识。由此可见，罪犯在劳动中教育和改造的实现要受到罪犯的改造状况、罪犯的技能水平、劳动的组织管理水平、劳动保护状况、劳动奖惩的合理程度等因素的制约，是一个非常复杂的运作过程。

同时，劳动作为一个非常复杂的过程，对人的影响也是各不相同的，劳动既可以给人带来欢愉，也会给人带来痛苦；既能给人以克服困难的勇气，也能给人以困惑或消沉；既能锻炼人的体魄和意志，又能摧残人的精神和灵魂。因此，劳动给人的感受本身就是分散的、片断的、零散的，甚至是相互抵消、相互矛盾的。这样一种复杂的事物本身就对人们产生积极的思想意识造成了很大障碍。加之罪犯不同于一般人，比一般人的思想和行为都更加消极，这就使得罪犯在劳动中自发达到改造和教育作用产生了困难。在这种情况下，要想使劳动对罪犯发挥积极的改造效应，必须一方面启迪其理性，让罪犯学会辨别和思考；另一方面，要加大对罪犯开展劳动教育的力度，并经常在劳动中对罪犯进行点拨和诱导。只有这样，才可能使罪犯劳动的教育和改造作用在迂回曲折的复杂过程中得以充分发挥和实现。

3. 罪犯劳动的改造和教育作用是在不断强化和反复刺激中发挥和实现的。罪犯劳动不同于罪犯教育，罪犯教育虽然能很快明白无误地使人掌握道理，但这种道理也较容易忘记或消失。因为一般来说，来得快的东西消失也快。但罪犯劳动则不同，罪犯劳动是一项复杂的长效工程。不仅每项劳动的过程长，而且罪犯在监狱劳动持续的时间也长，一名罪犯每天 8 小时都在劳动，而且劳动贯穿于罪犯从入监到出监的整个过程中。这种长时间的持续不断的刺激强化使得罪犯在劳动中的感受和收获日积月累，积少成多，星星之火，得以燎原。一般来说，劳动对罪犯的感染作用，刚开始都是比较零碎的、微弱的，但是，随着劳动改造的持续开展和不断深化，客观对象的刺激日益增多，罪犯所接受到的感知也愈来愈深刻，以致最后引发能动反映性质的飞跃，出现观念的更新和思维的跳跃。这说明，罪犯劳动的改造和教育作用没有时间的持续和反复的强化刺激是不可能实现的。

三、劳动主体与客体的互塑性

所谓劳动主体与客体的互塑性，是指在罪犯劳动中，作为劳动主体的罪犯与作为劳动客体的外部环境和劳动对象互相影响、互相作用、互相塑造，二者共同构架出主客体双方互惠互促、相得益彰的格局。

1. 罪犯是劳动活动的主体，客观环境和劳动对象是劳动活动的客体。罪犯虽然是触犯国家刑律、依法在监狱接受刑罚处罚的服刑人员，但也是监狱劳动活动的直接操作者和生产者，是有思想、有意识、有行为能力和能够驾驭劳动对象的认识者，因而罪犯能够对客观对象进行认识、分析、加工和改变，进而通过生产工具创造出产品和对劳动对象进行一定的改变。因此，罪犯无疑是劳动活动的主体。尽管有些罪犯的劳动改造态度不端正，劳动技能欠缺，但这只反映了劳动主体的素质状况如何，不影响罪犯成为劳动主体的资格。劳动客体是劳动主体认识和改变的对象，可见，在劳动中，罪犯认识和改变的客体是外部环境和劳动对象，一般来说，农业性劳动的劳动对象为大自然，如田地、草场等，而工业性劳动的劳动对象一般为原料和材料，如矿山、棉花、木材等。

2. 劳动主体在劳动活动中影响和改变着客体。劳动的最基本属性就是人们通过对自然物和劳动对象的加工和处理，从而使之为人类提供服务的一种活动。罪犯劳动也是如此，也具有一般劳动的共同特征。罪犯在劳动中作为劳动力，通过徒手或使用劳动工具对自然物和劳动对象进行加工或改造，使之为人类服务，从而达到人们对自然的改造和利用的目的。罪犯对劳动对象的改变和影响与一般劳动一样，有的是改变劳动对象的面貌，如绿化荒山、垦荒种地、绿化美化监区；有的是改变劳动对象的形状，如零件加工、服装加工、手工艺品的组装等；有的是改变劳动对象的性质和功能，如把废渣生产成砖瓦、把铁冶炼制造成机器等。不论哪种情况，都是对劳动环境和劳动对象的影响和改变，使之成为对人类有益的东西。

劳动者在劳动中如果对客观环境和劳动对象没有任何的加工和改变，也没有提供任何对人类有用或有益的东西，那我们说，这不是真正意义上的劳动。

3. 劳动客体在劳动活动中也影响和塑造着主体。主体在劳动中影响和改变着客体，但客体也不是绝对被动的，它对劳动主体也有巨大的能动性和反作用，随着劳动主体对客体的改变和影响，客体也对劳动主体产生相应的改变和影响，且二者的作用与反作用力呈正向关系，即主体对客体的作用力越大，客体对主体的反作用力也越强；反之亦然。这是因为，在劳动活动中，罪犯运用体力、智力和脑力对客观世界进行改变和影响，而这种改变和影响势必刺激罪犯的感觉器官，从而使罪犯引发新的感知和思维，产生新的情感撞击和心理变化，久而久之，作为认识主体的罪犯必然要引起生理、心理、行为和思维等方面一系列的变化。也正是在这种意义上，我们得出劳动能改变甚至改造罪犯，使罪犯在劳动中能够成为新人的结论。

不仅如此，劳动本身是一项十分复杂的活动，劳动中不仅能够产生生产力，而且能够产生生产关系，构成一种全新的社会存在。在这种社会存在方式下，作为劳动中的主体（即人），哪怕是罪犯，也会产生很多感受和感悟，这种感受和感悟最基本的内容是由劳动本身所蕴含的规律和法制引起的，进而使人们形成对人生、社会的认识和思考。例如，从事农业劳动的罪犯一般都能从农作物播种、出芽、生长、开花、结果到收获这样一个生长历程中得出农作物生长的规律，要想农作物丰产、高产，必须遵循农作物生长的规律，不能违反。因此，在农作物生长过程中"揠苗助长"是不行的，而由农作物生长的规律可以推及做人的规律、社会发展的规律等。罪犯从农业劳动中还可体会和感悟出要爱惜农作物；粮食来之不易，要珍惜粮食和劳动果实；要循序渐进，不能急于求成；只有付出才有收获，且付出与收获同步等思维。而从农业劳动中所获得的这些朴素的道理同样可以运用到其他领域，它们具有普遍的推广价值和适用意义。这样就会使罪犯尽管是从事简单的农业劳动，也会受到具有普遍意义的教育和改造。当然，应当指出的是，在劳动中，单靠罪犯个人去体会、反思是远远不够的，因为罪犯的自身素质较差，且对劳动有一种本能的抵触，只依靠他们自身的力量，劳动的教育和改造作用往往难以实现，必须有监狱人民警察根据劳动内容进行有针对性的点拨、启迪和灌输，劳动客体对劳动主体的影响和改造作用才不至于落空。

四、劳动实践的综合影响性

罪犯劳动是一种以改造为主旨的特殊的社会实践活动。这种社会实践活动虽然带有一般社会实践活动的特点，但又与一般社会实践活动有本质的区别。罪犯劳动活动由武装警戒、监管约束、干警管教、劳动定额、群体影响等众多因素构成，构建出了一种独特的行刑劳动格局，这样一种特殊的行刑实践活动，必然对罪犯产生综合渗透和多源影响作用。

1. 罪犯劳动实践是以刑罚执行为基本内容的社会实践活动。由这一独特属性所决定，罪犯必定会产生不同于一般社会劳动的感受，如罪犯可能会感觉到劳动心理的痛苦性、劳动生活的不适应性、劳动环境的强制性、劳动定额的严格性、劳动氛围的严肃性、劳动群体的约束性、劳动教育的普遍性等一般劳动者难以产生的心理状态。这种劳动状态既可能使罪犯增加对政府的抵触情绪和逆反心理；又可能使罪犯在劳动中反省自我，清算自己的罪行，产生内疚和负罪心理；还可能使罪犯产生利用劳动进行宣泄和补偿，把刑期当成培养自己技能的良好机会等不同感受。至于罪犯到底会产生哪种心理感受，一方面取决于罪犯的悔罪态度、劳动价值观和心理适应能力；另一方面，也取决于监狱机关及其干警的管理、教育和引导力度，使罪犯真正领会国家组织罪犯劳动的根本目的。

2. 罪犯劳动实践是以生产劳动为基本形式的社会实践活动。这一属性决定了罪犯在劳动中一方面能认识到，罪犯劳动与社会劳动如果仅从外部形式来看，差别并不明显，例如，罪犯劳动过程也是由罪犯操纵生产工具对外界环境和劳动对象进行加工改造的过程，也要讲究投入与产出，也要投入体力、脑力和智慧，也要生产出物质产品，因而从表面来看与社会劳动相差无几，一些原有劳动习惯和劳动技能的罪犯并不会因为参加劳动产生多大的思想压力和服刑压力，甚至还会得出劳动比其他监督改造活动（如规范化管理、行为训练、"三课"教育）更容易实现和达到的想法。另一方面，也会使一些原来没有或较少有劳动习惯，特别是劳动技能欠缺的罪犯感到力不从心，心理和精神压力增大。在这种情况下，有的罪犯可能会加倍训练，迅速提高自己的劳动技能，努力使自己养成劳动习惯；有的则悲观失望、焦虑紧张，甚至产生畏惧劳动焦虑症；有的则破罐破摔、自暴自弃，轻则敷衍塞责，重则走向消极抗改的道路。在监狱工作实践中，就发生过多起因不能适应监狱里的劳动生活而走上自杀、脱逃等反改造道路的真实案例。

3. 罪犯劳动实践是以罪犯群体为基本组织形式的社会实践活动，因此，除极少数罪犯劳动不得已而必须以零星、个体劳动组织外，我国罪犯劳动的组织方式大多为群体性劳动。我国历来主张罪犯要在群体中改造，要组织社会化大生产，这一组织方式确实比个体、零星劳动有更大的优势，特别是可以实现罪犯之间的互相监督、互相帮助、分工协作，使罪犯形成勇于竞争、团结互助、群策群力的良性改造局面，这符合人的社会性本质和在群体中进行改造的原则。通过群体性劳动，会使罪犯产生很多个体性劳动所不可能具有的改造作用，如分工协作、团结、互助等。但群体性劳动也不是十全十美的，若组织控制不好，也可能出现一系列负面影响，如极容易出现罪犯之间的交叉感染和深度感染，容易出现群体性事故，诸如集体绝食、拒绝出工、集体脱逃、暴狱闹监等监管改造事故和群死群伤等劳动事故。因此，加强对群体性劳动的科学组织和严密监管，发挥群体劳动的积极效应，尽力抑制群体劳动的消极面就显得极为重要。

总之，劳动实践对罪犯的综合影响性是多方面的，既包括劳动实践本身对罪犯所产生的直接影响，也包括由劳动实践所引发的次生效应和间接效应，这些效应既有积极、正向效应，也有消极、负向效应，还有既非正向也非负向的普通效应。这些因素构成了一个对罪犯综合影响和复杂多源渗透的系统，在监狱和干警的积极干预和有效控制下，会实现对罪犯的良性影响和有效改造，从而达到组织罪犯劳动改造的根本目的。

拓展训练

一、相关案例选编

案例一

永不放弃铺就新生路[1]
——江苏省盐城监狱刑释人员鲍红星新生创业纪实
江苏省盐城监狱　季希扣

走进江苏省建湖县冈东镇，提到鲍红星（化名）机械配件加工厂，从政府干部到普通村民，几乎是无人不知、无人不晓。

村民们说，鲍老板真不简单，十多年艰苦创业，用政府的 2 万元贷款起家，办起了具有百万资产的机械厂。他是我们最信赖的脱贫致富带头人。

镇党委书记张明虎说，鲍红星是创新致富的典型，自主研制花炮壳生产机械，为周围数十家花炮厂提供质优价廉的花炮壳，不仅自己富，还带动大家富，为全镇经济建设作出了重大贡献。

建湖县司法局党组书记、局长吴盛杭说，鲍红星是刑释人员转好致富的典型，帮助司法部门过渡性安置多名刑释解教人员，积极协助政府建立阳光就业基地，获得政府和群众的一致好评。

盐城监狱副监狱长田文忠说，鲍红星的创业成就是监狱教育改造工作成果的集中展示，他具有坚定乐观的生活信心、永不放弃的拼搏精神、胜人一筹的职业技能和乐于回报的感恩品德，是服刑人员学习的榜样。

回首往事，坎坷艰难，酸甜苦辣，尽在其中。鲍红星有一段鲜为人知的新生创业故事。

迷途知返做新人

童年时期的鲍红星由于家庭贫穷，读不起书，小学没念完就辍学了。少不更事的他和邻居小孩一起玩耍，整天无所事事。因邻里纠纷，参与打架斗殴，他于 1993 年 3 月被判处有期徒刑 2 年 6 个月，被送往江苏省盐城监狱八大队服刑改造。

鲍红星身上有一股韧劲，这为他学习、创业提供了良好的条件，可是对于他入监后的教育转化工作来说却是难上加难。刚到监狱时，鲍红星抑郁、烦躁、对环境不适应。靡警官耐心细致地开导他，给他上法律、道德教育课，帮他清算犯罪危害、深挖犯罪根源，使他懂得了许多法律知识和做人道理。在警官一次又一

---

[1]　摘自《黄丝带》2010 年第 7 期。

次的教育感化下，他认罪悔罪，踏实改造，把挫折当转折，把刑期当学期，利用监狱提供的良好条件，学文化，学技术，为早日回归社会做一番事业，重塑人生辉煌，迈出了坚实的一步。

那时候，《中华人民共和国监狱法》刚刚颁布施行，监狱工作逐步走上法制化、规范化的轨道。尽管环境比较艰苦，条件十分简陋，但政府干部还是把服刑人员的文化教育活动安排得丰富多彩。白天到车间干活，晚上和休息日到教室上课。鲍红星参加小学班学文化，还参加锻工班学技术。因他学习刻苦、成绩优秀，被评为"优秀学员"，获得大丰市劳动局考核颁布的中级工等级证书。他参加QC攻关小组，利用所学知识大胆革新，向管教警官提出改进水泥罐盖口的技术建议，不仅解决了一直影响产品质量的技术难题，还优化了产品性能，赢得了市场信誉，使水泥罐的经营效益获得显著提升。因此，他被评为省级"革新能手"，并获得了减刑奖励。

自主创业奔新生

春风化雨，脱胎换骨。刑满释放后，鲍红星回到了家乡，由于刑释人员的特殊身份，首先遇到了融入社会的问题。当看到一些人异样的目光，特别是一些人的窃窃私语、指指点点时，他的内心感到十分自卑和惭愧，鲍红星变得沉默寡言，很少外出，更别说是正常的人际交往了。正当他苦闷、彷徨、无助的时候，县、镇司法部门的同志上门谈心："钢有时也会生锈，但除去了锈，还是一块好钢，人也是一样，只要认识了错误，改正了错误，还是一个好人，还可能是一个高尚的人。"在司法人员的帮助下，他承包了村里的十几亩土地，从事棉花种植以及棉花贩运。尽管起早贪黑，又苦又累，但未能摆脱贫穷。

苦苦探寻致富路，不知路在何方。就在他一筹莫展、意志消沉的时候，建湖县司法局和冈东镇司法所的领导上门传授经营知识，共同研究创业方向。建湖县是著名的花炮之乡，全县有大大小小的花炮企业几十家，而冈东镇更有市内外闻名的花炮企业。司法所人员带着鲍红星跑遍全县花炮厂，当他看到这些企业需要大量的花炮纸壳筒时，心里顿时一亮。人工包裹花炮壳，费时费力，效率低下，劳动强度高，群众赚钱少。当年在监狱习得的锻工技术和铁匠手艺，不是有用武之地了吗？但发明一种机械并不像打铁那么简单。为了把自己的想法付诸实践，就得下功夫琢磨。鲍红星边琢磨边设计，一次次试验总是以失败告终。后来，听一个朋友说湖南省花炮之乡浏阳市也有人在搞这方面的研究，就想去湖南省学艺，但苦于没有路费。经司法所的领导出面担保，他拿着2万元贷款去了湖南。经过一百多个日日夜夜的设计试验，失败了再重来，经过上百次的技术改进，一台制壳样机终于制造出来了。经过进一步的改进，样机投入了生产。一台制壳机相当于8~10人的生产能力。鲍红星生产了40台机器，办起了专业制壳厂。制造花炮壳需要大量纸板，当时本地少有分纸机，靠人工分纸无疑增加了成本，鲍红星就琢磨着从进纸到纸壳加工进行一条龙的生产，以节约成本，提高效益，也为当地群众服务。2009年，在地方政府帮助下，鲍红星多方筹措资金一百多万元，一次性从河北省购回了两台分纸机，租用了一千多平方米的厂房，扩大了生产规模。晾晒花炮壳子需要大片场地，工厂附近没有这样大的场地，又出现了新的难题。政府领导主动出面协调，无偿转让了一个4亩多的废鱼塘，填土后作为晾晒场地，渡过了难关。今年，鲍红星自筹资金五十多万元，建起了占地800平方米的新厂房，满足了生产经营的需要。目前，工厂年造花炮制壳机三百多台，产值达1000万元以上，成为当地小有影响的个体企业。

创业艰难多坎坷，永不放弃经历练。鲍红星笑呵呵地告诉人们，人生没有过不了的坎，想想当年监狱警官的教诲，办法总比困难多，坚持就是胜利。

感恩回报扬美名

鲍红星深深地知道，创业的成功，离不开司法机关的教育挽救、地方政府的帮助扶持、社会各界的关心关爱。他默默下定决心，用创业成果帮助更多需要帮助的人，以实际行动回报社会。

经历寒冬的人倍感阳光的温暖。他首先想到的是那些和自己有着同样经历、还没有脱困的刑释人员。建湖县冈西镇壮烈村的刑释人员崔某，刑满释放后不知道自己该做什么，慕名找到鲍红星，希望鲍红星收他在厂里务工。一年后，鲍红星给他20台制壳机，让他招工自行生产。现在，崔某已成为当地小有名气的小老板，年收入在60万元以上。冈东镇火炬村刑释人员徐某刑释后就业无门，走投无路，一般的企业都嫌弃他是刑满释放人员。鲍红星听说后，心想如果不帮助他一把，说不定他还会走上违法犯罪的道路，于是就主动把徐某招进厂里务工。经过一段时间试用，发现他头脑活络，有较好的技术特长，就让他承包了一个生产车间，年收入在10万元以上。同村房某2007年刑释后一直无事可做，鲍红星出钱让他学驾驶，到厂里专门接送货，年收入在万元以上。后来又资助他8万多元买了大型拖拉机，到公路上承包土方工程，年收入十多万元。同村青年王某曾因赌博被判刑，他母亲患癌症，家里一贫如洗，可他刑释后破罐子破摔，整天游手好闲。鲍红星看在眼里急在心里，多次上门开导他，赊给他3台制壳机，并承诺回收产品，等他手头上有钱了再给本钱。3年之后徐某的年收入达到5万元以上。几年来，鲍红星先后招收28名刑释人员来厂里务工，带动他们脱贫致富，共建和谐社会。

2009年，盐城市司法局、盐城监狱、盐城市刑释解教人员安置帮教工作领导小组办公室联合出台了《关于共同做好盐城籍服刑人员帮教及接茬安置教育的规定》，鲍红星主动向镇司法所和县、市司法局领导保证，他将积极配合政府的安置帮教工作。市、县两级司法行政部门将鲍红星机械配件加工厂列为"阳光就业扶助基地"。鲍红星还积极参加对在押服刑人员的帮教工作。2010年5月19日，他应邀回到阔别15年的盐城监狱，参加刑释人员创业报告会。他用自己新生创业的切身感受，从心灵深处呼唤服刑人员悔罪自新，自立自强，重新焕发青春光彩，成为一个对社会、对人民有用的人。

鲍红星紧握着当年管教队长靡警官的手说："回想起在监狱的生活，我真的对监狱、对警官充满感激，如果没有这段监狱生活，没有警官的教化，我真不知自己会是什么样子。"鲍红星的感恩之情溢于言表。

案例二

三个小偷联合创业：我们的"防盗公司"开张了[1]
海　霞

心爱的女友生病了，为筹集手术费，杨贵华铤而走险入室盗窃而被捕入狱。在狱中，他结识了一伙偷盗高手。他发现，这些"前辈"们能用几秒钟的时间打开一扇防盗门或一辆加密的高级轿车。他心想：这些人一旦流入社会，很多老百姓的财产将不再安全！于是，杨贵华萌发了一个创业设想：劝说"前辈"们和他一起创办"防盗公司"，挣干净钱……2008年7月，杨贵华的"防盗公司"在重庆正式成立。一年后，杨贵华又在北京、上海等地设立了销售代理，生意越做越红火。

为挽救爱情，勤奋好学的青年盗窃入狱

今年28岁的杨贵华出生在重庆巴南区石龙镇的大莲村一户普通农家。1991年，父母离婚，刚上小学四年级的杨贵华被迫辍学，年幼的他只好跟随母亲在大渡口区九宫庙一家砂锅店当洗碗工。

后来，杨贵华被母亲送去学习铲车维修，初次接触汽车线路，杨贵华一下子就迷上了电子技术。通过自学，他渐渐掌握了与电子技术相关的工作，如电视维修、电脑运用、光盘制作等。随后，杨贵华去了浙江、上海、广州等沿海城市，开始接触自动化生产线，在企业从事维修工。几年下来，杨贵华在设计方面也打下了扎实的基础。

2002年4月，杨贵华回到了重庆，在沙坪坝一家医疗设备公司负责设备返修工作。工作努力、为人热情、勤思考、爱钻研是身边所有人对他的认识和评价。平日里，街坊邻里有什么电视、电脑坏了的，甚至防盗门打不开的，都来找他帮忙，见大家都信任自己，杨贵华很开心。

---

〔1〕 摘自《黄丝带》2010年第2期。

2003年10月的一天，杨贵华迎来了他一生中巨大的转折点，在表哥的婚宴上，杨贵华遇见了女孩胡小燕。杨贵华最终用真诚和坚持打动了小燕，开始了他甜蜜的恋爱生活。

小燕辞去了老家幼师的工作，来到了重庆，在一家酒店当上了服务员。虽然两人的工资都不高，但生活很幸福。每天下班后，杨贵华都会去接她，然后两人步行回家。有时候小燕累了，杨贵华就会背着她，一路唱着歌回家。小燕患有眼疾，发作时很痛苦，杨贵华总会很细心地陪着她、照顾她。

2004年9月份的一个晚上，小燕的眼疾再次发作，巨大的疼痛让她无法闭上眼睛，杨贵华也感到了从未有过的恐慌，急忙把她送到了一家眼科医院，那一夜，杨贵华一直守在小燕的身边，半步不敢离开。

"华，我的眼睛会不会治不好了啊？"

"没事的，一定会治好的。"他安慰着小燕，其实自己心里也没底。

"你别急，不是还有我么，放心吧……"他把小燕紧紧地搂在了怀里。

第二天，小燕被确诊患上眼角膜疾病，医生建议立即进行手术。虽然事先有心理准备，可是4000元的手术费却让两个人犯难了，他们工资都不高，几乎是挣多少花多少，根本就没有结余，无奈之下，小燕不得不出院……

小燕绝望的眼神，在杨贵华的脑海中怎么也抹不去。想到心爱的女友将继续承受痛苦的煎熬，而自己却无能为力，杨贵华感到无地自容。什么山盟海誓，什么海枯石烂，全被无情的现实给击碎了！

几个月过去了，没能凑到手术费的杨贵华身心疲惫，他发现小燕开始有意无意地躲避自己，一种不祥的预感油然而生。

只要交了钱，小燕就再也不会因为眼疾而痛苦了。想想甜蜜的爱情有可能就毁在区区几千元钱上，杨贵华再也把持不住自己了，为了挽救爱情，他决定铤而走险。

2004年12月11日凌晨2点多，凭借一张银行卡，杨贵华打开了一家公司的房门，偷盗了显示器、主板、内存条等价值近2万元的电脑配件。

两天后，警察顺藤摸瓜找到了他，杨贵华被捕入狱，判了4年有期徒刑，直到入狱的那一刻，他还没有缓过神来。

杨贵华为爱人入狱，可是，爱情却并未因此而被挽留。入狱1个多月后，小燕就南下去了深圳，离开了他。那一刻，杨贵华彻底崩溃了……

没有了爱情，杨贵华一度消沉。可是，想到将自己一手拉扯大的母亲，他又觉得很愧疚，长这么大还没有好好尽孝道呢。为了母亲，杨贵华决定忘掉过去，好好改造，争取早日出狱。

三年牢狱迷途知返的小青年成了监狱里的发明家

因为懂技术，杨贵华留在了大坪的重庆新犯转运站。3 个月整训后，他被分到了宝石加工车间。宝石圈边工艺得用手拿宝石不停地打磨，杨贵华见这种方法不仅折腾人，而且效率也不高，便提出了发明机械化打磨装置的想法，获得了批准。

经过多次的精心制图和试验，3 个月后，一台半自动宝石压膜机诞生了，这使得车间的工作效率提高了 10 倍。之后，他又研制成功了自动点火、自动熄火的节能控制装置，在炙烤宝石表面胶质时，节约了 2/3 的燃气，又一次得到了监狱的嘉奖，还因此被任命为监狱里的机修工。

2006 年初，杨贵华认识了曾经的盗车高手李平。李平是个解码高手。他最快开锁时间仅用 65 秒。那些进口高级轿车，防盗措施比较严密，如果稍有力度上或是方向上的偏差，不但打不开，而且会报警，一旦报警就会锁死，偷盗技术高超的李平却能在作案时屡屡得手。

"一个是发明家，一个是顶尖的解码好手，你和李平真是难得的对手。"狱友吴军开玩笑地对杨贵华说。

"听说你发明了不少东西，是个人才啊。"很快地，李平找杨贵华搭话，让他有些吃惊，显然此人同样在关注着自己。

"不敢当，我早就听说你的解码技术是一流的。"杨贵华在"前辈"面前非常谦虚。

"怎么？你也有兴趣？"李平的话有些挑衅。

"呵，不是很了解，我也想向你请教。"

从此，一有时间，杨贵华就虚心向李平"请教"。李平赏识杨贵华，两人很聊得来，他就不加保留地把自己的解码技术倾囊相授了。几个星期后，杨贵华学会了李平的看家本领。

面对自信满满的李平，杨贵华想和李平比试一下。他提出了反解码思想，这让李平很诧异，他依仗自己多年屡试不败的技术，欣然接受了杨贵华的挑战。

对弈之前，李平告诉杨贵华："徒弟终归不会是师傅的对手。"杨贵华似乎闻到了一股火药味。利用几个星期以来从李平身上学到的东西，杨贵华设计出了反解码图纸。

刚开始，身经百战的李平总是能迅速找到破解之道，杨贵华只能一遍又一遍地修改图纸，就这样经过了几十回合，还是不分上下。

反解码图纸越来越复杂，越来越高深，李平解码的时间也越来越长。他们两个人都是绞尽脑汁，像魔怔了一样深陷其中。终于，经过 3 个多月的对峙，90 多场的对决，当杨贵华把最后一张设计图纸交到李平手中后，李平未能解开，他甘拜下风。

2006 年 8 月，杨贵华将反解码防盗装置发明材料寄往国家知识产权局申报专利。12 月 15 日，《授予实用新型专利权及办理登记手续通知书》寄到了杨贵华的手中。

杨贵华想：监狱有很多偷盗高手，目前市场上的防盗产品对他们来说，根本不是问题，他们总有一天会重返社会，如果本性难改，继续偷盗，许多人的财产安全将得不到保障。倘若自己的反解码防盗技术能够运用到实践中的话，肯定可以解决人们的后顾之忧，为民造福，而且拥有巨大的市场前景，岂不是一举两得的事？

想到这里，他第一次萌发了开防盗公司的念头。

杨贵华把自己的想法告诉了李平和狱友吴军、张海，希望他们 3 个出狱后能和自己一起闯，生产汽车防盗产品。哪有自己拆自己台的？3 人都没有接受杨贵华的提议，一口回绝。

2007 年 12 月，因为杨贵华在监狱里表现突出，被特批减刑 1 年，提前出狱。踏出监狱大门的那一刻，他挥了挥手，和不堪回首的过去道再见。面对新生活，他将一切从头开始。

成立指纹防盗公司　三个罪犯完成了从盗窃到反盗窃的蜕变

出狱后，杨贵华跑了几家汽车制造厂，推销自己的反解码装置，却没人感兴趣。

"你可以考虑家庭防盗领域。"朋友的一句话提醒了杨贵华。带着六千多元积蓄，杨贵华来到了上海某锁厂进行考察，通过和厂商的交谈，他发现自己的想法在防盗门领域还是很新颖的，市场前景看好。

从上海回来后，杨贵华把自己关进出租屋里，潜心研究反解码防盗门锁。他发现，自己对防盗门这一块了解得不够，容易造成产品漏洞。他想起了曾经的狱友，现在已经刑释的吴军。入狱前他可是撬门开锁的高手，什么门锁没见过？如果自己研发后能有吴军帮忙检测，就像在狱中和李平的对弈一样，就能保证产品在防盗性能上万无一失。杨贵华找到吴军，希望他能帮忙。

再三劝说，吴军就是不答应，但杨贵华并没有放弃。第二天，他把自己设计出来的门锁拿给吴军看："你要是能在 10 分钟内打开这个锁的话，我今天就请你吃大餐，怎样？要不要试试？""吹牛吧，天底下还没有我 3 分钟打不开的锁。"吴军接过锁摆弄起来，半个小时过去了，满头大汗的吴军终于打开了锁。

杨贵华明白，自己的研发还有待加强。虽然吴军用了 30 分钟，但他还是请吴军吃了饭，并把自己的创业设想告诉了吴军。吴军终于被说动了，他答应和杨贵华携手创业。

通过无数次的研发、测试，2008年5月，指纹开锁机器终于研制成功，将这种锁安装到门上，主人无需钥匙，只要将手纹输入即可打开。杨贵华了解到，单环节的指纹防盗不一定是最安全的，万一门锁传感器被破坏，还是无法保障住户的安全，而且这种单个的指纹防盗锁在市场上早有销售，已经不是什么稀奇的东西了，他开始研制新型防盗锁。

一个月后，一种新型的指纹防盗门锁问世，那就是通过通信信号完成电话开锁或手机开锁，即便是身在千里之外也可以通过拨打室内电话、输入密码，从而完成开锁。市场上类似的产品，一般都是指纹加密码或指纹加机械钥匙，每套销售价格在2000～8000元不等，而杨贵华发明的指纹防盗锁每套成本只有600元，市场前景巨大。

发明成功了，销售成为最关键的问题，杨贵华请能说会道的昔日狱友张海加盟。2008年7月10日，杨贵华、吴军、张海3人共同出资成立了重庆亚宇科技有限公司，专门研发生产反解码防盗门锁。

万事开头难。2个月过去了，3个人只推销出去5把防盗门锁。经过反思和磋商，杨贵华决定实施新方案，不能再像以前那样挨家挨户地上门推销产品了，要分两路打开销售渠道：一个是自己直接销售；二是与成熟的制锁公司合作，提供技术上的咨询或指导，借他人之手提升产品知名度。

经过几个月的努力，第二套方案初见成效，2009年1月12日，公司接到第一笔大订单——一家智能锁公司与他们签下价值五十多万元的接收电路板设备，杨贵华他们赚到了创业路上的第一桶金。

一天，杨贵华接到了用户姜先生打来的电话，说想和他当面谈谈。

自从2个月前给姜先生安了个防盗门锁后，杨贵华就先后去了4次，不是修改密码就是删除记录，虽然问题都很简单，但是杨贵华每次都亲自上门调试。

杨贵华以为，姜先生这次又是请他去做调试的，但见面后，姜先生微笑着站起身来和他握手："这次找你来，是想谈谈合作的事情。"

望着一头雾水的杨贵华，姜先生笑着递给他一张名片："我是一家物业管理有限公司的负责人，我们所管理的一个小区最近想购买一批电子防盗门。使用贵公司生产的指纹防盗门锁，让我亲身感受到了你们产品的优越性，我们想和你签订订购合同。"杨贵华的热情和诚信赢得了第二单生意。

更出人意料的是，杨贵华的指纹防盗锁在这家小区使用后，反响良好。姜总再次找到杨贵华，希望他们能在小区防盗系统上有进一步合作。

杨贵华的防盗公司已经能生产遥控器和防盗报警主机，经过研究和改装，他将无线门磁探测器与指纹防盗锁合二为一，研发出了新型的自动报警设备。这个小区的防盗项目使杨贵华的公司获利十几万。接下来的几个月里，杨贵华又为另外几个小区安装了防盗系统。

通过姜总介绍，杨贵华结识了一家房产开发公司的老板。目前，双方正在商讨一个新楼盘防盗系统的订购事宜。

杨贵华的生意做得有声有色，并在多个城市设立了销售代理。为了做好售后服务，公司招收了多名生产技术人员。他还一直在跟狱中的李平保持联系，希望即将出狱的李平能够加入他们的团队，用行动洗刷那段灰色的历史。

二、讨论与思考

1. 结合本单元学习的内容，谈谈上面两个案例说明了什么原理？

2. 结合本单元学习的内容，请每个同学搜集 5 个劳动改造罪犯的成功案例，并在课堂里加以讨论和交流。

3. 讨论罪犯劳动和社会一般劳动有无本质区别，可从二者的根本性质、追求目标、价值功能、劳动者身份、劳动制约条件、劳动报酬和待遇等方面展开研讨。

三、阅读书目

1. 徐勇、周雨臣主编：《罪犯劳动管理学》，金城出版社 2003 年版。

2. 王戍生主编：《罪犯劳动概论》，法律出版社 2001 年版。

3. 杨显光主编：《罪犯劳动学》，西南政法大学内部用书，1986 年印。

4. 司法部劳改局主编：《劳改工作手册》，内部发行，1987 年印。

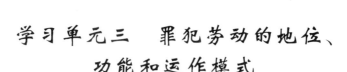

学习单元三 罪犯劳动的地位、功能和运作模式

学习目标与任务

● 罪犯劳动地位是衡量罪犯劳动工作价值的标准和尺度；罪犯劳动功能是罪犯劳动实现价值目标的效用和功力；罪犯劳动运作模式是组织和实施罪犯劳动，实现其地位和功能的具体方式和路径。通过本单元的学习，旨在使学生明确罪犯劳动在监狱工作中的位置和不可替代性；劳动在教育矫治罪犯中的具体作用和功能，消除各种不利于罪犯劳动改造的模糊认识和错误观点；研究和探索新时期科学劳动改造罪犯的新模式、新方法和新途径。

 案例导入

浪子感恩富乡邻[1]
新疆兵团皮恰克松地监狱 涂正

2008 年，赵刚从新疆兵团皮恰克松地监狱刑满释放回到家乡。他利用自己在狱内所学的养殖技术开办养猪场，获得盈利后，将培育出的瘦肉型猪苗和所掌握的养猪技术主动传授给周边群众，带动村民共同致富，得到村民们一致赞誉，消息传来，在服刑人员中引起强烈反响。

提起赵刚，皮恰克松地监狱二监区的服刑人员都会异口同声地戏称他为"猪倌"。1999 年，赵刚因故意伤害罪被判刑 14 年，2001 年转监至皮恰克松地监狱二监区服刑改造。在改造中，赵刚认罪悔罪、积极上进，在工余饭后总是如饥似渴地吮吸知识的甘露。他经常懊悔地说："自己当初犯罪就是因为在社会上无所事事、游手好闲，才导致了误入歧途，现在要珍惜时间，学习知识，为将来做好打算。"监区管教得知他如此刻苦学习，便引导他学习技术知识，为刑释后打开致富门路打下基础。

赵刚得知家乡养猪业仍然是支柱产业，便开始钻研瘦肉型猪种的培育、饲养、管理技术，经过 4 年的学习钻研，他积累了丰富的理论知识。2005 年经过竞

---

[1] 摘自《黄丝带》2010 年第 7 期。

争上岗，赵刚以良好的改造表现和丰富的理论知识，竞得监区饲养员的岗位。从此，他干劲更足了，每天从监区的规模化养殖场劳作回来，晚上就将白天育肥、饲养与管理中的心得写在日记上，并且将自己所学的理论知识全部通过实践进行检验、积累和完善。他通过 3 年的精心培育，终于用长白猪和东北猪进行正反杂交，再用长白猪回交，培育出对寒冷有较强适应性的瘦肉型猪种，为监区养猪场创造了良好的经济效益，为此他被评为兵团级改造积极分子。7 年间，赵刚累计获得减刑奖励 6 年 1 个月，2008 年 2 月提前获得新生。

重新回到家乡，看到贫瘠的家和白发苍苍的双亲，赵刚深知自己的失足给家里带来的伤害。重新振作后，他便开始对当地市场进行调查研究，发现当地的猪肉资源缺乏，赵刚有了发展"规模养猪"的打算。然而，从猪场建设购买设备，到引进种猪，购买饲料及疾病防疫第一期投资要近 10 万元，他从亲人朋友的资助中筹借到 6 万元，但离 10 万元仍缺好大一笔数额。正当他在困惑和迷茫时，四道沟乡政府和安置帮教工作站帮教小组向他伸出援助之手。得知他的"规模养猪"计划后，帮教小组的工作人员为他在信用社争取到了贷款。拿到启动资金，他立刻到敦化市种猪市场引进了长白猪和东北猪九十余头，并请来了两个帮手。凭借吃苦耐劳的精神和灵活的头脑，他从饲养的日常配料中采用多种饲料配合使用，发挥营养成分的互补作用，得出"直线育肥法"，从而缩短肉猪的出栏周期，当年便盈利 9 万余元。第二年，他又将盈利的 9 万余元投入扩大养殖规模。如今赵刚的养殖场已初具规模，年出栏达到四百余头，年纯利近 20 万元。

富裕后的赵刚没有忘记回报社会和政府的关爱。他要用行动来报答帮教组和乡亲们。他所在的村子是四道沟乡的贫困村，怎样能让大家都走上致富之路呢？赵刚认识到要立足于发展养猪这种传统支柱产业。他开始免费为一些贫困户赠送优质猪苗，同时在村里大力推广瘦肉型商品猪和"直线育肥法"养殖技术，并主动上门为养殖户传授经验和解决疑难问题。

现如今，据四道沟乡安置帮教工作站传回的消息，赵刚已被当地政府评为"科技致富能手"，村民在他的带领下，通过养猪获得了可观的经济收入，原本穷困的村子已经逐步富裕起来，村民的人均收入也由 2008 年的 1300 元增加到现在的 2100 元，逐步走上了致富之路。

 ## 学习任务一　罪犯劳动的地位

罪犯劳动地位是罪犯劳动理论中的重要问题。所谓罪犯劳动的地位，是指罪犯劳动在整个监狱工作中所占有的位置。罪犯劳动在改造罪犯中占据着十分重要的地位，它不仅是我国监狱工作中改造罪犯的三大基本手段之一，而且是监狱执行刑罚工作中不可替代的基础性活动。具体来说，罪犯劳动的地位主要表现在以下几个方面。

一、罪犯劳动的法律规定性

我国监狱的罪犯劳动是建立在严格的刑事法律基础之上的。我国《刑法》第 46 条规定："被判处有期徒刑、无期徒刑的犯罪分子，在监狱或者其他执行场所执行；凡有劳动能力的，都应当参加劳动，接受教育和改造。"[1] 我国《监狱法》对罪犯劳动作了较为全面的法律规定。《监狱法》不仅在总则的第 3、4、7、8 条对罪犯劳动作了一般法律规定，而且在分则中作了更为具体的规定。尤其是《监狱法》第 69 条规定："有劳动能力的罪犯，必须参加劳动。"这与我国《刑法》的规定是完全一致、高度统一的。而无论是《刑法》，还是《监狱法》，从目前来看，都是我国重要的刑事法律制度，都以强制执行为基本前提，都具有鲜明的强制性。由此可见，罪犯劳动是监狱对罪犯所实施的一种带有法律强制力的严肃执法活动。也就是说，只要罪犯具备了"有劳动能力"这一法律实质要件，罪犯就必须参加监狱劳动，接受劳动改造，否则，就要受到监狱机关的制裁和惩罚，这一点在《监狱法》第 7、58 条中规定得非常明确。《监狱法》第 7 条第 2 款规定："罪犯必须严格遵守法律、法规和监规纪律，服从管理，接受教育，参加劳动。"《监狱法》第 58 条第 1 款规定："罪犯有下列破坏监管秩序情形之一的，监狱可以给予警告、记过或者禁闭……（五）有劳动能力拒不参加劳动或者消极怠工，经教育不改的；（六）以自伤、自残手段逃避劳动的；（七）在生产劳动中故意违反操作规程，或者有意损坏生产工具的……"第 58 条第 3 款还规定："罪犯在服刑期间有第一款所列行为，构成犯罪的，依法追究刑事责任。"[2] 可见，有劳动能力的罪犯参加劳动改造，是我国监狱给予罪犯的法律义务。

二、通过劳动改造罪犯、预防犯罪的实践有效性

罪犯劳动具有改造和矫治罪犯、预防和减少犯罪的独特功能。罪犯劳动通过对罪犯在狱内建立新的社会存在方式和劳动方式，使罪犯生活在一种全新的健康的社会方式之中，而这种新的社会存在方式既是对正常社会一般存在方式的模拟和再现，又完全不同于罪犯犯罪前所处的畸形的社会存在方式，这种新的社会存在方式充满健康和谐、积极向上的劳动关系、人际交往、行为规范和价值取向，其渗透的核心思想是学会做人、人文关怀和劳动改造，其最终目标是使罪犯通过

---

〔1〕 法律法规实用手册编辑组编：《法律法规实用手册》，金城出版社 2003 年版，第 124 页。

〔2〕 法律法规实用手册编辑组编：《法律法规实用手册》，金城出版社 2003 年版，第 207~214 页。

有效的劳动达到自食其力和劳动致富的目的，树立科学正确的人生观和劳动观。很显然，罪犯劳动的这种独特功能对罪犯是十分适用和必要的，因为绝大多数罪犯正是由于人生观和劳动观的偏差而走向了犯罪。因此，罪犯劳动无疑是改造和矫治罪犯的一剂良药。它切中了罪犯犯罪的症结，对罪犯的改造当然也会产生巨大的作用。

运用劳动达到改造罪犯、预防犯罪的功能是一个问题的两个方面。改造罪犯是预防犯罪的前提和基础，改造不好罪犯就难以预防犯罪，因此，改造罪犯是预防犯罪的治本之策。同样，预防犯罪也十分重要，预防犯罪工作做好了，对改造罪犯有十分重要的促进作用，对改造质量的全面提高也会产生积极的促进作用。

我国半个多世纪以来罪犯劳动的实践证明，劳动在改造罪犯、预防犯罪活动中不仅有效，而且取得了令世界瞩目的巨大成就。我国监狱机关在毛泽东劳动改造罪犯思想的指导下，科学运用劳动改造、教育改造和监管改造三大基本手段，不仅顺利改造了日本战犯、国民党战犯和末代皇帝溥仪，而且成功改造了数以百万计的反革命分子、敌对分子和刑事犯罪分子，使他们成为拥护社会主义制度的新人、自食其力的劳动者、社会主义现代化建设的守法公民和有用之材。这种巨大成就的取得当然取决于很多因素，但劳动改造的功绩不能抹杀，应承认我国罪犯劳动在改造罪犯、预防和减少犯罪中起到了不可忽视的重大作用。进入社会主义市场经济以后，尽管我国罪犯劳动面临很多新情况、新问题，遇到很多困难和挑战，但罪犯劳动作为改造罪犯基本手段的地位不会改变，劳动在改造罪犯、预防犯罪活动中的作用依然十分重要，对此绝不能含糊和动摇。

三、劳动作为改造罪犯手段的不可替代性

劳动作为改造罪犯手段的不可替代性是由其所具有的独特职能决定的，因此，阐述劳动改造手段的不可替代性首先必须从论述其独特职能入手。

1. 罪犯劳动的实施为罪犯错误社会意识的转化提供了现实可能性。罪犯劳动的过程首先表现为一种人与自然的过程，即罪犯通过作用和改变自然或劳动对象，使之为人类服务，并创造出一定的经济效益和社会效益，因而罪犯劳动改造能产生一定的生产力；另一方面，罪犯劳动改造的过程又是在干警的直接管理和监督下，罪犯集体分工、相互协作、共同创造的过程，这就必然产生罪犯与干警、罪犯与罪犯等生产关系。而根据马克思主义的基本原理，生产力和生产关系的统一是生产方式，生产方式的总和又构成社会存在，而社会存在又直接决定社会意识。犯罪从本质意义上讲是由错误的社会意识造成的，把罪犯改造成为守法公民就必然要求改造和矫正罪犯的错误社会意识，而由劳动改造实施所产生的社会存在无疑为罪犯错误社会意识的转变提供了本体性条件，这就从客观上使罪犯错误社会意识的转化具备了现实可能性。

罪犯是带着反社会的腐朽思想和不良恶习来到监狱的，要想真正改造罪犯，劳动改造必不可少。通过劳动可以改变罪犯的反社会立场和态度，消除罪犯对社会的抵触和不信任情绪，宣泄和释放罪犯郁闷孤独、压抑烦躁的不良心态，懂得劳动才是创造幸福和快乐的真谛。通过劳动能够消除罪犯顽固的拜金主义、享乐主义和极端个人主义的世界观和人生观，矫正罪犯不劳而获、懒惰成性、贪图享乐、好逸恶劳、目无法纪、放荡不羁的恶劣习惯，从而树立劳动和奉献的人生观以及勤劳、俭朴、上进、正直、守法的优良品德。通过劳动能够提高罪犯自身素质和精神文明水平。在劳动中，罪犯不仅能够学到科学文化知识、生产技术知识和劳动技能，而且能够锤炼意志、磨炼性格，从而使罪犯具备现代人应具有的素质，以便更好地适应社会。

2. 罪犯劳动为罪犯在监狱这一特殊领域参与国家经济建设创造了有利条件。我国罪犯劳动既是一种刑罚执行活动和政治执法活动，也是一种特殊形式的社会化大生产，是一种特殊的生产经营活动。因此，从这种意义上说，我国罪犯劳动也是社会主义物质文明建设的重要组成部分。我国当前的在押犯绝大部分是青少年罪犯，他们年龄相当、精力充沛，有的还具有一定的文化知识和生产技能，是一批很大的劳动力，如果让这些已经给国家和人民造成严重危害的人再坐吃闲饭，由国家来养活他们，显然与我国的国情不相符合，更违背了广大人民群众的根本利益。组织罪犯进行劳动改造，使罪犯这种劳动改造的主要力量和特殊劳动力在监狱这一特定领域参与国家的经济建设，这不仅为罪犯在劳动中洗心革面、脱胎换骨、主动向国家和人民赎罪创造了有利条件，而且使罪犯劳动力资源得以合理利用，大大减轻了国家财政负担，使监狱的经济状况有了较大程度的改善，这无疑为社会主义物质文明建设作出了应有的贡献。

3. 罪犯劳动是维护罪犯人权的重要途径。我国的罪犯劳动不但不违反人权，它的实施反而还有力地保障和维护了罪犯的人权。事实胜于雄辩，罪犯劳动的实施使罪犯避免了单独羁押和单纯监禁的弊端，不仅使罪犯的自由度得以大大增加，而且有效地缓解和释放了罪犯由于刑罚加身所带来的种种痛苦。在劳动中，罪犯与罪犯之间、罪犯与监狱人民警察之间不仅联系密切，而且产生了一种新型关系：罪犯与罪犯之间不仅是同犯关系，还是劳动分工与协作的伙伴关系；罪犯与监狱人民警察之间不仅是改造与被改造的关系，还是劳动中的管理与被管理的关系。罪犯劳动所产生的这种行刑模式和行刑氛围不仅符合人性，还能够使罪犯的交往需要、自尊需要和自我实现需要得以最大限度地满足，因而它符合罪犯的人权。这无疑是对西方敌对势力强加于我国罪犯劳动之上的所谓"劳役""违反人权"等种种攻击和诽谤最有力的回击。我国的罪犯劳动以其独有的维护罪犯人权的形象和风范展示了社会主义监狱制度的科学、进步和人道，也成为建设社会主义精神文明的重要阵地和窗口，为促进社会主义精神文明的向前发展作出了贡献。

4. 罪犯劳动是中国特色的社会主义刑罚执行制度的基础和精髓。

（1）罪犯劳动是中国特色刑罚执行制度的基础。中国监狱工作把马克思主义、毛泽东思想关于国家学说、阶级学说、专政学说、监狱学说和劳动改造学说作为自己的理论渊源，以几十年惩罚和改造罪犯的成功经验为实践基础，根据中国的实际情况，逐步形成了具有中国特色的社会主义刑罚执行制度。这一制度的主要内涵可以概括为：在依法剥夺罪犯人身自由的前提下，坚持惩罚与改造相结合、教育与劳动相结合，最终把罪犯改造成为守法公民。在刑罚执行制度中，罪犯劳动不仅是构成这一制度的重要基础，而且通过劳动改造的渗透使得这一制度呈现出鲜明的中国特色。中国社会主义刑罚执行制度的一个重要特色就是惩罚与改造相结合，教育和劳动相结合，而罪犯劳动为这一特色的充分显现奠定了基础。一方面，离开了罪犯劳动的参与，惩罚与改造相结合就会改变中国刑罚执行制度的本来意义和实质内涵，就会使其支离破碎，同时也难以落到实处。因为罪犯劳动不仅是对罪犯执行刑罚的重要内容，而且是监狱惩罚与改造罪犯的具体内容和重要手段。另一方面，离开了罪犯劳动的参与，教育和劳动相结合就将成为一句空话，这不仅会失去中国刑罚执行制度的特色内涵，而且会使罪犯的改造成为空洞说教，从而使监狱的最终目标落空。

中国社会主义刑罚执行制度的一个重要特色就是坚持罪犯劳动的强制性，这是我国监狱制度与国外某些资本主义国家行刑制度的差别所在。差别的焦点就在于是把罪犯劳动作为刑罚执行的内容和行刑司法制度来对待，还是把罪犯劳动作为一种罪犯处遇来对待。我国监狱工作由于以马克思主义、毛泽东思想为指导，尤其是直接建立在毛泽东劳动改造罪犯思想基础上，特别是受到我国的社会制度、国情以及罪犯实际状况的制约和影响，因而，我国的刑罚执行制度是社会主义性质的，是符合中国实际情况的。实践证明，坚持罪犯劳动的强制性符合中国国情，也符合改造罪犯的实际，已经取得了举世公认的辉煌业绩，这是无论如何也否认不了的。

总之，罪犯劳动不仅是中国社会主义刑罚执行制度的重要特色，而且是中国刑罚执行制度的根基和精髓，一旦被动摇，将直接动摇中国特色的社会主义刑罚执行制度，将给我国罪犯改造事业带来严重危害。

（2）罪犯劳动是行刑目的与行刑手段的统一。我国的监狱是国家的刑罚执行机关，根据《监狱法》的立法精神，我国监狱的行刑目的体现为惩罚和改造罪犯、预防和减少犯罪，这一行刑目的是对我国监狱行刑职能的根本要求。要实现这一行刑目的，必须有一系列强有力的行刑手段作保障，否则，行刑目的就只能是宏伟的蓝图和良好的愿望。我国监狱在几十年的工作实践中，已经找到达到这一行刑目的的基本途径和桥梁，这就是狱政管理、罪犯劳动和罪犯教育，对此，我国《监狱法》第4条以法律形式进一步给予规范和确认。在这三大行刑手段中，罪犯劳动尤其应当加以重视。这是因为，罪犯劳动不仅作为一种实现行刑目的的行刑手段而存在，它本身也蕴含了行刑目的的根本内涵，即罪犯劳动不仅是行刑手段，也是行刑目的，罪犯劳动自身实现了行刑目的与行刑手段的辩证统一。

罪犯劳动不仅服务于行刑目的的实现，它本身就是行刑目的的固有涵义。如前所述，我国监狱的行刑目的是惩罚改造罪犯、预防和减少犯罪，更确切地说，就是监狱通过对罪犯实施有效的惩罚和改造措施，将罪犯改造成为守法公民，从而实现预防和减少犯罪的最终目标。由此可见，能否将罪犯真正改造成为守法公民，是监狱行刑目的能否实现的关键，而要想把罪犯改造成为守法公民，必须对其进行重新社会化。对罪犯在狱内进行重新社会化的内容虽然很多，但重点应解决好两个问题：一是建立在认罪服法基础上的罪犯与社会的亲合性；二是重新培植和构建罪犯新的社会生存方式。而这两个问题的解决都可以通过罪犯劳动来实现。在罪犯劳动中，不仅能产生生产力，而且能产生生产关系，这种生产关系同时也包含了对社会关系、人际关系等多种关系的调节。通过罪犯劳动，可以使罪犯形成正确的人与人、个人与集体、个人与社会的关系，从而能够妥善处理人际交往的冲突和个体与社会之间的矛盾，使罪犯达到与群体和社会的融合，进而产生对社会的亲合性。由于罪犯劳动能够在狱内构建一种新的社会生产方式，而这种社会生产方式又是促进罪犯新的社会生存方式的基础，这种新的社会生存方式不仅能使罪犯端正劳动态度，学到劳动技能，更重要的是蕴含和渗透了正确的价值取向，使罪犯懂得：在做人上，应遵纪守法，堂堂正正；在生活上，要自食其力，劳动致富，做守法公民；在追求上，应提高自身素质要求，追求人格的完美和心灵的宁静。

由此可见，罪犯劳动与监狱行刑目的在根本上是完全一致的，从某种意义上可以说，做好了罪犯劳动的行刑工作，监狱行刑目的的实现就有了可靠的保证。

 学习任务二　罪犯劳动的功能

罪犯劳动之所以能够在监狱工作中占有十分重要的地位，成为改造罪犯的基本手段，主要取决于罪犯劳动的功能及价值。罪犯劳动功能及价值是劳动改造内部诸要素相互作用所表现出来的积极方面的效能，是罪犯劳动改造本质的外部表征和功用。我国罪犯劳动改造的功能及价值是多方面的，下面加以具体研究。

一、劳动改造构筑了狱内新的社会存在方式，从而为罪犯消极意识的转化奠定了基础

罪犯走上犯罪道路，尽管原因千差万别，但究其本质，大多与他们在社会上没有真正建立起一种积极的社会存在方式尤其是生存方式密切相关。不良的社会存在方式和生存方式，使他们产生了相应社会不良意识和恶习，进而产生犯罪行为。罪犯入狱后，要想真正改造他们，就必须构筑一种新的社会存在方式，这是改造罪犯的前提和基础。而新的社会存在方式的构筑离不开劳动，劳动是构筑这一存在方式的最基本内容。

应该说，我国监狱构建罪犯狱内新的存在方式包括劳动、教育、管理等因素，这些要素都是不可缺少的。劳动在其中起着根基性作用。这是因为：①罪犯劳动不仅能够产生生产力，还能产生生产关系，生产力和生产关系的统一就构成生产方式，生产方式的总和就构成社会存在方式。当然，罪犯劳动所产生的存在方式与一般意义上的社会存在方式有所差别，但其实质是一样的。②罪犯劳动是一种社会实践活动，罪犯劳动主要以生产劳动为主，而生产劳动是最基本的社会实践活动，它为监狱的教育改造和监管改造提供了基础性条件。③劳动改造是重构罪犯生存价值观和人生观的根基。罪犯的犯罪表明罪犯以一种反社会或背离社会生存方式的面目出现，改造罪犯必须使罪犯接受正确的生存方式，而正确生存方式的主旨就是自食其力、勤劳致富、用劳动创造幸福人生等，这正是劳动改造的追求目标和服务内容。

劳动、教育、管理共同构筑，并以劳动为根基的狱内新的社会存在方式的大厦，一经建立，就为罪犯消极意识的最终转化奠定了基础和前提，这是中国监狱之所以能成功改造罪犯的源泉和保证。通过劳动改造，罪犯就会使原有的错误人生观，尤其是劳动观，如"人生在世，吃喝二字""劳动发不了财，人无外财不富，马无夜草不肥""劳动是小人干的事，劳动是无能的表现"等观念得到有效的矫治和转化，从而代之以劳动的人生观，而这种人生观才是使罪犯走上新生之路的正确方向和做人的根本。

二、劳动改造使罪犯新的生存价值得以实现，人格尊严得以肯定

1. 劳动改造使罪犯新的生存价值得以实现。犯罪学的研究表明，某些罪犯的犯罪与他们缺乏必要的社会活动场所来实现其必要的生存价值有关。特别是在当代社会，青少年生理早熟而社会化时期延长，加之社会竞争日益激烈，对个体的社会化要求越来越高。如果个体不能很好地完成社会化，缺乏一定的劳动习惯和劳动技能，就不能得到充分发挥和施展其生命潜力的机会，他的生存价值就不能实现。在这种情况下，个体就非常容易融入充满愚昧、偏见、野蛮、暴力、私欲的社会场所，即犯罪场所。因此，马克思说，应当消灭犯罪行为的反社会根源，并使每个人都有必要的社会活动场所来显露他重要的生命力。

我国监狱组织的生产是国有性质的社会化大生产，罪犯劳动的场所就是能够使其实现生存价值的社会活动场所，这同时也能较好地避免罪犯在监狱内因找不到合适的活动场所而导致其生存价值不能实现所产生的种种弊端。因此，劳动改造为罪犯在狱内实现自己的生存价值，努力发挥自己的聪明才智，充分显露自我，提供了一个良好而又优越的舞台。不仅如此，罪犯在劳动中产生新的生存价值的同时，也排斥和削弱了其思想中不适应自身发展和社会要求的部分。这是因为罪犯劳动既是其生命潜力和生存价值得到发动和发展的过程，也是一系列新的个性心理品质（如勤劳、朴实、善良、坚毅、团结、互助、奉献等）的孕育与形成过程。这些品质必然会与罪犯原有的不良的个性心理品质发生撞击。由罪犯劳动的自身特点与优势地位所决定，新的品质必然会逐渐替代原有的不良品质，从而达到劳动对罪犯的矫正和改造的根本目的。

2. 劳动改造使罪犯的人格尊严得以肯定。我国监狱制度是一种以改造为核心的刑罚执行制度，这种改造刑又是以劳动改造为基本方式展开的。我国劳动改造的实施为罪犯人格尊严的实现创造了必要的条件。罪犯在劳动中不仅能够学到一技之长，养成良好的习惯，而且能够形成正确的生存方式，从而使得罪犯作为人的本质在劳动中得以体现和证明，进而实现了罪犯作为人这一特质的人格尊严。具体来说，罪犯劳动是我国整个社会劳动的有机组成部分，罪犯作为劳动力得到了社会的尊重。罪犯的劳动产品可以在社会中平等交换，罪犯可以在劳动中获取一定的报酬，这不仅仅使罪犯作为社会的一支重要的劳动力得到了合理的开发，更重要的是表明我国政府用劳动这一活动方式接受和容纳了罪犯，从而为罪犯最终回归人民的怀抱开辟了广阔的道路，同时也使罪犯的人格尊严得到最大程度的肯定和满足。

人的个人价值存在于劳动中，人的本质和人格尊严也只有在劳动中才能得到实现和证明。这无疑也适用于罪犯。剥夺了罪犯劳动的权利，或者说不赋予罪犯法定的劳动义务，正是对罪犯人格尊严和人权的蔑视和不尊重。值得注意的是：强制罪犯劳动并不会影响罪犯人格尊严的实现，也不会贬低罪犯的个人价值；相反，让罪犯自愿选择劳动，似乎看起来很人道，但让一个好逸恶劳、贪图享乐的人选择不劳动的结果，恰恰是对罪犯本人和社会不负责任的表现，是反人道的。

三、劳动改造能使罪犯培育和养成正当和谐的人际关系

罪犯的犯罪向人们昭示了他们是社会化失败的人，而他们之所以社会化失败，其中一个很重要的原因就在于没有建立起正当和谐的人际关系，即没有正确处理好个人与社会、个人与他人的人际关系。罪犯从个人主义思想出发，把本属于社会中的个人游离于社会之外，使之与社会对立，认为人与人之间都是尔虞我诈、你死我活的关系。罪犯在监狱里通过参加长时间的有组织的集体劳动，可以使他们经常体会到与人正常接触、交流、合作的愉快，体会到纯洁、健康人际关系的美好。罪犯劳动中的分工与协作、组织劳动竞赛、严格的岗位责任制、公平的奖惩制度、合理的劳动报酬和罪犯之间的互帮互学等，都对罪犯形成正确的人际交往意识，建立正当和谐的人际交往关系有十分重要的作用。特别是经民警的教育、引导和启迪，罪犯可以在潜移默化中使灵魂得以净化，情操得以陶冶，心理得以调适，从而自觉矫正其极端个人主义的腐朽观念，培养起关心社会、关心集体、关心他人的道德义务感和社会责任感，与周围的人建立起正常和谐的人际关系，最终达到矫正罪犯心理、转变错误认识、适应社会需要的目的。

四、劳动改造能够矫正罪犯恶习，调节罪犯不良心理状态

罪犯入狱前已形成了种种恶习，这些恶习并不因入狱服刑而自然消失，还可能进一步强化。在这种情况下，罪犯入狱后如果长年无所事事，势必导致他们心理压抑、孤独苦闷、意志消沉、精神颓废，乃至萌生逃跑、自杀和重新犯罪的念头。而罪犯通过参加适宜的劳动不仅可以使其恶习得以矫正，而且可以使其种种消极心理状态得到调节。罪犯通过参加社会化大生产，经受科学的组织管理、明确的岗位责任制、严格的纪律约束、密切的团结协作等方面的教育和改造，会逐渐形成种种良好的品德和积极的心理状态。

监狱通过科学而又合理地组织劳动改造，能够矫正罪犯自身的种种恶习。具体来说，劳动改造有以下功能：①使罪犯养成勤劳俭朴的美德，从而矫正其懒惰成性、好逸恶劳、铺张浪费、挥霍无度的恶习；②使罪犯养成认真负责、一丝不苟的劳动态度和做人准则，从而矫正其马虎草率、敷衍塞责、得过且过、虚度年华的恶习和处世原则；③使罪犯养成遵规守纪、遵纪守法的良好品德，从而矫正其目无法纪、放荡不羁的恶习；④使罪犯形成团结互助、友善合作的良好美德，从而矫正其凶狠残暴、与人为敌的恶劣行为和偏激做法；⑤使罪犯养成克服困难、开拓创新、坚毅果敢的优良品质，从而矫正其墨守成规、畏缩退却、不求上进、胡作非为的恶劣行为；⑥使罪犯懂得劳动创造美好、劳动创造幸福、劳动创造人生、劳动创造价值的科学道理，从而自觉地矫正其玷污劳动、摧残幸福、践踏人生、扼杀生命的错误做法和极端行为。

监狱通过组织积极的罪犯劳动能够调节罪犯不良的心理状态。劳动改造的实施使罪犯的自由活动空间得以扩大，从而使罪犯孤独压抑的情绪在一定程度上得以缓解和降低；劳动活动的开展将罪犯的主要精力投入到劳动中，从而使罪犯的精神生活得以充实，避免了罪犯长期处于百无聊赖、空虚寂寞的境况；劳动改造的组织缩短了民警与罪犯之间的距离，使民警与罪犯之间的交往与沟通变得经常化，为民警掌握罪犯的思想动向，了解罪犯的思想动态，消除罪犯对民警的防范与壁垒，主动向民警倾诉心中的郁闷和心理困惑提供了良好的条件；劳动改造的正确实施能够使罪犯感受到劳动的欢欣和乐趣，从而给沉重的服刑生活带来些许轻松和愉悦，这对于消除罪犯在服刑中的紧张、焦虑、忧郁、恐惧、疑虑等心理障碍十分有益。总之，劳动改造使罪犯自我价值的实现成为可能，使罪犯的灵魂得以净化和升华，使过剩的精力得以宣泄，使一些不健康的心理得以转移或冲淡，使罪犯的潜能得以发挥，使罪犯的想象力和创造力得以激发和实现。

五、劳动改造的科学实施为罪犯正确审美观的建立奠定了基础

美产生于劳动，劳动是美的源泉。人类社会所崇尚的各种美德无一不与劳动密切相关。罪犯之所以形成错误的审美观，如美丑不分、美丑颠倒，除了受他们错误的世界观、价值观、人生观制约之外，与他们缺乏自觉的劳动实践、对劳动的错误态度以及没有形成必要的劳动技能有着十分密切的关系。他们把勤劳、汗水、付出、努力、奉献看成丑的，把懒惰、奸诈、欺骗、奢华、浪费、摆阔看成美的。他们看不起劳动人民，更不相信劳动能够带来幸福和乐趣，而是一味追求"走捷径""一夜暴富"，十分羡慕花天酒地、吃喝玩乐、醉生梦死的生活，认为那才是人生最美的境界。罪犯正是在这种错误审美观的支配下，走上了背弃道德和法律的道路，做出了伤天害理、祸国殃民的丑恶行为。

通过劳动改造，能够使罪犯懂得劳动才是最伟大的美，人的正确审美观的建立离不开劳动。罪犯要树立正确的审美观，就必须在劳动中自觉地去感受美、接受美、追求美，使自己在劳动中获取美的真知，受到美的熏陶，升华美的心灵。罪犯在劳动实践中如能持之以恒、长期不懈地去感知美、获取美，就会逐渐远离自身所形成的消极审美观，从而代之以积极健康的审美观。劳动改造的伟大实践可以为罪犯正确审美观的形成提供多种渠道和支持条件。这些渠道和条件主要有：①通过改善劳动环境和劳动条件，为罪犯创造一种优美而又宽松的劳动氛围；②提高罪犯生产劳动的科技含量，使罪犯能够具有较高现代化程度的劳动手段；③科学管理，文明管理，制度健全，操作规范，奖罚分明，报酬合理；④鼓励罪犯进行科技创新和科学发明，改革新产品，改进新的工艺流程；⑤对罪犯进行劳动美和产品美的教育等。随着以上渠道和条件的实现，罪犯在劳动改造中正确审美观的建立不仅具有了可能性，也具备了现实性。

六、劳动改造能够促进罪犯生理机能的增强和身体素质的提高

劳动是人类生命活动的基本形式，就像时间和空间是物质运动的基本形式一样，劳动则是人类生命活动的基本形式。离开了劳动，不仅对人类个体的生命健康非常有害，而且从根本上说会使人类生命活动难以维持和延续下去。劳动改造也是一种劳动，具有一般劳动的共性，因此，劳动改造对于维持和保证罪犯的身

体健康也是十分重要的。

1. 劳动能促进罪犯生理机能的增强。常言说，生命在于运动。罪犯劳动也是一种运动。在劳动时，罪犯全身的血液循环会进一步加速，从而促进血流畅通；罪犯长期参加体力劳动，会使心脏机能增强，比如平静时心率缓慢，但强而有力；劳动还会使罪犯肌肉力量增强，从而使骨骼强壮有力并且肌肉发达；劳动也会促进罪犯肺功能提高，从而出现呼吸深度加大，肺活量增强。总之，劳动能使罪犯身体各机能得以顺畅运行，使脏腑各器官得以协调运转。

2. 劳动能促进罪犯身体素质的全面提高。劳动能促进罪犯神经系统的平衡与发展。罪犯长期参加劳动，会使神经系统的各个分析器的生理构造及其功能得以平衡发展，使大脑高级神经活动得以有效调节和控制，使以第二信号系统占主导地位的两种信号系统的活动得以协调运转。劳动还能使罪犯思维敏捷，反应灵活迅速，从而提高罪犯的反应能力和快速应变能力，这对存在于部分罪犯身上的心理障碍和心理疾病有一定的调节和辅助治疗作用。

3. 劳动能激发罪犯内分泌的生长。内分泌腺在中枢神经系统直接或间接的控制下分泌出各种激素，以调节人体的物质代谢，罪犯通过参加劳动，可以使这种代谢顺畅协调发展。内分泌的生长能促进人体正常的生长发育，我国在押罪犯还有一部分正处于身体的生长发育期，劳动改造维护了罪犯的身心健康，保护了青少年罪犯身体素质的正常发展和提高。内分泌的生长还能促进罪犯生殖机能的增强，从而使罪犯的生殖机能得以健康发展。尤其是通过劳动，可以缓解或消除罪犯的性意识和性亢奋，使畸形的性亢奋和性冲动在劳动中得到一定程度的宣泄和释放，这无疑对罪犯的身心健康十分有利。总之，劳动适应和满足了罪犯正当合理的生理性需要，符合人身心发展的客观规律，是一项积极、健康而又人道的举措。

七、劳动改造的实践活动是检验罪犯改造成效及其水平的重要渠道

马克思主义认为，实践是认识的基础，同时是检验认识正确与否的重要标准。劳动改造作为一种客观的社会实践活动，同样具有这一功能。罪犯的劳动表现及劳动的结果、成效，既可以真实地反映出罪犯的技术熟练程度、技能掌握情况和劳动的速度、数量、质量，又可以昭示出罪犯的劳动态度、劳动观念及思想改造状况。当然，罪犯劳动成效绝不是考核罪犯的唯一渠道，但无疑是十分重要的渠道。

罪犯在监狱中接受教育改造的情况，如正确人生观的确立程度，错误思想的改造程度，法制观、道德观的建立程度，认罪服法的程度，文化技术水平的掌握程度，等等；罪犯在狱政管理中接受监管改造的情况，如遵守监规情况、规范化管理情况、恶习矫正情况等；罪犯在劳动改造中的情况，如错误劳动观的矫正程度、劳动态度如何、劳动技能的掌握情况、劳动中的创新能力等；罪犯在日常改造中的一些基本表现，如思亲恋家情况、劳动的认真程度、服刑心态、异常表现（诸如脱逃、凶杀、自杀、诈骗等）等都可以在罪犯劳动实践中得以检验、验证、发现和洞察。如果干警对罪犯劳动进行长期密切的观察和分析，就能够揭示罪犯在狱中的整体改造情况，甚至连罪犯日常的一些细微变化都能及时捕捉，从而做到未雨绸缪，防患于未然，这就大大提高了改造工作的主动性和自觉性。

学习任务三　罪犯劳动的目的

所谓目的，是指人们从事某项活动所要达到的结果、目标、意图或境地等。罪犯劳动的目的就是监狱机关组织罪犯进行劳动改造所要真正实现的目标和根本指向。只有罪犯劳动的目的正确，才能目标科学、方向明确、管理得法、措施得力，才能顺利实现罪犯劳动改造的任务，完成党和国家赋予监狱劳动改造罪犯，使罪犯成为合格社会劳动者和守法公民的重要使命。否则，就会使劳动改造走入歧途，从而不能充分发挥甚至丧失劳动作为监狱工作基本手段的重要改造功能。因此，研究和探讨罪犯劳动的目的在当前有着十分重要的理论意义和现实意义。

一、罪犯劳动是以促进社会主义物质文明、政治文明、精神文明和社会文明建设为目的的活动

社会主义物质文明、政治文明、精神文明和社会文明建设是建设中国特色社会主义的基本内容，是全国人民为之奋斗、为之努力的根本方向和根本任务。因此，我国社会主义的各行各业、各个部门都应该服从于她，服务于她，决不允许出现损害四个文明建设的现象滋生和蔓延。罪犯劳动作为监狱对罪犯执行刑罚的重要内容，作为监狱改造罪犯的基本手段，也必然以促进社会主义物质文明、政治文明、精神文明和社会文明建设为根本目的和指导思想，这是毫无疑问的。

我国监狱作为刑罚执行机关，隶属于国家上层建筑范畴。因此，我国监狱在促进四个文明建设顺利健康向前发展、维护社会稳定和国家的长治久安方面发挥着极其重要的作用。罪犯劳动作为我国监狱工作的基本手段和核心内容，无疑也隶属于国家上层建筑的范围。因此，能否充分发挥罪犯劳动的职能作用，能否使罪犯劳动沿着健康的轨道发展，绝不仅仅是监狱内部的小事，而是涉及社会主义四个文明建设的大事。它关系到能否最大限度地提高罪犯改造质量，降低罪犯回归社会后的重新犯罪率，促进社会主义四个文明建设持续稳定健康发展。值得引起高度注意的是，在进入社会主义市场经济以后，由于现有的体制、机制和法制等方面的滞后，特别是受到市场冲击致使监狱经济陷入低潮和效益滑坡，为了在市场竞争中占有一席之地，部分监狱不得不集中相当多的精力解决资金、技术、市场占有份额等问题，自觉或不自觉地挤占教育改造时间，组织罪犯加班加点，搞超时间、超体力劳动，把获取经济效益当作主要目标来追求，而把促进罪犯劳动改造、使罪犯在劳动中改过自新、成为守法公民当作次要目标来看待。这就在一定程度上削弱了罪犯劳动改造功能的发挥，也使罪犯的改造工作受到严重影响。因此，对这一现象，党和政府及有关部门必须引起高度重视，下大力气从根本上加以扭转。

二、罪犯劳动是以培养罪犯正确劳动意识为目的的活动

劳动意识是指人们在生产劳动实践中形成的劳动目的、劳动态度、劳动纪律、劳动协作等思想认识的总和。劳动意识也称劳动观念，是构成人们世界观和人生观的重要内容。人们的世界观和人生观的形成和发展，同参加生产劳动有十分重要的关系。

1. 罪犯劳动能够转变罪犯错误的劳动观。罪犯走上犯罪道路，尽管犯罪原因很多，可以说形形色色，但绝大多数犯罪都有一个共同的原因：错误的劳动意识或劳动观。许多罪犯在犯罪以前，一方面没有参加或者很少参加生产劳动的实践，未能养成正确的世界观和人生观，也没有形成与社会相融合的立足社会的劳动意识和劳动技能，因此缺乏社会劳动者应有的谋生手段，无法自立，从而堕入犯罪深渊。另一方面，他们缺乏自立和谋生的基本手段，从而走上了一条背离社会劳动者的罪恶之路。他们游手好闲、无所事事、好逸恶劳、贪图享乐，更加看不起劳动和劳动人民，尤其厌恶体力劳动，认为"劳动是无能的""劳动是卑贱的""是小人做的事""劳动发不了财"等，再加上受到社会上诸如享乐主义、拜金主义和极端个人主义思想的影响，更加强化了罪犯原有不良的劳动意识，使他们形成了较为系统而又十分顽固的剥削阶级的劳动观。这种错误劳动观的核心内容就是不相信或极力反对劳动致富，妄图靠非法手段暴敛财富，以达到追求享乐的卑鄙目的。他们信奉"人为财死，鸟为食亡""人无外财不富，马无夜草不肥"的剥削阶级信条。为了达到自己的丑恶目的，不惜损害国家、集体和他人的利益，把自己的幸福建立在他人的痛苦之上。他们贪污盗窃、走私贩私、抢劫诈骗、拐卖人口、吸毒贩毒、制假贩假，可以说无恶不作、罪恶滔天。

罪犯劳动就是要使罪犯置身于社会化的生产劳动实践中，通过生产劳动实践，使罪犯重新体验劳动生活，通过新观念和旧观念的撞击、斗争、比较、反省，最终达到转变错误劳动观的根本目的。

2. 罪犯劳动能使罪犯在劳动中养成做人所必需的一系列良好的道德品质。犯罪学的研究表明，某些罪犯的犯罪与他们缺乏必要的社会活动场所来实现其必要的生存价值有关。特别是在当代社会，青少年生理早熟而社会化时期延长，加之社会竞争日益激烈，对个体的社会化要求越来越高。如果个体不能很好地完成社会化，缺乏一定的劳动习惯和劳动技能，就不可能得到充分发挥和施展其生命潜力的机会，因此他的生存价值就不可能实现。在这种情况下，个体就非常容易陷入充满愚昧、偏见、野蛮、暴力、私欲的社会场所，即犯罪场所。因此，马克思说，应当消灭犯罪行为的反社会根源，并使每个人都有必要的社会活动场所来显露他重要的生命力。

我国监狱组织的劳动改造是国有性质的社会化大生产，因此，罪犯劳动的场所也就是能够使其实现生存价值的社会活动场所，这也能较好地避免罪犯在狱内因找不到合适的活动场所而导致其生存价值不能实现所产生的种种弊端。因此，罪犯劳动为罪犯在狱内实现自己的生存价值，努力发挥自己的聪明才智，充分显露自我提供了一个良好而又优越的舞台。不仅如此，罪犯在劳动中还会养成一系列良好的品格。具体来说，劳动可以使罪犯逐渐树立热爱劳动和热爱劳动人民的思想品格，从而摒弃那种厌恶劳动、不劳而获的极端个人主义的腐朽伦理思想观点；劳动能使罪犯树立诚实守信、公平竞争的良好品德，从而消除虚伪奸诈、坑蒙拐骗的不良道德；劳动能使罪犯树立团结协作、互相帮助的良好品德，从而消除自私自利、尔虞我诈的不良道德；劳动能使罪犯树立遵纪守法、服从指挥的良好品德，从而消除无法无天、胡作非为的不良道德；等等。

三、罪犯劳动是以培养罪犯良好的劳动态度和行为习惯为目的的活动

1. 罪犯劳动能够转变罪犯错误的劳动态度。罪犯来到监狱服刑改造，由于受原有错误劳动观和不良劳动态度的影响，对监狱组织的劳动改造抱抵触或消极态度。特别是由于劳动改造是在军事管制前提下强制进行的，罪犯只要有劳动能力就要无条件参加。在这种情况下，罪犯一般都会错误地认为劳动改造是在单纯地制裁和惩罚他们，是政府在报复他们。在这种错误观念的引导下，罪犯初到监狱一般都会对劳动改造产生一种消极应付或得过且过、敷衍塞责的态度，这不仅在没有劳动习惯和身无一技之长的罪犯身上表现出来，即使是在有劳动技能的罪犯身上，也表现得非常突出。

坚持组织罪犯进行劳动改造，最重要的问题就是要解决罪犯的劳动态度问题，这是罪犯能否顺利接受改造、早日成为守法公民的基本环节。劳动态度不仅关系到罪犯在劳动改造中的成败，也直接关系到罪犯在监狱中的整个服刑改造过程。因此，必须真正解决好劳动态度问题，绝不可放松懈怠。转变罪犯错误的劳动态度，一方面要强制有劳动能力的罪犯全部投入到社会化大生产中去，让罪犯在特殊环境中，以特殊身份，参加具有特殊目的和特殊方式的各种生产劳动，在严格而又艰苦的劳动改造实践中，亲身体会和感受劳动的伟大、劳动的艰辛和劳动成果的来之不易，并在劳动收获的喜悦中重新认识劳动的目的、性质、意义及

劳动的社会公益性，从而转变自己原有的不正确的劳动态度。另一方面，监狱机关要加大对罪犯进行劳动教育的引导力度，联系罪犯参加劳动改造的实践，深刻地给罪犯阐明劳动的意义、劳动的伟大、劳动与人生的关系以及劳动改造的作用、功能，劳动与罪犯改造前途的辩证关系等内容，让罪犯切实明白劳动改造不是政府在惩罚他们，更不是在摧残和虐待他们，而是真心实意地为他们好，是政府在挽救和帮助他们，是要使他们早日由一个犯罪人和社会利益的破坏者变成一个自食其力的守法公民和社会主义的贡献者。这样，罪犯就会从内心对劳动改造有一个全新的认识，进而轻装上阵，以积极主动的态度去投入到劳动改造中去。

2. 罪犯劳动能够矫治罪犯恶劣的行为习惯，并使之养成良好的行为习惯。从法律的角度分析，犯罪最根本的原因是目无法纪，从而为所欲为地侵害受法律保护的社会关系。要使罪犯转变原有的行为习惯，适应和尊重法律保护的社会关系，最有效的方法就是让罪犯投入监狱机关组织的社会化大生产这种特殊的经济关系之中，进行强制性的适应培养，从而逐渐使他们养成服从和尊重经济关系（社会关系）规范的行为习惯。

从整个改造罪犯活动来看，学习的规范化、行动的军事化、生活的集体化和制度化，固然对罪犯的行为习惯有强有力的约束和管理作用，但是，生产劳动过程却有着其他管理活动所不具有的矫正和规范罪犯行为习惯的力量。因为对生产过程的全面控制，实质上是对罪犯劳动过程的全面监控。在罪犯的生产过程中，不仅有岗位责任制、劳动定额制、生产工艺操作规程、产品质量检验制以及成本核算等制度的制约保证体系，还有生产过程的时间连续性、工艺的顺序性、需求的节制均衡性、环节的衔接性等制约保证体系；同时，生产劳动还配以适时、适量的劳动教育和技能教育为保证体系。这些因素汇集成综合性的规范力量和约束力量，作用于罪犯，使他们不仅能够转变劳动观念，而且能在意志、性格、品质等方面受到严格训练，使那种目无法纪、放荡不羁、贪图享乐、懒惰成性、好逸恶劳的行为习惯受到严格的约束和矫治。

行为习惯通常是在多次重复同一动作和行为的基础上形成的。罪犯的生产劳动贯穿于罪犯服刑的始终，他们经常在这种特殊的、规范性约束力很强的体系中劳动，就会逐渐改变原有的行为习惯，从而养成新的遵纪守法的行为习惯。

四、罪犯劳动是以维护监管改造秩序，促进监狱可持续发展为目的的活动

1. 罪犯劳动在维护监管改造秩序方面发挥着重要作用。要想使罪犯在监狱顺利服刑，有效实现改造的目的，监狱机关必须为罪犯的改造创造一种良好的条件和氛围，而这种条件和氛围就是要建立一种良好的监管改造秩序，罪犯劳动对这种良好监管改造秩序的建立发挥着不可替代的重要作用。

建立狱内良好的监管改造秩序是一个系统工程，它需要监狱各种监管改造手段和措施的全力配合，形成优化。这些改造手段和措施包括狱政管理、劳动改造、教育改造、心理矫治、生活卫生、奖惩考核、感化改造、民警行为引导等，而罪犯劳动作为监狱工作的基本手段和核心内容，则显得更为重要和突出。具体来说，罪犯劳动能够根据个人情况和生产需要，组织罪犯从事符合监管安全和有利于社会的劳动；能够建立文明、规范、科学的劳动管理制度，从而做到文明生产、安全生产，使劳动改造现场和环境保持一种科学、文明、人道的局面；能够使罪犯工伤死亡事故发生率不超过行业规定的标准，加大对罪犯进行劳动保护的力度，认真贯彻执行国家有关劳动保险的政策，科学合理地实施罪犯劳动报酬制度；能够坚持劳动改造和教育改造相结合的原则，注重劳动改造的社会政治效益，在此基础上，努力提高罪犯劳动的经济效益，大力提高罪犯的技术水平，并为刑释后安置就业创造条件，尊重罪犯在劳动中的各项人权，严禁用劳动体罚虐待罪犯，严禁搞超时间、超体力劳动，使罪犯在劳动中不仅改造思想，矫正恶习，而且使身心得以健康发展。

罪犯劳动在维护监管改造秩序方面不仅发挥着一些不可替代的作用，而且为其他改造手段作用的发挥奠定了根基和条件，最突出的表现是为罪犯教育提供实践基础和检验渠道，离开了劳动改造这个基本实践，罪犯教育就显得苍白无力。罪犯劳动还为狱政管理提供了有效管理和活动的空间，使狱政管理产生了生机和活力，为管理功能的展示和充分发挥提供了保证。当然，罪犯劳动作用的发挥也离不开教育改造和狱政管理的支持和帮助，三大手段相辅相成，协调统一，共同构成了有中国特色的罪犯惩罚改造机制。

2. 罪犯劳动能够促进监狱的安全稳定。保持监狱安全稳定，使监狱走可持续发展之路，是我国监狱在 21 世纪的发展方向。一方面，监狱工作要想发展和进步，首先必须保持监狱的安全稳定。监狱安全稳定是一切监狱工作的前提和基础，也是监狱工作持续稳定发展的前提和基础。另一方面，监狱安全稳定不是裹足不前的安全稳定，而是包容持续稳定发展的安全稳定，是长期发展的、深层次的安全稳定。只有这样，监狱工作才能实现良性发展，才能真正走上可持续发展之路。

保持监狱的安全稳定离不开罪犯劳动作用和功能的充分发挥。罪犯劳动作为对罪犯执行刑罚的重要内容和罪犯改造的基本手段之一，在保持监狱的安全稳定方面起着极其重要的作用。固然，保持监狱的安全稳定离不开严格的狱政管理。严格的狱政管理能够使刑罚得到有效的执行，使罪犯顺利接受惩罚与改造，而且能够加大狱内监管工作的防范力度，进一步堵塞罪犯逃避惩罚和改造的漏洞，消除狱内违法犯罪的隐患，有效管理和控制罪犯活动方式和行为方式，及时打击狱内反改造活动等。罪犯劳动不仅能与狱政管理协同配合，还能够弥补狱政管理工作中不可避免的一些不足。科学、合理组织的罪犯劳动，扩大了狱政管理封闭而又狭小的管理空间，给罪犯的有效监管提供了新的契机，这不仅使罪犯的监管在时间和空间上更为有利，而且能够使监管工作实现动态化。罪犯劳动占领了罪犯整个日间的活动时间，使罪犯的整个行为都在监狱人民警察的监督和控制之下，罪犯在劳动中还能暴露出一些不良思想、行为恶劣及日常改造表现，这就为其他改造手段的有效运用奠定了基础，提供了依据。罪犯劳动的实施使罪犯行刑的自由度大大扩展，使罪犯在社会化大生产融洽的社会关系中服刑，缩短了罪犯由于监禁所产生的与社会的隔绝，在监狱这一特殊场所实现了对社会的真实再现和模拟，这对罪犯实现重新社会化是极为有利的。

 学习任务四　罪犯劳动的运作模式

一、罪犯劳动方式——采用社会化大生产的劳动方式

运用劳动改造罪犯还涉及用什么样的方式来改造的问题，采用社会化大生产的方式来改造罪犯，或者采用分散孤立的个体小生产的方式来改造罪犯，得到的效果是有很大差异的。实践证明，采用社会化大生产的方式来改造罪犯是一条成功之路。社会化大生产是高度发达的现代社会对生产劳动的必然要求，也是生产劳动适应社会高度发展的必然选择。随着社会的深化和发展，现代化程度越来越高，生产劳动中的高度分工和共同协作也变得日趋重要。生产劳动被分解成很多部门，每个部门又有很多企业，这些部门和企业相互依存，紧密联系，形成一个有机整体，谁也不能孤立地进行生产和经营，这就形成了社会化大生产的格局。社会化大生产的主要特点是：若干人集体劳动，共同使用生产资料，在高度分工的基础上进行高度协作，共同生产某种产品。同时，它的市场范围不断扩大，可以由国内发展到国际。监狱生产虽然是一种特殊性质的生产，但同样是社会化大生产的重要组成部分，应该具备社会化大生产的性质和特点。因此，采用社会化大生产的劳动改造方式是监狱机关适应社会发展的必然选择。另外，由于罪犯劳动的根本目的是改造罪犯，监狱生产是为这一目的服务的手段，而采用社会化大生产的罪犯劳动方式对罪犯的改造极为有利，它有很多分散孤立的个体小生产方式不可比拟的独特优势。

采用社会化大生产的罪犯劳动方式改造罪犯，主要包括两种具体方式：一是让罪犯参加集体性劳动，使罪犯在集体劳动中得到改造；二是用体力劳动与脑力劳动相结合，以体力劳动为主的方式改造罪犯。

1. 采用让罪犯参加集体性劳动的方式。社会化大生产的罪犯劳动方式必然

要求罪犯在集体中进行劳动，也就是要求罪犯以群体的形式参与劳动。社会化大生产建立在高度分工和高度协作的基础之上。它要求把整个劳动活动分成若干个过程、环节和工序，每个过程、环节和工序又可划分为若干个工作岗位，每个工作岗位都有特定的操作规程和岗位职责，根据不同岗位要求，再安排与岗位任务相匹配的罪犯人员，每一个罪犯看起来是独立的个体，但实际上他们是整个劳动活动不可缺少的一分子。每个罪犯的劳动都与其他罪犯的劳动紧密联系在一起，每个罪犯的劳动既是前一个劳动工序的继续，又是后一个劳动工序的开始，所有罪犯的劳动构成了一条连绵不断的有机联系的链条，这个链条中的每一个环节和部分出现偏差，都会影响整个劳动的正常运转和劳动秩序的稳定。很显然，罪犯长期在这种社会化大生产所构筑的集体性劳动中，必定会养成严格的组织纪律性和遵纪守法意识，从而矫治自己原有的极端个人主义思想和为所欲为、放荡不羁、目无法纪等不良恶习；必定会形成互相帮助、团结协作、顾全大局等优秀品质，从而树立集体主义思想，逐渐克服自私自利、损人利己、损公肥私等错误思想和行为，使自己早日成为守法公民和社会主义建设有用之材。另外，罪犯长期在这种劳动岗位较为固定的集体中进行改造，还会形成与本职岗位相适应的劳动技能和岗位品质，而这些对罪犯重新社会化，特别是刑满后寻求一个安身立命之所，都大有益处。

在罪犯劳动中，除了集体性罪犯劳动方式之外，不可避免地还存在其他罪犯劳动方式，这主要是指罪犯个体或零星劳动方式。罪犯个体或零星劳动方式同样是罪犯劳动中必不可少的，例如，工业监狱单位单独活动的电工、焊接工、修理工等；农业监狱单位的守护员、管水员、运送员；监狱矿业的放炮员、安全员、斗车驾驶员；工农业监狱单位都有的理发员、卫生员、保管员；等等。他们中有的罪犯还要在监外单独住宿，成为外宿犯。罪犯劳动中的这种个体或零星劳动方式必须引起监狱机关的高度重视，对这些罪犯要严加管理，大力强化思想教育。要认识到个体或零星劳动方式对罪犯的改造弊多利少，难以真正发挥劳动对罪犯的改造作用。除尽力缩小个体或零星劳动人数外，对必不可少的岗位人员要严格挑选，使用那些改造表现好、余刑较短的罪犯，切实将这种劳动的不利因素降到最低限度，并尽力挖掘和发挥这种劳动的积极效应，使罪犯得到最大程度的改造。

2. 采用体力劳动与脑力劳动相结合，以体力劳动为主的劳动方式。社会化大生产的罪犯劳动方式要求我们在组织罪犯劳动时既要充分发挥体力劳动对罪犯的改造功能，又要充分发挥脑力劳动对罪犯的改造功能。但是，我国的罪犯劳动是一种特殊的社会化大生产，与一般的社会化大生产有所区别，是以改造人为根本宗旨的社会化大生产。因此，在组织罪犯进行劳动改造中，对体力劳动和脑力劳动这两种不同的劳动方式应该科学运用。

（1）体力劳动是罪犯劳动的主要方式。所谓体力劳动，是指以消耗体力为主所进行的劳动。体力劳动之所以是罪犯劳动的主要方式，其理由有以下几点：①从马克思主义实践论来看，生产实践是一种决定其他实践形式的最基本的实践活动，而体力劳动是生产实践中的主要内容和重要组成部分。②从我国监狱的生产条件来看，罪犯劳动的现代化水平和现代化条件相对于整个社会的总体水平而言较为滞后。因此，以体力劳动为主改造罪犯是由我国监狱的客观现实条件决定的。③从我国监狱目前押犯的基本特点来看，财产型罪犯占多数，且逐年呈上升趋势，押犯的享乐主义、拜金主义思想比以往罪犯更加突出，这与他们长期以来所形成的厌恶劳动，尤其是厌恶体力劳动的犯罪思想和恶习是分不开的。另一方面，罪犯的总体文化水平比一般社会公民普遍要低得多，在这种状态下，力图用脑力劳动为主要方式来改造罪犯的做法显然是不切实际的。④从罪犯回归社会后所从事劳动的实际来看，罪犯多来自农村，且绝大多数被捕前从事的是体力劳动，他们刑释后仍将回到原地，从事力所能及的体力劳动。因此，监狱的罪犯劳动形式不能脱离我国国情，更应考虑罪犯回归社会后从事社会生产劳动的实际需要。

体力劳动在改造罪犯中发挥着不可替代的独特功能，有些功能是脑力劳动所无能为力的，正是体力劳动的这些独特功能，构成了罪犯劳动作为监狱工作基本手段的实质内容，也使劳动在改造罪犯中占据十分重要的地位。具体来说：①体力劳动对罪犯有着强烈的刑事制裁功能。体力劳动对罪犯所体现出的依法强制性、军事管制性、不可选择性、身心痛苦性等特点比脑力劳动更为明显，有更强的改造力度。②体力劳动对罪犯有着强烈的思想转化功能。通过让罪犯参加体力劳动，不仅能够使狱内新的社会存在方式的构建得以形成，而且能够使罪犯在参加体力劳动的辛勤汗水中洗刷自己的罪恶，荡涤自己丑恶的灵魂，使他们从自己的劳动实践中，切实感受到劳动的艰辛、劳动的伟大、劳动成果的来之不易，从而增进对劳动人民的感情，进而使他们懂得劳动才是做人的根本，是人生的真谛。正是从这种意义上讲，马克思说："体力劳动是防止一切社会病毒的伟大消毒剂。"[1] ③体力劳动对罪犯有着强烈的组织管理功能和养成功能。由于我国罪犯劳动是国有性质的社会化大生产，罪犯所参加的体力劳动是以集体劳动为组织形式而展开的，这就为有效地对罪犯实施监管，使罪犯养成健康向上的思想行为品质，提供了一定的便利条件。

（2）脑力劳动是罪犯劳动的重要途径。所谓脑力劳动，是指以消耗脑力为

---

〔1〕《马克思恩格斯全集》（第31卷），人民出版社1972年版，第538页。

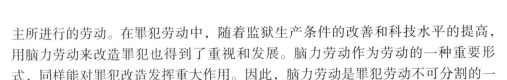

主所进行的劳动。在罪犯劳动中，随着监狱生产条件的改善和科技水平的提高，用脑力劳动来改造罪犯也得到了重视和发展。脑力劳动作为劳动的一种重要形式，同样能对罪犯改造发挥重大作用。因此，脑力劳动是罪犯劳动不可分割的一部分，是对罪犯进行劳动改造的一条重要途径。

第一，脑力劳动是一项极其复杂和富有创造性的劳动，因而用脑力劳动改造罪犯同样需要罪犯付出大量的精力、智力、体力，需要花费比体力劳动更大的心血，因而对培养罪犯的科技意识、开拓创新意识以及坚韧不拔、不畏艰险、刻苦钻研、勇于献身等品质都有很大的教育和培养作用。

第二，由于脑力劳动需要具备一定的科学文化知识和技能技巧，因此，运用脑力劳动来改造罪犯，能够开发罪犯的智力和潜能，激发罪犯学文化、学科学、学技术的热情，并且能够培养罪犯的认识能力、分析能力、理解能力、组织管理能力等一系列工作能力，从而为回归社会后成为有用之材奠定基础。

第三，对原从事脑力劳动的罪犯运用脑力劳动方式进行改造，由于能够发挥他们的专长，因而容易缩短他们与干警之间的距离，产生对政府的信任，进一步消除抵触情绪和抗改心理，萌发运用自己的知识和才能主动立功赎罪和为监狱的改革与发展作出贡献的愿望和决心。

应该指出的是，尽管脑力劳动是罪犯劳动的重要组成部分，是对罪犯进行劳动改造的一种重要途径。但是，脑力劳动与体力劳动相比，在对罪犯的改造方面确实有着很大的局限性。

在对罪犯组织社会化大生产的罪犯劳动中，应正确认识和处理体力劳动与脑力劳动的辩证关系。体力劳动和脑力劳动是劳动的两种不同表现形式，二者都是劳动不可或缺的重要组成部分，二者相互区别、相互影响、相互渗透，又相互促进、相互推动。因此，绝不能把二者完全割裂开来。体力劳动中有脑力劳动的因素，脑力劳动中也蕴含着大量的体力劳动因素，二者的区别是相对的。随着社会的不断进步和科学技术水平的不断提高，在整个劳动力的构成中，脑力劳动的比重将会增加，体力劳动本身使用脑力因素的程度也将越来越高，但体力劳动和脑力劳动作为劳动的两种不同形式将长期存在。在罪犯劳动中，由于罪犯劳动的特殊性质、特殊功能和特殊目的性，随着监狱生产技术水平的提高，尽管罪犯体力劳动强度会越来越小，脑力劳动程度会有所增加，但以体力劳动为主要方式改造罪犯这一主导地位将长期不会改变。

二、罪犯劳动模式

（一）工业性罪犯劳动

工业性罪犯劳动主要是以生产劳动产品为主要目标的罪犯劳动形式，它是目前我国监狱罪犯劳动的主要途径和重要类型。工业性罪犯劳动一般在狱内工厂进行，一般采取社会化大生产的劳动方式。工业性罪犯劳动形式最适合罪犯改造。由于工业性罪犯劳动是由监狱根据罪犯劳动的特殊性有目的、有计划、有组织地建立起来的，不论其场所选择、产业结构、规模大小、科技水平和管理方式等方面，都较适应罪犯，因此一般能取得较好的改造效益。工业性罪犯劳动由于多在高墙之内，因而便于对罪犯实施劳动管理；由于多为社会化大生产，因而便于实施定额管理、岗位管理、组合管理、协作管理、工效管理和质量监督管理；由于是监狱有目的地组织起来的劳动生产，因而较注重提高罪犯劳动的科技含量和高新技术的运用，这对于提高罪犯的科技水平和开拓创新能力大有益处，同时，也能使罪犯掌握现代科技知识和技能；由于工业性劳动是集体性劳动，因而对培养罪犯的集体主义精神和团结协作、克服困难、遵规守纪、开拓奋进的良好品质有重要促进作用；由于工业性劳动一般场所固定、时间固定、人员固定，因而对正确协调监管、劳动和教育三大手段的关系较为有利，容易使监狱改造秩序、生产秩序、生活秩序得以协调有序地运转，从而保证监管改造场所的稳定。

不利方面主要是：由于工业性罪犯劳动多在高墙之内，在一定程度上阻断和影响了罪犯劳动与社会一般劳动的信息交流和沟通，难以使罪犯劳动成为市场主导产业和热门行业，罪犯长期在这种环境中劳动，也难以形成适应当前社会的信息和思想，往往比社会要迟缓得多，不利于罪犯的重新社会化。另外，由于工业性罪犯劳动主要是为罪犯改造服务的一种手段，因而其产业选择、经营策略、劳动力素质、管理水平、运作方式等都与一般社会劳动有较大差别，这就造成了工业性罪犯劳动难以与一般社会劳动抗衡和竞争的后果，必须采取独特的经营管理体制和运作机制才能解决这一难题。

（二）农业性罪犯劳动

农业性罪犯劳动形式也是我国监狱罪犯劳动改造的一种重要形式，我国目前有近200所监狱农场，关押着近50万罪犯，约占全国押犯总数的1/3左右，监狱农场普遍采用的就是农业性罪犯劳动形式。利用农业性罪犯劳动形式对罪犯进行改造，并非中国独有，当今世界很多国家都不乏其例。农业是第一产业，也是国家的基础性产业，因而，运用农业性劳动改造也有十分重要的意义：①罪犯大多来自农村，文化水平较低，很多在农村都有过农业生产的经历；②罪犯中短刑犯占相当大比例；③农业性劳动技术含量相对较低，技术培训较容易，因而罪犯能很快胜任本职工作；④罪犯刑释后一般都要回到原有居住地务工，因而对大批农村籍罪犯来说，能把在监狱学到的新知识、新技术运用到家乡，为农业的保值增值和快速致富奠定了基础；⑤监狱农场地域广阔，点多线长，经营种类很多，吸纳罪犯能力很强，能起到押犯的"蓄水池"作用，这对缓解我国监狱押犯逐年上升的严峻形势和监狱爆满的窘境有较好的调节作用；⑥监狱农场地域辽阔，

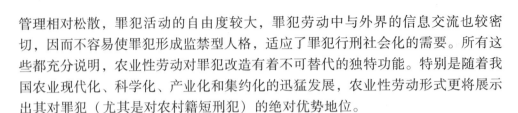

管理相对松散，罪犯活动的自由度较大，罪犯劳动中与外界的信息交流也较密切，因而不容易使罪犯形成监禁型人格，适应了罪犯行刑社会化的需要。所有这些都充分说明，农业性劳动对罪犯改造有着不可替代的独特功能。特别是随着我国农业现代化、科学化、产业化和集约化的迅猛发展，农业性劳动形式更将展示出其对罪犯（尤其是对农村籍短刑犯）的绝对优势地位。

农业性罪犯劳动的不利因素主要表现在：由于监狱农场地域辽阔，押犯较分散，特别是不少单位的外宿犯现象都给监管工作带来了难度，如果监管不力，极容易发生罪犯逃脱等恶性案件。监狱农场的这种状况也使监狱难以开展正常的、集中的、系统的"三课教育"，特别是农业性劳动季节性强，劳动强度大，时间紧、任务重，也容易出现超时间、超强度、超体力的违反罪犯人权的现象，这些对罪犯改造都有很大的负面作用。

（三）手工业性罪犯劳动

手工业性罪犯劳动在我国监狱劳动中也较普遍。手工业性罪犯劳动主要指以手工为主的、科技含量不大的、以产品加工和装配为主的劳动密集型产业。手工业性罪犯劳动比起工业性和农业性罪犯劳动，规模要小得多，但其却有很强的吸纳罪犯劳动力的能力，因此，这正好适应了罪犯劳动力多、技术水平不高、培训上岗快等特点，同时也符合我国一些中小监狱经济实力差、融资渠道困难、不宜建设大规模劳动产业的实际，并具有投资少、收益快、适应市场灵活多变的独特优势。因此，手工业性罪犯劳动不失为一些监狱，特别是一些中小型监狱选择罪犯劳动的首选类型。

罪犯参与手工业性劳动益处很多：①手工业性劳动与市场联系最为密切，可以使罪犯形成抢抓机遇、机动灵活、科学预断、善思深谋等市场经营理念；②手工业劳动人员密集，分工协作，多为"一条龙"的流水作业，可以使罪犯形成集体意识，树立整体观念；③手工业劳动机动灵活，转向迅速，可以使罪犯掌握很多实用技术，为将来刑满就业创造良好条件。

手工业性罪犯劳动的不利因素主要是：①与现代化大工业和现代化大农业劳动产业相比，手工业性劳动难以形成对罪犯的强大震撼和转化功能，难以使罪犯感受到改造自然、改造世界的心灵净化和精神陶冶作用，尤其对一些长刑犯和累、惯犯的改造更显力度不足；②手工业性劳动项目繁多，且不稳定，变化无常，岗位不固定，这对罪犯进行系统的深层劳动改造极为不利；③手工业性劳动受市场制约大，项目波动性大，容易导致停产或半停产，致使罪犯失去劳动改造的依托。

（四）事务性罪犯劳动

所谓事务性罪犯劳动，是指与生产性劳动相对应的，以承担监狱内公共性、服务性、辅助性等劳动项目为内容和任务的活动过程。监狱作为国家的刑罚执行机关，是国家机器的重要组成部分，除了具有生产性劳动功能，为监狱和国家创造一定的社会财富外，它自身又是一个复杂的系统架构。作为系统，监狱要维持自身的存在和发展，相应地也需要一系列公共性、服务性、辅助性的劳动，方能保障该系统的良性运转。基于此，我国监狱从大力节约政府经费开支，合理利用罪犯行刑资源的角度出发，组织有一定专长和适宜的罪犯从事大量监狱事务性劳动，这既为国家节约了开支和成本，也发挥了罪犯的特长，还促进了罪犯劳动方式的多元化及劳动组织的合理性，于经济效益和行刑效益都非常有利，也受到罪犯的欢迎。

监狱内事务性劳动的种类很多，领域很广，主要包括：罪犯伙食工作，如罪犯厨师等；罪犯医疗卫生和防疫工作，如医生辅助人员、辅助药剂人员、辅助护理人员、辅助防疫人员等；狱内设施设备维修及服务人员，如房屋用具修缮人员、服装卧具缝纫漂洗人员、电器维护修理人员等；狱内保洁及环境建设人员，如卫生保洁员、绿化美化人员等。

事务性罪犯劳动的组织和实施是世界各国的普遍做法。事务性劳动同样是劳动改造活动，同样对罪犯具有重要改造作用。事务性劳动是一项高尚的劳动项目，既适应了现代市场经济重视和发展第三产业的大趋势，也对培养罪犯的第三产业意识、服务意识、奉献社会意识具有不可替代的作用，同时，容易使罪犯刑释后更快更好地融入社会、服务社会，找到安身立命的舞台。同时，事务性罪犯劳动的实施，可以使罪犯劳动力组织和调配更加合理化、多样化，发挥罪犯的特长和优势，有利于调动罪犯劳动改造的积极性、创造性，从而促进罪犯劳动改造目标的实现。

事务性罪犯劳动的不利改造因素主要有：由于劳动岗位相对分散，罪犯独立性强，自由度较大，因而管理的难度较高，容易造成管理中的死角和漏洞。因此，应加强对事务性劳动罪犯的针对性教育，并积极探索对该类罪犯有效管理的技术、措施和方法。

（五）智力性罪犯劳动

所谓智力性罪犯劳动，又称脑力性罪犯劳动，是指针对高学历、高职称、高职务、高智商、高科技罪犯的实际而开展的一种有较高科技含量的、复杂的生产物质性和精神性产品的活动过程。

在市场经济条件下，社会经济、政治、文化等方面都发生了巨大变化，尤其是在押犯成分及犯罪性质等方面，出现了很多与以往不同的新情况、新特点，如高学历、高职称、高职务、高智商、高科技的罪犯不断增加。面对这些新变化、新特点，尽管体力劳动仍是改造和矫治这些罪犯的主要方法和重要手段，但并不是唯一方法。在体力劳动的基础上，还应积极探索对罪犯改造更有效、更适用、更能发挥"罪犯人才"和"罪犯人力资源"最佳效能的新方法、新形式。而智力性罪犯劳动是对高学历、高智商、高科技罪犯进行有效改造的一种较为适宜的方法。对原从事脑力劳动的罪犯或高智能、高科技的罪犯，在对他们试行 1～2 年体力劳动改造之后，应视罪犯的改造表现调整为智力（脑力）劳动岗位，尤其是对高学历、高科技罪犯较为集中关押的监区或分监区，更应采用智力（脑力）劳动的改造形式。

罪犯智力性劳动的种类和形式很多，包括高科技劳动生产项目、科学研究项目、科技发明创造、艺术创作、文化技术教育教辅、监狱文化建设辅助等，相应地，罪犯可以成为辅导员、教室和多媒体管理、监狱电视台、广播站、监狱小报、板报、图书馆等辅助管理人员等。

智力性罪犯劳动是新时期劳动改造智能型罪犯的一种新形式、新途径，符合当前押犯中智能型罪犯增多的趋势，也是知识经济社会发展的大趋势，有利于对罪犯人才的开发和利用，有利于调动智能型罪犯劳动改造的积极性，符合尊重知识、尊重人才、尊重创造的国家政策导向，是一种有利于国家、有利于行刑、有利于罪犯的明智选择。

智力性罪犯劳动的不利因素是：由于智力性罪犯劳动内容复杂，种类多样，因而项目选择难度大，实施难，考核繁琐，且考核标准较难确定，对劳动管理和罪犯评价都存在着明显不利因素。

（六）习艺性罪犯劳动

所谓习艺性罪犯劳动，是指为了使罪犯在生产劳动和职业训练中学到技能和技艺而广泛开展的劳动生产和职业训练活动过程。习艺性罪犯劳动是一种对罪犯改造十分有利和有益的措施，可以使罪犯通过习艺劳动学习技艺，掌握技能，养成劳动习惯，提高自身素质，从而为刑满释放后在激烈的社会竞争中找到安身立命之所奠定良好基础。同时，习艺性罪犯劳动本身就是罪犯劳动改造的题中应有之义和努力追求的价值目标之一。

习艺性罪犯劳动组织实施的困难是：由于习艺性罪犯劳动不仅需要国家投入，而且不直接产生经济效益，致使大规模地全面实施习艺性罪犯劳动既不现实，又与罪犯劳动本身所具有的经济效益相冲突，也难以达到彻底实现劳动改造罪犯的目的。尤其是在我国目前社会发展条件下，全面实施习艺性劳动还缺乏财力和群众基础，也产生不了良好的社会效益。那么，怎么处理罪犯劳动的经济效益性和习艺性二者之间的矛盾呢？我们认为办法有二：一是在选择和组织罪犯劳动项目和产业类型时，不仅要注意劳动的经济效益性，更要注意看这种劳动能不能使罪犯达到习艺的目的，要选择那些既适宜罪犯改造，又能使罪犯学到生产技艺的劳动项目，切忌只追求劳动的经济效益性而不顾其他的错误做法。二是随着监狱体制改革的进一步实施，在监企分开后的纯化监狱中，为了使罪犯更好地掌握更多更好的技艺，把原来职业技术教育培训进一步做大做强，并且国家要加大投入，必要时甚至可以建立一些实验工厂和习艺车间，让刑期在 2 年以下的罪犯每天至少有半天的时间在实验工厂和习艺车间习艺，规定罪犯在释放前都要达到掌握 3 门左右的技术，并获取技术等级证书，且把其作为对监狱民警进行考核的重要指标，以此督促民警抓好对即将刑满罪犯的习艺劳动工作。

一、相关案例选编

车工技术在手　敢立就业潮头[1]

山西省汾阳监狱　张伟

陈友国（化名）2007 年刑满释放了。在短短的 3 年里，他像许多人一样感受了奥运会带来的喜悦，也不可避免地经历了全球金融风暴的洗礼。

奋进中，蚂蚁啃骨头

陈友国是湖北武汉市人，1995 年因抢劫罪被判处无期徒刑，送到了汾阳监狱服刑改造。入监后，在监狱警官的教育帮助下，陈友国很快认识到了自身犯罪的危害性，决心充分利用监区安排他学开车床的有利条件，踏踏实实地干出点名堂来。

目标确定后，陈友国主动报名参加监狱组织的中级车工技术培训班，还自费订阅了《车工技术》等相关专业书籍来开阔自己的眼界。然而，课堂上实行的是电化教学，是高级工程师在讲课，只有小学文化且大多知识已还给老师的他只能是开飞机、坐火箭，云里雾里、不知所云。那些《车工技术》里的立体几何、三维视图，他像看天书一样，什么都不懂。面对这道巨大的坎，陈友国没有退缩，他决定从最基础的东西学起。1998 年，他参加了监狱开设的扫盲班，2000年小学毕业后升入初中班继续学习。在这 3 年的时间里，他第一次从书本上认识了平面几何和几何运算，第一次知道了三角函数及其运用。有了这个基础，再学技术课时，对老师的讲解听起来就不那么费劲了。

随着时间的推移，有心干出点名堂的陈友国在车工技术方面有了突飞猛进的变化。他不仅在监狱组织的职业培训中获得了《初级车工资格证书》，还在具体实践中熟练地了解了自己所开车床的内部构造，掌握了车床的性能，懂得了刀具

---

[1]　摘自《黄丝带》2010 年第 11 期。

的安装和使用，还能根据图纸的尺寸、要求加工出合格的工件。陈友国通过 10 年的努力，成功地把自己由一名学徒变成了名副其实的师傅，成了全加工车间的生产骨干和业务尖子。他刻苦学习，肯干、实干的表现得到了监区的充分认可。从 1995~2006 年的 11 年时间里，陈友国先后 3 次被评为监狱改造积极分子，4 次获得监狱记功奖励，几次获得减刑奖励。2007 年 6 月，陈友国从监区警官手中接过《中级车工资格证书》，走出了监狱，迎来了梦寐以求的新生。

职场里一炮打响

2007 年 9 月，回到家乡的陈友国与老乡一道去了广东东莞。在一家五金加工厂的招聘现场，陈友国将自己的《中级车工资格证书》递了上去。胸牌上写着"人事部经理"的人仔细地核对照片后，问道："开了几年车床？"

"10 年。"陈友国诚实地答道。

"10 年？"对方明显地表现出了怀疑。道理很简单，一个有着 10 年车床经验的人大多是企业的宝贝疙瘩，怎么可能会没有工作呢？人事部经理犹豫片刻后再次问道："愿意接受面试吗？"

"愿意。"

"好！"人事部经理当即把陈友国带到了一台车床面前，顺手拿起一个工件说："把这上面的螺纹打掉。"陈友国一看车床型号与自己以前开的一致，加工要求又如此简单，心中立刻有了底，他毫不犹豫地走到车床前，按要求试车，然后装刀、装工件，再开车……规范的动作、娴熟的技巧立刻征服了人事部经理，他意识到面前的这个求职者绝非浪得虚名，而是一匹难得的千里马。

陈友国的工件还没有加工完成，人事部经理认为已没有必要再浪费时间了，他当即表态："欢迎你成为我们五金加工厂的员工，管吃管住，月薪暂定 2000 元，今后视业绩再另给红包。"

陈友国到达东莞的第二天就找到了一份稳定的工作。在这个有着近 3000 名员工的中外合资企业里，陈友国如鱼得水，他在监狱里学到的技术很快赢得了厂方的认可，第二个月，陈友国的月薪被调到了 2200 元。

正当陈友国认为自己有了施展才华的平台，可以堂堂正正地做人时，世界金融危机像瘟疫一样蔓延到了东莞。2009 年 2 月，陈友国所在的五金加工厂先是订单减少，紧接着裁员停产，企业很快就关门了，陈友国成了众多回乡民工潮中的一员。

同年 6 月，回到家乡的陈友国抱着"东方不亮西方亮"的想法，准备重打锣鼓另开张时，他曾就业的五金加工厂打来电话要他回厂里上班。原来，正当企业陷入困境时，党中央审时度势，及时出台一系列保增长、扩内需的政策，让濒临倒闭的企业看到了希望。为了东山再起，重新抢占市场高地，精明的厂家首先想到了收罗人才。就这样，陈友国又一次以过硬的技术成为厂家眼里的香饽饽，被重新召回东莞，走上了自己的工作岗位。

二、讨论与思考

1. 结合"劳动改造过时论""劳动改造无用论""劳动改造对某些罪犯不适用论"等观点，谈谈罪犯劳动在监狱工作中的地位和作用。

2. 开展一次辩论赛。

正方：劳动是改造罪犯的基本手段。

反方：劳动是改造罪犯的辅助手段。

3. 撰写一篇论文（任选其一）。

（1）新时期罪犯劳动改造的地位和功能初探。

（2）监狱体制改革背景下罪犯劳动运作模式探讨。

三、阅读书目

1. 兰洁主编：《罪犯劳动改造学》，社会科学文献出版社 1989 年版。

2. 杜雨主编：《罪犯劳动改造学》，法律出版社 2002 年版。

3. 周雨臣：《罪犯劳动专论》，浙江大学出版社 2005 年版。

4. 夏宗素、朱济民主编：《中外监狱制度比较研究文集》，法律出版社 2001 年版。

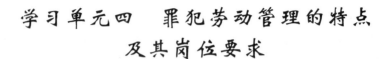

学习单元四　罪犯劳动管理的特点及其岗位要求

学习目标与任务

● 了解罪犯劳动管理的特点，掌握监区日工作流程、监区领导和当班干警的职责，理解监狱一线干警应该具备的能力和素质。

案例导入

　　监狱警察季伟对每名罪犯的家庭背景、思想状态、改造表现都了如指掌，几乎每天都下监房找罪犯谈话。作为一名分监区长，天天同罪犯打交道，自己的一言一行都会受到特别的关注，必须严格执行《监狱法》，在管理工作中坚持依法公正办事，把"一碗水"端平，才能赢得人心，说话才有分量。

　　罪犯李某，2003年5月入监，身体状况良好，惧怕在大田劳动，改造表现一般。其亲属多次托季伟的老领导、好朋友来说情，希望为李某调换一个劳动强度小的工种。季伟不买人情账，一方面耐心细致地做来人的工作，争取谅解；另一方面对李某进行说服教育，帮助其了解监狱方针、政策，认识劳动改造的意义，使得李某心悦诚服。之后，李某端正了态度，虽还在大组劳动，改造热情较以前却有了很大提高。自此，季伟的"铁面无私"之名在罪犯中不胫而走。

　　罪犯吴某2004年投入分监区改造，有吸毒史，性格孤僻，家庭条件比较差，自认为民警会歧视他，在改造中表现得十分消极。一次，吴某与同犯发生摩擦，季伟了解情况后，不偏不袒，公正处理，让吴某很受触动，心头的坚冰渐渐开始消融。他每天都要抽时间对自己承包罪犯的表现进行记录。"计分考核是一个执法的过程，不能闭门造车，我要负起自己的职责，对得起这身警服，对得起良心。"因为工作负责，吃苦耐劳，季伟赢得了同事们的敬重；因为办事公道，说到做到，季伟也获得了罪犯的信任。罪犯有心事爱向他谈，罪犯有困难愿向他说，罪犯心里有疑惑总要找他咨询。

　　每逢生产大忙季节，或者是有其他突击性的工作，他放弃休息时间留在分监区，一干就是两三个月。

　　2004年，分监区种植面积扩大，工作任务重。整个上半年里，季伟一连4个多月没休息。季伟所在的第一分监区是全部用罪犯劳动力进行大田生产的分监区，主要从事杂交水稻和小麦的制种工作。为了搞好小麦良种繁育和杂交稻制种生产，提高农业经济效益，在监区领导的安排下，第一分监区与江苏明天种业公司签下了杂交稻制种供货订单合同。为了履行好合同，取得预期的经济效益，季伟把好产量和质量两个关口，起早摸黑，废寝忘食地抓大田生产，安排生产茬口，从播种、栽插、施肥、化除、防治病虫害，到花期调整、收割、种子精选入库，每个环节都亲自过问，确保不出现差错。掌握最新科技动态，对制种水稻的生长态势预先做到心中有数，探索优良稻麦品种试耕试种的新技术，引进新品种，调整生产方法，提高产量和品质。

2005年，第一分监区稻麦良种繁育产量大幅度增加，特别是杂交水稻制种创监区历史最高水平，亩产达到564斤，总产共49万斤，盈利近160万元，取得了较好的经济效益。

2005年秋，白湖农业遇到了严重的虫灾，防治工作形势严峻。为减少虫害损失，确保粮食增产增收，季伟没日没夜地泡在田间地头。为防止在施洒农药时发生人员中毒，他制定了严格的操作规程，并守在劳动现场看着作业，全力做好防范措施。年底，分监区取得了监管生产安全与经济效益的双丰收。

作为分监区的主管，季伟手中有一定的权力，罪犯调换工种，申报刑事、行政奖励，都需他签署意见。面对各种诱惑和考验，他说："常思贪欲之害，常弃非分之想，常怀律己之心。"他认为："公生明，廉生威，法律的天平不能倾斜。"罪犯亲属请吃不到，别人送礼不要，托人说情无效。严格执法执纪，弘扬正气，过好权利关、金钱关、人情关。

2004年初，罪犯张某的亲属来监接见时，为求得民警对张犯的"特殊"关照，调换工种，找到季伟家。季伟知其来意后，坚持不让该犯家属进门，提出有事到办公室去谈。该犯家属随后丢下一个信封扭头就走，内装现金2000元。次日，季伟就将钱交到分监区内勤民警处，为张犯办了入大账手续。在分监区召开的罪犯大会上，对张犯予以严肃的批评教育，这件事在罪犯中激起了不小的波澜。"投机取巧行不通，成绩要靠汗水换。"这件事很快在分监区流传开来，分监区罪犯说："我们打心眼里服他！"季伟影响和带动着自己身边的同志"不求波澜壮阔的人生，安于崇高而平凡的事业"。

思考：1. 干警季伟身上体现什么样的执法与管理理念？

2. 罪犯劳动管理中应如何运用罪犯监管权与罪犯劳动管理权？

 ## 学习任务一　罪犯劳动管理的特点

《监狱法》第3条明确规定："监狱对罪犯实行惩罚和改造相结合，教育和劳动相结合的原则，将罪犯改造成为守法公民。"这决定了罪犯劳动具有不同于社会上普通公民劳动的特点。这些特点主要有：①劳动既是服刑罪犯的法定权利，又是其法定义务；②罪犯劳动具有改造自己和创造物质财富的双重目的；③罪犯劳动过程是在监狱人民警察强制教育下的一个由强迫劳动到自觉劳动的改造过程。罪犯劳动的特点决定了对罪犯的劳动管理也具有不同于社会其他劳动管理的特点。

一、管理对象的特点

（一）当前在押犯成分多元化

一般刑事犯罪、危害国家安全犯罪、经济类犯罪等不同成分的多类型罪犯，使监狱成了一个与外界非常相似的特殊社会群，过去社会上有的，监狱不一定有；现在社会上有的，监狱几乎都有了，各种类型的罪犯五花八门，监狱成了一个小社会群，不断恶化在押犯构成。

20世纪80、90年代的罪犯构成有以下特点："三盲"（文盲、法盲、流氓）；"三多"（贫者多、青年多、短期多）；"三化"（低文化、低龄化、农村化）。当前罪犯构成的特点是：从罪犯案情上看，暴力加剧，作案手段残暴；团伙罪犯、涉黑涉恶突出；邪教组织蔓延，毒品犯罪严重。从罪犯的文化、年龄、住地、职业看，文化程度高、年龄大、智能型犯罪和职业犯罪相对增多。从罪犯刑期看，刑期长、二进宫以上累犯、团伙犯增多。

这些构成变化使改造对象自身的心态、思想、行为向畸形冲动恶变，具有极强的报复性、突发性、纠合性、欺骗性和两面性，改造难度加大，安全隐患较多。

（二）罪犯的价值观念由单一型转向多元化发展，自我意识增强

过去的罪犯要求比较简单，能吃上饭，早回家，能见家人就行；现在的要求多了，价值观念也变了，罪犯普遍具有改造投机性、维权敏感性、行为恶劣性、思想难改性等特点。在现时期，罪犯对于改造存在投机取巧的思想，不想踏踏实实地改造，而想通过关系照顾、拉帮结派、讨好干警等来使自己的改造能"少出力，多成绩"，同时，罪犯对自身权利的维护十分敏感，动不动就搬出法律、监规、纪检、检察院等来限制和威胁干警执法，但对于法律中的义务条款却经常记不住，思想上十分固执，对社会的仇视、敌视、畸形心理强烈，表现为：①个别罪犯改造态度不端正，缺少悔罪感，无视监规监纪，无视政府的善心，无视家人的盼望，混刑度日，抗改意识强。②个别罪犯不像犯人样子，自由散漫，打架斗殴、喝酒闹事、私藏现金，以钱、烟为赌资进行赌博的违纪现象时有发生。③个别罪犯改造意识不强，出工不出力、投机取巧，逃避劳动改造。④个别罪犯无事生非或不冷静，改造思想不纯，伏法不认罪。⑤罪犯与干警的对立感增强，对干

警，特别是一线分队长缺乏信任感，认为分队长就是"不管死活，逼其干活"。

（三）劳动力素质低下

罪犯劳动是根据执行刑罚的需要，为实现惩罚与改造人的宗旨组织起来的，罪犯劳动力不是生产的主人，他们与生产的管理者——监狱人民警察，是惩罚与被惩罚、改造与被改造的关系，这一层面决定了劳动力素质不高的特点。更关键的是，罪犯劳动力个体素质低下，表现为：

1. 罪犯的本质在于自私自利，普遍存在好逸恶劳的错误思想，缺乏积极劳动的动机。多数罪犯贪图享乐，凡事都从个人角度出发，自私自利，妄想不劳而获，不愿通过艰苦的劳动换来幸福，最后只能走上犯罪道路。罪犯入监狱初期，他们一般无安心劳动的思想准备，也无积极劳动的内心需要。在没有完成认罪服法、改恶从善、自觉劳动的转化之前，他们不可能有积极劳动的动机。监狱的强迫劳动很容易使他们形成消极对抗的劳动态度。即使一些过去有劳动习惯，在劳动中能埋头苦干的罪犯，也可能由于入监后对强制劳动、监规纪律的不适应及其他原因，出现疑虑、苦闷，从而影响劳动态度。

2. 许多罪犯缺乏劳动习惯，劳动行为消极。许多罪犯因为好逸恶劳，不愿参加生产劳动实践，在入监前没有养成劳动习惯，入监后在强迫劳动的环境下，普遍表现为对劳动消极对待，不主动争取。尤其是因追求不劳而获而走上犯罪道路的罪犯，厌恶劳动是他们共同的特点，劳动中挑肥拣瘦、患得患失、斤斤计较，有的甚至公然反抗、破坏生产，不惜装病、装疯、自伤、自残，对抗劳动改造。

3. 罪犯文化程度有所提高，部分罪犯不是不懂法、不知法，而是徇私枉法、知法犯法。过去那种"法盲加文盲"的笼统提法已经不太确切，加之罪犯过去大多游手好闲，不学无术，劳动技能欠缺。少数有一定技能的罪犯，也不一定适合监狱生产劳动的需要。

（四）劳动力结构不合理

社会普通企业是围绕生产配置劳动力的，随时可以根据企业的生产经营需要对劳动力结构进行调整，确保其合理性。而监狱是国家的刑罚执行机关，监狱的生产劳动是围绕执行刑罚、惩罚与改造罪犯这个职能组织的。因此，监狱生产的劳动力来源完全由社会打击犯罪情况决定，监狱本身无法控制，只有接受的义务而没有选择的权利。劳动力结构也由监狱收押的罪犯结构决定。这使得监狱劳动力思想行为结构、数量质量结构、文化技术结构、年龄结构、性格气质结构等，不可能按一般生产劳动需要进行主动的科学配置，因此呈现不合理状况。

（五）劳动力队伍极不稳定

如前所述，罪犯生产劳动是从属于监狱执行刑罚、惩罚与改造职能的，这决定了监狱罪犯劳动力的不稳定，具体体现在：

1. 劳动力数量、质量不稳定。劳动力数量、质量受社会政治形势和治安状况影响，由社会犯罪规律所左右，不由监狱决定。这使得罪犯劳动力数量时多时少，质量时好时坏，起伏波动，呈不稳定状态，给监狱劳动力资源管理带来极大的盲目性。

2. 劳动力熟练程度和操作技术上的不稳定性。社会企业的职工具有相对的稳定性，一般情况下，他们会长期固定在一个单位、一个工种上从事生产劳动。这有利于他们劳动熟练程度和技术水平的提高。罪犯劳动力只是在他们被判处的刑期内，在监狱参加生产劳动，刑期届满，便应立即释放，而不管生产是否需要。入监——出监——新入监——出监……不断地流动。这种流动单从生产上看，是出"优"入"劣"，出"熟"入"生"，造成劳动力熟练程度上的不稳定性。同时，每一个罪犯的一出一入，都会造成操作技术上的一次间断，一次变化，给生产带来不利影响。这些问题使得监狱生产的劳动力熟练程度和技术水平受到不利影响，劳动生产率的提高受到限制。

二、管理者的特点

监狱生产劳动的主体是监狱人民警察和罪犯，监狱人民警察是罪犯劳动的组织管理者，同社会普通劳动的管理者相比，具有特殊的地位。

1. 警察身份法定性。监狱人民警察是人民警察的一个警种，也是国家公务员。《监狱法》第 12 条第 2 款明确指出："监狱的管理人员是人民警察。"第 5 条规定："监狱的人民警察依法管理监狱、执行刑罚、对罪犯进行教育改造等活动，受法律保护。"

2. 角色三位一体。作为罪犯劳动的组织管理者，监狱人民警察除了组织罪犯参加生产劳动，以劳动为基本手段改造罪犯，同时创造物质财富外，还担负着以下职责：①刑罚执行者，代表国家将生效的刑事判决和裁定所确定的内容付诸实践，实现惩罚功能；②监督管理者，依法对被监禁的罪犯实行严格、科学、文明管理，保障监管秩序，规范罪犯行为；③教育改造者，在执行刑罚过程中，转变罪犯思想，矫正罪犯恶习，传授知识，培养技能。可见，作为罪犯生产劳动的组织管理者——监狱人民警察，同时还是刑罚执行者、监督管理者和教育改造者，这种特殊的多重角色的地位，是法定的、独享的。

3. 管理目标多元化。我国监狱工作的方针是："惩罚与改造相结合，以改造人为宗旨。"监狱组织罪犯劳动，首先是为了改造他们，其次是为了创造物质财富。这决定了罪犯劳动管理的目标具有多元化的特点。从改造罪犯看，《监狱法》第 70 条明确规定："监狱根据罪犯的个人情况，合理组织劳动，使其矫正恶习，养成劳动习惯，学会生产技能，并为释放后就业创造条件。"这实际上指明，对罪犯劳动管理的目标有两个：①矫正恶习，养成劳动习惯。罪犯好逸恶劳、游手好闲的恶习同其犯罪有着极密切的联系，恶习推动犯罪，犯罪加重恶习。通过严格的劳动管理，能够让罪犯长时间过有规律、有组织的劳动生活，对罪犯好逸恶劳的恶习予以抑制、矫正，逐渐使其养成劳动习惯，把生产劳动作为自己正常生活的一部分。②学会生产技能，为释放后就业创造条件。马克思曾经指出："要改变一个人的本性，使他们获得一定劳动部门的技能和技巧，成为专门的劳动力，就要有一定的教育和训练。"监狱生产的技术性尽管普遍不高，但也有不少技术项目、技术岗位能供罪犯学习和提高。此外，监狱还尽可能对即将刑满释放的罪犯进行专门的技能培训，罪犯一旦掌握一技之长，将来就业谋生有望，其改造效果是可以预见的。

罪犯劳动不是一种无效劳动，它应该创造物质财富，产生经济效益。选择好的生产项目，搞好生产经营活动，对罪犯生产劳动进行有效的管理，在创造物质财富的同时，实现尽可能好的经济效益，也应该是罪犯劳动管理的目标。

另外，罪犯劳动管理的目标还要服从和服务于维护良好改造秩序这一监狱管理目标。没有一个良好的监管秩序，罪犯生产劳动、教育改造活动不可能顺利开展。因此，对监管安全无保证的生产劳动不能搞，搞了的要坚决取缔。

学习任务二　罪犯劳动管理岗位的职责

一、监区领导日工作流程

1. 交接、了解掌握监区一天的基本情况。通过现场观看、与早班民警（或前一天监区值班领导）交接、翻阅交接记录本、罪犯夜班门岗值班记录本等途径，了解掌握监区以下基本情况：①民警到岗情况；②罪犯人数变动以及分布情况；③顽危犯、情绪不稳定罪犯的包夹落实情况；④生产任务安排布置情况；⑤上级布置的其他工作和要求。

2. 现场巡查、检查包括：

（1）民警警容风纪、礼节礼貌、规范执法等情况。

（2）熟悉掌握《监区民警日工作流程》，指导检查民警日常工作。主要包括：①半小时一次的清点人数。②现场巡视情况，特别是重点时段、重点部位不间断的巡视情况。不做与现场管理无关的事情，如扎堆聊天、看书、看杂志等。③民警对顽危犯、情绪不稳定罪犯的思想动态、包夹情况是否清楚。④民警对工具的固定、收发、登记制度是否落实。⑤民警对生产任务完成的进度、质量是否了解。⑥民警对罪犯出收工的纪律、搜身制度是否落实到位。⑦民警对罪犯亲情电话、会见现场的监听、事后的谈话教育是否到位。⑧学习现场是否维持好课堂纪律，生活、休息现场是否督促罪犯搞好内务卫生和组织罪犯集体活动。⑨交接班是否到位。

3. 其他工作流程包括：

（1）掌握监区顽危犯、重点犯、情绪不稳定罪犯、邪教类罪犯思想动态，进行个别谈话教育。

（2）协调、处理监区改造与生产之间的矛盾关系。

（3）协调监区与监狱各职能部门的工作联系。

二、监区领导及民警的工作职责

1. 监区长的工作职责包括：

（1）全面负责监区监管改造、生产管理、生产安全、消防安全等工作。

（2）根据监狱下达的生产任务，结合监区生产状况，调配劳动力，组织编制生产计划、有效组织生产。

（3）定期召开生产大会，分析生产进度、质量，协调处理生产、改造、技术、质量、设备等有关问题。

（4）辅导民警掌握生产工艺，熟悉生产流程，确保监区完成生产任务。

（5）了解掌握民警、职工的思想动态，履行"一岗双责"。

（6）完成监区领导和监狱职能部门下达的其他工作任务。

2. 教导员的工作职责包括：

（1）贯彻落实监狱党委的各项路线、方针、政策，全面负责监区人员、民警、职工政治业务学习和思想政治工作。

（2）根据党章规定，抓好本党支部建设、党风廉政建设，全面负责党支部新党员发展和支部换届选举工作；负责监区党员"双评"和支部"两会一课"工作。

（3）了解民警、职工、党员思想动态，做好民警的传、帮、带工作，帮助民警、职工解决实际困难，负责召开监区政工例会和民警、职工队伍状况分析。

（4）负责民警、职工的考核和评比奖惩工作。

（5）协助工会、团支部开展工作，并指导分工会、团支部换届工作。

（6）完成监狱领导和监狱职能部门下达的其他工作任务。

3. 副教导员或副监区长（分管政工）的工作职责包括：①协助教导员完成以上工作；②完成各类政工台账上报工作。

4. 副监区长（分管管教）的工作职责包括：

（1）根据监区监管改造工作方针、目标，全面了解监区罪犯"三大"现场动态，制订狱政管理、狱内侦查、教育改造和生活卫生管理工作计划。

（2）负责监区罪犯日常管理教育改造工作，深入罪犯"三大"现场，及时收集、掌握、化解犯情。

（3）负责定期召开犯情分析会，落实监管措施。

（4）熟悉罪犯管理的法律、法规和规章制度，负责监区罪犯的百分考核和奖惩材料的审核、严肃监区罪犯的考核制度，规范执法程序。

（5）负责检查监区民警各项监管改造制度的贯彻、落实情况，确保监管安全。

（6）组织罪犯实施各项集体教育活动。

（7）负责及时处理管教工作的突发事件。

（8）指导、检查监区民警做好罪犯通信、会见、考核、奖惩、申诉、保外就医、释放、监狱内案件的处理以及罪犯副档、卡片、管教工作台账、报表等日常任务。

（9）完成领导交办的其他任务。

5. 副监区长（分管生产）的工作职责是：

（1）根据监狱下达的生产任务，结合监区生产状况，协助监区长做好劳动力的调配、生产计划的组织编制等工作，有效组织生产。

（2）负责监区生产、设备保养、更新和能源管理工作，熟悉和掌握生产情况。

（3）做好本监区生产管理的监督考核工作。

（4）负责监区民警、职工、罪犯的安全生产以及监区的消防安全工作。

（5）组织民警、职工、罪犯开展技术教育和技术培训辅导工作。

（6）完成领导交办的其他任务。

6. 当班民警的管理职责包括：

（1）正班管理民警应当明确分工协作，执行劳动现场管理时，非特殊情况不得离开现场。具体职责如下：①分配劳动任务，指导发放劳动工具及劳动工具的固定，监督发放生产上使用的危险物品；②临时调整罪犯劳动任务；③定时清点罪犯人数，督查罪犯联号包夹，监控重点罪犯；④及时处理罪犯间的矛盾纷争；⑤监督劳动区内的罪犯流动和工间操情况；⑥督察保护外来技术人员；⑦了解生产进度，巡查罪犯劳动情况；⑧督查劳动现场安全隐患，及时纠正违规操作行为；⑨监督落实劳动现场管理制度；⑩现场管理中应当履行的其他职责。

（2）副班民警应当明确分工协作，在协助正班民警劳动现场时的职责是：①随同监管罪犯从事流动性劳动；②对因病就医罪犯的押解与监管；③对临时会见罪犯的押解与监管；④对车辆进出及装卸货物的现场监管；⑤正班民警用餐期间代理正班民警的职责；⑥现场管理中应当履行的其他职责。

 **学习任务三　罪犯劳动管理岗位的要求**

当前，我国正处于社会权力和利益重新分配、社会运行机制深刻转变、人们价值观念再度定位以及社会心理重大调适等一系列深刻变革的转型时期，在押犯人数猛增，构成复杂，犯情、狱情日趋严峻，改造工作难度进一步加大。与此同时，随着依法治监要求的提出，现代化文明监狱创建进程加快，改造工作的要求也越来越高。对罪犯的管理教育是一项政策性、专业性都非常强的工作，每一名监狱人民警察既要政治鲜明、立场坚定，具有较强的政策、理论水平和法治观念，又要掌握法律、犯罪心理学、罪犯管理、教育等多学科知识，具备分析问题、理解问题和解决问题的能力。同时，还要具有良好的身体素质及警务实战技能、过硬的业务能力和良好的心理素质。

一、较高的政治素质

政治素质是指个体从事社会政治活动所必须具备的基本条件和基本品质，它是个人政治思想、政治方向、政治立场、政治观点、政治态度和政治信仰的综合表现。政治素质是人民警察必备的首要素质，是警察素质的核心。一个人的政治素质与其在社会生活中的位置、政治生活经历有密切的关系，它是随着个人的成长，在长期的社会生活实践中逐步形成、发展和成熟的。

监狱是国家的刑罚执行机关。监狱警察依法对罪犯执行刑罚，代表着国家的意志和广大人民群众的利益。较高的政治素质是监狱人民警察必备的条件。

监狱人民警察必须具备以下政治素养：

1. 具有坚定的政治立场和正确的政治方向。当今世界，风云变幻，国际形势复杂，我们要在复杂的国际形势中，保持清醒的头脑，把握住自己，在政治上同党中央保持一致，坚持四项基本原则，正确贯彻执行党的路线、方针、政策。

2. 具有较高的政治理论水平和政策水平。政治理论水平和政策水平是体现一个人政治素质的标准之一。作为一名监狱警察，要时时关注国内外形势，理解、贯彻、执行国家的方针政策，不断学习毛泽东思想、邓小平理论、"三个代表"重要思想、科学发展观和习近平新时代中国特色社会主义思想等知识，不断丰富、完善自己。

3. 树立科学的世界观和人生观。世界观是人对世界的根本看法。人生观是人对人生的根本看法，是关于人生价值、目的、意义等观点的总和。监狱人民警察应当在科学世界观的指导下，以高度的事业心和责任感，在这个特殊的工作岗位上，尽职尽责地做好教育和改造罪犯的工作，为社会平安、国家稳定和人民富裕保驾护航。

4. 具有良好的职业道德。监狱人民警察的职业道德是指，监狱人民警察在从事职务活动中应遵循的道德规范，是社会主义职业道德的重要组成部分。监狱人民警察良好的职业道德对于执法工作具有十分重要的意义，良好的职业道德能促使监狱人民警察正确履行法定职责和权限。监狱人民警察应当严格遵守宪法和法律，忠于职守、秉公执法、严守纪律、清正廉洁，这是对监狱人民警察提出的基本职业道德规范。

二、较高的文化素质

随着社会的发展，社会对监狱的要求也越来越高，监狱的职能也发生了新的变化。监狱已不再是单纯的罪犯人身保管所，同时还担负着惩罚、改造和教育罪犯的任务。另一方面，罪犯的构成日益复杂，暴力型犯罪、累犯、团体犯、高智商以及高学历职业犯罪呈现快速增长之势；心理精神因素在各种刑事犯罪中的发生上也占了越来越重要的位置，运用心理学、精神病学、教育学等专业知识对监狱服刑人员进行矫治，已成为重要的改造手段。因此，监狱工作是专业性极强和改造手段极其多元化的工作，要把罪犯改造成为守法公民，预防和减少重新犯罪，就要求监狱警察必须具备法学、心理学、管理学、教育学等各种专业知识。

三、良好的身体素质及警务实战技能

目前，中国正处在社会转型期，社会治安形势不断变化，罪犯的构成日趋复杂，暴力犯、团伙型犯罪、涉黑涉毒型等罪犯人数增加，这些罪犯反社会意识深，抗拒改造情绪强烈，给监管安全工作带来了很大的困难。此外，很多监狱出于监管安全考虑，对监狱劳动项目进行调整，罪犯劳动现场从室外转移到了室内，使得罪犯脱逃必须冒更大风险，为达目的，他们往往选择更加凶残、恶毒和隐蔽的手段。此外，罪犯在高墙电网内生活，心理压抑、暴躁、抑郁、烦闷等不良情绪滋生蔓延，容易导致过激行为。以上因素经常导致罪犯暴力脱逃、强行冲监、暴狱、自杀、袭警等恶性狱内案件的发生。这就要求监狱人民警察要有过硬的自卫擒敌的技能，在取得胜利的同时，还能最大限度地保护自己，避免和减少无谓的伤亡。

由于警力严重不足和工作要求的不断提高，监狱人民警察超负荷工作的现象普遍存在。有关统计表明：长期连续枯燥的工作，对警察的体力、脑力都是严峻的考验，在一定程度上削弱了整体战斗力。同时，随着人防、物防、技防、联防"四位一体"防范体系的初步建立，近年来，多数监狱能够保持连续安全稳定，使得一些领导和警察产生了麻痹思想，对监狱的安全稳定缺乏足够的重视，对狱内改造斗争的长期性、隐蔽性、复杂性、尖锐性没有充分的认识。这些因素可能导致警察在执法工作中警惕性不高，抓捕和制止罪犯重新犯罪时防范不严，增加了罪犯袭击的可能性，导致了许多不必要的伤亡。

由于工作的特殊性，监狱人民警察还存在着很大的职业风险，而且面临的威胁往往具有突发性和致命性。因此，除了要有良好的身体素质外，监狱人民警察还应具备过硬的警务实战技能。

四、过硬的业务能力

监狱人民警察业务能力的结构具有综合性特点，主要体现在以下几个方面：

1. 执行刑罚能力。执行刑罚能力是监狱人民警察在刑罚执行过程中，依照法定职权和法定程序，行使职权，履行职责，贯彻实施法律的能力。监狱是国家的刑罚执行机关，刑罚执行的好坏，直接关系到刑事司法目标能否最终实现，关系到社会司法保障能否最终落实。严格、公正、文明、廉洁执法是提高执法能力的目标追求，监狱人民警察除需具备必要的政治素质外，还要有现代法治理念，通晓法律知识，具有较高的法律技能。这种能力的外在表现是做到依法、及时、准确地处理有关刑罚执行事务，对执行刑罚过程中所涉及的法律关系和法律事务能按照有关法律规定的原则、内容和程序办理，准确妥善地处理，并能制作具有法律效力或法律意义的文书材料。在实际工作中，从监狱内部来说，善钻法规漏洞、爱找监狱管理缺陷的"岔子型"罪犯，蓄意挑衅执法、公然对抗改造的"钉子型"罪犯，"大错不犯、小错不断、气死民警，难倒政府"的"油子型"罪犯，"行政处分不怕，刑事处分不够"的"赖子型"罪犯等数量不断增多；监狱警察中出现了讲严格管理就动手动脚、讲文明管理就束手束脚的"偏激"执法行为和"妥协"执法行为，出现了遇事推诿躲避、敷衍应付、怕惹火烧身的"消极"执法现象。一些监狱警察的法治观念不强，执法意识淡薄，执法不规范、随意性大，执法不严格、不公正、不文明，个别警察甚至徇私枉法。从监狱外部来说，随着依法治国基本方略的深入实施，全社会的法律意识普遍增强，人民群众对执法工作更加关注，但"躲猫猫""冲凉死"等事件的接连发生却直接影响了监管场所的执法公信力。

对于上述问题，我们可以从主客观两方面分析原因：监管法律、法规的不完备是客观因素；监狱警察现代法治理念不够牢固、法律知识不够完备和运用法律知识水平有限是主观因素。

2. 组织管理能力。良好的监狱管理不仅能确保监狱的正常运作，而且对提高执行刑罚的效率，保证刑罚执行的效果都具有十分重要的意义，因此，对罪犯的组织管理能力也是监狱警察执法能力的重要体现。组织管理能力体现在：①制定的目标与实施方案的科学性以及在组织实施过程中的有效性方面；②指挥协调方面，不仅要协调好警察之间的关系，还要善于协调警察与罪犯之间的关系、罪犯与罪犯之间的关系，对罪犯实施有效的指挥；③调查研究和处置犯情的能力方面。作为一名监狱警察，要具备敏锐的观察、收集分析、正确判断犯情的能力，并能采取针对性措施，将各类事故消除在萌芽状态。一旦发生突发事件，能临危不惧，妥善处置，力争将事故所造成的损失降到最低限度。同时，迅速采取整改措施，确保安全稳定。

3. 教育改造罪犯的能力。在社会经济成分、组织形式、生活方式、分配方式和利益关系日益多样化的条件下，押犯的构成、思想、心理、行为发生了明显变化，因此，我们需要以更加务实、更加严谨、更加科学的作风和态度，把教育改造提高到一个新水平，使其由传统、经验，逐步走向现代、科学。教育改造能力是监狱人民警察通过各种有效的途径和方法，教育罪犯认罪悔罪，自觉接受改造，增强法律意识和道德素养，掌握一定的文化知识和劳动技能，将其改造为守法公民的能力。教育改造工作是刑罚执行活动的重要组成部分，是改造罪犯的基本手段，是监狱工作法制化、科学化、社会化的重要体现，贯穿于监狱工作的全过程。

当前存在的主要问题包括以下几个方面：一是对教育改造科学化的重要性认识不到位，一些警察甚至认为是形式主义，因此工作深入不够，对上应付、对下搞形式。二是抱住老经验不放，平时缺乏学习，一旦老经验失灵，便无能为力。三是不注重研究新时期的犯罪类型和特点，因此教育改造中很难有的放矢。这些问题存在的原因有两个方面：①由于我国监狱长期以来把监管安全放到第一位，监狱警察的业务培训和教育没有得到足够重视；②由于监狱警察缺乏必要的科学分类，专业化程度不高，在"一锅煮"式的改造模式下，靠感觉、凭经验改造罪犯，改造知识和改造技能的欠缺制约了改造能力的提高。

4. 维护监所安全稳定和应急处置能力。维护监所安全稳定能力是监狱人民警察落实监管安全制度，规范监管安全管理，维护监管改造秩序的能力。确保监狱安全稳定是监狱工作的第一责任，是硬任务，注重监管安全是我国监狱的传统优势，长期以来形成了人防、物防、技防、联防"四防"一体的安全防控体系，和"领导责任、防控排查、教育转化、应急处置"四项工作机制。应该说，在维护安全稳定能力上，监狱警察具有长期的积淀和较好的基础，实现了监狱总体安全稳定。

应急处置能力是监狱人民警察面对突发事件，进行监测预警、应急决策、处置应对、资源配置、善后管理等方面的能力。监狱是社会风险的聚集地，是化解社会矛盾的主战场，是一个风险管理部门，与社会一般部门相比，发生突发事件的风险更大，处置应对难度更高，更具有政治性、敏感性、复杂性和危害性的特点。应急处置能力属维护监所安全稳定能力的范畴。

5. 开拓创新的能力。开拓创新能力是监狱警察在依法履行刑罚执行、狱政管理、教育改造等职责过程中形成的创造性认识问题、解决问题的能力，是监狱警察主观能动性的高级表现形式，是推进监狱警察队伍整体素质和监狱事业发展的动力源泉。随着改革开放的不断深化，中国的监狱管理融入国际行刑理念是大势所趋，同时，随着在押犯构成的新变化，狱内犯情不断出现新情况、新问题，这对传统的教育改造形式、方法和手段提出严峻挑战。因此，积极探索监管改造罪犯的新方法、新手段，是提高罪犯改造质量、降低重新犯罪率的关键，这就要求监狱警察要具备创新的精神、魄力和能力。

6. 监狱数字化驾驭能力。随着新时代的快速发展，智慧监狱和监狱数字化改革已提上重要日程，因此，提升监狱民警，尤其是罪犯劳动管理民警的监狱数字化改革意识和驾驭能力极为重要和必要。具体来说，监狱要进一步强化数字化改革意识，完善监狱数字化改革制度，为新时代创建"数字智能监狱"奠定基础保障。监狱及其民警要积极主动融入国家发展大局，以数字化改革撬动监狱各项改革，促进智慧监狱建设向纵深发展。要进一步加强监狱信息化顶层设计和统筹管理，围绕"业务数字化，数字业务化"目标，统筹抓好信息化、智能化业务系统的开发部署和优化完善，有力推动监狱各项业务工作数字化改造，要推进省级乃至全国统一的业务操作平台建设，为全面集成各业务系统、持续深化智能化应用提供基础保障。要加快"监狱数据驾驶舱"和"一号通罪犯管理系统"建设，构建以身份证号为信任根的统一身份认证体系，进一步健全完善省级监狱数据平台，全面开展数据治理，加快推动数据上云，为科学决策赋能增效。要加快实施"掌上警务"战略，积极推动监狱业务应用系统向警务通终端部署，提升管理效能，提高监狱民警在劳动管理上的获得感，释放数字改革红利。要积极开发"智能改造机器人"系统工程，借鉴"人机大战"机器人智慧功能，使之早日应用于罪犯各项改造工作，如顽固犯教育改造谈话、罪犯心理矫治、危险性评估等领域，真正实现民警与"机器人"运用超强智慧共同应对和制服罪犯的根本功效，向世界展示我国监狱智慧改造的先进成果，实现真正意义上的新时代"数字智能监狱"。

五、良好的心理素质

心理素质是指监狱警察在特定职务活动中心理过程、个性心理等方面的基本特征和品质。一般人的健康心理主要包括认知正常、情绪乐观、意志坚定等特点。监狱人民警察除了应具备一般人的健康心理特征外，还应当具有以下优秀的执法心理素质：①具有良好的观察、记忆、注意、思维能力。②具有稳定的情感和顽强的意志，能够抵御错误干扰和各种诱惑，能慎独与自我净化，遇事沉着冷静。特别是碰到罪犯抗拒改造、公开顶撞等情况时，切忌感情用事，要果断处置。在罪犯铤而走险的危急情况下，切忌惊慌失措，而要镇定自若、大智果敢、准确处置；要有百折不挠的意志品质，对教育改造罪犯的长期性、艰苦性、复杂性有足够的心理准备。③具有宽广的胸怀、合作的气度和对事物发展变化的较强的心理承受能力。

在监狱这个社会中，监狱警察作为改造罪犯的主体，必须具备良好的心态，一方面可以使其工作效率和质量大大提高，同时其自身的榜样示范作用，也会对罪犯的改造起到有益的推动作用。实际上，监狱"零事故率"的标准，要求警察时刻尽职尽责，这在无形中会对警察造成压力，但是这样的焦虑在所难免。此外，工作强度大、紧张度高、休息调整时间不足、收入不高、社会地位低等，均严重损害了监狱警察的心理健康。通常表现为：长期处于焦虑状态、遇事不够冷静、易产生过激反应，或者处理问题的方法简单粗暴等。这些表现一方面会使罪犯产生误解甚至抵触心理和行为，从而降低罪犯改造质量；另一方面，监狱警察本身会产生职业倦怠、抑郁、敌意、人际关系不协调、身体健康受损等不良现象。因此，作为一名监狱警察，良好的心理素质是必备的条件。

建设现代化文明监狱，提高罪犯改造质量，必须建设一支具备教育学、社会学、心理学、管理学等各方面的知识和较高的改造罪犯的能力，对监管改造工作某一领域有专门研究，在改造罪犯工作中有一技之长的专家型警察队伍。建设专家型警察队伍，必须细化监狱的专业分工，设定岗位任职资格，合理额定待遇档次，提高监狱工作专业化层次；提高队伍的理论素养和专业素质，优化警力配置，实现监狱警察由一专多能型向专业、专家型转变。监狱人民警察是专门的执法力量，具有执法的技术性和职业的专门化特征。社会的进步和法制的不断完善，对监狱执法技术的要求越来越高。监狱的发展，监狱体制改革最终效果的体现，刑罚执行与罪犯改造质量的提高，关键在于监狱要顺应时代发展，优化人才结构，推进人才管理制度和选人用人机制创新，逐步建立一支与现代国际行刑趋势和监狱发展相适应的精通法律、依法办事的高层次专家型警察队伍，即战略性人才队伍、领军队伍和技术专家队伍，最终实现"依法治监""专家治监"。

 拓展训练

一、案例分析

近年来，湖北省沙洋监狱管理局全面实现了"五无三提高"的工作目标。截至 2009 年底，全局连续 7 年实现罪犯零脱逃，有 5 所监狱实现连续 10 年以上无罪犯脱逃。

1. 强化监狱内部管理规范，确保监管安全。认真落实司法部《关于加强监狱安全管理工作的若干规定》和省监狱部署的"监狱内部管理规范年"活动要求，加强组织领导，加强思想教育，采取得力措施，落实工作责任，进一步提升监狱整体管理水平，确保监管持续安全稳定。①进一步筑牢思想防线。把确保监管安全作为做好监狱一切工作的基本前提，牢固树立"发展是政绩、稳定也是政绩"的战略思想。牢固树立全面的安全观，加大对民警的安全意识的培养和教育，通过有针对性的、大规模的警示教育活动，加强民警对安全的重要性的认识。把遵循安全工作原则、遵守安全工作制度、掌握安全工作标准、实施安全工作方法作为做好监狱工作思想前提和重要保证，努力形成人人讲安全、事事围绕安全、时时关注安全的大安全格局和工作氛围。②进一步健全完善监管安全机制。进一步健全完善防控、排查、狱情研判、应急处置和领导责任机制，努力构建"思想防线牢固、人防部署严密、物防设施完善、技防手段先进、联防协调统一、应急处置高效"的集管理、防范、控制于一体的应急管理体系。③进一步强化规范管理。重点加强监区基础工作规范管理。对行之有效、科学合理的监管制度，要固化标准、严格程序、杜绝轻易更改。严格执行接见、通信、门卫、清监等各项制度，狠抓民警直接管理落实。切实加强重点人员、重点部位、重点时段的管理，确保管理不脱节、不漏管、不失控。④进一步加强监管基础设施建设。强化监管警戒设施建设，充分利用现代科学技术，强化监狱技术防范手段，加强智能化防范，强化电子监控、红外线报警等多道防线，继续加强哨楼、通信网络和武警营房、生活设施建设，积极推动共保监狱安全，努力满足监狱安全稳定工作的需要，逐步落实司法部有关加强监管设施的新规定。

2. 强化劳动现场规范管理，确保生产安全。进一步强化安全首位意识，加大安全生产责任制落实力度，严格责任追究，加强检查整治，加大隐患治理投入，不断提高监狱生产安全保障水平。对生产安全工作继续实行季度交叉检查、月度抽查、专项整治、整改公示等制度，加强对事故报告、调查、定性、处理等程序的管理力度，加大事故责任追究力度，着力提升监狱和监狱企业的安全水平。严格安全监督管理，认真落实罪犯劳动生产项目安全准入制度和生产项目退出制度。继续推进劳动现场规范化管理工作，持之以恒地开展"6S"规范化达标活动，提高劳动现场的管理水平。要深入开展消防安全、用电安全、高危行业的专项检查活动，严防事故发生。

3. 以提高执政能力为重点，加强领导班子建设，提高班子的凝聚力、战斗力和创造力。严格按照省局要求，坚持民主、公开、竞争、择优原则，配齐配强监狱领导班子。建立监狱长、监区长和机关处（科）负责人定期轮岗交流制度，实现干部交流工作的常态化、制度化，努力把监区、分监区领导班子建设成为贯彻落实国家法律法规、贯彻落实上级决策部署的坚强集体。

4. 以提高民警素质为根本，加强正规化培训和岗位练兵，提高民警队伍的战斗力。继续开展大规模培训工作，健全完善分层分类培训的制度要求，培训要有明确的目的性、针对性、实效性，讲究质量，注重效果。继续深入开展岗位练兵活动，开展有针对性的专项培训和实战演练。在坚持常规教育培训方式的基础上，积极推行"师带徒"等导师带教形式，积极探索"战训轮值、战训合一"的教育培训模式，下大力气提高民警队伍的战斗力。

5. 以强化监督制约为手段，坚持从严治警，促进民警严格公正廉洁执法。坚持从严治警，实行监狱工作目标责任制，健全警察工作绩效考核制度和机制，经常性开展警务督察活动，促进警察作风纪律的转变和执法水平不断提高。要按照司法部、省司法厅的要求，加强警务督察，加强安全稳定工作的督导检查，消除安全隐患。严格落实责任追究，发生一起，查处一起，绝不姑息迁就，做到"四不放过"。坚持反腐倡廉，确保民警队伍廉洁执法。进一步完善和落实惩防体系制度建设，坚持用制度管权、管人、管事，加强权力运行的重点部位和重要环节的事前和事中监督。对执法违纪腐败现象采取"零容忍"的态度，做到坚决查处、决不姑息，充分发挥查办案件的治本功能，达到查处一案、治理一线、教育一片的效果。[1]

二、讨论与思考

1. 湖北省沙洋监狱管理局近些年取得的成绩给我们哪些启示和思考？

2. 根据以上材料，分析和探讨新时期提升罪犯劳动管理民警的执法素质的措施和途径有哪些。

---

〔1〕　作者：彭卫民，摘自湖北省人民政府政研网：www.hbzyw.gov.cn，2010 年 5 月 18 日访问。

学习单元五　罪犯劳动组织结构和类型

学习目标与任务

● 通过本单元的学习，使学生了解并掌握监狱罪犯劳动的组织管理机构及各级管理层级的职责，罪犯劳动组织的主要形式，组织罪犯劳动的基本类型。使学生在学习过程中，了解组织罪犯劳动的管理体系，掌握基本知识点，掌握组织罪犯劳动的特殊性。

 案例导入

定西监狱打造新型劳动改造平台〔1〕

　　监狱生产力要素特点，使监狱企业无法涉足高科技产业，复杂的工种较难胜任，仅适用于劳动密集性高、工艺相对简单的工种。定西监狱审时度势，以资源的共同有效配置为目标，以资源调整、重组、优化为手段，按照罪犯分类，配备不同的教育设施、安排不同的劳动项目。结合监狱企业实际和特点，发展资源节约型、安全稳定型，适合监狱系统内部消化的来料加工项目，依托起重机、电动葫芦、钢结构三大产业，实施"名牌产品"战略。同时，针对市场特点，根据现有的产业基础，主动适应市场竞争形势变化，通过产学研合作、业务外包、生产协作等形式，增强企业利用外部资源的能力，既要求服刑人员有岗位技术操作方面的"硬能力"，又要求有社交能力、团队精神、创新能力、联想思维等"软能力"。

　　定西监狱以监狱企业和多元化产品为依托，建立分层培训体系，推行分级办学模式。根据社会劳动力市场需求，结合服刑人员的刑期、年龄、文化程度、捕前职业、特长等自身特点，选择实用性强、有利于就业的项目分层进行培训，使技术教育与社会就业结合起来。

　　刑期在5年以内，50岁以下的服刑人员，参加短平快的技术项目培训；刑期在5年以上者，以一种技术为主，选学另一种应用技术，培养复合型技术人才。另外，根据学历高低、刑期长短、年龄大小，培训一些高技能人才；余刑3个月至1年的服刑人员，参加由定西市劳动和社会保障局举办的 SYB 创业培训；

―――――――――――

〔1〕　载《甘肃法制报》2010年1月13日。

在特种作业岗位劳动改造的服刑人员，参加由定西市安监局举办的特种作业上岗培训。确保服刑人员刑满释放前，取得劳动和社会保障部门颁发的职业资格证书的人数达到参加培训人数的90%以上。

为了保证服刑人员职业技术教育工作落到实处，监狱推行分级办学模式：特种作业操作培训班、中/高级职业技能培训班、创业培训班由监狱组办；初级职业技能培训班由监区组办，授课教员由监狱统一选配；各类培训班的考核、取证工作，由监狱统一组织办理。

积极开展"师带徒"实践操作培训工作，按"应知应会"的要求，现场指导，现场考核。开设电焊工、电工、车工、钳工、瓦工、服装缝纫工、计算机操作、特种作业操作、创业培训等职业技术班，年内共有七百多人参加学习培训，占服刑人员总数的50%。同时，监狱围绕促进服刑人员技能提高、推进就业准入、瞄准社会发展、适应就业需求的目标，从三个方面向深度和广度推进：①加大力度从初级向中高级推进，提高服刑人员刑释后的就业准入资格和经济收入待遇，更好地满足服刑人员的求知需求。②从单项资格向多项资格推进，从获得职业资格证书的情况看，取得两个或两个以上职业资格证的人数不多，服刑人员刑释后的择业受到一定限制，而刑释后再申报鉴定会受到生活、时间、空间的约束。为了进一步为服刑人员的刑释就业提供便利，将从单项资格向多项资格推进，使每一名从监狱走出去的服刑人员都能至少掌握1~2门实用技能。③从少工种向多工种推进。

应服刑人员的就业需求，2009年，监狱在原鉴定4个工种的基础上增加了4个工种，拓展为8个工种的鉴定，基本上满足了服刑人员的就业需求，但是，随着社会的发展，对就业的要求也会不断变化，监狱积极与定西市社会和劳动保障部门沟通，从少工种向多工种推进，最大限度地满足服刑人员的就业、择业需求。在充分发掘监狱内部培训资源的基础上，监狱积极与地方有关部门联系，将更多样化的培训项目引入大墙内。监狱企业有三十多个工种、近一千多个岗位，可为服刑人员提供学习和劳动。监狱选择设定了20个岗位工种和刑释就业谋生的10个技能项目作为培训鉴定认证目标，刑释就业谋生的技能项目主要有电焊工、电工、车工、钳工、刨工、架子工、瓦工、缝纫工、计算机操作员、中式烹调师。

监狱还整合社会资源，巩固改造成果，建立"一站一中心两基地"，即"定西市安定区法律援助中心定西监狱工作站""服刑指导中心""定西师范高等专科学校定西监狱教育实训基地""服刑人员职业技能培训基地"。联合社会力量举办培训班，推动罪犯服刑指导、职业技术教育、社会帮教和法律援助工作的社会化进程。在对服刑人员职业技能培训鉴定体系上，形成了省、地两级鉴定机制，初、中级由地方劳动保障部门鉴定，高级工由省 26 站鉴定。在认证的项目选择和课程设置安排上，定西监狱坚决做到以下五个方面：以思想改造为立足点，以市场为导向，以能力为本位，以实用为目的，以实践为依托。

监狱严格制定紧扣工作实际的职业技能培训和鉴定认证的专题安排和实施方案；严格按照工作要求配齐配足适应服刑人员职业技能培训和鉴定认证需要的民警培训队伍；在每个年度搞两次大规模的专题培训和技能鉴定认证工作，每次展开前，都要进行深入的宣传发动、调查摸底、资格审查工作；为确保培训效果扎实，技能鉴定有效，鉴定之前举办一次服刑人员劳动技术"大比武"，把服刑人员职业技能培训和鉴定认证的各项工作具体分解量化成每一个指标，把指标的完成和落实情况严格纳入监狱年度目标任务考核之中，监狱在每个年度经费上全力予以保证。所有这一切，对服刑人员职业培训和鉴定认证实现量的积累和质的飞跃提供了强有力的支持。

服刑人员刑释回归社会，首先面临的是就业生存的挑战。监狱打造"可持续发展的、技术性强的、有利于刑释人员就业"的劳动改造平台，以此确保所有服刑人员有劳动岗位，能学习技术技能，使服刑人员从劳动中切实掌握一技之长，在刑释后有能力自谋生机，避免重新犯罪。

那么，怎样提供适合服刑人员改造的生产劳动岗位？怎样使服刑人员在劳动中学习技术，为服刑人员刑释就业创造条件？2009 年 6 月，定西监狱与市司法局密切配合，对 2004 年度定西籍刑释人员进行了社会调查，重新犯罪者中，无一人有一技之长。定西监狱正视这一现状，提出"让走出定西监狱的人远离犯罪"的改造质量观，以及"让失足者有技、让回归者乐业"的监狱教育改造的发展思路。

在社会快速发展过程中，社会犯罪率上升的原因固然很多，但犯罪者本人"就业无路、致富无术"则是其走上犯罪道路的一个突出症结。监狱坚持思维创新，以做强做大监狱企业为载体，适时提出了定西监狱服刑人员劳动改造工作执行理念，坚持不懈地打造"可持续发展的、技术性强的、有利于刑释人员就业的"劳动改造平台。

监狱企业实行产业结构调整，把解决服刑人员劳动岗位和服刑人员职业技术教育结合起来，通过职业技术教育，让服刑人员学到一技之长，把服刑人员改造成为和谐社会的建设者。定西监狱已经形成了涵盖近 20 个工种的 7 大劳动改造平台，为服刑人员提供所需劳动场所和岗位。近 9 年来，定西监狱在押服刑人员先后有 1100 多人（次）在狱内考取了由国家劳动部门颁发的电焊工等十多个工种的技术等级证，获证率达 86.65%，促进了刑释人员顺利就业。上述数据在学习实践期间对外公布后，人们评价：这是监狱最大的科学发展观。

打造可持续发展的劳动改造平台，最大限度地降低刑释人员重新犯罪率。只有帮助刑释人员顺利实现由"强制再社会化"向"自然再社会化"的转变，才能为刑释人员创造一个能接纳、融合、重新振作的社会就业环境。在监狱企业参加的产品招标会、产品推介会等行业性会议上，都有重点地介绍新生的技术人才。从 2002 年至今，已有五十多人在南方各大企业就业。都有重点地介绍新生的技术人才。已有许多在南方各大企业就业。监狱促进社会企业来监狱招聘职工，当场签订就业意向书，后被陆续聘用。

思考：通过以上材料，分析监狱为服刑人员打造的可持续发展的劳动改造平台及采取的一系列措施与罪犯改造的关系。

学习任务一　罪犯劳动组织结构

一、罪犯劳动组织管理机构

罪犯劳动的组织机构是指围绕罪犯劳动管理的目标，按照一定的结构形式，把领导和指挥罪犯进行生产劳动的管理组织进行合理的组合，形成相对稳定的系统。在这一系统内包含三个要素，即管理目标、机构组合要素和管理结构形式。管理目标是组织罪犯生产劳动的依据和动因；机构组合要素是把组织机构分解后的原始单元，如职务、职能、人员、部门、信息等；管理结构形式是连接组织机构组合要素的逻辑关系网络。

1. 设置罪犯劳动组织管理机构的准则。罪犯劳动的组织管理机构领导和指挥罪犯进行生产劳动，对罪犯进行教育和生产技术培训，并对罪犯劳动改造质量进行考核奖惩，保证劳动改造手段发挥固有的功能。为此，监狱在设置罪犯劳动组织管理机构时，应遵循以下几个方面：

（1）服务于改造。组织罪犯劳动的根本目的在于改造罪犯，因此，罪犯劳动组织管理机构的设置必须从有利于罪犯思想和行为的改造出发，绝不能仅从生产的需要考虑。监狱各生产管理职能科室的设置应首先考虑改造罪犯的实际情况，以及与狱政科、教育科等罪犯管教职能科室的协调关系。各监区、分监区生产班组的设置，也应首先符合罪犯分押、分管、分教的要求，再根据生产的需要对罪犯进行合理的编排。

（2）权责对等。罪犯劳动组织管理机构的权利和义务又分别被称为职权和职责，有职责必须有相应的职权，有职权必须承担相应的职责，做到有责有权、责权统一。

（3）精简与高效。罪犯劳动组织管理机构的设置，要按照罪犯劳动改造和生产的实际需要来设置，尽可能地减少机构设置，严格因事设岗和编制人员数。不能因人设事、因人设机构，导致机构臃肿重叠、人浮于事。在罪犯劳动组织管理机构的设置中，亦应充分考虑办事效率。对每一个机构、每一个工作岗位，定责任、定权限、定奖惩，将责权结合起来，职责明确、科学地管理和使用每一名管理人员，充分调动管理人员的积极性，充分发挥罪犯劳动生产管理组织整体功能，提高整个组织机构的工作效率。

2. 罪犯劳动组织管理机构类型。监狱罪犯劳动组织管理机构的设置受到多种因素的影响，从大的方面看，受国家法律、法规、所从事的生产行业政策等的制约；从小的方面看，受监狱生产力水平、生产经营管理水平、生产规模和生产专业化程度的影响。目前，我国罪犯劳动组织管理机构的类型主要有以下几种：

（1）直线制组织机构。直线制组织机构是按垂直系统建立的组织形式，各级领导行使统一的指挥权和管理职能，不设专门的职能机构。其特点是：结构简单、责权分明、指挥统一、工作效率高。但是，这种组织形式没有专业管理的分工，领导者必须具有多方面的专业知识和才能，亲自处理一些日常管理业务，不利于集中精力和时间考虑重大问题。因此，这种组织形式适用于技术简单、业务单纯的小型监狱生产单位。

（2）职能制组织机构。职能制组织机构是在直线制的基础上，为各级领导者设置相应的职能机构协助工作，这些职能机构在各自的职责范围内向其下级各部门下达指令。这种机构能够适应现代生产和经营管理的要求，但它容易形成多头领导，上下管理要求不统一，不利于建立责任制。

（3）直线—职能制组织机构。直线—职能制组织机构是指以垂直领导为主体、以职能部门为参谋的管理机构。这种机构类型设置两套系统：①指挥系统。按照生产工艺特点、产品对象和区域分布划分车间（监区、分监区）和班组；按职能划分部门，建立行政领导系统，行政领导统一管理本单位的行政工作，并直接向上级负责。②职能系统。根据需要与可能，设立必要的职能科室（股），这些职能科室（股）是各级行政领导的参谋与助手，对下级职能机构实行业务指导。目前，我国监狱基本都采用这种类型的组织机构。

按照统一领导、分级管理的原则和直线职能制的特点，罪犯生产劳动的组织管理机构大体可分为监狱、监区和分监区三级管理。

第一，监狱。监狱劳动组织机构以监狱长为首，由正、副监狱长及各职能科室组成监狱级管理机构，监狱长全面领导罪犯劳动管理工作；副监狱长按照分工，具体领导分工范围的罪犯劳动管理工作；各职能科室包括生产、计划、设备动力、供销等科室，他们共同完成全监狱生产劳动方面的管理任务，在主管生产劳动的监狱长（或副监狱长）的统一指挥下分工协作，保证监狱生产各项任务的完成，实现生产劳动改造过程的良性循环。

第二，监区。监区级劳动组织管理机构由监区长全面负责，根据监狱下达的生产计划、罪犯劳动任务，通过一系列管理活动，把作业任务分解到所辖的各个分监区、生产班组。对任务完成情况定期进行检查、指导和督促，并做好统计、汇总、上报工作，对分监区生产劳动中出现的较大问题，及时协调，帮助解决，确保监狱、监区生产计划、生产作业计划的完成。

第三，分监区。分监区级劳动组织管理机构由分监区长全面负责，根据监区下达的各项生产劳动任务组织罪犯生产劳动，保持正常的生产秩序。准确考核罪犯劳动任务的完成情况，做到日考核、月总结、季评比，半年或一年进行奖惩兑现。在生产劳动过程中，训练罪犯的劳动技能，努力提高罪犯的技术水平和劳动生产率。

3. 矩阵制组织机构。矩阵制是一种临时性的组织机构类型，由纵横两套管理系统组成，即在原有的按直线制组成的纵向垂直职能部门系统的基础上，建立一个横向的领导系统，两者结合起来组成一个矩阵。这样，同一名管理人员既同职能保持工作关系，又参加产品（项目）小组的工作，受项目小组业务领导。矩阵制组织机构的优点是：打破了传统的两个管理人员只受一个部门领导的管理原则，使集权化和分权化都很好地结合起来。在罪犯劳动管理中，加强了横向和纵向的联系和协作，提高了中层管理和基层管理的积极性和责任感。这种方法常运用于罪犯生产劳动中的技术革新、新产品的开发及推广新管理措施工作，但在实际运用时，应注意纵向和横向管理系统之间的协调，避免矛盾。

二、罪犯劳动组织

1. 罪犯劳动组织的概念。我国监狱的罪犯劳动组织，是按照劳动改造罪犯的目的和任务建立起来的合理组织和使用罪犯劳动力，使之在改造和生产活动中能相互协调，从而充分发挥劳动改造功能，不断提高劳动生产率的罪犯劳动体系，即罪犯劳动的基层组合单位。其主要任务是：

（1）在组织罪犯劳动过程中，科学地规划、有效地指挥罪犯劳动，根据生产的需要，合理组织和使用罪犯劳动力，使之在生产经营活动中能相互协调。

（2）通过正确处理生产过程中人与人、人与物之间的关系，充分有效地利用劳动时间和生产设备。

（3）通过做好劳动保护、劳动保险和多种福利工作，调动罪犯的生产积极性，提高劳动生产效率。

2. 罪犯劳动组织设置的原则。罪犯劳动组织是罪犯从事生产劳动和改造的群体单位。必须按照监管改造和生产的要求科学合理地设置。罪犯劳动组织的原则包括：

（1）符合监管改造的原则包括：

第一，有利于监管安全。保证监管安全是监狱的一项重要工作。罪犯劳动组织的设置要有利于监狱人民警察对罪犯的组织、指挥和控制，防止劳动中重大监管安全事故的发生。

第二，有利于分管、分押。监狱根据对罪犯教育改造的需要，对罪犯实行分管、分押，设置罪犯劳动组织要符合分管分押的要求，认真分析每个罪犯的特点，科学构建罪犯劳动组织。

第三，有利于教育改造罪犯。组织罪犯劳动的主要目的是教育改造罪犯，设置罪犯劳动组织要利于这一目的的实施。在罪犯劳动组织内，要便于组织罪犯学习、劳动和接受教育，为罪犯的改造创造一个较好的环境。

（2）符合生产要求的原则包括：

第一，有利于发挥罪犯的专长。设置罪犯劳动组织，要按照生产的要求，按罪犯的技术专长来进行，使罪犯在一个相互协作的群体里，在较熟悉的岗位上参加生产劳动，以充分调动其生产积极性。

第二，有利于提高劳动效率。罪犯劳动组织的设置要在充分发挥每个罪犯技术专长的前提下，使组织内的每个罪犯都有充足的工作量，充分发挥人力及设备的生产效力，提高监狱的生产效益。

3. 罪犯劳动组织的形式。我国监狱罪犯劳动组织的形式是根据塑造罪犯的需要，按各监狱的生产条件、生产项目来确定的。目前，主要的劳动组织形式有三种。

（1）罪犯班组。罪犯班组是在劳动分工与协作的基础上，为完成某项劳动任务，由一定数量的罪犯组织起来的劳动集体。监狱以有利于改造罪犯并完成生产任务为目的，根据各工种的特点及对罪犯劳动力素质的要求，把罪犯劳动力恰当地组成若干班组，正常地开展生产。它是监狱最基本的生产集体，是确定劳动定额、进行质量管理的基础。

罪犯班组是罪犯劳动、生活、学习、互相监督制约的群体，也是组织罪犯劳动最基层的组合形式。通常按工艺专业化和产品专业化的形式建立，按工艺专业化组建的班组，便于罪犯相互学习、掌握技术，也便于进行技术指导，易于评定罪犯掌握劳动技能的程度。按产品专业化组建的班组，有利于同班组罪犯协作配合，树立相互帮助的集体主义的优良作风。罪犯班组建立时应把握以下几点：①充分发挥每个罪犯的特点，尽量使罪犯担负的劳动任务适合其自身的优势，充分调动其积极性；②使每个罪犯有满负荷的工作量，充分发挥人力、设备和时间的效能；③使每个罪犯都明确自己的任务和应负的责任；④与分管、分押、分教相结合，使生产和改造相辅相成、相互促进。

班组的建立有利于组织罪犯劳动竞赛，进行考核、评比、调动罪犯的劳动积极性。班组是基本的生产集体，是下达生产任务、考核任务完成情况和生产效益的基本生产单位。监狱不论其规模大小、生产产品的种类，其生产任务都必须由基本的班组来承担，生产效果的好坏由基础班组来体现，劳动竞赛和考核、评比也必须以班组为基本单位。

建立班组有利于对罪犯的严格管理。严密的劳动组织是严格管理的基础，只有按照一定的原则，将每个罪犯纳入具体的班组，再在班组内产生班组长，建立起相应的管理制度，才能对罪犯实施严密的监管和严格的劳动管理。

（2）作业组。作业组是在生产班组内，在劳动分工的基础上，把为完成某项任务而相互协作的罪犯组织起来的劳动集体。作业组的形式有两类：①按工种构成，划分为工艺专业化作业组和对象专业化作业组两种。工艺专业化作业组是组合相同工种的罪犯建立的生产作业组。对象专业化作业组是根据产品或生产对象相同罪犯而建立的生产作业组。②按单班或多班，划分为横班作业组和竖班作业组。横班作业组是组合同一轮班内的罪犯而设立的生产作业组；竖班作业组是组合各轮班内罪犯而设立的生产作业组。以上两类作业组各有优缺点，应根据生产单位的具体条件确定。实践证明，无论采取哪种形式设立作业组，都应做到"四忌"，即忌繁杂、忌重叠、忌多层次、忌职能不清。一般来说，主要生产作业组一般不得少于6人，一般生产作业组和辅助性生产作业组一般不少于10人，服务性作业组可再大一些。

（3）轮班组织。监狱生产单位多实行单班制生产，但由于生产工艺要求或任务要求不同，一些生产单位要采用罪犯工作轮班组形式。罪犯轮班制的形式很多，如两班制、三班制、四班制、6小时工作制、四班三运转、五班四转动等。不论采用哪一种形式，都必须处理好以下几个问题：①合理安排罪犯倒班；②合理组织罪犯轮休；③合理配备各班罪犯力量；④在数量和质量上力求平衡；⑤加强夜班的组织管理，划清各个轮班的责任。

三、罪犯劳动班组的管理

1. 建立严密的管理制度和管理体系。建立岗位责任制，在此基础上，选好班长、组长、质检员、统计员、安全员，形成管理网络，建立基础台账。

2. 进行定额管理。参加劳动的每一个罪犯均有相应的定额任务，每个班组应对完成各种定额的情况进行监督、检查和记录。

3. 负责罪犯劳动过程的监督。①带班警察对罪犯劳动现场进行检查，发现问题及时纠正，排除完成任务的各种障碍；②罪犯班组长随时监督，保证每个罪犯按质按量完成生产指标，从而保证班组任务的完成。

4. 验收班组产量与质量。①本班组在一个班次劳动结束后，对本班组每一

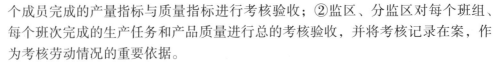
个成员完成的产量指标与质量指标进行考核验收；②监区、分监区对每个班组、每个班次完成的生产任务和产品质量进行总的考核验收，并将考核记录在案，作为考核劳动情况的重要依据。

5. 班后对劳动情况进行讲评。带班民警在每个劳动班次收工时，根据所收集、整理的罪犯劳动信息进行评价，表扬劳动积极、按时完成任务、质量符合要求的罪犯，进一步调动其积极性，并对完不成任务、质量达不到要求的罪犯，提出批评，对问题存在的原因进行分析，对下一个班次的任务提出要求。

6. 实施奖惩。罪犯的劳动奖惩在每天的计分考核中体现出来，劳动表现好的加分、奖分，差的扣分、罚分；季度、半年、年终时，再根据平时考核实绩进行行政、刑事奖励。通过奖惩提高罪犯劳动改造积极性。

 学习任务二　罪犯劳动类型

 案例导入

　　某监狱新建制二监区，犯人没有劳动生产项目，这对改造罪犯是个严峻的问题。监狱多方联系，引进社会合作企业"某某玉雕厂"玉雕项目，玉雕厂挑选30个罪犯学做雕刻，20个学做抛光，厂方派出了2名高级玉雕技师对他们进行为期3个月的绘画、玉雕制作等知识和技能培训。厂方每月给每名罪犯津贴300元，并提供培训的机器、材料、工具等。罪犯培训合格后上岗劳动，按市场规矩以工时计价格（以单件产品定），监狱不以营利为目的。多年来，犯人的构成有所变化，人员也有变动，最多时有一个分监区投入玉雕制作，罪犯边干边学，学会了玉雕手艺，回归社会后没有一个重新犯罪的，有的还办起玉雕厂，当了老板，解决了几十个人的就业岗位，成了某市玉器制作界有一定名气的人物。为此，监狱与合作企业都感到欣慰，双方一直合作愉快。

　　思考：针对罪犯的构成特点和改造阶段的不同，应如何选择适应罪犯改造的劳动项目类型。

　　一、自主产品类劳动

　　自主产品类劳动形式是指监狱组建工厂或农场，组织罪犯参加工、农业固定产品生产型劳动，是目前我国监狱最主要的罪犯劳动形式。

　　1. 监狱工厂劳动。监狱建工厂，组织罪犯参加工业生产劳动是我国目前监狱罪犯劳动最主要的形式。目前，我国监狱工厂众多，而且传统的监狱农场在新形势下，也兴办了大批的场办工业企业，亦农亦工。这使得工厂式劳动规模更大、范围更广。

2. 监狱农场劳动。监狱组建农场（包括林、牧、水产等），组织罪犯参加以农业生产为主的劳动是我国监狱罪犯劳动另一种重要形式。监狱农场多是在偏僻落后、人口稀少的地区，通过垦荒、白手起家创建发展起来的。

监狱农场与社会农村发展近似，随着历史的演进，农场的生产方式发生了巨大的变化，从最初的垦荒种植，发展为农、林、牧、水产、种、养、加工商贸服务等门类众多的农场经济，罪犯在农场中从事内容丰富的各种劳动。随着司法部监狱布局与罪犯劳动方式的调整，监狱罪犯劳动由监外向监内转移，监外农业劳动已逐渐被监内生产劳动所取代。

相对于监狱工业生产，监狱农场土地资源丰富，研究开发集约型产业基地，监狱农业劳动方式也有其独有的优势。农场式劳动对罪犯改造具有许多有利因素：①农业劳动对劳动力素质、技术要求不高，吸纳大量的农村罪犯和短刑犯比较适宜。农业或农场式劳动所需成本相对较低。②农业经济的丰富多样有利于罪犯通过劳动学得多种实用的农业知识和技术，利于刑满释放后带动科技务农。

农场式劳动对罪犯改造具有许多有利因素：①农业劳动对劳动力素质、技术要求不高，由大量的短刑犯和农村罪犯参加劳动比较适宜。农业或农场式劳动所需成本相对较低。②农场经济的丰富多样有利于罪犯通过劳动学得多种实用的农业知识和技术，这种优势将伴随科技发展而日益突出。

农场式劳动对罪犯改造的不利因素表现在：①农场面积巨大，劳动项目零散，关押点分散，因此，给集中管理和监管安全带来困难。②农业劳动季节性强，罪犯野外劳动自由度大，罪犯学习、教育活动难以正规化、制度化。③农场地域偏僻、信息闭塞、文化落后，对改造也不利。

二、监内后勤服务类劳动

这是所有监狱都不可缺少的项目众多的罪犯劳动形式。它一般都规模较小，没有或只有很少的直接经济效益，主要体现监狱自我维持性、辅助性、公益性、服务性特点，为监狱罪犯的生活卫生、环境建设服务。

狱内服务性劳动主要包括：犯人伙食工作；犯人卫生工作，如医生、看护、防疫等；服装、卧具漂洗缝纫工作；卫生及环境建设维护工作，如打扫卫生、养花、种草、护路等；零散维修管理；等等。上述（并非全部）劳动形式，有的建有专门中队，有的由职能科室指定或临时派遣。表面上，狱内维持服务型劳动没有直接经济效益，但实际上它代替国家承担了维持监狱正常运转的大量工作，为政府节约了大笔开支，具有良好的经济和社会效益。

狱内公益性劳动对罪犯改造具有特殊优势：①服务、公益性劳动是高尚的劳动，它不仅有利于罪犯专项技能的发挥，还有助于罪犯尊重他人、服务社会，在奉献中促进人生价值的意识和观念的形成。②凡能参加狱内服务性劳动的罪犯，一般都会产生一种政府信任，其特殊才能得到用武之地，其自豪感高于一般犯人，这对激发这些犯人的劳动热情和改造积极性具有积极意义。

狱内服务性劳动不利于改造的因素在于：这些劳动岗位分散，独立性强，难以集中和直接管理，容易产生监管改造上的盲点和死角。另外，罪犯不正当的优越感也容易成为一些人的改造障碍。

三、公共工程类罪犯劳动

所谓公共工程类罪犯劳动形式，是由监狱组建工程队，从事筑路、治水、建筑等公共工程建设，组织罪犯参加公共工程建设劳动的罪犯劳动形式。

公共工程类罪犯劳动形式对监狱组织罪犯劳动以及罪犯改造有利有弊。其利表现在：监狱组织罪犯劳动成本投入少，劳动项目对罪犯劳动力素质要求不高，可以直接节省政府开支，有利于罪犯改造思想、学习技能，为谋生就业创造条件，具有良好的经济效益和社会效益。其弊在于：劳动对象随着国家建设任务不断变化，监狱难以固定，罪犯管理难度大，规范化的教育改造活动不便开展。

在社会主义市场经济不断发展的今天，重新研究适应监狱组织罪犯劳动的形式，我们可以发现，公共工程型罪犯劳动形式仍有意义，监狱不应完全放弃这种形式，而应当趋利避害，努力开发公共工程型罪犯劳动形式。用发展的观点看问题，在市场竞争日趋激烈的形势下，一些从事固定产品型罪犯劳动形式的监狱，由于设备老化、产品落后、资金不足、技术开发创新乏力，生产经营日趋艰难。而国家发展必然有许多公共工程项目要上马，监狱选择公共工程型罪犯劳动，可以扬长避短，在一定程度上避开市场激烈竞争，迅速摆脱经济困境。因而，在新建监狱或对现有监狱产业结构进行调整时，应重点考虑公共工程型劳动。为了避免从事公共工程型罪犯劳动形式对罪犯管理、教育的不利因素，监狱可尽量选择那些较稳定的长线的公共工程项目，如治水工程、治沙工程、绿化工程、大型基建工程等。

四、监狱劳务加工类劳动

这种罪犯劳动形式又可分为加工和劳务两种。加工类劳动是指由监狱组建加工型企业，承揽社会企业的加工订货或来料加工，组织罪犯参加产品加工劳动。劳务类劳动是指一些监狱为闲置罪犯劳动力寻找出路，组织专业或零散的建筑劳务队，承揽监狱周边地区的中小型建筑、修路、挖渠、铺设管道等工程。

随着我国经济发展变化，监狱对外加工企业应运而生，并且已成规模，一些监狱加工企业已成为监狱生产经营的主业。劳务输出所占的比重在许多监狱的产值、利润中逐年增加。

加工类罪犯劳动形式不影响监狱现有的监管改造秩序，而且，产品研发销售是监狱的弱项，两头在外恰好弥补了监狱的不足。监狱罪犯劳动力资源丰富，依靠监狱的优势开办加工工业，可以使监狱的生产经营活动更大、效益更高、监狱建设发展速度更快，从而也为罪犯劳动和改造创造了更好的条件。

劳务输出性劳动也适合监狱，一些工期紧、要求高、难度大的工程，监狱生产仅凭自己的经济实力就有能力完成。此外，监狱罪犯劳动管理严格，承包工程质量高、速度快、价格公道、市场信誉好。监狱从事劳务输出投资少、收益快，可以迅速解决监狱困难，改善监狱条件，为改造奠定良好基础。罪犯长期封闭在高墙内，偶尔到狱外劳动，自有一种回归社会、天高地阔、心情愉悦的感受。从事建筑安装等劳动，可以使罪犯学得许多实用技术，提高劳动力素质。这些都是有利于改造的方面。但是，劳务输出式劳动对罪犯改造也有弊端，其弊在于：劳动项目多变，缺乏稳定性；罪犯离开监狱劳动，管理、监控难度加大，存在一定的危险，必须增加监控力量，需选择条件较好的项目，以确保监管安全。

五、培训习艺类劳动

培训习艺类劳动形式是监狱根据自身条件，针对罪犯将来回归社会谋生就业的需要而开办的，以技术培训为主，生产产品为辅的劳动项目。我国监狱普遍开办特殊学校，在特殊学校的三课教育中，技术教育是特殊学校教学的主要内容之一。技术教育除为监狱生产需要进行技术培训以外，还应尽可能开办大批的实用技术教育，以求让罪犯充分利用监务时间学得一、二项实用技术。随着社会的发展，监狱条件的改善，监狱的技术教育、职业培训等习艺性劳动将以更快的速度、更大的规模在监狱广泛开展。

六、智力文化类劳动

智力文化类罪犯劳动形式是以智力输出为主的脑力劳动形式。脑力劳动是罪犯劳动的重要组成部分。虽然我国经济还欠发达，监狱生产以劳动密集型产业为主，罪犯文化素质普遍偏低，从事体力劳动的占大多数，但监狱组织的劳动项目中，也存在着大量智力文化型劳动岗位，罪犯文化素质较高的也大有人在，因而我国有相当数量的罪犯从事智力文化型劳动。从事智力文化型劳动的罪犯包括：生产领域的设计、策划、实验、革新人员，监内服务领域的教师、医生、文化宣传创作人员、信息资料人员等。

脑力劳动是生产劳动的重要组成部分，而且是高级的、复杂的、贡献更大的劳动。它同样具有转化思想、矫正恶习、养成劳动习惯、学习劳动技能的功能。而且，脑力劳动的特点使它的改造功能更加突出、有效。知识是人类长期生产实践和社会实践经验的总结，是人们认识世界、指导实践的有力武器。掌握了一定知识的脑力劳动者，比较容易深刻认识客观世界和人类社会，懂得如何了解和把握事物的客观规律性并按规律办事。从事脑力劳动的罪犯一般都具有较强的接受和理解能力，对是非、善恶、美丑的认识分辨能力高，情感意志容易受环境影响，容易接受科学理论和正确观念的影响。对他们的思想教育主要是转变，而不是填补空白。另外，脑力劳动充分发挥了罪犯的专长和聪明才智，使他们感到自己的价值和社会有用性得到了政府的承认和尊重，这就容易使他们产生对监狱的信任感，从而有力地激发起他们改造的积极性和主动性。

七、社会重返类劳动

社会重返类罪犯劳动形式是监狱对改造表现突出、余刑较短的罪犯设置的劳动形式，即让部分罪犯到社会企业参加劳动，白天在社会企业劳动，晚上回监居住，或者将罪犯交社会企业或社区组织代管，参加劳动或其他工作，定期回监狱汇报改造进程。目前，我国监狱尚未设立这种罪犯劳动形式，但随着社会的发展和监狱工作的改革，这种罪犯劳动形式终将出现，并不断发展完善。

社会重返类劳动无疑对罪犯改造具有重要意义，它适应了刑罚个别化、轻刑化、非监禁化的刑罚制度的发展趋势，适应了一些初偶犯、过失犯、改造表现特别突出的罪犯的改造需要，可以有效地缩短这些罪犯重新社会化的进程，从而使罪犯劳动与罪犯改造和社会需要更好地结合起来，提高改造质量。因此，我国监狱应本着循序渐进的原则，逐步选择吸纳社会重返型罪犯劳动形式。

 拓展训练

一、材料分析

材料一：监狱劳动生产模式转变：由监外农业劳动转向监内劳务加工

某监狱一监区的罪犯劳动生产模式由监外田间劳动转为监内来料加工生产模式。目前，我国监区狱内劳务加工刚刚开始，狱内劳务加工的管理尚无特别的经验，有许多问题需要解决，例如，狱内外协人员的管理；狱内劳动工具特别是刀具、利器等可资行凶、脱逃物品的管理；劳动现场，特别是死角和重要部位的管理；罪犯暴狱、行凶、脱逃及自伤、自残、自杀的监控管理；防范罪犯进行劳动产值的买卖和抗拒出工等方面的教育管理；等等。针对各种新的问题，监区制定了相应的管理办法和防范措施，做到遇事时有法可依、有章可循，并形成长效机制。

随着罪犯活动空间的大幅减少和改造生活"两点一线"模式的转变，以及工种所限而造成的伏案操作等，身体活动量将会明显减少，罪犯除心理可能产生问题需要加强心理健康教育、矫治外，生理上更可能产生颈椎、腰椎、坐骨神经及眼睛的不适，长此以往，对罪犯身心健康和罪犯改造都不利。因此，监区进行健身建设，普及"工间操"等文化体育活动，另外，在建造厂房时，考虑通风和采光，以及风扇、空调和抽风机的使用，加强罪犯劳动保护，确保罪犯身心健康和罪犯改造秩序的稳定。由于监区生产劳务加工以手工或半手工体力劳动为主，劳动效率和生产利润较低。因此，在监狱生产劳务加工等过程中，监区管理应树立节约意识，加强成本核算和管理，严格考核废品率，在"开源节流，节能增效"上下功夫。

随着罪犯构成和劳动对象的变化，新问题、新情况不断出现，对罪犯的狱内管理和教育更需要在实践中不断总结经验，不断完善和规范制度，预见问题、发现问题、分析解决问题，确保监区狱内来料加工生产模式的顺利转型，推进监狱改造任务的逐步落实和深化。为适应生产模式的转型，监区配合监狱加强对罪犯实用技能的培训，让罪犯刑释后能有更多的谋生技能回归社会，同时，采取刑释人员就业推介会、招聘会等形式，积极为刑释人员就业搭建平台，提高罪犯刑释就业率，帮助他们顺利回归社会，融入社会，有效降低罪犯刑满释放后的重新犯罪率。解除罪犯后顾之忧，在一定程度上促进罪犯的改造积极性。

二、讨论与思考

论述监狱劳动转型后罪犯劳动改造的管控存在的矛盾与解决之道。

材料二：凯里监狱创建罪犯劳动改造习艺"精品车间"[1]

随着社会经济发展，2019 年贵州监狱局党委为提升罪犯劳动技能和素养，加速低端低产能向高端高产能的转变，增强市场竞争力，着力提高经济效益、罪犯劳动技能和改造质量，充分发挥劳动改造的重塑、矫治功能，向社会输出两个"合格产品"，推动监狱劳动改造项目提质增效转型升级；落实以政治改造为统领，统筹协调推进监管改造、教育改造、文化改造、劳动改造五大改造工作新格局的实验区。统一安排部署全面推动监狱"精品车间"创建工作。"精品车间"就是精细化管理水平、精干的劳务加工技术力量和精品加工生产能力。凯里监狱根据《贵州省监狱管理局关于建设劳动改造习艺精品车间的通知》文件精神，对凯里监狱五监区罪犯劳动改造习艺车间进行全面优化升级，全力配套打造精品车间。

为了更好完成精品车间建设，凯里监狱党委召开"精品车间"建设专题会议，明确目标，具体安排部署。根据省监狱局工作会议文件精神，经研究，将五监区生产区二楼建设为劳动改造习艺精品车间，进行升级改造并配套打造"精品车间"。

---

〔1〕　参见张秀刚："打造精品车间生产试验 创新罪犯改造习艺模式"，载贵州省监狱管理局网，访问时间：2022 年 8 月 1 日。

五监区系凯里监狱传统产业（被服生产）的主要产能监区，拥有生产车间3000余平方米，缝纫设备300余台，具有丰富的服装生产管理经验，从事服装生产的罪犯技术成熟、稳定。近年来，五监区主要从事特定服装、铁路工装、大衣等中、高端产品，项目稳定，生产效率较高，能够较好地完成各项生产任务、指标，生产现场管理制度齐全，日常管理规范，从业人员的产品质量意识和精品意识较强，具有建设劳动改造习艺精品车间的良好条件。

五监区生产区的二楼生产车间基本能够满足"精品车间"的建设要求，建设精品车间的投入相对较小；但由于部分生产设备较为落后，不适应精品车间建设的要求，经现场考察分析，结合"精品车间"建设实际需要，需增购平缝机、双针机、锁边机、打扣机、开袋机、锁眼机、套结机、模板雕刻机、粘合机等设备，完善硬件设施装备。

劳动改造科负责监狱"精品车间"建设的日常安排、协调、管理等工作，督促"精品车间"建设进度，实现"精品车间"建设目标、要求。经过专业团队市场考察，引进先进、高效的全自动化模板机、开袋机等专用缝纫设备，满足"精品车间"建设的订单需求。五监区负责精品车间服刑人员的调度和劳动技能培训等工作，尤其加强罪犯进行高难度、高质量、复杂工序技能的培训，保证罪犯劳动技能符合精品订单的要求，提升罪犯劳动技能和素养，提高罪犯改造质量，并根据《国家质量标准》、《现场7S管理制度》等收集有效数据、资料，建立精品车间劳动改造现场管理规范和精品车间劳动改造流程。

结合"精品车间"生产实际情况，建立、完善精品车间质量管理控制体系。为实现"精品车间"劳动现场精细化管理，监狱将制定精品车间服刑人员劳动改造现场精细化管理考核规定，在日常管理中，作为警察对罪犯劳动改造现场落实直接管理的工作依据。通过服刑人员劳动改造现场的精细化管理，创建管理规范、秩序井然、安全文明、环境整洁的劳动改造场所，使"精品车间"精细化管理这一系统性工程在工作中做到"精确定位、合理分工、细化目标、量化考核"，使管理细化到每一个人、每一件事、每一天、每一处，形成人人有标准、事事有标准、时时有标准、处处有标准的规范化管理格局。

通过监狱多措并举全力推进"精品车间"的建设，与时俱进提升监区监管改造的管理水平，利于服刑人员习艺劳动技能上新等级，为服务服刑人员回归社会更好就业创造条件，提升服刑人员劳动改造积极性，同时提高劳动改造的产能产出，保障了监狱安全，为监狱持续的安全稳定奠定基础。

二、讨论与思考

有哪些社会经济发展因素会影响监狱罪犯生产劳动组织管理形式？

学习单元六 罪犯劳动改造质量的监控与评估

学习目标与任务

● 通过本单元的学习，了解监狱罪犯劳动改造质量的内涵，以及对罪犯劳动改造的激励手段的运用，领会罪犯劳动改造质量监控的原则和内容，通过以上知识的了解和领会，掌握罪犯劳动改造质量评估体系的设计手段和评估方法，达到对罪犯劳动改造质量体系监控与评估可综合使用的学习目标。

 案例导入

　　××省××监狱自 2005 年开始，在罪犯中推行劳动改造竞争上岗分级处遇管理，为了切实开展这项工作，监狱制定了《××省××监狱罪犯劳动改造竞争上岗管理办法》（以下简称《办法》），经过 3 年多的实践探索，在《办法》的基础上，制定了《罪犯劳动改造竞争上岗与分级处遇管理实施细则》（以下简称《细则》）。《细则》将劳动岗位细分为 5 级，每一级对应有相应劳动定额量，由罪犯自愿选择劳动岗位等级；同时按照与刑期、刑种管理等安全因素相结合的办法来确定罪犯处遇级别的原则，将罪犯处遇细分为 5 级，每个处遇级别对应相应的处遇标准。在处遇级别确定过程中，岗位等级是其必要条件之一，而劳动岗位等级的确定，则与处遇级别关联不大，主要与罪犯自身能力和技能等情况相关，由罪犯自主选择决定。

　　罪犯在岗位等级、刑期刑种变化及现实改造表现等方面的具体情况，是确定其处遇级别的重要依据。对某一处遇级别，罪犯在狱内包括伙食标准、会见次数、拨打亲情电话、狱内个人消费标准、文化娱乐、岗位级别分值在内的处遇标准，《细则》作出了有明显区别级差的规定，从而形成分级处遇的管理机制。

 学习任务一　罪犯劳动改造质量的内涵

一、罪犯改造质量的依据

罪犯改造质量，是指服刑人员在改造过程中所达到的悔改和达到"守法公民"标准的状态或程度。这个概念来源于法律的规定：

1. 宪法。宪法是我国的根本大法，理所当然也应当成为指导监狱机关改造罪犯的纲领性文件。我国现行《宪法》第 28 条就明确规定，国家维护社会秩序，镇压叛国和其他危害国家安全的犯罪活动，惩办和改造犯罪分子。

很显然，按照宪法的立法原意，监狱机关对罪犯的改造应当是有效的改造。所谓有效的改造，其实就是对罪犯改造质量及其评估的要求。比如，我们要探讨如何有效改造，如何评价是否有效改造，怎样确保有效改造，等等。

2. 刑法。我国《刑法》第 78、81 条规定，犯罪分子在执行期间，如果认真遵守监规，接受教育改造，确有悔改表现，或者有立功表现的，可以减刑。不致再危害社会的，可以假释。我国《刑法》对罪犯减刑、假释的条件是，罪犯在服刑期间有悔改和立功表现。而悔改表现，就是通过罪犯对罪行的忏悔和改正的实际行动得到体现和证明的。立功表明的是罪犯的特别贡献。从二者隐含的原意上体味，悔改更加真实地证明了罪犯的改造状态，立功也是可以赎罪的。这些都表明了罪犯的改造状态和改造的实际效果，只是这种要求和用语是原则的。这里的原则又是与刑法并不能直接调整执行有关。

3. 监狱法。我国《监狱法》第 3 条规定，监狱机关的任务是：将罪犯改造成为守法公民。这就清楚地表明了监狱机关任务的法定性。因此，理论界普遍认为，"守法公民"是对罪犯改造的目标要求。由此可以明确，监狱机关改造罪犯工作所进行的改造质量评估的依据就是《监狱法》。

按照上述定义，罪犯改造质量，从对象上可以具体分解为：罪犯个体的改造质量、罪犯群体（以罪犯的犯罪类型来划分）的改造质量、罪犯整体的改造质量；从阶段上可以具体分解为：改造过程中的改造质量及出监时的改造质量。改造过程中的改造质量又包括改造初期、改造中期、改造末期的改造质量。

二、罪犯劳动改造质量的内涵

1. 罪犯劳动改造具有强制性。"监狱组织的劳动不是罪犯的权利，而是罪犯应尽的义务"，这是我国监狱劳动与西方国家监狱劳动的主要区别。我国《监狱法》第 69 条规定："有劳动能力的罪犯，必须参加劳动。"根据《监狱法》第 58 条第 1 款第 5 项的规定，有劳动能力拒不参加劳动或者消极怠工，经教育不改的，是属于破坏监管秩序的情形，监狱可以给予警告、记过或者禁闭。因此，我们不应回避劳动改造的强制性，必须对忽视和冲击强制劳动的行为进行坚决纠偏，必须强迫厌恶劳动的罪犯接受劳动改造，强迫他们从不愿劳动到自觉参加劳动。

2. 罪犯劳动改造是我国监狱改造罪犯的基本手段。通过劳动改造罪犯需要一定的条件，包括物质条件、社会条件、政策法律条件、监狱工作条件、罪犯自身条件和管理方面的条件等。

3. 罪犯劳动改造的质量，不仅关乎中国特色的监狱制度的优越性，而且直接影响着中国监狱工作的发展前途和命运。监狱体制改革的实施也不会使罪犯劳动改造作为基本手段的地位丧失。罪犯劳动具有自然属性、社会属性和刑事执法属性，从这三个属性进行深入分析，可以看出，罪犯劳动改造具有不可替代性。

4. 罪犯劳动改造质量是指监狱通过组织罪犯劳动，使罪犯得到改造，从而在罪犯身上所表现的优劣变化程度。研究罪犯劳动改造质量的目的就在于使我们能够科学、客观、准确地对罪犯劳动改造工作的优劣程度进行认识和评价，不断探索罪犯劳动改造的规律，最终达到提高改造质量的目的。

 学习任务二 罪犯劳动改造质量的激励

经过数十年的探索和创新，我国罪犯的劳动改造工作积累了丰富的经验，形成了积极有效的管理模式。为了激发罪犯的改造积极性和创造性，提高罪犯改造质量，稳定狱内秩序，监狱都适当地对罪犯积极的生产劳动予以奖励。我国《监狱法》第57条明确规定，监狱可以依据罪犯的改造表现给予罪犯奖励。这是监狱机关对罪犯实施奖励措施的法律依据。对罪犯的奖励可分为三种类型，即物质奖励、精神奖励、刑事奖励，这三种奖励的科学把握和运用对罪犯劳动改造的积极性有着重要的但侧重点不同的积极作用。

一、物质奖励对罪犯劳动改造的积极作用

社会主义市场经济体制的建立与发展，小康社会建设的全面推进，为在罪犯管理工作中普遍使用物质奖励奠定了基础。根据我国《监狱法》第57、72条的规定，监狱对参加劳动的罪犯应当按照有关规定给予报酬，对于罪犯超额完成的生产任务部分，要予以适当的物质奖励。这体现了国家对罪犯劳动价值的肯定和承认。物质奖励是指以物质的形式给予罪犯激励。物质奖励的内容包括给罪犯奖金和奖品，以此满足罪犯的物质需要。物质奖励要体现多劳多得，比如重奖特大贡献者。物质奖励对罪犯的具体作用包括以下三个方面：

1. 物质奖励改善了罪犯及其家庭的物质生活条件，稳定了罪犯的改造情绪。物质需要是人的基本生活需要，一般情况下，如果这种需要得不到满足，不仅会直接影响人的生理健康，在一定程度上也会直接影响人的情绪。罪犯被投入监狱强制改造后，工作丧失，没有了经济来源，特别是对一些家庭生活困难的罪犯来说，无疑是雪上加霜。这直接影响了罪犯的改造情绪。而对罪犯在劳动改造中的积极表现给予一定的物质奖励，就会在一定程度上改善罪犯及其家庭的物质生活条件，稳定罪犯的改造情绪。

（1）物质奖励改善罪犯的物质生活条件，稳定了罪犯的改造情绪。罪犯在服刑中的衣、食、住、医疗费用基本上由政府负担，尤其是《监狱法》出台之后，这方面有了法律上的保障。但真正落到实处还要看各监狱的经济实力，经济效益好的监狱不仅能使上述几方面得到落实，还会大大提高罪犯的物质生活条件，如改善罪犯生活、给罪犯多发奖金等。罪犯吃得好、住得舒适、受教育条件和劳动条件都好，他们的改造情绪自然要比在物质条件差的环境中稳定，他们的改造积极性也会更高，这是不争的事实。

（2）物质奖励为家庭生活困难的罪犯解决了后顾之忧。许多罪犯的家庭本来就很贫困，他们被投入监狱服刑后，其家庭因没有了主要劳动力而失去了经济来源，上学的孩子被迫辍学，家里几乎无米下锅。这会使在监狱服刑的罪犯由于惦记亲人而产生苦闷和焦躁不安的情绪，难以平心静气、集中精力地投入改造，不可能自觉地反思自己的犯罪原因，更谈不上思想意识的深刻转变。监狱对罪犯的劳动给予物质奖励，不仅可以在一定程度上减轻罪犯家属来看望罪犯时的经济负担，还能为罪犯家庭提供一定的物质支援，给罪犯家庭减轻负担。尤其是对于那些因罪犯服刑使得家庭没有经济来源而面临解体或破裂的家庭，监狱给予罪犯的物质奖励对稳定罪犯家庭起了重要作用。消除了罪犯因惦记亲人而产生的焦虑感，使他们能安心改造，稳定了罪犯的改造情绪，抑制了脱逃动机，进而稳定了狱内秩序。

2. 物质奖励使罪犯改变过去好逸恶劳的行为定势，引发了深层心理的变化。

（1）物质奖励使罪犯以勤劳致富的心理强烈冲击了原有的犯罪心理。物质奖励是看得见、摸得着的实物，恰好满足了市场经济条件下人们求实惠的心理。而市场经济条件下的罪犯求实惠心理更强。他们中的很多人就是在功利和实惠心理支配下为满足物欲而犯罪的，尝到了靠寄生手段满足物欲的甜头和喜悦，但同时也尝到了与这种甜头和喜悦并存的紧张与不安。劳动改造罪犯就是要让他们尝到勤劳致富的甜头和喜悦，当罪犯靠自己劳动的汗水换来实实在在的物质奖励时，他们从亲身的劳动过程中尝到了劳动的甜头，发自内心地体验到了享受自己劳动成果的喜悦。这种心安理得的甜头和喜悦，强烈地冲击了他们原来靠犯罪得来不义之财的那种交织着恐惧不安的甜头和喜悦。这种冲击促使他们对自己的犯罪进行深刻的反思。有理智的人还会选择后一种恐惧不安的甜头和喜悦吗？一般情况下，经过了劳动改造，尝到了合法劳动带来的心安理得的甜头和喜悦的人是不会再选择犯罪的。

（2）物质奖励透过表面渗透到罪犯心灵，培养了罪犯正确的人生观。物质奖励使罪犯尝到了勤劳致富的甜头，懂得了今后该如何走人生之路——只有靠劳动才能得到真正的幸福，只有靠劳动才能使人生有真正的价值。这实际上是透过物质的表面从深层培养了罪犯的良性心理，即在劳动改造中根除好逸恶劳的恶习，养成了勤劳的习惯，消除了不劳而获的思想，形成了正确的人生观、价值观和劳动观。

3. 物质奖励为罪犯以合法手段重新适应社会、避免重新犯罪做好了准备。如前所述，人们都有求实惠的心理，适度地追求实惠无可非议，但要看以什么手段追求。以合法手段靠勤劳致富满足需要是社会所提倡的，而罪犯追求实惠、满足需要的手段不是通过自食其力的劳动，而是靠不法手段，这是社会所不允许的。劳动改造就是要教会罪犯靠勤劳致富，以合法手段满足物质需要。对罪犯劳动改造的成绩给予物质奖励，一方面，有利于调动罪犯自食其力、靠勤劳致富的积极性，更可以提高罪犯学习劳动生产技术的积极性，同时也培养了罪犯自食其力的能力；另一方面，由于劳动成果受到肯定评价，从而增强了罪犯靠劳动谋生的自信心和自觉性，树立了正确的劳动观念，同时，这种心理在不断的强化下也得以巩固。当他们刑满释放后，如果能够靠自食其力的本领勤劳致富，心安理得地享受生活的快乐，就不会再冒着被法律惩罚的危险去获取不义之财了，这就为罪犯重返社会做好了心理和技能的准备。罪犯在劳动改造中得到的物质奖励可以积蓄或储存下来，为回到社会后自己独立创业奠定物质基础，这又为罪犯以合法手段重新适应社会、避免重新犯罪做好了物质准备。

综上所述，物质奖励为罪犯以合法手段重新适应社会、避免重新犯罪做好了心理、技能和物质的准备，大大降低了重新犯罪率，起到稳定社会秩序的作用。

二、精神奖励对罪犯劳动改造的积极作用

通过分析罪犯的犯罪原因和接受改造的过程，我们发现，罪犯普遍法律意识淡薄，有着极端利己的人生观和价值观，或者其性格过分偏激、自私、贪婪，因而他们不能理智地控制各种私欲的膨胀。但经过投入改造教育以后，罪犯不同程度地认清了自己犯罪的根源，逐步树立了正确的人生观、价值观和法律意识，唤起了应有的良知和自尊，从内心深处渴望获得理解和认可，希望能够体现出自身的价值，并对生活有了美好的憧憬。这说明，经过改造后，罪犯合理的精神需要还很强烈。劳动改造的目的就是要转变罪犯旧的劳动态度、寄生的人生观、违法犯罪的习惯，培养罪犯正确的劳动意识和遵纪守法的行为习惯，以便刑释后更好地适应社会。单纯依靠物质奖励，远不能实现上述目的，这就为精神奖励的使用提供了依据，即必须在对罪犯劳动的成绩进行物质奖励的同时，给予精神奖励。精神奖励是指以精神的或非物质的形式对罪犯劳动改造的成绩给予鼓励，满足罪犯合理的精神需要，以激发、强化、巩固罪犯在劳动改造中形成的良好心理品质。精神奖励的内容有：信任激励、情感激励、参与激励、榜样激励、表扬激励、目标激励、好的处遇等。

1. 精神奖励满足了罪犯归属与爱的需要。罪犯受到刑罚惩罚后，普遍思家恋亲。这是因为服刑的孤独使罪犯更需要亲人的安慰，而远离亲人令他们更希望为亲人做事。亲情是其他感情无法比拟的，罪犯越是失去与亲人团聚的机会，越是想念亲人。对罪犯与其亲人的会见、通信以及进行亲情餐、团聚等活动实施适当的放宽政策，满足了罪犯归属与爱的需要，缓解了罪犯因想念和惦记亲人而产生的焦虑情绪。罪犯还会因受到亲情的感化而产生自责自悔心理，把亲情化作动力，通过积极改造来报答亲人，从而提高了罪犯劳动改造的积极性。

2. 精神奖励满足了罪犯的尊重需要。

（1）尊重需要是人的较高层次的需要，包括自尊和他尊。人人都有尊重的需要，只是罪犯的尊重需要由于受到否定评价而被自卑所取代。许多罪犯在犯罪前就有很强的自卑心理，甚至不少人的犯罪也是由自卑引起的挫折所导致的，再加上承受刑罚惩罚使他们失去了原有的地位和人身自由，社会舆论以及罪责感的压力，常常使罪犯对前途感到失望，对自己失去信心，陷于极度自卑的状态之中。然而，越是失去尊重的人越需要尊重，劳动改造的精神奖励可以满足罪犯的自尊需要。在劳动实践和劳动技能的培训中，罪犯逐步掌握了生产知识和技能，进而能保质保量地生产出合格的物质产品，为国家创造出一定的社会价值。这对于内心空虚、迷茫、自卑的罪犯来说，无疑是其精神寄托的一个重要方面。通过对罪犯的信任激励、情感激励、参与激励、表扬、记功等精神奖励，使罪犯克服了自卑心理，从自己创造的物质产品和社会价值中看到自己存在的价值，逐步建立了自尊、自信、自强的积极情感，以自尊、自信、自强取代了自卑心理，鼓起重新生活的勇气。这说明，精神奖励通过满足罪犯的尊重需要对罪犯有很强的激励作用。

（2）精神奖励通过满足罪犯的尊重需要培养了他们遵纪守法的习惯。精神奖励通过处遇体现了不同的宽松度，而罪犯之所以都希望得到好的处遇，除了自由的需要外，更重要的是尊重的需要，得到较好处遇的罪犯，其自尊需要得到了满足，得不到好处遇的罪犯则会感到自卑。所以，罪犯要得到宽松度较大的好处遇，就必须在劳动中为遵守监规纪律和劳动规则而严格要求自己、约束自己，这样自然就锻炼了他们的自制力，克服了原来的放纵、散漫、缺乏自律等不良的心理和习惯，形成了严于律己、遵纪守法的良好心理和习惯，最终形成法律观念。可见，精神奖励通过满足罪犯的自尊需要培养了他们遵纪守法的坚强意志等良好心理及习惯。

3. 精神奖励满足了罪犯的认知需要。精神奖励为罪犯提供了学习和了解社会的机会，满足了罪犯的认知需要。对改造表现好、超额完成生产任务的罪犯，在收听广播、收看电视上给予更优惠的政策。这种精神奖励使罪犯体验到了劳动的快乐，并且增加了学习和了解社会发展的机会，满足了罪犯认知的需要；对即将刑满释放人员，可根据他们的申请批准休假，有选择地宽管服刑和允许罪犯外出去考察和了解社会，有利于罪犯刑满后适应社会，使他们的生活逐步实现再社会化，为释放后顺利融入社会创造条件、做好心理准备。同时，还有利于罪犯树立正确的生活理想，对未来的生活充满憧憬，从而提高劳动改造的积极性，为争取获得真正的自由即出狱后的幸福生活打下基础。

4. 精神奖励满足了罪犯正确的自我实现需要。精神奖励对于成就动机较强的罪犯意义重大，可以使他们体验到实现自身价值的成功与喜悦。罪犯中有一些文化水平较高、有某种特长的人有积极改造的成就需要。心理学研究表明，具有成就需要的人把具有挑战性的工作及事业的成就看作人生最大的乐趣，他们把个人的成绩看得比金钱更重要。因攻克难关取得成就所得到的乐趣和激励，超过物质奖励。报酬只是衡量自己进步和成就大小的一种工具。可见，对这样的罪犯，精神奖励比物质奖励的作用重要得多，精神奖励会满足他们正确的自我实现需要，引发他们的快感，使其振奋精神。对这种罪犯的精神奖励主要有：在他们认罪服法、积极改造的前提下，为他们搞技术革新、科研、发挥良好特长等创造条件，让他们在较宽松的处遇中发挥自己的特长，并对他们的成果大力宣传，让他们充分体验到实现自身价值的喜悦和激动。成就需要是罪犯本身的一种最重要的内在激励，监狱机关给予他们的精神激励是外在激励，这种外在激励会强化他们的内在激励，使得这类罪犯一方面为监狱的生产发展和社会作出了贡献，另一方面也实现了自身的正确价值。

三、刑事奖励对罪犯改造的积极作用

刑事奖励即减刑、假释等引起罪犯刑期和执行场所变动的重要奖励。在日常生活中，仅仅根据罪犯的改造表现是不会给予刑事奖励的，但罪犯劳动表现好坏是减刑、假释的重要依据之一，所以也不可忽视。刑事奖励对罪犯改造有独特的激励作用。

1. 刑事奖励使罪犯把认真劳动作为争取自由的必经之路。人身自由的需要是人的基本需要，对于现代社会的人尤其重要。以剥夺人身自由为主要特征的刑罚惩罚，无疑会给罪犯带来诸多不便和痛苦。因此，渴求自由的心理是罪犯承受刑罚心理中最强烈、最迫切的心理，他们对自由的渴望比任何人都更加强烈。因而，罪犯劳动改造最直接的动机就是想以最快的速度、最短的时间、最合法的途径重新获得人身自由，早日回归社会与亲人团聚。所以，罪犯在服刑期间最普遍、最迫切的需要就是盼望得到政府的减刑、假释的刑事奖励。刑事奖励使罪犯把劳动改造与人身自由紧密联系在一起，所以，其激励作用比物质奖励和精神奖

励都大，对罪犯更具吸引力。许多罪犯因渴望自由而积极劳动，用艰苦踏实的改造行动来获得减刑、假释，争取早日回归社会，获得真正的自由。

2. 刑事奖励使罪犯在希望中改造。罪犯有很多希望，但最大的希望莫过于减刑、假释，早日得到自由，而刑事奖励恰好能满足罪犯这个最大的希望，使他们在希望中改造。

设置适当的目标能激发人的积极动机。个体对目标看得越重要、估计实现的期望值越高，这个目标对个体的激励作用就越大。目标理论强调目标的清晰度，清晰的目标才能对个体产生激励作用。罪犯积极改造的最大目标就是获得减刑、假释，争取早日重获自由。减刑、假释这一目标很明确、很具体，是罪犯经过努力能够实现的目标。从理论上讲，罪犯做出多大努力，就会得到多大幅度的减刑、假释。因此，刑事奖励能对罪犯的劳动改造产生很强的激励作用。这种奖励使罪犯看到了重获自由、回归社会的希望，这种希望激发了罪犯认真劳动、学习和刻苦钻研生产技能、积极发明创造、提高劳动效率和质量的积极性。可见，刑事奖励使罪犯在希望中接受改造。

四、三种奖励对罪犯劳动改造积极作用的比较分析

综上所述，物质奖励、精神奖励及刑事奖励作为主要激励手段，广泛应用于改造罪犯的实际工作中，发挥着积极有效的激励作用，推进着罪犯改造的进程。但三种奖励对罪犯劳动改造激励的效果却不能同等看待，让我们把三种奖励对罪犯劳动改造的激励效果做简单的比较分析：

1. 物质奖励作用重要，但受到监狱特殊性的制约。虽然物质奖励在罪犯劳动改造中发挥着重要作用，但由于监狱是国家的刑罚执行机关，以惩罚和改造罪犯为基本职能，其性质完全不同于社会企业团体，受到罪犯特殊的生存环境和条件的制约，最主要的表现是，罪犯物质奖励的量和质上都受到了制约。

（1）对罪犯物质奖励的量受到制约。监狱薄弱的经济基础严重制约着对罪犯物质奖励量的发挥，不可能像社会企业那样给罪犯大量发工资和奖金，尤其是我国中西部一些经济效益差的监狱更难做到这一点。

（2）对罪犯物质奖励的本质受到制约。在罪犯这一特殊群体对象上，物质奖励在本质上受到了一定的制约。这是由罪犯参加劳动的主要目的决定的，罪犯是接受改造和教育的特殊群体，他们参加劳动的主要目的是履行法律所规定的劳动义务，通过劳动矫正恶习，养成劳动习惯，学会生产技能，为释放之后的就业创造条件。罪犯的劳动改造是用其创造的价值来抵赎罪责的过程，这就决定了罪犯的劳动报酬具有不完全性特征，罪犯的劳动报酬是罪犯服刑改造的附属物，不是罪犯所追求的主要目的。监狱采用物质奖励也只能是象征性的鼓励，这是为了激励罪犯劳动和改造思想的积极性，而不是让罪犯到监狱企业来挣大钱的，即使是经济效益好的监狱也应如此。因而物质奖励体现出来的价值不能等同于罪犯表现出来的自身价值，这些因素严重制约着物质奖励作用的发挥。

上述两方面原因决定了，与精神奖励相比较，物质奖励的效果远不如精神奖励的效果。

2. 精神奖励更能激发罪犯劳动改造的积极性。

（1）罪犯更注重精神奖励。随着社会主义物质文明建设的飞跃发展，人们的生活水平有了很大提高，基本上满足了物质层面的需求，从而追求更高层次即精神层面的需求已成了精神文明发展的体现。大多数罪犯对名誉、社会地位等精神需要看得比物质奖励更重，对自己未来的生活充满渴望与向往。因此，精神奖励更能激发罪犯改造的积极性。劳动不是目的，而是促进罪犯思想改造、重塑灵魂和矫正恶习的一种手段。实践证明，一个恰如其分的精神肯定，一份积极奋进的精神鼓励带来的效果往往无法用物质价值来估算。罪犯所表现出来的不同程度的振奋和自信，长久地激发起罪犯对新生活的向往。这种以精神支柱为基础形成的坚强信念，造就了"浪子回头金不换"的可喜变化。

（2）精神奖励是内在激励。奖励分为外在奖励和内在奖励。外在奖励是指罪犯自身以外的因素对罪犯积极改造动机的激励，主要是来自监狱机关对罪犯的奖励，包括物质奖励、精神奖励、刑事奖励。内在奖励是来自罪犯自身的激励，指罪犯合理的精神需要对其改造积极性的激励。与物质奖励相比较，精神奖励基本上是通过满足罪犯的精神需要来强化罪犯的内在激励，由于内在激励比外在激励的作用更持久、更稳固且强度更大，决定了精神奖励的长期效应更突出。

3. 刑事奖励作用独特，但有一定的局限性。刑事奖励对罪犯有独特的激励作用，但也有一定的局限性。

（1）刑事奖励不能对同一罪犯多次反复使用。由于对罪犯的刑事奖励每年都有一定的数量限制，所以不论改造表现多好，都不能总是让同一罪犯每年都重复享受这种奖励。这样，势必在一定程度上影响了某些罪犯改造的积极性。

（2）刑事奖励受一定时间和法律的限制。这种奖励不是日常改造工作中随时就能兑现的奖励手段，它受到一定的时间限制和法律程序限制，不能保证奖励的及时性。根据奖惩的原则，奖励或惩罚如果不能及时实施，将影响奖惩的效果。

（3）刑事奖励要求之高以至于不是每个罪犯都能做到或都愿意为之付出努力。想得到刑事奖励的罪犯要比其他罪犯付出更多努力，所以，一些罪犯就放弃去争取这种奖励。比如，刑事奖励对短刑犯的减刑幅度较小，短刑犯就不愿付出很多努力去争取这种奖励，这样必然造成刑事奖励并不是对所有积极改造的罪犯都有吸引力。

　　根据上述分析，在罪犯劳动改造的过程中，要想提高罪犯的劳动改造质量，监狱机关要处理好物质奖励、精神奖励和刑事奖励的关系。监狱机关应根据不同地区经济发展状况、监狱经济的现实情况以及罪犯的不同特点，有计划、有针对性地对罪犯实施不同的奖励，最好把三种奖励结合使用，恰当合理地激励罪犯劳动改造的积极性，推动监管改造工作的顺利进行，从根本上提高罪犯改造的质量。

 学习任务三　罪犯劳动改造质量的监控

一、罪犯劳动改造质量监控的基本原则

　　罪犯劳动改造质量监控基本原则，是指监狱人民警察在对罪犯组织和实施劳动改造监控过程中所应该普遍遵循的基本原则和行为规范。罪犯劳动改造实践证明，罪犯劳动改造过程中应当遵循依法实施原则、社会主义人道主义原则、劳动改造和思想教育相结合原则、区别对待罪犯劳动改造原则、民警直接指导和管理原则、劳动改造罪犯过程同时又解决罪犯的谋生技能问题原则。

　　1. 依法实施原则。即监狱人民警察对罪犯组织和实施劳动改造的全部活动都要严格依法进行，从而使罪犯劳动改造法制化。依法治监是我国建设现代化文明监狱的根本要求，是依法治国方略在监狱的具体体现。具体方案为：①遵循宪法、刑法、刑事诉讼法等法律中有关劳动改造方面的条款；②遵循选举法、劳动法等在法律中有关公民权利的专门规定；③遵循全国人大常委会、国务院、最高人民法院、最高人民检察院、公安部、司法部等国家机关发布的有关劳动改造的决议、决定、指示、通知和司法解释等。

　　2. 社会主义人道主义原则。在罪犯劳动改造过程中给予罪犯人道主义待遇，依法保障罪犯在劳动中的各项合法权利，展示了社会主义劳动改造制度的文明与进步。

　　3. 劳动改造和思想教育相结合原则。把劳动改造与思想教育改造有机结合起来，最终达到相辅相成、相互提高的效果。

　　4. 区别对待原则。即在罪犯劳动改造过程中针对罪犯个体或群体所表现出来的不同差异、不同情况，采取不同的处理措施和管理办法。例如，男犯和女犯要分别关押，未成年犯与成年犯也要分别关押，根据女犯的生理特点，安排女犯参加精细性、劳动强度较小的劳动项目（如纺织、服装、工艺品加工等）。这一原则正是党的实事求是、一切从实际出发思想路线在罪犯改造中的运用和发展。

　　5. 民警直接指导和管理原则。即监狱人民警察运用国家赋予的权利对罪犯的整个劳动改造过程进行组织和指导。民警要切实履行职责，对罪犯劳动改造过程实施直接的管理和指导，决不允许由他人代为实施。例如，民警亲自带领罪犯出工，亲自布置劳动任务、要求、注意事项；不准私自脱岗，不准利用"大罪犯""二管家"对罪犯劳动改造进行管理。

6. 劳动改造罪犯过程同时又解决罪犯的谋生技能问题原则。改造罪犯的目的是使其在正常的状态下回归社会，实现罪犯的再社会化，只有创造良好的改造条件，充分调动罪犯改造的积极性和主动性，让他们对未来充满信心和希望，才能确保改造质量目标的完成，才能使罪犯刑满释放后成为构建和谐社会的稳定因素。因此，把监狱生产定位在为罪犯掌握专业技能服务上，并且，在继承的基础上，深化对监狱生产劳动功能和作用的认识，使监狱生产向多元化、科学化、实用化发展，已经成为组织罪犯参加生产劳动发展的必然趋势。

二、罪犯劳动改造质量监控的具体内容

按照以上原则，要在劳动过程法制化、生产管理体制、劳动过程管理、劳动教育以及保障劳动利益等几个方面，实行全程监控，全面提升劳动改造质量。

1. 罪犯劳动改造过程法制化。

（1）要贯彻落实"惩罚与改造相结合，以改造人为宗旨"的监狱工作方针；坚持社会主义人道主义，切实保障罪犯在劳动方面拥有的权利；坚持教育与劳动相结合的原则。

（2）对罪犯的劳动状况进行合理认定。具有劳动能力的罪犯，要按照《监狱法》第 69 条的规定严格执行；对于完全丧失或部分丧失劳动能力的罪犯要分别对待，完全丧失劳动能力的可以不参加劳动，部分丧失劳动能力的参加一些力所能及的劳动即可。

（3）罪犯劳动时间的管理要根据司法部制定的《关于罪犯劳动工时的规定》执行。即罪犯劳动时间为 6 天，每天劳动 8 小时，平均每周劳动时间不超过 48 小时，未成年犯的劳动时间减半；监狱除保证罪犯每周休息 1 天外，在元旦、春节、国际劳动节和国庆节时按照相关的法律规定安排休假；监狱生产单位要延长罪犯劳动时间，必须提前拟订加班计划，经监狱狱政、劳动管理部门审核，得到监狱长批准方可实施，事后安排罪犯补休，不能安排补休的，根据延长罪犯劳动时间的长短，支付一定数量的加班费。总之，监狱对罪犯的全部劳动改造工作都要遵照相关的法律法规（如监狱法、劳动法等），依法对罪犯的劳动改造进行管理，完善罪犯劳动改造体系 ，切实保障罪犯的合法权益。

2. 全面建立与劳动改造罪犯相适应的监狱生产管理体制。为了提高罪犯劳动的有效性，必须抓好涉及罪犯劳动的方方面面的管理内容。改造罪犯的一个重要规律就是一切工作都要紧紧围绕增强罪犯改造效果来开展，要想提高改造效果，实现效果最大化、最优化，改造的内容就需要具有针对性，改造的方式方法需要具有适应性，只有对罪犯进行针对性改造，使改造罪犯能够满足罪犯合理的改造需求，罪犯才能进入积极的改造状态，主动进行改造。

（1）建立良好的生产运行环境，营造和谐的矫正环境。建立良好的生产运行环境，是劳动改造的根本职能。在生产运行环境建立过程中，监狱要做到以下几点：①积极引进社会企业先进的生产劳动过程管理经验，使罪犯在监狱发展经济的过程中真实地感受到社会生产的氛围，有利于刑满释放后顺利融入社会，尽量减少回归社会可能造成的不适应感；②建立科学有效的分工协作组织，促进罪犯良好人际关系的形成；③科学实施生产计划管理、生产准备、组织管理、生产轮班管理和流水作业管理，为罪犯感悟劳动过程营造良好的氛围。

（2）建立健全劳动改造奖罚制度，激发罪犯的改造热情。对此，监狱应当做好：①积极实施罪犯劳动报酬制度，采用科学的报酬分配机制和办法，建立良好的报酬分配模式；②建立就业基金积累制度，使罪犯通过狱内劳动积累资金，为释放后的生存与发展提供储备；③积极探索劳动补偿基金制度，建立罪犯劳动报酬回馈社会、补偿受害人的恢复性司法制度，促进罪犯更好地感悟劳动；④利用监狱所特有的减刑等激励资源，发挥行政和刑事奖罚措施的作用，建立有效的劳动奖罚机制。

3. 要突出抓好劳动过程监控管理，着力培养罪犯劳动意识。

（1）建立严格的罪犯劳动对象管理制度。除坚决执行相关的国家法律法规外，还要重点加强采购、生产、使用和保管等方面的管理。

（2）加强罪犯劳动手段管理，提高监狱经济效益，从而为监狱经费不足提供一些帮助，最终有利于充足监狱生产资金，改善狱政实施和监管条件。这有利于使干警工作的积极性和罪犯劳动改造的热情都得到提高，有利于罪犯改造质量的提高。因而监狱有必要从实际出发，选择恰当的技术类型和技术结构，建立一个以适应先进技术为主的、多层次的、由低级向高级发展的技术结构和技术体系。

（3）加强罪犯劳动组合管理，充分发挥罪犯劳动改造功能，互帮互学、互相监督、互相促进，从而提高罪犯劳动改造的积极性。为此，可以根据罪犯的生理状况、技术水平、文化程度、刑期长短、改造表现等指标不同，对罪犯劳动的不同工种和岗位进行量才使用，营造一个公平合理、公正无私的氛围，促进罪犯劳动改造质量的提高。

（4）加强罪犯劳动的工效管理，维护良好的劳动改造秩序，提高劳动生产效率。可以通过制定先进、合理的罪犯劳动定额的方法，如工时定额、产量定额、操作定额等，实行公平的罪犯劳动报酬和奖惩制度，贯彻落实《监狱法》

关于罪犯劳动报酬的明确规定。

（5）加强罪犯劳动成果的管理。罪犯劳动成果作为罪犯劳动的产物，是罪犯在劳动中体力、脑力、智力的综合运用，能够综合反映罪犯劳动的改造态度、改造表现、劳动技能以及改造水平。通过对罪犯劳动成果的管理，主管干警可以全面了解和掌握罪犯劳动改造情况，从而制定不同的改造方案，最终有利于罪犯改造质量的提高。

4. 结合罪犯的个性特点和人格特征，使监狱生产组织满足不同罪犯个体的改造需求。"兴趣是最好的老师"，想要使罪犯在劳动中焕发出强烈的求知欲和创造力，首先应充分了解罪犯的兴趣爱好和学习需求，并在政策和环境允许的条件下，为满足罪犯的兴趣需求创造良好的生产环境和条件，使得罪犯不仅愿意参加劳动，而且还喜欢劳动、热爱劳动，在劳动中体会人生的意义和价值，在劳动中体会付出的艰辛和创造的乐趣，从而把"要罪犯劳动"的现状转变成为"罪犯想要劳动"的局面，使得监狱的劳动改造手段真正成为促进罪犯学艺长技的平台。

同时，监狱生产应从"监狱提供什么，罪犯就干什么"的生产模式向"罪犯需要学习什么，监狱就提供创造什么"的生产模式转变。以满足罪犯的兴趣和需求为目的，充分调动起罪犯参加劳动改造的主动性和积极性，切实提高对罪犯的劳动培训质量和改造质量。这就要求我们在监狱工作制度和监狱生产管理上必须建立长效机制，结合罪犯入监前的文化程度、已有从业能力、未来从业方向和个人兴趣爱好等，从罪犯的就业导向上安排生产岗位劳动，学习专门的专业技能。这一点也是在监狱改革体制的新时期提高罪犯改造质量的重中之重。

5. 深化罪犯劳动教育，着力提高罪犯劳动技能。

（1）在改造理念上，旨在通过劳动改造矫正罪犯的思想和行为。对罪犯进行劳动教育，是劳动改造的关键职能。我们要整合劳动改造与教育改造的职能分工，将劳动观念和劳动技能教育纳入劳动改造的职能范畴。

（2）在改造内容上，旨在通过劳动改造促进罪犯劳动技能的提高。为此，需要对罪犯进行经常性的劳动思想观念、劳动态度、劳动纪律和协作意识教育，从而引导、启迪和强化罪犯思想观念的改变；要对罪犯的劳动行为、劳动关系处理进行指导，提高罪犯的劳动能力；要就监狱生产所需要的劳动技术进行岗前培训和在岗培训，为劳动改造提供条件；要对监狱生产中劳动技术进行定期晋级评定，促进罪犯在劳动中不断学习和提高劳动技术。

（3）在改造方式上，旨在通过劳动改造优化和整合改造资源。根据罪犯刑释后就业的需要，进行非监狱生产性职业技术培训，使罪犯掌握多项技术，扩大就业门路；推动罪犯劳动技术的行政认定，保证罪犯掌握的技术得到社会认同。

（4）在改造目标上，旨在通过劳动改造增强罪犯适应社会的能力。要在罪犯刑满释放前进行就业指导，促进其顺利就业；积极组织"就业推介会"等职业介绍活动，向社会用人单位推介人才，为罪犯提供就业机会。

6. 保障罪犯劳动利益，着力提高权益保障水平。

（1）加大与监狱企业的协调力度，建立生产任务保障机制，既要确保罪犯获得劳动机会，增强罪犯劳动意识，培养良好的劳动习惯，还要避免生产任务超过正常生产能力。

（2）营造良好的劳动环境，培养罪犯正常的心理。为此，需要做到以下几点：①根据罪犯的身体状况安排适宜的劳动岗位；②积极改善硬件设施条件，防止机械事故、灾害噪音、有害气体和粉尘污染；③做好防暑降温，保证适度照明，改善卫生状况，美化劳动环境；④依法保护罪犯节假日休息的权利，实行加班补偿制度，杜绝超时超体力劳动；⑤及时足额配发劳动保护用品、用具和保健食品、药品；⑥建立劳动保护教育制度，实施特种作业培训，开展定期体检，切实落实劳动保护措施；⑦加强安全生产管理，杜绝生产安全和人身伤亡事故发生；⑧参照国家劳动保险的有关规定，处理好罪犯劳动中的致伤、致残和死亡事故。通过这些措施的落实，使罪犯真正感受到党和国家的关怀与挽救，促使其全身心地投入到改造生活当中，由劳动惩戒向劳动矫治转变，培养罪犯正常心理，使其成为合格公民。

7. 寻求监狱生产与现存监狱工作制度的结合点，尽可能发挥监狱生产改造罪犯的作用。当前，在监狱里实行分级管理是大势所趋，尽管在可操作层面上，分级管理的流动性与劳动岗位需要的相对稳定性之间存在一定的矛盾。但是，在广泛实行分级管理模式的前提下，监狱生产还应努力与分级管理模式相适应，寻找到二者之间互相促进的结合点。发挥出分级管理对罪犯管理的特点，实现生产项目的分级教育和分级培训。根据监狱罪犯的犯罪类型、结构特点、文化程度和兴趣爱好，组织开展多层次、多元化的生产项目，实现根据罪犯不同服刑时期而组织开展不同劳动项目的分级特点。

比如，根据对严管级罪犯的戒备等级以及他们的心理特点，开展劳动改造。首先，从思想上进行教育，在理论上给予指导，在技能上给予培训。在生产项目上也应组织那些适合集中进行、潜在安全隐患较低的劳动，将劳动改造的重点放在劳动态度的教育以及劳动技能的理论学习上面。对于普管级罪犯，则应以培养他们掌握一种或一种以上的实用技能为主要目的，在生产实践中，结合罪犯的兴趣爱好及个人特长，激发他们学习的欲望和渴求，积极开展劳动竞赛、技能考核、评定等活动，努力使罪犯在劳动中学有所长、学有所用。对于宽管级罪犯，由于他们即将回归社会，对于社会就业信息比较关注。生产车间应当与监狱技术培训部门相互沟通，组织开展有关如何谋职就业的讲座以及相关知识技能培训，与监狱心理矫治室配合，引导其正确看待就业和失业等问题。这样做可以使得不同管理阶段有不同的劳动任务和生产特点，罪犯也能端正态度、打好基础，同时学习技能、增长知识，最后调整心态、了解信息，为即将回归社会做好心理和技能上的准备。

总之，监狱生产作为罪犯获得职业技能的重要因素之一，让服刑人员通过参加生产劳动获得职业技能，是工作在监管机关上的管理者必须完成的任务。我们必须无条件地创造和服务这一工作理念，使所有不同层次的罪犯通过参加生产劳动获得适合自我发展、实现自我价值的职业技能和生存技能。不仅把罪犯改造成为守法公民，而且把他们培养成为能对社会尽责、对家庭尽职的有用人才。随着我国未来社会的激烈竞争与发展，无论什么行业，无论什么领域，所需要的都是人才，那么我们不妨在改造罪犯的过程中，以监狱生产为龙头，通过共同努力，把罪犯教育改造成对社会有用的人才。

 学习任务四 罪犯劳动改造质量的评估

一、建立罪犯劳动改造质量评估体系的重要性和必要性

在以提高罪犯改造质量为中心，加快监狱体制改革，大力推进依法治监和监狱工作"法制化、社会化、科学化"建设的新形势下，建立罪犯劳动改造质量评估体系具有十分重要的现实意义。

1. 建立罪犯劳动改造质量评估体系是构建科学、完整的罪犯改造质量评价标准的一个极其重要的组成部分，是提高罪犯改造质量的重要途径和手段。

在长期的监狱工作实践中，我国各地监狱对罪犯改造质量考核评价指标体系的建立都进行了大量的探索，特别是监管改造和教育改造方面的改造质量考核评价指标体系的建立取得了重要进展。但是，由于在监企合一的体制下，经济工作在监狱工作中具有特殊重要性，对三大重要改造手段之一的劳动改造工作往往看重其经济功能而忽视改造功能，致使罪犯劳动改造质量评价指标体系难以建立。罪犯劳动改造质量评价体系的缺失，使罪犯改造质量的总体评价无法科学完整地建立起来。建立罪犯劳动改造质量评价体系是提高罪犯劳动改造质量的一个重要突破口。通过对罪犯劳动改造质量的研究，一方面，我们能够科学地认识罪犯在劳动中是否得到了改造，以及在何种程度上得到了改造；另一方面，能够科学地认识到哪些劳动改造活动是有效的，以及有效性的程度如何，从而在对上述两方面的互相联系的分析中逐步探索和认识劳动改造规律，并进一步把握它，从劳动

改造的角度，积极寻求提高改造质量的有效途径和方法。

2. 建立罪犯劳动改造质量评价体系是大力推进监狱工作"三化"建设的必然要求。以提高罪犯改造质量为中心，大力推进监狱工作"三化"建设是新时期监狱工作的中心任务。监狱工作的科学化要求我们倡导科学的理念，用科学的理论、思维和方法，研究和把握工作规律。罪犯劳动改造质量研究是科学研究和探索管理、教育和劳动三大改造手段综合运用规律的一条重要途径。原司法部部长张福森同志在全国监狱"三化"建设工作座谈会上指出，要"建立科学的教育改造质量考评体系，在计分考核的基础上，探索建立对罪犯改造状况的评价标准和有关指标体系"。建立罪犯劳动改造质量评价体系是研究罪犯劳动改造质量的必要手段，对我们提高劳动改造工作的科学化水平、推进监狱整体工作进步都是十分必要的。

3. 建立罪犯劳动改造质量评价体系为促进罪犯劳动从监狱经济手段向改造手段回归、强化劳动改造职能提供了重要的检验尺度。

监狱组织罪犯劳动生产，要从过去以经济效益最大化为目标逐步向以社会效益目标优先，经济效益目标必须服从社会效益目标转化。突出和强化罪犯劳动的改造职能是监狱体制改革的目标要求。在国家财政保障水平不断提高并逐步实现全额保障且监企分开运行的新型管理体制下，是否实现了罪犯劳动从经济手段向改造手段的转变，劳动的改造职能是否得到充分的发挥，最终都必须以罪犯劳动改造质量的提高为衡量标准，罪犯劳动改造质量状况必须有一套科学的评价方法来进行测量。

4. 建立罪犯劳动改造质量评价体系对于实现监企规范运行、建立和完善罪犯劳动改造制度具有极其重要的导向作用。

目前，我国监狱体制改革已经在全国各省市逐步扩大试点，并将最终实行全面推开，"全额保障、监企分开、收支分开、规范运行"的新型监狱管理体制框架已基本确立，监狱企业的性质、地位和作用也基本明确。但是，监企分开后，罪犯劳动改造的组织形式和管理体制发生了重大变化，监狱和监狱企业两个并行的实体分别按照各自的运行规则共同承担劳动改造这一执法活动不同方面的职责，双方都要以罪犯改造质量为工作目标，但各自承担的责任和侧重点不同。监狱企业如何在自己的职权范围内，遵循企业发展的一般规律，为监狱罪犯劳动改造提供更好的服务？监狱应如何组织罪犯参加生产劳动，才能提高罪犯的改造质量？监狱企业如何与监狱加强配合和协调，实现共同完成罪犯劳动改造任务？这些都是实现监企协调规范运行和提高罪犯改造质量必须解决的重大问题。我们可从监狱和监狱企业在改革、调整和完善罪犯劳动改造制度和双方协调制度对罪犯劳动改造质量的影响变化中寻找到正确的改革途径。罪犯劳动改造质量的变化是双方共同作用的结果，通过对影响罪犯劳动改造质量因素的分析和不同的改革方法对罪犯劳动改造质量影响变化的动态分析，我们可以不断深化监狱体制改革，为建立和完善罪犯劳动改造制度提供重要的决策依据。

5. 建立罪犯劳动改造质量评价体系对罪犯劳动改造工作实践具有重要的激励作用。罪犯劳动改造的质量和成效是评判监狱民警工作绩效的重要标尺，是对罪犯实施奖惩考核的重要依据，是检验罪犯改造好坏的重要标准。我们只有建立科学的罪犯劳动改造质量评价体系，才能使罪犯劳动改造工作有了正确的发展方向；使监狱民警有了具体的工作目标，不断激发监狱民警的工作热情和兴趣；使不同罪犯的改造结果通过相互比较，明确无误地完全反映出来，促使罪犯在过去的是非功过面前再一次认识自己，并在此基础上端正或者完善自己的改造动机，坚定改造信心，从而调动罪犯自我改造的积极性。

二、建立罪犯劳动改造质量评估体系必须遵循的基本原则

1. 依法性原则。对罪犯劳动改造质量的评估，应符合《刑法》《刑事诉讼法》《监狱法》等法律的精神，符合监狱工作有关规章制度。评价指标的选择、评价方法和程序、评价结果的运用，都必须要有法律依据，遵循现行监狱劳动改造制度的有关规定。

2. 客观性原则。对罪犯劳动改造质量的评估是评定监狱劳动改造水平的重要依据，关系到监狱劳动改造工作的发展方向。因此，这套评估体系必须科学、客观、真实地反映罪犯劳动改造的成效，符合监狱劳动改造工作的基本要求。在评价过程中，监狱民警对罪犯劳动改造的各项考核指标记录要客观公正、严格标准，不能弄虚作假、厚此薄彼。无论对群体还是个人的考核评价，都必须坚持实事求是、客观、准确的原则，这样得出来的评价结果才具有参考价值和实际意义。

3. 目标性原则。对罪犯劳动改造质量的评估不能离开监狱罪犯劳动改造工作目标而进行，必须始终保持评估方法和结果与罪犯劳动改造工作目标相一致的原则，保证罪犯劳动改造质量评估的正确方向。罪犯从事改造活动的最终目标是把自己改造成为守法公民，罪犯劳动改造目标是根据这一最终目标要求提出的。通过实施劳动改造来实现其所应达到的目标，即矫正恶习，可以使罪犯养成劳动习惯，学会生产技能，并为罪犯在释放后的就业创造条件。要根据这一罪犯劳动改造目标的需要选取评价指标，采取更准确的评价方法，使评估结果能真实反映罪犯劳动改造目标的要求。

4. 可比性原则。由于罪犯的改造目标是无止境的，并没有一个终极目标，因此，我们无法测定罪犯改造所能达到的具体目标，而只能从相互的比较中去分析和把握罪犯改造的质量。但是，由于影响罪犯劳动改造质量的因素很多，且罪犯个体的差异性和监狱之间的差别都比较大，相互之间的分析比较往往因差异性的存在而缺乏可比性，如罪犯每天劳动生产所创造的收入在不同监狱的不同劳动项目之间很难进行比较。如果评估的主体之间或评估指标在同一罪犯群体内缺乏可比性，那么我们的评估结果就无法真实地反映罪犯劳动改造的质量。因此，我们首先从在同一监狱从事同一劳动项目的罪犯群体的劳动改造质量评估入手，充分把握评估主体和评估指标的可比性，不断扩展劳动改造质量评估的广度和深度，逐步建立和完善罪犯劳动改造质量评估体系。

5. 实用性原则。在制定评估体系时，要充分考虑各项指标的考核计量和评估是否具有可操作性，是否符合现行监狱改造工作的实际，通过实践检验评估结果能否对监狱劳动改造工作起到指导作用，评价其能否成为衡量监狱劳动改造质量的重要依据。此外，随着时间的推移，对罪犯劳动改造质量的深入研究，评价指标和评价方法可能出现不适应实际需要的可能，或存在不完善的地方，此时，我们必须与时俱进，不断进行修订和完善评价指标和方法，切实增加其科学性、针对性和实用性。

三、罪犯劳动改造质量评估体系的建立

这里的罪犯劳动改造质量评估体系，是从对罪犯个体在一定时期内通过劳动改造所产生的积极变化的评价入手，对具有可比性的一个罪犯群体内各罪犯之间劳动改造质量的比较分析而建立的一套完整的评价方法体系。其评价主体为监狱内某监区罪犯劳动改造质量考核评价小组，由监区管教和生产民警组成。评价期限一般以 1 年为期。

某罪犯群体劳动改造质量评价表

评估指标	劳动出勤率		劳动遵规守纪率		劳动生产率		劳动增长率		劳动质量		劳动技能		好逸恶劳消除程度		劳动观念更新程度		综合评价值	名次
目标值	100%		100%		5000 元		20%		100%		10 分		10 分		100 分			
权重	10 分		5 分		20 分		15 分		10 分		20 分		5 分		15 分			
姓名	实际值	评分值	实际值	评分值	实际值	评分值	实际值	评分值	实际值	评分值	实际值	评分值	实际值	评分值	实际值	评分值		

1. 罪犯劳动改造质量评估体系的指标。

（1）劳动出勤率。它反映罪犯对待劳动的态度和参加劳动的积极性。这一指标只适用于对具有劳动能力的同一监区从事同一劳动项目的罪犯群体的考核，一般应以罪犯实际参加劳动的小时数进行计算。

某罪犯劳动出勤率＝全年实际参加生产劳动的总小时数/该监区罪犯全年应参加生产劳动的总小时数×100%

（2）劳动遵规守纪率。它反映罪犯遵守劳动纪律情况和生产劳动中的基本表现，用来检验罪犯劳动习惯是否养成和法纪观念是否增强。

某罪犯劳动遵规守纪率＝（罪犯群体中最高违规违纪扣分数−该罪犯违规违纪扣分数）/罪犯群体中最高违规违纪扣分数×100%

在劳动改造活动中发生的所有违规违纪行为都应纳入罪犯违规违纪的考核范围。这里用违规违纪的考核扣分数，而不用次数作为考核标准，主要是考虑到违规违纪次数不能完全准确反映违纪的严重程度，而考核扣分则可根据违规违纪的性质、原因和情节轻重进行有区别的考核打分，但须注意违规违纪的考核扣分标准应统一。

（3）劳动生产率。它是反映罪犯劳动改造成果大小的重要指标，罪犯劳动能力的大小、劳动技能熟练程度和对待劳动的态度，最后都将在罪犯劳动成果的大小上得到反映。我们以罪犯全年所创造的劳务收入作为罪犯的劳动生产率进行考核。

工业监区某罪犯年劳务收入＝某罪犯全年所生产工业成品或半成品总量×该成品或半成品的内部结算劳务价格

农业监区某罪犯年劳务收入＝某罪犯全年参加各项农作物生产的劳务收入之和

农业监区某罪犯每天的劳务收入＝当天实际完成某劳动项目的劳动量/该劳动项目一个投工应完成的劳动定额×该劳动项目一个投工的劳务价格

一个投工就是一个劳动力从事一天的生产劳动所付出的劳动量。

对每一个罪犯从事工业生产的劳务收入计算，可参照罪犯生产某一工业产品的市场价格，确定一个可用于连续几年不变进行比较分析的固定价格，同时，按照模拟市场核算的倒推法，制定每一工艺环节成品或半成品的单位内部结算劳务价格。

对罪犯从事农业生产的劳务收入，可以某一农产品与市场价格接近，用连续几年不变进行比较分析的固定价格和常年平均单产水平，按模拟市场核算的倒推法，得到单位产品应控制的劳务成本价格，再按该农作物在现有技术条件下全年实际需要的总投工量，从而计算出每个投工的平均劳务价格，最后根据每个劳动项目的技术含量和劳动强度，制定出每个劳动项目的每个投工的劳务价格。

（4）劳动增长率。劳动生产率指标反映的是一个罪犯在某一个时期所达到的劳动生产技术水平，但由于不同的罪犯所具备的劳动能力是不同的，可能劳动能力差的罪犯即使做出了很大的努力，也很难达到劳动能力强的罪犯并不怎么努力所创造的劳动生产率水平。因此劳动生产率指标只能反映不同罪犯之间劳动能力的大小，但不能反映个人在劳动改造中劳动能力进步的程度，劳动增长率正是从个人在劳动改造的后期和前期比较其进步与否的角度来反映罪犯个体的劳动改造进步程度而引入的一项重要的考核指标。

某罪犯劳动增长率＝（本年的劳动生产率－上年的劳动生产率）/上年的劳动生产率×100%

（5）劳动质量。它反映的是罪犯劳动技术熟练程度，严格遵守劳动操作规程和质量标准情况。对罪犯劳动质量的好坏进行考核评价有助于培养罪犯的质量观念、对社会、对消费者负责的处世态度，从而提高罪犯的社会道德水平，同时可矫正罪犯劳动改造中为达到获奖励和减刑的目的而片面追求数量而忽视质量所带来的改造目标偏移。为了便于对罪犯劳动改造的全面考核评价，我们把罪犯劳动改造过程中的成本节约表现一并纳入劳动质量中进行考核。

某罪犯劳动质量水平＝（罪犯全年劳务收入＋成本物耗节约额－产品或劳动作业质量损耗－成本物耗超控制额）/罪犯全年劳务收入×100%

（6）劳动技能。它反映的是罪犯通过劳动改造所掌握的生产劳动技术水平和出狱后谋生就业的本领。对这一指标的测定无法采取定量方法，只能采取等级评定法，由地方有关劳动部门的专家和监狱劳动改造部门通过劳动技能比武和综合考核对罪犯的劳动技能进行定级评等，按对应等级和10分制确定劳动技能得分。评等定级需重点考核罪犯实际掌握的一门或几门劳动技能的技术等级、所掌握的劳动技术对出狱后谋生的适用性、现从事生产劳动项目的劳动技术水平三个方面，其评等定级标准一经确定，一般不再改变，以保证每年评等定级的连续性和可比性。

（7）好逸恶劳消除程度。它反映的是罪犯通过劳动改造从被迫劳动向自觉劳动转化的程度，侧重从罪犯对劳动的认识态度和表现方面进行考察。由监区民警组成评议小组，设定罪犯从热爱劳动、积极自觉地参加劳动到抗拒劳动、害怕劳动之间的5个评定等级，评议小组成员每人对每个罪犯进行综合评议，然后综合所有评议小组成员的评议结果，最后按10分制确定每个罪犯的评定等级和此项指标的考核得分。

（8）劳动观念更新程度。它反映的是罪犯通过一定时期的劳动改造后在思想上对劳动的认识水平。可从罪犯对马克思主义劳动观的认识、劳动对人的改造作用、劳动在社会生活中存在的意义、劳动的荣辱观、对劳动成果的认识、对劳动分配的认识等几个主要方面，采取问卷调查的方式，根据罪犯对每一项问题的回答结果按 100 分制对应评分，得出该罪犯劳动观念转化程度的测评分。

上述八项指标不可能完全涵盖劳动改造对罪犯所产生积极变化的所有方面，如罪犯体格、心理和劳动协作等，有些考核指标的测定难度很大，特别是后面三项指标的测定带有一定的主观性，在具体测定的实施方法上要不断改进和完善，力求测评结果真实准确，减少主观判断错误，尽可能消除一些偶然因素对考核指标的影响。

2. 罪犯劳动改造质量评估体系的评价指标的权重分配。在体系内，由于不同的指标从不同的侧面反映罪犯劳动改造质量的好坏，其指标反映罪犯劳动改造质量状况的层次性、综合性与罪犯劳动改造工作目标的一致性和相关性都不同，因此，对罪犯劳动改造质量的综合评价不能将八大指标平等对待，而应赋予大小不同的权重，对与罪犯劳动改造工作目标相关性和一致性程度高的指标，对罪犯劳动改造质量测评的综合性较强，相对重要的指标应分配较高的权重，反之则分配较低的权重。不同指标的权重分布，最后的评价结果是不一样的。因此，要使不同年份的综合评价结果之间具有可比性，则不同指标赋予不同的权重，一经确定，在一定时期内不应随意变更。按百分制进行分配，上述八大指标按顺序可分别分配以下权重：10 分、5 分、20 分、15 分、10 分、20 分、5 分、15 分。

3. 罪犯劳动改造质量评估体系中比较参照对象的确定。比较参照对象是指固定的、每个罪犯对应指标值与其比较的一组指标值。由于不同指标值之间不能直接累加，要用一个综合测评值来反映某罪犯劳动改造质量的好坏，就必须选一个比较参照对象。为了使同一罪犯在不同年份的劳动改造质量评价值可以进行对比分析，比较参照对象一经选定，在一定时期内就不作改变。我们根据罪犯劳动改造质量测评的现有水平，选定一组比较先进的目标值（每个罪犯应努力达到的目标）为比较参照对象。其评价结果可以反映出每个罪犯完成劳动改造目标的情况以及与实现这一目标的差距。

4. 罪犯劳动改造质量评估体系采用综合评分法进行评价。某罪犯劳动改造质量综合评价值的计算公式如下：

某罪犯 A 指标的评分值＝该罪犯 A 指标值/比较参照对象中 A 指标值×A 指标权重

某罪犯劳动改造质量综合评价值＝该罪犯 A、B、C、D、E、F、G、H 八项指标的评分值之和

将罪犯群体中各罪犯的综合评价值（列表计算见上表），按大小顺序排列出名次，则显示出每个罪犯劳动改造质量的好坏。计算一个罪犯群体中所有罪犯劳

动改造质量综合评价值的平均值，则可看出这个群体总体劳动改造质量水平。

四、罪犯劳动改造质量评估体系的运用

1. 用于对罪犯个体劳动改造质量的评估。

（1）通过某罪犯当年每项指标值与比较参照对象对应指标的目标值对比分析，可以看到该罪犯哪些方面改造较好，哪些方面还有较大差距。我们可根据不同罪犯在年龄、文化程度、身体状况、捕前职业等方面的具体情况，制定每个罪犯每一年度的劳动改造目标。

（2）从该罪犯劳动改造质量综合评价值与比较参照对象的目标值（一般为100）的比较，可以看到该罪犯劳动改造质量总体水平以及与劳动改造目标的差距大小。

（3）从该罪犯劳动改造质量综合评价值在罪犯群体中的排位名次，可以看到不同罪犯劳动改造质量的优劣，并以此作为对罪犯考核奖惩的重要依据，从而发挥此评价体系对罪犯劳动改造的导向作用。

（4）在比较参照对象和指标权重分布保持连续几年不变的条件下，我们可以从一个罪犯历年来的劳动改造质量综合评价值的对比分析中，看到一个罪犯每年的劳动改造是进步了，还是后退了，以及进步的大小程度。我们还可以从一个罪犯各项指标历年的升降情况中，进一步分析和研究产生罪犯劳动改造质量进步的直接原因，从而认识和发现罪犯劳动改造的基本规律，掌握和运用这些规律，以更好地促进罪犯劳动改造质量的提高。

2. 用于对不同类别罪犯劳动改造质量的评估。这套罪犯劳动改造质量评价体系，只要是在同一改造环境条件下，罪犯从事劳动生产的项目基本相同，对罪犯劳动改造质量指标评价的方法和标准一致的前提下，参与考核评价的罪犯群体无论数量多少，都可得出具有可比性的评价结果。如果我们将参与考核评价的这个罪犯群体按年龄、已服刑期、犯罪类型、文化程度、原判刑期、身体状况等几种不同的分类方法分成若干类别或组群，对每一类别罪犯群体每项指标的平均值进行比较分析，对不同类别罪犯群体劳动改造质量平均综合评价值的对比分析，我们可以从中找到一些规律性的东西。这项分析研究，一方面可以使我们采用定量分析的方法，具体分析研究不同因素对罪犯劳动改造质量的影响程度，进而为我们科学地组织罪犯劳动改造提供决策依据；另一方面，可以为我们对罪犯实行分类改造，改进罪犯劳动改造的管理方式，提高罪犯劳动改造质量，为监狱企业经济效益提供重要决策依据。

3. 用于对不同劳动项目的罪犯劳动改造质量评估。我们可以通过同一罪犯群体从事不同劳动项目的劳动改造，或同一类别的两组罪犯分别从事不同劳动项目的劳动改造，测定出不同劳动项目的劳动改造质量综合评价值，然后进行对比分析。我们可以看到，不同劳动项目对罪犯劳动改造质量的影响程度，对监狱企业为监狱劳动改造选择更适合罪犯劳动改造所需的生产劳动项目提供了科学依据，可以为监狱企业如何为罪犯劳动改造服务、监企关系如何协调配合，找到现实的途径。

4. 为开展对监狱整体劳动改造质量评估提供了重要的基础条件。由于不同监狱罪犯劳动改造的生产技术条件和生产劳动项目差别较大，对罪犯劳动改造质量指标的考核评价方法和标准不一，因此，这套评价体系并不能直接用于对监狱整体劳动改造质量的评价，但对监狱整体劳动改造质量的研究需以罪犯个体和群体劳动改造质量研究为基础。虽然对监狱整体劳动改造质量评价指标不可能与对罪犯个体劳动改造质量评价指标完全相同，但一些主要考核评价指标的测定要以个体劳动改造质量评价指标值为依据。同时，这套评价体系的分析研究方法仍然可以用于对监狱整体劳动改造质量的研究。随着我们对罪犯个体劳动改造质量研究的不断深入和监狱劳动改造制度的不断完善，对监狱整体劳动改造质量的研究一定会取得较大的突破，监狱劳动改造的质量和水平将得到更大的提高。

一、案例分析

某监狱为了提高劳动生产效率采取了一系列措施：

1. 注重罪犯的情商教育，促进罪犯自我情绪的认知和管理。情商是个体最重要的生存能力，是一种发掘情感潜能，运用情感能力影响生活的各个层面和人生未来的品质要素，包括竞争素质、心理适应性、责任感、自信心、克制能力、处事风格、焦虑水平、情绪稳定性、思维方式等9个方面，在情绪的自我认识、自我控制、自我激励和维系良好人际关系等方面具有现实意义。随着生产模式的转变，狱政管理工作不断强化，刑罚执行的强制性和剥夺性使罪犯在时间、空间等诸多方面的需求受到限制，更易导致罪犯情绪管理失衡、自我激励弱化、人际关系失调。因此，监狱注重在罪犯中进行情商教育，以利于罪犯形成正确的思维方式，有效管理和控制自身的情绪，较好地处理与他人的关系，从而减少违规违纪行为，形成良好的监管改造秩序。

2. 结合就业形势，加强技术教育，提高罪犯谋生技能，最大限度地解除罪犯后顾之忧。随着野外劳动逐步转为监内来料加工，罪犯的生产项目将被"单一化"，罪犯在改造中很可能"一个岗位定半生"，罪犯劳动对象的单一必然造成罪犯技能的缺失。因此，为适应生产模式的转变，有效贯彻落实"首要标准"，监狱还需进一步加强对罪犯实用技能的培训，让罪犯刑释回归社会后有更多的谋生技能，同时，采取刑释人员就业推介会、招聘会等形式，积极为刑释人员就业搭建平台，提高罪犯刑释就业率，帮助他们顺利回归社会、融入社会，有效降低罪犯刑满释放后的重新犯罪率。

3. 树立节约意识，大力开展"开源节流，节能增效"活动。监狱生产目前处在较为落后的地位，监狱劳务加工还是手工或半手工体力劳动，劳动效率和生产利润都比较低。因此，在监狱生产劳务加工等过程中，广大监狱警察必需树立节约意识，在"开源节流，节能增效"活动上下功夫。例如，加强成本核算和管理，严格考核废品率，等等。另外，还要重新认识监狱狱政管理方面的节能增效问题。类似的还有罪犯生活的用水用煤、医务的药品管理、食堂的粮油面和蔬菜的管理，另外，在造建厂房时，应考虑通风和采光，尽量避免风扇、空调和抽风机的使用等。小账不可不细算，树立节约意识，在"开源节流，节能增效"上下功夫，是有很多潜能可挖掘的。

4. 加强对危险罪犯的有效控制，建立健全罪犯"危险回应机制"。所谓罪犯"危险回应机制"，是指监狱在危险评估基础上，建立与罪犯危险大小相适应的控制措施体系及相应的应变机制：罪犯危险大，控制力度大；罪犯危险小，控制力度小；罪犯危险有变化，控制措施也随之而变的回应机制。也就是按罪犯完成生产任务的情况，遵纪守法（特别是遵守《罪犯改造行为规范》）的情况以及其他因素排查罪犯危险程度，禁止危险罪犯外出到公共场所活动，限制外出到超市购物，限制相关娱乐活动，限制使用亲情电话，等等。限制级别的高低和限制期限的长短，可以按月累计扣分和一次性扣分的多少以及其他排查情况来执行。根据罪犯"危险"程度，即时启动回应机制，一方面能有效控制危险罪犯的不轨行为；另一方面，也是对消极和违规违纪罪犯的一种打击和惩处，对监内管理必然起到积极作用。

二、讨论与思考

1. 该监狱罪犯劳动改造质量监控手段有哪些？

2. 如何就以上措施进行有效评估？

第二部分
工作任务篇

学习单元七 罪犯劳动组织安排

学习项目一 罪犯劳动项目的评估与选择

学习目标与任务

● 了解罪犯劳动项目选择的基本原理，掌握一般的评估方法与规则、程序。通过对罪犯劳动项目评估工作的流程学习，学会操作项目选择的组织、市场信息收集与研判、标准确立与评估、选择等工作能力。

知识储备

一、基本原理

罪犯劳动项目选择是在评估的基础上进行决策的结果。评估是监狱作为价值主体依据其自身的价值准则对罪犯劳动项目选择的有效性进行判断的过程。这一判断过程需要正确、恰当的标准，科学的原理与有效的方法，合理的程序。正确、恰当的标准是判断的前提；科学的原理与有效的方法是评估的条件；合理的程序是判断的保障。状态的考核是判断的基础；判断规则是评估行为的准则；正确结果的选择是发挥价值导向功能的评估目的。

罪犯劳动项目评估与选择，是监狱实现对罪犯进行劳动改造提供基础效果的一个过程，是对项目进行选择具有普遍意义的原则。它包括评估系统、模型的建立，标准、规则的确定，程序的确立，等等。执行了原理规定的内容，就可以实现选择的预期效果。项目评估与选择就是实现效果最主要、最根本的原则和过程。

组织罪犯参加劳动，是改造罪犯这一复杂的再社会化过程的一个组成部分，是罪犯改造思想、行为、心理、意志、品格、法制观念、道德情操、价值取向、职业倾向、职业技能等诸多方面的体现。罪犯劳动必须体现改造的价值取向，因此，在罪犯劳动项目的选择上，必须体现三项原则：①监管安全的前提性原则。这是监狱生产有别于社会企业的显著特征，也是进行罪犯劳动项目选择所必须遵循的原则。罪犯劳动项目是罪犯改造的一个载体，因此，选择项目必须为监管安全这一首要政治任务提供服务，也必须为维护监狱的正常改造秩序发挥其应有的功能。②对罪犯实施矫正的基础性原则。罪犯的劳动改造行为，是一项长期性的、潜移默化的行为矫正手段。"劳动可以改造人"，其实质是发挥了教育的功能，是改造罪犯思想、矫正罪犯好逸恶劳及不良物质欲望的重要手段。③罪犯习艺的前瞻性原则。监狱选择罪犯的劳动项目，必须为罪犯的习艺提供方便。组织罪犯进行生产活动和对罪犯进行相关教育，使罪犯在身体素质、思维方式、思想观念、就业知识、劳动技能等方面更加适应现代社会的要求。其中，安全原则是前提，矫正原则是基础，习艺原则是导向。另外，罪犯劳动项目选择是一项经济活动，因此，在项目选择时，还必须考虑"经济效益"的原则，这是由当前中国监狱的客观现状所决定的。

二、罪犯劳动项目评估系统结构设计——工作流程

（一）罪犯劳动项目评估系统结构

罪犯劳动项目评估系统结构包括四个子系统模块：①评估目标；②评估标准体系设计；③评估量表设计；④评估程序与制度设计。为叙述方便，系统模块见图1。

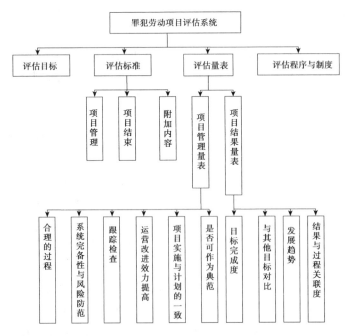

图1　罪犯劳动项目评估系统结构图

（二）罪犯劳动项目评估标准设计

罪犯劳动项目评估标准主要有三个要素构成，即标准的内容、标号与标度。标准的内容要根据监狱选择的具体项目进行确定，是评估标准的主要组成部分，是对评估各种行为或对象的程度。标号是内容的标记符号，通常用顺序数字、字母或汉字进行表示，一般没有独立的意义。标度是测量的单位标准，它可以是类别、顺序、等距、比值和分值等。因此，它可以是数量化的单位，也可以是非数量化的标度。即既可定量，也可定性。它是标准的基础部分，它同评估的计量与计量体系具有密切的关系。

评估的标准还可以进行分层设计，由目标层、标准层、子准则层等构成，从而反映各层次之间各因素的相互联结与逐层细化。

1. 评估目标层要求。罪犯劳动项目选择目标，应根据监狱所处地域的生产特点，结合监狱实际，紧紧扣住罪犯劳动的安全、矫正、习艺与经济性原则要求，同时兼顾选择项目的发展趋势，开展罪犯劳动项目的评估选择。

2. 评估标准层要求。

（1）符合监狱安全需要。①项目所涉及的生产现场组织方式必须符合监管视线畅通的要求，有利于监狱警察的直接管理；②设施、设备及工具不具有登高、攀爬、绝缘等直接功能；③原辅材料与成品不属于监狱规定的违禁物品；④项目符合环保及生产安全要求，严禁引进易燃、易爆、有毒、有害、高危、高强度的项目；⑤项目合作辅导人员性别与安全符合性要求；⑥其他与监管安全的符合性。

（2）符合监狱矫正需要。①项目与罪犯劳动能力（包括罪犯性别、年龄、身心体能、文化程度等）的符合性标准相适应；②项目与罪犯刑期分类的符合性标准相适应；③项目与罪犯分级处遇的符合性标准相适应；④项目与罪犯考核奖惩的符合性标准相适应；等等。

（3）符合罪犯习艺需要。①项目具备既能让罪犯直接操作，又能让罪犯提高生产技能空间的前瞻性要求；②项目有利于对罪犯进行职业技术教育的开展；③项目组织方式有利于罪犯的择业观培养；④项目具有社会区域倾向性，相对有利于罪犯刑释就业。

（4）符合监狱生产经济性原则。项目的选择还必须评估其经济性，项目必须为监狱经济组织带来一定的利益，能为监狱组织罪犯生产提供一定的经济支撑，符合社会主义市场经济的运转要求。因此，在进行项目选择时，必须测算监狱经济运转的管理成本、人力成本、资产成本等，同时还必须进行利润预测。如果选择没有经济效益的项目，不但会加重国家的负担，而且也会加重监狱自身的负担，直接影响监狱的监管改造秩序，影响对罪犯的教育矫治质量。因此，项目选择必须具备一定的经济效益，并对项目的地区性特点及其项目在产业趋势中的定位进行市场调研，做出判断，从而对项目的长期发展有一个清晰的预估。

3. 项目评估子准则层要求。项目评估子准则层是在标准层的指导下，根据项目管理与项目结果的各类标准的要素进行分类的结果，是项目评估与选择的具体操作指导。它需要对下列问题列出具体准则：

（1）项目目标。项目目标必须明确对什么目标进行评估，这一目标有哪些指标及指标的数量化，所有指标必须最后归一化。由于各类指标在实践中不可能为同一标度，因此，归一化就会采取"分值"的方式，使各项指标都有得分，最后以总分为项目设定目标。

（2）项目领导力评估。项目选择必须知己知彼，对领导力的评估是客观地看自己的内容之一，也是监狱罪犯劳动项目选择难点之一，这要求在设计子准则层时必须对监狱或监区组织的领导力有一个清晰的表述。在实践中，往往会产生这样一种现象，一个看上去比较好的项目，但选择后产生不了好的结果。分析其原因，是因为项目引进后的领导力的不适应性，或没有项目的行业专家，或没有项目这一方面的组织、指挥、协调能力等。当然，领导力的评估还必须用发展的眼光看待问题，现在不足不等于将来不足，"将来"的时段评估对项目的影响力是多少，有哪些可以现在调整、弥补，等等，也必须在子准则层中进行表述。因此，领导力的评估的重点是对新项目的适应性评估。评估内容为对软、硬件条件的管理、技术、工具应用的组织协调的评估，即是对人（可提供给项目的人员）、机（设备）、料（生产、生活物资）、法（可待采用的方式、方法）、环（可提供的项目生存环境）、测（考核测评指标、标准、方法）的组织、协调的评估。

（3）人员评估。

第一，是对罪犯劳动能力的评估。罪犯服刑是一种流动的状态，罪犯作为劳动力，其天然地存在着缺乏技术带头人的现状，这在短刑犯监狱中更为明显，所以，技术易学性是监狱罪犯劳动项目选择的一个特点。实践中，监狱往往选择服装、箱包、电子元件简单装配等劳动密集型的项目，就是由这一特点所决定。当然，在长刑犯的监狱中，由于罪犯实际服刑平均会达到10年左右，在进行项目选择时，可以适当地增大一些技术难度，从而为培养罪犯的劳动技能提供更好的项目基础。在进行人员评估时，还必须考虑罪犯的年龄、性别、数量等特点。

第二，是对监狱企业的管理人员、技术人员、骨干技术工人的评估。其主要内容是：①管理人员、技术人员、骨干技术工人的充分合理授权，即信任与尊重，信息沟通的情况，学习力的情况；②罪犯的人格尊重、精神鼓励与物质鼓励情况，培训情况，奖罚兑现情况；③内部业务关系、权责关系制度化、标准化，能杜绝人为矛盾隐患；④管理上具有正气之势，提供什么、弘扬什么、反对什么，旗帜鲜明、立场坚定；项目团队中的学习氛围，团结、竞争、向上精神，沟通、宽容与帮助的环境状况。

（4）资源评估。资源评估涉及资金及其监狱的土地、厂房、现有设备等有形资源和信息、服务、知识产权等无形资源对项目支持、保证、利用等状态。特别需要说明的是，监狱的土地、厂房是有限的，土地和厂房资源决定了项目规模，超限的项目显然不适用于监狱的选择。解决之道主要是考虑项目是否可以划分。在进行资源评估时，还必须考虑监狱的现有设备的利用率，这对降低项目成本、提高经济效益会带来帮助。

（5）客户资信评估。进行客户资信评估，一般需要通过考察，了解和掌握客户的工商执照、税务登记等法人资质情况，以及客户的经营规模、经营业绩、履约能力等信用状况，同时，还必须了解评估项目在客户经营规模中所占份额、经营状态（指项目在客户经营中的成熟度）等商业信息。客户的资信评估是项目评估的基础，直接对项目起到决定性的作用。

（6）客户人员评估。客户人员评估，是对具体合作者的经营管理体系及人力资源的运作情况进行考察后作出的评估。项目选择是一种商业合作，考察经营体系及其人力资源运作，可为项目选择提供项目的前提保障，同时，对项目的引进带来先进的管理思想和管理方式，为提高罪犯教育、矫正和技术进步做好项目基础。

（7）项目结果评估。项目结果评估，即是对合作方式的一种评估，如来料加工方式、订单生产方式、生产自销方式等。一般情况下，监狱对项目合作结果，往往选择"两头在外"的来料加工方式，这一方式更须对客户的资信及人员进行深入的考察与评估，特别要加强加工资金回笼这一项目结果的评估。

（8）其他利益相关方的评估。项目合作还会产生许多其他利益相关方。有时，一个环节出现问题，就有可能影响项目合作的全局。因此，在进行项目评估时，还必须对其他利益相关方进行必要的考察与评估，从而为项目的顺利合作做好周密的部署。

 训练情境

一、罪犯劳动项目选择的操作要领

（一）项目选择的组织

在监狱工作实践中，项目选择一般宜组建"罪犯劳动项目评估小组"，该小组成员应由监狱相关部门人员组成，包括生产科、狱政支队、教育改造科、劳动保障与安全生产科、财务科、生产监区等部门，小组成员一般由5人或7人组成。在组织方式上，实践中有监狱集中管理和以监区为单位分散管理两种。集中管理的项目选择，宜由生产科室牵头落实，制成项目评估方案后，提交监狱所属公司董事会或经理会决策；分散管理的项目选择，宜由监区牵头落实，并直接进行评估和决策，把决策后的项目选择结果报监狱相关管理部门备案。监狱一般根据选择项目的规模大小、涉及生产监区的状况等因素，采取不同的项目选择组织方式。

（二）项目选择的一般程序

项目选择程序必须做到上下联动，操作规范、简明，效率优先。项目选择是一个商业行为，商场如战场，评估效率有时直接决定了项目合作的成败。同时，选择一个适合监狱的合作项目，还必须讲究项目的质量，因此，项目选择的程度必须规范。只有这样，才能使引进的项目既有安全性、矫正性、习艺性，又能带来经济效益。

1. 项目选择的一般程序如下：

（1）监狱的项目管理业务科室或监区进行市场调研与信息收集。

（2）由项目组织初步确立并形成项目报告。

（3）项目组织成员独立评估并根据项目标准层及子准则层打分，评估人员需填写评估记录表，主要内容为：项目所展示的优势；报告应改进的情况和现场访问的情况；其他需要注释的情况；各项标准及子准则的分值。

（4）牵头人汇总，列出所有评估人员的意见及打分情况，并转发给每位打分人。

（5）评估成员根据其他的分数和意见再次调整自己的打分。

（6）集体讨论，由牵头科室或监区组织进行充分协商。

（7）在进行集体讨论时，允许打分人独立进行分值的重新调整。

（8）计算加权数值。

（9）确立是否进行合作现场访问，如果不需要，加权数值为最后分值；如果需要，则列出访问名单及时间，进一步进行资料查阅、证据再收集、核对及访问谈话等工作。评估人员根据访问情况，再次讨论打分，进行加权计算，确定最后分值。

（10）形成评估报告。

2. 项目独立评估表。一般情况下，评估人员可以根据项目评估的要求，在整个评估过程中，接受牵头科室或监区分配的评估任务，评估牵头人要在评估人之间做好有效沟通，在评估人之间起好桥梁作用，并监督评估人的工作质量。评估人在任务范围内，以格式评估表进行独立填写，格式如下：

项目独立评估表

评估人独立评估：请评估申请项目，填写下表并送回牵头单位			
项目合作单位名称			
项目名称			
评估人			
评估牵头单位			
日期			
标准或子准则（分值范围）	优势或改进	现场访问的问题	注释与评论（分值）
标准或子准则 1			
标准或子准则 2			
标准或子准则 3			
标准或子准则 4			
标准或子准则 5			

3. 项目评估报告。项目的评估报告一般由以下四个部分组成，各部分具体内容如下：

（1）评估过程简介。本部分主要介绍实际评估的具体流程。

（2）评估总结。①项目评估组的总体意见，即建议选择或否定选择；②评估组对本项目的总结性意见，包括项目的范围及简要描述、项目的主要目的、对项目选择的前展意义、项目选择后的主要挑战或困难、项目选择的集中评价。

（3）对照评估标准和子准则进行详细描述，并形成评估标准和子准则的报告。

（4）评估分数表。列出每项标准和子准则的加权分值，并得出最后分值。

二、问题协调

罪犯劳动项目选择是在评估的基础上决策的结果，在引进生产项目时，监狱必须清楚地认识到，不仅要将加工项目简单地引进来，更要引进合作方的先进技术、工艺流程、管理方法与生产模式等，在组织生产劳动过程中予以消化、吸收。

（一）要进一步加强管理，创造良好的生产环境

监狱面对激烈的市场竞争，要认真做好市场开拓工作，以"接好单、接大单、接适宜性的单"为目标，努力确保生产的正常运转。一方面，要积极地与老客户联系，稳固接单渠道。另一方面，积极发展新客户。通过市场调查、电话联

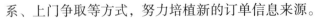

系、上门争取等方式，努力培植新的订单信息来源。

在内部管理上，创造良好发展的软环境。从有利于罪犯的教育矫治、习艺功能出发，努力创造一个良好的教育矫治和习艺场所。①注重企业文化建设。在生产厂区实行定置管理，统一制作各种标识，宣传标语、操作规程上墙，举办各种活动，宣传劳动的"教育改造性和技能培训性"，使罪犯积极地投入到生产劳动中，形成凝聚力。②实行竞争制度。细化和完善一线管理民警职责，生产经营工作责任到人，杜绝不作为现象，有力地促进产量的上升、质量的提高。③严格执行产品工艺、操作和安全规程；关键岗位、特殊工种实行持证上岗。

创造规范有序的生产环境。生产现场管理是企业各项基础管理和专业管理在生产第一线的综合。通过实行标准化规范管理，有条件的单位可以进行 ISO9001质量管理体系认证，形成一整套完善的质量管理体系，提高生产现场管理力度。通过 PDCA 的过程控制（即策划、实施、监测、改进）的方法，从而达到对生产现场物的有效管理、对有效的物进行有序流转、对有序流转的物达到有控状态，从而实现成本最低化、效益最大化、质量规范化、物流安全化。

（二）强化罪犯的劳动改造这一行为矫正手段，提高改造质量

1."小范围择业"，培养正确的就业观。当下中国绝大多数罪犯都在监内服刑，所以，对罪犯的劳动选择方面，也只能局限于监狱（企业）内部。尽管如此，我国监狱一直以来基本是以指派为主。为了适应社会的就业现状，可以在监狱内部实行二级小范围的择业模式。①新犯入监后首次择业。在新犯经过入监教育之后，由监狱企业公布所需岗位及待遇情况，让罪犯根据自己的情况申请岗位，监狱企业组织招聘并根据实际确定录用人员。新犯未能被录用时，继续接受入监教育并准备下次招聘，直至录用为止。当然，在条件允许的前提下，监狱可考虑引入脑力、文艺劳动，其产生的效益归监狱分配。②监区（分监区）内部的二次就业。罪犯在被录用到不同分监区后，由于不断有老犯刑释，老犯的所在岗位可以优先考虑已在监区（分监区）改造的罪犯，可采用竞争上岗的模式运行。

以上两级小范围择业的模式与目前现实社会的就业基本一致，如由于有二级就业的机会，使罪犯在不能申请自认为较为理想的岗位时，可以"先就业再择业"。在这一做法的基础上，加上民警的正确教育引导，就有利于培养罪犯正确的就业观，并为罪犯刑释后的就业打下基础。

2."新员工就业"，从技能的培训开始。新犯被录用到一定的岗位后，为能尽快适应相应的岗位，应及时给新犯培训，并给予一定的实习期。并要求做到以下几点：一是指定师傅及学习内容；二是相应的考核期和相适应的待遇。总体上要求达到一定效果：罪犯在越短的时间里掌握要求达到的技能，将越早给予"转

正"。从而使罪犯上岗时就能养成"在劳动中继续学习，在学习中促进掌握更多技能，在提高技能中促进矫正进步"的好习惯。

3. 给予更具激励效果的待遇，促进服刑人员更好地认识"劳动"的意义。一直以来，我国为改造表现好的罪犯减刑，都兼顾了罪犯的劳动表现，即减刑亦是激励罪犯认识劳动意义的一方面，但这点还不够。还必须从罪犯劳动报酬方面分析罪犯的劳动激励待遇。

在罪犯劳动报酬的处理上，还可以尝试以下方式：一是分开处理罪犯亲友给罪犯提供的资金与罪犯自己通过劳动所得的报酬。为进一步让罪犯明确亲手劳动的意义，宜限制亲友提供的资金的使用。二是确定报酬额度、分配方式及发放形式。这一方面，在我国台湾地区，罪犯劳动的报酬设置原则是："①待遇应至少足以激发成就动机，以维持正常的生产水准；②金额应依据作业的绩效而定；③最低薪资应至少在机构之起码的'社会福利水准'以上，以确保正常的工作力；④获取之薪应足以有利存款，以作为将来社会复归之用；⑤薪资的发放应兼顾机构及政治之实际状况。"以上几点值得我们借鉴与学习。参考值：同业工人工资的1/2～2/3。分配方式方面，应该从罚金、生活支配费用、刑释安置金、各类保险金这四方面按恰当的比例进行分配。发放形式方面，鉴于我国监狱的实际，宜以监狱代为管理执行。

罪犯劳动报酬还必须兼顾罪犯的劳动态度，考虑罪犯减刑的尺度，采取合理的劳动报酬进一步促进罪犯对劳动的认识，刑释后更好地融入社会。

4. "保障性退休"，矫正作用的延续。罪犯的刑释，犹如罪犯的"退休"，特别是长刑犯。服刑几年、十几年，若没有亲友的帮助，将变成一个几乎"一无所有"的公民，明显不利于其回归社会。但是，如果实行以上的劳动待遇，罪犯回归时，将能获得刑释安置金并保留各类保险。这样，便有利于罪犯融入监外的社会。

为了提高罪犯刑释后就业的机会，监狱还可以成立专门的罪犯就业指导中心，中心的主要任务就是通过建设、完善保障罪犯刑释后就业的有关制度，保障就业指导中心的有效运作，争取更多的罪犯能顺利就业。监狱可以从建立内部的"分析制度"、针对企业的"通报制度"和"招聘会制度"以及安置办的"联席会议制度"为内容的"四项制度"，根据社会和企业的动态，及时掌握培训的针对性，通过与安置点企业的联系，打消企业对招聘刑释人员的顾虑，进一步解决"浪子"们回归社会后的就业问题。

（三）进一步加强监狱民警队伍建设，建立高效项目管理团队

1. 有一个团结协作的领导班子，能做到政令畅通，管理上真正做到一级抓一级。

2. 有一支吃苦耐劳、勇于奉献的民警队伍，民警队伍有一股勇于创业的精神。

3. 有较为规范、较为完善的政工、生产、改造方面的管理制度，并能保障制度执行力的到位。

4. 能够充分利用经济杠杆的作用来调动民警职工的工作积极性。

5. 内部做大、做强的同时，善于抓住市场信息，扩大接单面，发展规模效应，形成一个比较好的良性循环。

一、罪犯劳动项目选择实训范例

浙江省 R 监狱因生产结构调整需要，将选择罪犯劳动项目。目前，项目主要是服装加工。

（一）项目综述

1. R 监狱企业简介。R 监狱企业是一家传统金属工具生产单位，其产品品牌在国内具有较大影响力，是五金行业协会中的龙头企业。企业干工及从业人员达××人，固定资产×亿元。企业下属××个生产工厂，×个营销公司，并具有独立的技术开发、计量检测、质量控制中心和物业管理中心，还有建筑公司，是比较典型的"大而全"的旧式国有企业。因为企业工人老化、监狱不允许工人与罪犯混岗等原因，企业内退人员达××人，管理成本逐年上升。为此，随着监狱体制改革的推进，R 监狱企业的产业结构也随之调整，目前从业人员中，已有 1/3 从事服装加工，年加工产值达××万元，人均产值×万元。

2. 项目背景。21 世纪以来，监狱的押犯结构日趋复杂，监管安全压力增大，随着国家对监狱职能的归复，五金工具对监管安全冲击力度日趋加大。因此，监狱根据上级决策要求，逐年退出工具生产，并选择新项目，以谋求企业的持续发展。

3. 项目概况。监狱毗邻某经济区为轻纺市场，在国内外具有较大影响；另一个毗邻区为服装市场，依托于该市场的×××服装有限公司，年产服装产值×亿元，为扩大再生产，带动企业发展，急需服装加工合作单位。

项目建设周期要求 6 个月，成熟设备生产线由该公司提供，采用来料加工方式，监狱要求提供生产场所与人员，并按订单组织生产。引进生产线××条，从业人员×××名，年产值意向为×××万元。

（二）项目评估报告

1. 评估过程简介。监狱采集×××服装有限公司服装加工项目信息后，××××年×月×日组成以生产科为牵头科室的项目评估小组，组长：×××，成员：×××、

××、×××、×××，并进行了现场访问，根据浙×（企）字第××号《×××关于罪犯劳动项目选择评估标准》，经充分协商、讨论和独立打分，现已评估完毕。

2. 评估总结。

（1）项目评估组认为，该项目总得分×××分，无否定性指标，符合监狱企业项目选择标准要求，建议予以选择。

（2）评估组对本项目的总结性意见如下：该项目与当前监狱在×监区生产的服装加工属同等生产性质，具有成熟技术优势，其规模为生产线××条，从业人员×××名，年产值意向为×××万元。项目选择可以进一步剥离原五金工具生产的从业人员，压缩五金工具生产规模，达到逐步调整生产结构的目的。由于市场依托牢固，项目选择具前瞻意义。根据当前监狱厂区的实际情况，项目选择后的主要困难在于厂房调整、工具生产压缩后的效益转换测算对企业所带来的影响。项目评估组认为，项目选择的集中评价为良好。

（3）对照评估标准和子准则的描述。项目评估组成员根据牵头科室生产科的任务布置，现经各评估人的项目独立评估，对照评估标准和子准则的要求进行描述，综合结果如下：

服装加工项目独立评估综合表

评估人独立评估：请评估申请项目，填写下表并送回生产科			
项目合作单位名称	×××服装有限公司		
项目名称	服装加工		
评估人	组长：×××　成员：×××、××、×××、×××		
评估牵头单位	生产科		
日期	××××年×月×日		
标准或子准则（分值范围）	优势或改进	现场访问的问题	注释与评论（分值）
标准1 符合监狱安全需要 （否决指标）	①服装生产现场组织方式符合监管视线畅通的要求；②设施、设备及工具可控性好；③原辅材料与成品不属于监狱规定的危禁物品；④项目符合环保及生产安全要求。	现场访问中要求无女性项目合作辅导人员。	无否决指标

续表

评估人独立评估：请评估申请项目，填写下表并送回生产科			
标准2 符合监狱矫正需要 （100分）	项目与罪犯劳动能力、罪犯刑期分类、罪犯分级处遇、罪犯考核奖惩的符合性标准相适应。分级处遇与劳动组织之间的关系需要进一步现场调研。		85分
标准3 符合罪犯习艺需要 （100分）	项目既能让罪犯直接操作，又能让罪犯提高生产技能空间；有利于对罪犯进行职业技术教育；项目具有社会区域倾向性，相对有利于罪犯刑释就业。		项目生产组织方式通过培训上岗，有利于罪犯的择业观培养。75分
子准则1 领导力评估 （100分）	监狱、监区二级领导能始终树立"安全第一，追求效益"的理念，重视上下联动与沟通，团队有较强的执行力，人、机、料、法、环、测等方面能得到协调管理。与客户及利益相关方能建立积极关系，信息交流畅通。		85分
子准则2 人员评估 （80分）	项目选择后具备有效的从业人员培训方法，能维持和发展从业人员的潜力。流水线组织能适应项目要求，并有利于生产考核，企业的质量管理制度完备，并具备优势，QC、双革四新具有传统，从业人员的学习制度化，各项生产、工艺、设备、工具、安全、计量等制度形成规范。		65分
子准则3 资源评估 （80分）	监狱企业的资金及土地、厂房、现有设备等有形资源，和信息、服务、知识产权等无形资源对项目支持、保证、利用等状态符合性良好。建议进一步改进现有厂房，将××车间与××车间进行调整。		60分

续表

	评估人独立评估：请评估申请项目，填写下表并送回生产科		
子准则 4 客户人员评估 （100 分）	×××服装有限公司的经营管理体系及人力资源的运作情况提供了项目的前提保障，项目的引进能带来先进的管理思想和管理方式，为提高罪犯教育、矫正和技术进步做好项目基础。	对×××服装有限公司的经营管理体系及人力资源的运作情况进行考察后作出的评估。	80 分
子准则 5 项目结果评估 （80 分）	本项目以来料加工订单生产方式合作，选择"两头在外"来料加工，客户的资信及人员符合性良好，客户继往业绩、合同履行加工资金支付信誉良好。	对×××服装有限公司的资信及人员进行深入的考察与评估。	65 分
子准则 6 其他利益相关方评估 （60 分）	项目合作环节其他利益相关方，包括监狱管理局××集团公司相关制度规定、×××服装有限公司的其他合作方等考察，其市场竞争力与合作信誉符合性良好。	对其他利益相关方进行必要的考察与评估。	45 分
综合得分			560 分

（4）服装加工项目评估分数表如下：

标准值 ＼ 评估人	×××	×××	××	×××	×××	得分
标准 1（否决指标）	无	无	无	无	无	无
标准 2（100 分）	××	××	××	××	××	×××
标准 3（100 分）	××	××	××	××	××	×××
子准则 1（100 分）	××	××	××	××	××	×××
子准则 2（80 分）	××	××	××	××	××	×××
子准则 3（80 分）	××	××	××	××	××	×××
子准则 4（100 分）	××	××	××	××	××	×××
子准则 5（80 分）	××	××	××	××	××	×××
子准则 6（60 分）	××	××	××	××	××	×××
总分：700	×××	×××	×××	×××	×××	2800
加权平均得分						560

二、讨论与思考

1. 罪犯劳动项目的选择必须体现改造的价值取向，其基本原则有哪些？

2. 简述罪犯劳动项目评估系统结构的子系统模块。

3. 罪犯劳动项目选择的一般程序是什么？

 学习项目二　罪犯劳动技能培训

学习目标与任务

● 了解罪犯劳动技能培训的基本原理，掌握制定培训大纲的一般方法。通过对以新入监罪犯培训为例的一般工作流程的学习，学会培训时间掌握、培训内容安排、习艺岗位匹配、培训目标实现等工作能力。

知识储备

一、基本原理

罪犯劳动技能培训是指监狱帮助罪犯提高本岗位所需的实际工作能力，使之胜任本岗位工作的一种有目的、有组织的培训活动。具体地说，就是在一定的政治、文化、技术、业务素质的基础上，按照岗位工作的要求，通过灵活多样的方式方法，有效地提高所有罪犯本岗位所需的实际工作能力和操作技能，从而提高工作劳动效率的一种活动。它一般包括岗前培训、转岗培训和在岗培训三种形式。

从岗位培训的要领中可以看出，罪犯劳动技能培训的目的，就是为了尽快地使罪犯适应监狱企业生产特点的需要，掌握劳动技能，具备胜任本岗位习艺的文化技术水平和能力，直接提高劳动生产率和工作效率。可见，岗位培训的目的，是岗位培训的本质特征的反映，也可以说是整个培训的出发点和归宿。为了实现目标，在制定岗位培训目的时，应考虑以下五个方面并提出相应的要求：

1. 岗位培训必须符合社会主义市场经济建设对劳动者的需要，符合从业人员岗位工作的要求，以及现有的培训条件。

2. 必须符合岗位培训的自身特点，而且是通过岗位培训所能实现的。

3. 岗位培训的目的必须能对整个培训过程起到"指针"作用，既具有鼓励性，又具有指导性。

4. 岗位培训的内容必须简明、具体且可以考核。

5. 能够形成目标体系。所谓目标体系，是由总体目的和具体目的的构成的。总体目的分解为具体目的，通过实现具体目的来实现总体目的。岗位培训的总体目的就是要有效地提高所有工作人员岗位所需要的实际工作能力，使之能够胜任本岗位工作，具体包括以下两个方面：①使从业人员爱干、会干、肯干并具备干好本岗位工作的能力；②帮助从业人员的骨干在本岗位上成才。

为了达到总体目的，工作中要抓住四个要点。①要提高的对象是所有从业人员；②培训的着眼点是满足岗位的实际需要；③培训重在实践能力；④培养出来的人符合社会主义市场经济建设的需要。对不同的岗位还应根据总体目的提出具体的目的。具体目的必须体现"岗位规范"和岗位工作发展的要求。不同岗位的培训目的，应该有所侧重，通常从以下四个方面和三个层次考虑。

（1）四个方面是：①帮助岗位从业人员正确认识本岗位工作的职责、意义、权利和要求，并能安心以至热爱本岗位工作，明确本岗位工作，争取岗位成才的决心；②帮助岗位从业人员树立正确的职业观念，使其了解和遵守职业道德、劳动纪律和有关法律法规，并能用以指导自己的行为；③帮助岗位从业人员掌握必备的专业技术知识和实际工作能力，使之知道干什么、怎样干；④帮助从业人员树立自我提高的信心，掌握自学的方法，养成自学的习惯，自觉地按照岗位工作的要求去学习、提高。

（2）三个层次是：①帮助从业人员取得上岗资格；②使其能熟练地进行岗位工作，适应岗位工作发展的要求；③使其能成为本岗位的能工巧匠、多面手和"尖子"人才，具有开拓性、创造性，做出重要贡献。

实践证明，教育和培训的目的明确，才能找到行动的最佳路线，尽快达到目的；目标不明，就可能走弯路，甚至走错路。

罪犯劳动技能培训的办法是根据监狱企业罪犯劳动技能培训的各项基本要素，制订培训计划，采取岗前三级培训（指监狱、监区、分监区三级）、现场培训、特种工种、技术等级考试考核培训、技术讲座、技术操作竞赛等形式对罪犯进行培养和训练；有计划地组织罪犯参加与监狱企业生产特点相适应的自学考试，也是监狱对罪犯劳动技能培训的一个重要方面。

新入监罪犯岗前三级教育培训是罪犯劳动技能培训的重要方式之一，它基本涵盖了罪犯劳动技能培训的各个要素。岗前培训一般分三个阶段：①入监时接受监狱企业劳动项目的技术理论培训和安全生产教育；②分配到各监区后进行的技术操作实践培训和安全生产教育；③安置劳动岗位后的"传、帮、带"。

二、新入监罪犯岗位培训工作流程

（一）安置习艺劳动岗位

新入监罪犯一般需要接受为期3个月的入监教育，除了进行认罪服法、监规纪律、队列生活训练外，还必须对罪犯进行监狱企业生产项目、特点、主要工艺、安全生产等基本知识的理论教育。罪犯分配后，一般以监区为单位，根据监区劳动项目的复杂程度，确定培训时间，一般为2~3个月，根据本监区生产项目的需要，对罪犯进行技术操作的实践培训和本监区特点要求的安全生产教育。同时，分监区必须为其确立主管民警，开展个别谈话教育，全面了解罪犯的思想、道德、身心健康状况、性格特征、文化程度和个人特长等，必要时，必须对新犯进行危险性评估，从而为新犯岗位的安排提供选择性的参考，并以此为基础，确立罪犯的劳动能力和所适宜的岗位。

新收押的罪犯，经过一段时间的入监教育分配到分监区后，分监区应给他们安置习艺劳动岗位。

习艺劳动岗位的安置，应根据习艺劳动任务、习艺劳动强度以及罪犯的个人素质（包括性格、体能、文化素质、能力倾向、特长、其危险性等级等）进行，确保罪犯的劳动与个人综合能力相适应，做到人尽其才，物尽其用。例如，女犯、未成年罪犯，适合强度比较低的习艺劳动岗位；身体素质好，文化程度较高的罪犯，适合强度较大、技术含量较高的习艺劳动岗位；以及危险度等级与监管安全要求的适应性等。

习艺劳动岗位确定后，再把他们编入相应的班组。

（二）上岗培训

习艺劳动岗位安置后，在罪犯上岗前必须进行岗位前培训，目的是使他们尽快适应并掌握岗位技能。一般来说，岗位培训的内容应该包括以下三个方面：①岗位工作的意义、职责、权利和要求；②职业道德、职业安全、习艺纪律和有关方针、政策、法律；③必备的专业知识、基本技能和自学方法，包括基本生产工艺、设备使用、维修、保养和消防设施的使用等。特殊工种和机械设备操作须持证上岗。

岗前培训的任务，应以实际操作为主：①学会操作技能；②掌握操作程序；③懂得安全生产知识；④明确习艺劳动对产品质量的要求。

岗前培训的方法：①师傅带徒弟法。即由懂技术的民警或职工直接教罪犯进行操作与练习；或者由懂技术的骨干罪犯或班组长在民警的指导下教他们进行操作与练习。②集中培训法。即在罪犯上岗前，由懂技术的民警对他们进行理论讲授，教他们实践操作。必要时，可聘请合作方工厂、企业的技术师傅或技校老师对他们进行指导。

岗位培训结束后，应进行考核，合格者由当地的培训中心颁发上岗合格证。在罪犯未掌握或熟练岗位技能前，应当禁止罪犯单独上岗或独立操作。

 训练情境

一、操作要领

针对当前罪犯刑期、犯罪性质等特点，应制订周密详尽的培训计划。从罪犯进入分监区开始，分阶段组织罪犯进行培训，在规定的培训期内，让罪犯有一个熟练的过程。同时，针对罪犯的文化水平和个体素质等差异，在培训方法上体现层次性，以满足不同层次罪犯的需要，杜绝"一锅煮"的培训做法。

（一）做好计划组织

一般来说，罪犯岗位培训遵循下述流程：理论培训→实际操作培训→综合考核→上岗作业→跟踪指导。为了顺利实施培训计划，应责任到人，实施前要进行点名教育，向新犯及相关培训罪犯说明明确要求和期望。

做好周密的罪犯培训计划并形成书面文件，明确培训的时间和内容、相关负责人、培训方法、培训资料、考核方法、上岗标准。

（二）理论和实际操作相结合

新入监罪犯培训的内容一般包括：全面质量管理知识（ISO9001质量体系基本知识）、安全知识及训练、操作指导、量具使用、物料分类标志、设备操作、设备点检（部位和方法）、常见故障排除等。

由于内容较多，所以要有计划、有步骤、有顺序地进行，除了安排上岗试做，一般还要利用罪犯的教育时间安排脱岗专题培训，理论和实际操作相结合，使罪犯达到与岗位相适应的应知、应会。

（三）进行书面和实际操作考核

岗位培训期间要对新编队罪犯的表现进行评价，并书面化、公开化，培训后要组织必要的书面考试和实际操作考核，考试成绩透明化，考试后要进行有针对性的辅导，该"回炉"的要"回炉"。

（四）利用"传、帮、带"培训新罪犯

为了提高新编队罪犯的培训效果，要调动各种力量，尤其是发挥熟练罪犯"传、帮、带"的作用，建立完善的"传、帮、带"责任制，在重点保证安全的基础上，使新编队罪犯尽快掌握岗位作业技能，达到独立上岗的目标。从而使新编队罪犯尽快适应环境，融入班组。

为了提高罪犯的积极性，确保"传、帮、带"的效果，可以将新编队罪犯习艺表现、培训考试、业绩考核和负责"传、帮、带"的罪犯捆绑在一起，同奖同罚、荣辱与共。对"传、帮、带"成绩出色、方法独到的罪犯，要给予适当的奖励，体现责权利对等原则。

二、问题协调

1. 要保证罪犯在入监分监区进行岗前培训的时间。新入监罪犯岗前培训的部分内容是在入监分监区完成的，在进行政策法规、行为规范、内务卫生教育和队列、内务训练的同时，要做好岗前培训，并协调好与罪犯入监教育的其他内容的关系，为下一步到分监区进行岗前技术培训打好基础。

2. 要创新岗前培训方式。要打破以往概而统之的教育培训方式，在注重实效上下功夫。①拓宽培训范围，一些自身个人素质较高的、平时表现较好的罪犯可以作为班组长后备人选参加培训，为下一步班组长竞争上岗做好充分准备。②丰富培训内容，在岗前培训中注重加强监规纪律教育，通过明确班组长的职责任务，针对不同主题开展讨论等形式，提高履职认识，交流履职过程中的难题，共同探讨进一步加强班组建设的新方法、新思路。

三、实训规程

在岗前培训教育中，要根据本监狱的习艺劳动项目特点，采取请合作方技术人员授课和本监狱老师讲课相结合的方法，对罪犯进行相关生产项目理论方面的培训，让他们一入监就接受规范化、标准化的技术培训，这种培训方法要求：①监狱生产项目的针对性强。②职业技术培训要做到有计划性、系统性、全面性，缩短罪犯习艺滤期。③在全封闭的入监分监区学习技术理论，有效地克服罪犯下队后才学习劳动技术的缺陷。

根据生产项目的需要，对关键生产环节有针对性地培养技术骨干，在罪犯中做好生产技术的"传、帮、带"工作。在缝纫加工、羊毛衫制作等习艺劳动中，在综合分析的基础上，把那些表现好、文化程度高、悟性较强的罪犯作为技术骨干进行培养，有针对性、有目的地给他们"开小灶"，让他们在短时间内成为熟练技术工，然后由他们辅导解决其他罪犯在习艺劳动中遇到的技术问题，使熟练掌握缝纫加工、羊毛衫技术由原来的半个月缩短到 5~7 天，真正做到快、省、优、传、帮、带，建立良好的习艺劳动风气。

通过职业技术培训，优化劳动力资源，做到人尽其用。在监狱生产的实践中，最重要的就是如何管理好、使用好罪犯。要根据罪犯的现实表现、文化素质、悟性程度、身体条件等综合情况，结合生产项目的技术含量、工艺要求、操作规程等综合情况，在习艺劳动的实践中，贯彻人性化管理，做到人尽其才、人尽其用。

一、某监狱罪犯劳动岗位培训教材内容

第一章：岗位培训基础知识。包括岗位培训的概念、目的和意义，岗位培训

的内容和要求。

第二章：安全管理基础知识。包括安全生产的定义和意义、安全生产的方针和任务、安全生产教育、监狱安全生产管理及事故危害、原因和责任分析及防范措施。

第三章：设备和工具的保养、检修、安全管理以及安全用电。包括识图知识及简单零件剖视、剖面的表达方法，设备管理、设备检修与安全、安全用电与节能。

第四章：质量管理基础知识。包括质量概述、全面质量管理、质量改进、现场质量管理、质量管理小组及统计技术与方法的应用。

第五章：锻压及岗位操作。包括锻造生产基础知识、扳手锻造各工序工步及要求，锻件常见疵病及其防止方法，锻造设备及其安全生产技术。

第六章：金工车间岗位操作规范。包括铣工的基础知识、金属加工及其设备、机床的合理使用与维护保养、扳手金加工各工序操作规范、文明生产与安全技术。

第七章：两用扳手生产工序及主要工艺。包括锻造基本工序及其工艺、两用扳手各工序工步及要求、车间设备及其安全。

第八章：抛光操作工岗位规范。包括正确使用砂轮机，抛光工粗、精镶工岗位规范，文明生产与安全技术。

第九章：热处理岗位操作。包括热处理概述、各工序及其工艺要求、热处理主要工序的安全技术，主要热处理设备的安全技术。

第十章：电镀工艺及其岗位规范。包括电镀基本知识、活络扳手电镀生产工艺、环型线电镀生产介绍、主要电镀设备及安全技术。

第十一章：修造车间岗位操作。包括修造车间的一些大型设备介绍，车间内主要机械设备的安全操作规程、机加工作业规则、文明生产要求。

第十二章：服装加工工艺基础知识。包括服装的概念及材料基础知识，服装裁剪基础知识，服装缝制工艺基础知识及服装质量标准，服装加工常用设备的使用和保养。

第十三章：建筑工程安全。包括建筑工程安全概论，脚手架和施工设施安全，建筑机械。

二、讨论与思考

1. 在制定罪犯劳动岗位培训目的时，应考虑哪些相应的要求？

2. 简述新入监罪犯岗位培训的一般操作要领。

学习项目三　罪犯劳动定员、定岗、定额

学习目标与任务

● 了解罪犯劳动定员、定岗、定额的基本原理，重点掌握罪犯劳动定额的一般方法，通过对定额形式、定额制定原则、定额作用等的学习，学会罪犯劳动的"三定"能力。

知识储备

罪犯劳动的定员、定岗、定额是监狱在有关生产组织过程中，罪犯作为劳动主体与工作地、生产指标的"三结合"。由于我国法律规定了有劳动能力的罪犯应当参加劳动，因此，从某种角度上讲，监狱对罪犯劳动的定员与定岗存在一定程度的因人设岗现象。这与现代企业因岗设人的要求是具有较大差别的。但监狱企业也要讲效益，按照一般生产规律的要求，研究定额是前提，它可以使劳动者与设备、生产原辅材料等进行结合，从而产生定岗与定员问题。

罪犯劳动定额具有与一般生产单位不同的特点：①具有执法性，即必须与罪犯的劳动能力相适应，同时，还必须让具有劳动能力的罪犯参加劳动，即要有相适应的岗位；②具有矫正性，劳动作为教育矫正罪犯的手段，监狱在对罪犯进行劳动定额时必须进行相应的考虑；③需要体现公平性，一方面要保护罪犯合法权益，另一方面，要规范罪犯劳动定额管理，以合理的劳动定额来考核罪犯的劳动。同时，制定劳动定额要以生产产品的难易为依据，以生产计划为基础，按一定的科学程序——综合平衡法——确定各项生产计划指标；再根据生产的产品和生产规程，按设备定员，用分析核算法定额。对罪犯生产工种的分配和劳动定额的确定要科学合理，应当根据他们的性别、年龄、体力、技术条件，按略低于社会同行业的定额标准适当确定，并注意发挥他们的特长，让他们有产可超，然后适度奖励，刺激他们习艺劳动的积极性。

一、劳动定额的定义

劳动定额，是指在一定的生产技术和组织条件下，为生产一定数量的产品或完成一定量的工作所规定的劳动消耗量的标准。劳动定额是组织罪犯进行生产的客观要求。在监狱企业里，罪犯劳动一般只从事某一工序的工作，企业内部的这种分工是以协作为条件的，要使这种分工在空间和时间上紧密地协调起来，就必须以工序为对象，规定在一定的时间内应该提供一定数量的产品，或者规定生产一定产品所消耗的时间。否则，生产的节奏性就会遭到破坏，造成生产过程的混乱。

罪犯的劳动定额，是指在一定的生产技术和劳动组织条件下，预先规定罪犯必要的劳动消耗标准，完成一定的产品量或工作量。

二、劳动定额的基本形式

劳动定额的基本形式有两种：

1. 时间定额。指在技术条件正常、生产工具使用合理和劳动组织正确的条件下，罪犯为生产合格产品所消耗的劳动时间。

时间定额＝耗用时间数量/完成合格产品的数量。时间定额的单位：工日单位/产品单位。

2. 产量定额。指在技术条件正常、生产工具使用合理和劳动组织正确的条件下，罪犯在单位时间内完成的合格产品的数量。

产量定额＝完成合格产品的数量/耗用时间数量。产量定额的单位：产品单位/工日单位。

时间定额和产量定额两者互为倒数关系。另外，还有看管定额，又称"操作定额"，是指一个罪犯或一个班组同时能看管机器设备的台数，或看管机器设备上操作岗位的数量。看管定额是一种特殊形式的产量定额，其基本原理是多机床管理，就是罪犯利用某一台机器设备的机动时间（如机床的自动走刀时间）去完成另一台或多台设备上手动时间的工作。机器设备的机动时间越长，工作手动操作时间越短，罪犯能够看管的设备台数就越多。因此，制定看管定额的前提条件是，每台设备的机动时间必须大于或等于罪犯看管其他设备所需手动时间的总和。

企业采用什么形式的劳动定额，要根据生产类型和生产组织的需要而定。产量定额主要适用于产品品种少的大量生产类型企业；看管定额一般由纺织企业采用。

三、劳动定额的制定原则

1. 劳动定额制定应根据现有的生产设施、技术条件和罪犯的劳动时间、熟练水平等客观实际，保持其科学性，合理性。

2. 劳动定额的确定要确保在规定时间内，大多数罪犯均能完成或超额完成，严禁出现"超时、超体力"才能完成的高定额现象。

3. 应根据罪犯的性别、年龄、体质强弱、文化程度、技术水平以及将来刑释后就业的可能趋向等不同情况，适当地安排不同工种的劳动，制定合理的劳动定额。

四、劳动定额的作用

劳动定额是监狱企业管理的一项重要的基础性工作。在监狱企业的各种技术

经济定额中，劳动定额占有重要地位。正确地制定和贯彻劳动定额，对推动企业的生产发展具有多方面的重要作用。

1. 劳动定额是监狱企业编制计划的基础，是科学组织罪犯进行生产劳动的依据。企业计划的许多指标，都同劳动定额有着密切的联系。例如，在制定生产计划时，必须应用工台时定额，以便把生产任务、设备生产能力、各工种劳动力加以平衡；在制订劳动计划时，要首先确定各类人员的定员、定额；在生产作业计划中，劳动定额是安排罪犯个人、班组以及车间生产进度，组织各生产环节之间的衔接平衡，制定"期""量"标准的极为重要的依据；在生产调度和检查计划执行情况的过程中，同样离不开劳动定额。在科学的组织生产中，劳动定额是组织各种相互联系的工作在时间配合上和空间衔接上的工具。只有依据先进合理的劳动定额，监狱企业才能合理地配备劳动力，保持生产均衡、协调地进行。

2. 劳动定额是挖掘生产潜力、提高劳动生产率的重要手段。劳动定额是在总结先进技术操作经验的基础上制定的，同时，它又是大多数罪犯经过努力可以达到的。因此，通过劳动定额，既便于推广生产经验，促进技术革新，巩固革新成果，又能促进一般的和后进的罪犯提高劳动技能水平。先进合理的劳动定额，可以调动广大罪犯的劳动积极性，充分挖掘其自身潜力，不断提高劳动生产率。

3. 劳动定额是监狱企业经济核算的主要基础资料。经济核算是企业管理中的一项重要的工作，它是实现勤俭办企业和加强企业经营管理的重要手段。每个企业都要对各项技术经济指标严格地实行预算。企业的经济核算，一方面要求生产更多更好的产品，以获得较好的效益；另一方面还要尽量节约生产中的活劳动和物化劳动的消耗，严格核算生产的消耗与成果，不断提高劳动生产率，降低成本，为企业提供积累。定额是制定计划成本的依据，是控制成本的标准。没有先进合理的劳动定额，就无从核算和比较。所以，劳动定额是企业实行经济核算、降低成本、增强积累的主要依据之一。

4. 劳动定额是衡量罪犯劳动表现、合理进行奖惩的重要依据。监狱必须把罪犯的劳动态度作为评定奖励的依据，做到多劳多得、少劳少得、不劳不得。劳动定额是计算罪犯劳动量的标准。无论是实行计时奖励制度，还是计件奖励制度，劳动定额都是考核罪犯技术高低、贡献大小、评定劳动态度的重要标准之一。没有劳动定额，就难以衡量劳动业绩，难以进行合理的分配。

 训练情境

一、工作流程

（一）确定领导机构与职责

1. 劳动定额管理实行监狱、监区两级管理。

2. 监狱生产科或企业管理办公室负责全监罪犯劳动定额管理工作，主要职责是定期检查监督各监区劳动定额的执行情况。

3. 监区成立劳动定额考核小组，负责监区、分监区的劳动定额管理工作。劳动定额考核小组由监区主要领导担任组长，由监区分管生产、管教领导担任副组长，成员由监区财务、统计、内勤、分监区领导等人员组成，主要职责是执行本单位有关劳动定额管理制度，制定、修订产品及辅助生产劳动定额，并及时记录，建立台账。

（二）制定劳动定额的要求和方法

1. 制定劳动定额的要求。制定劳动定额，总的要求是"全、快、准"。"全"是指工作范围的要求，凡是需要和可能制定定额的工作都要定额。"快"是指时间上的要求，就是要简便、工作量小，能迅速制定出定额，及时满足生产需要。"准"是指质量上的要求，即定额水平要先进合理。如果定额水平不先进合理，即使制定定额很全很快，也不会发挥定额的积极作用。

所谓先进合理，就是制定的定额要在已经达到的实际水平基础上有所提高，在正常生产条件下，经过一定时期的努力，大多数罪犯可以达到，部分先进的罪犯可以超过，少数后进罪犯也能够接近以至达到的水平。这样的定额才能保证劳动生产率的提高。制定定额的水平过高或过低都是不对的。为了保证定额水平能够先进合理，在制定定额时，必须符合三条要求：

（1）确定一个产品或者一项工作的工作消耗，必须要有科学依据。科学依据是指设计文件、工艺文件、质量标准、过去定额完成情况的统计资料，以及同行业同工种在条件相似情况下的定额资料等。

（2）要总结和推广节约劳动的先进经验，挖掘提高劳动生产率的潜力，保证定额水平的先进性。

（3）要保证相同工作定额的统一和不同工作（包括不同生产单位、不同工种、不同产品）定额水平的平衡。

在制定定额时，"全、快、准"应全面要求，但在实际工作中往往有困难。因此，要根据不同情况采用不同的制定定额方法。

2. 制定劳动定额的方法。

（1）经验估工法：由管理人员、技术指导和技术操作人员结合以往生产实践经验，依据图纸、工艺装备或产品实物进行分析，并考虑所使用的设备、工具、工艺装备、原材料及其他生产技术和组织管理条件，直接估算定额的一种方法。这种方法确定劳动定额快、使用灵活、简便易行、工作量小、也便于修改。在实际生产中，一般在单件小批生产中以及在安排新产品试制或临时性生产任务时使用。

（2）统计分析法：这种方法是根据过去同类产品或类似零件、工序的工时统计资料，在分析当前组织技术和生产条件的变化的基础上来制定定额的方法。这种方法简单易行、工作量小，以比较大量的经济资料为依据，比经验估工法更能反映实际情况。凡是在生产条件比较正常、产品比较固定、品种比较少、原始记录和统计工作又比较健全的情况下，一般都可以用这种方法。

（3）类推比较法：以现有产品定额为基础，通过对类似产品或工序进行分析比较，采用类推方法确定出新的同类产品或工序的劳动定额。这种方法以生产同类型产品或完成同类型工序的定额为依据，经过对比分析、推算同系列产品或工序的劳动定额，具有明显的可比性。如果缺乏可比性，就不能采用类推比较法来制定定额。类推比较法含有经验估工法的成分，因为对比分析时，会含有凭主观经验估计和推算的成分。

（4）工艺测算法：以工艺图纸和设备的操作速度为基础，确定各工序、部件的作业时间，换算成劳动定额。

二、操作要领

（一）劳动定额制定的步骤

1. 根据样品或工艺单，由技术人员和试样人员一起测定产品定额，上报监区定额考评小组审定。

2. 定额考评小组根据上报的产品定额，组织小组成员进行理论评审和实践（试生产）评审，确定产品定额。

3. 产品定额确定后，予以公示，集中统一记录，并建立规范台账，统一保存。

（二）劳动定额的执行

劳动定额制定以后，必须组织劳动定额的贯彻执行。贯彻执行劳动定额要加强思想政治工作，要发挥骨干罪犯在定额管理工作中的模范带头作用；要加强定额考核分析工作，随时掌握罪犯达额情况和存在的问题，及时研究解决；要切实贯彻执行各种重要的技术组织实施，及时地鉴定、总结和推广合理化建议；还要把发动罪犯开展劳动竞赛密切结合起来；企业专业管理人员要深入现场调查研究，帮助罪犯达额，保证定额的全面贯彻执行。

为了保证劳动定额的贯彻执行和，并制定、修改定额提供可靠的资料依据，分监区必须加强对定额完成情况的统计、检查和分析工作。

1. 要健全工时消耗的原始记录，分析工时原始记录的准确性。

2. 分析研究工时的利用情况。分监区工时利用情况，主要通过罪犯出工率及工时利用率两个指标来反映。工时利用的变化，影响着劳动生产率的高低。分析工时利用的目的，主要是总结工时浪费的原因，采取措施加以克服，以增加生产时间，缩短停工时间，增加有效工时，减少无效工时。

3. 分析工时定额的完成情况。从分析完成定额的情况着手，总结先进经验，找出影响定额贯彻执行的各种因素，以促进劳动生产率的提高，并进一步掌握工时消耗变动的规律，为制定和修改定额提供依据。

（三）劳动定额的考核与检查

1. 劳动定额管理作为民警执法工作的一部分，监区必须将民警分管的分监区或小组的劳动定额完成情况、台账资料管理等列入民警日常工作考核，加强管理和检查，提高劳动习艺管理的执法水平。

2. 劳动定额管理列入基层单位年度考核范围，加强对劳动定额的制定、修改、公示、考核、台账以及劳动定额水平等检查与考核，促进基层基础的规范化建设。

3. 根据罪犯劳动定额完成情况，对罪犯实施奖惩考核。

三、问题协调

（一）习艺劳动定额的修订

当现行定额在执行中发生下列情况，对劳动定额水平影响较大时，分监区应对现行定额提出修订要求：①产品结构改变；②原材料的材质、规格发生变化；③工艺规程变动和加工工艺方法改变；④设备和工艺装备变动；⑤生产劳动组织改变；⑥个别劳动定额与实际生产情况相差悬殊。

（二）习艺劳动定额的修订方法

1. 定期修正法。即以月、季或年度为期，对日常劳动中定额的准确性进行分析、考查，从统计的资料中和现实习艺劳动中寻找不足，予以修正。

2. 临时修正法。即根据分监区每个阶段的工作重点，对定额进行临时修正，以适应习艺劳动的需要。由于分监区罪犯经常发生变动，有新来的，有刑释需顶替的，对这些人应施行临时性定额，并随他们习艺劳动技能的提高而进行相应的调整。

一、实训规程

1. 以独立工序划分的习艺劳动项目的定额确定。有的习艺劳动项目划分为几个工序，每个工序相对独立，每道工序的定额要具体确定。例如，某监狱第七监区以服装加工为习艺劳动项目，其中，五分监区负责服装生产前道生产工序，即裁剪生产。该分监区该如何确定裁剪生产定额？

先对产品进行打样。一般服装裁剪生产都设有一个打样间，接到客户的订单后，先对产品进行打样，即叫一名熟练工人（或熟练罪犯）对产品进行试裁并计时，确定完成一件产品的时间，再按每天工作时间确定产品的定额。确定产品定额时，还可以根据经验估算法，对打样时间进行上下浮动，再确定该产品的具体定额。

2. 以流水线形式生产的习艺劳动项目定额的确定。例如服装加工，通过流水线形式组织生产。每个流水点定额的确定，通常采用工艺测算法。以一个能熟练操作设备的罪犯来操作该流水点的部件，民警在旁计时，再按工作时间确定定额。

二、讨论与思考

1. 罪犯劳动定额的基本特点及其制定定额的原则是什么？

2. 简述罪犯劳动定额的基本形式与制定方法。

3. 简述习艺劳动定额的修订与修正。

学习单元八 罪犯劳动现场管理

学习目标与任务

● 了解罪犯劳动现场管理的基本知识，能根据相关的知识和要求组织罪犯进行劳动，并进行有效的管理。

知识储备

一、罪犯劳动现场管理的内容和原则

罪犯劳动现场管理，是指监狱根据国家的法律法规，对罪犯劳动现场的具体监管、组织过程。即对罪犯劳动的整个过程和环节进行有效的组织、部署、协调、监督和控制，罪犯劳动现场管理除具有管理的基本职能外，还具有法律强制性。罪犯劳动现场管理要体现以下原则：

（一）安全第一

监狱生产是监狱执行刑罚的重要手段之一，"惩罚和改造相结合，以改造人为宗旨"是监狱工作的基本方针，因此，确保一个安全稳定、秩序良好的劳动现场，是劳动现场管理的基本任务，是监狱各项制度落实和贯彻的前提。罪犯的劳动现场管理应确保罪犯在劳动现场严格遵守国家的法律法规和劳动场所的纪律，不发生逃跑、斗殴、自杀等各类影响场所改造秩序和人身安全的案件；确保罪犯严格遵守劳动纪律和生产流程等操作规程，不发生因公伤亡事故；确保不发生重大的火灾事故和群死群伤等重大案件。

（二）教育为本

罪犯劳动的最终目的是让罪犯接受劳动思想教育，培养正确的劳动观，使其在劳动中掌握一定的技能，为回归社会、重新就业创造条件。追求经济效益虽然也是监狱机关所极力希望达到的，但它不是罪犯劳动的根本目的。罪犯劳动的根本目的是教育矫治罪犯，因此，罪犯劳动现场应以教育为本，辅以效益。

（三）预防为主

罪犯劳动现场管理是动态的、全面的、全方位的，是一种以预防为主的现场管理活动，通过各级责任民警对生产现场进行经常性的检查，能有效地消除生产现场的各种不良现象，促使罪犯在劳动现场自觉地做好行为规范的自查、自纠工作，从而降低管理成本，提高管理效率。

（四）民警直接管理

罪犯的劳动具有法律强制性。因此，罪犯劳动现场管理必须坚持民警直接管理原则，从而确保罪犯劳动改造的顺利进行。

二、罪犯劳动现场管理的任务

1. 维护监狱的持续稳定和安全。无论是监管事故，还是生产事故，都与罪犯劳动现场管理有着密切的联系。有的事故直接发生在罪犯劳动现场，究其原因，主要是现场管理不到位，对罪犯直接掌控不力。有的虽然不是直接发生在罪犯劳动现场，但用于作案的工具、凶器等大多来源于罪犯劳动现场。因此，强化罪犯劳动现场管理，尤其是强化对生产工具、生产设施设备和物资的管理，有利于警察和罪犯人身安全的保护，有利于监狱的安全稳定。

2. 培养罪犯良好的劳动习惯，提高改造质量。通过运用一定的现场管理手段和方法，强化罪犯劳动现场的管理，逐步培养罪犯的效率、效益意识，加强罪犯的劳动光荣感。从而让罪犯懂得只有通过劳动才能创造财富、创造价值的道理，学会尊重劳动、热爱劳动，并养成良好的劳动习惯。

3. 创造积极向上、充满生机和活力的改造氛围。良好的工作环境能激发人的工作激情，有利于挖掘人的工作潜力，从而能达到事半功倍的效果。同样，整齐、布局合理、优美的车间环境对激发罪犯积极改造、早日走向新生能起到一定的助推作用。

4. 按照既定的规章制度、操作流程来组织生产。用科学的方法组织生产，使罪犯科学劳动，提高罪犯的劳动效率，在完成生产任务的同时，减少监狱通过延长罪犯劳动时间提高劳动强度的可能性。

三、罪犯劳动现场管理技术

（一）罪犯劳动现场作业和质量管理

罪犯劳动现场作业和质量管理，就是要根据罪犯劳动现场安全管理的要求，采取科学、有效的手段，对罪犯劳动过程中影响作业和质量的诸因素进行控制，科学调整工序，制定作业标准，理顺劳动过程中人、事、物的关系，形成科学、规范、顺畅的生产流程，提升安全管理水平，提高工作效率。

罪犯劳动现场作业和质量管理包括：对劳动现场人员的管理以及对现场设备和设施的管理。

（二）罪犯劳动现场的定置管理

定置管理是对物的特定管理，是其他各项专业管理在劳动现场的综合运用和补充。定置管理就是要正确处理劳动现场中人（民警、罪犯以及现场的其他人员）、物、场所三者之间的结合关系。

1. 人与物的结合状态。可分为 A、B、C 三种状态：A 状态是现场的工具和物品，摆放地点合理且固定，需要时能立即拿到；B 状态是所需物品需要一定时间的寻找才能使用；C 状态是物与现场生产活动无关，也可说是多余物。定置管理的任务就是消除 C 状态，不断改进和分析 B 状态，永远保持 A 状态。

2. 场所与物的结合状态。可分为 A、B、C 三种状态：A 状态是良好状态，即场所具有良好的工作环境、作业面积、通风设施、恒温设施，并且光照、噪音、粉尘等符合人的生理状况与生产需要，整个场所达到安全生产的要求。B 状态是改善状态，即场所需要不断改善工作环境，场所的布局不尽合理，或只满足人的生理要求，或只满足生产要求，或两者都未能完全满足。C 状态是需要彻底改造状态，即场所需要彻底改造，场所既不能满足生产要求、安全要求，又不能满足人的生理要求。

3. 人、物、场所与信息的关系。劳动现场中，人与物的有效结合，大部分需要借助于信息媒介物的指引、控制与确认。因此，信息媒介物的准确可靠程度直接影响人、物、场所的有效结合，如位置台账、平面布置图以及场所标志、物品名称（代号）等。

 学习项目一　罪犯出收工管理

罪犯劳动的出收工管理，是罪犯劳动管理的重要组成部分，主要是指监狱人民警察根据刑罚执行制度中对罪犯生活区与劳动区相分离的要求，组织实施罪犯从生活区到劳动区的过程管理。

一、罪犯出收工管理的要求

1. 根据上级有关制度要求，结合实际，制定监区（分监区）出收工工作方案。方案主要内容包括：目的、民警到岗时间、民警人数、民警站位要求、民警检查要求、罪犯站位固定、突发情况处置预案、责任后果等。

2. 确保监区（分监区）罪犯及时、安全到达劳动现场。根据司法部《监管改造环境规范》的规定，罪犯生产区应与罪犯生活区相分离。确保罪犯每天安全往返于生活区与劳动区之间，这不仅是劳动正常进行的前提，也是保证罪犯改造质量的一个重要环节，通过加强和规范罪犯劳动的出收工管理，有助于强化服刑人员日常规范的养成。

3. 确保监区（分监区）罪犯及时、安全返回罪犯生活区。根据刑罚执行管理的要求，不允许罪犯不经检查将不宜携带的物品带出生活区，也不允许不经检查将各种工具、危险品、违禁品带入生活区，通过对罪犯劳动出收工过程的严格管理，预防和消除各类安全隐患。

二、罪犯出工管理

1. 执勤（带班）民警按规定着装、警容严整。

2. 集合、点名、检查。由主值班民警负责，其他民警协助完成。主值班民警下达集合口令后，罪犯迅速按平时规定的队形在指定的位置集合。主值班民警按"立正→向右看齐→向前看→报数"的顺序进行清点。集合完毕后，由主值班民警再次与其他值勤民警仔细核对罪犯出工人数、着装、胸牌等情况，并就内务卫生、一日情况进行简单讲评，对罪犯随身携带的物品进行严格检查，强调出工队列纪律等。

3. 队列行进。由主值班民警佩戴执勤标志，携带执勤器具、执勤记录本等，成长方形队列，在其他民警的共同参与下，列队前往劳动现场。队伍在行进的过程中，执勤带队民警要按照队列要求，下达"一二一，一二三四"的口令，以确保出工队列的整齐划一。同时，也可以用大合唱的形式，活跃出工队伍的良好气氛。

队列行进过程中，执勤带队民警的正确位置如下图所示：

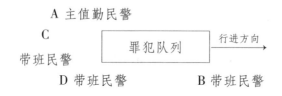

执勤带队民警位置图

4. 大门报数。队列出入大门，由执勤带队民警清点人数，向门卫值班民警报告，经签名登记允许后出入大门。

5. 任务布置。由监区主要领导或分管生产的领导对一天的生产任务进行布置或强调，特别是劳动安全、劳动纪律、劳动质量，应做到每日"必说"。

6. 有序到位。在值班民警带领下，罪犯进入劳动具体岗位，实施劳动。

三、罪犯收工管理

1. 集合、点名、检查。由主值班民警负责，其他民警协助完成。负责罪犯集合，仔细清点核对收工人数，检查劳动现场水、电、设备的维护情况，检查劳动工具的收缴情况、统一保管登记情况，特别是要严格检查每一个罪犯随身携带的物品，防止各类违禁品在收工时流入罪犯生活区域，同时，督促劳动车间门窗的上锁工作等。

2. 劳动小结。由监区领导或分管生产领导，对一天的劳动情况进行简要的讲评，指出存在的不足和应注意的问题。

3. 队列行进。与出工时的要求相同。

4. 大门报数。罪犯收工队列带至生活区大门时，主值班民警应在门卫值班民警的监督下，再次对收工队列进行点名报数，由门卫值班民警核对其与出工时人数是否一致，核对无误后，双方签名，然后由主值班民警带入生活区大门，直至带回监舍。

四、提高罪犯出收工管理成效的措施

罪犯劳动的出收工管理，不仅是罪犯劳动管理的重要组成部分，更是监狱安全防范的重要内容。因此，加强罪犯劳动出收工管理对于监狱机关发挥其职能的意义重大，必须高度重视，应当：①树立民警的管理意识；②加强民警的责任心教育，教育民警到岗尽职，防止因工作责任心不强而影响劳动现场的安全稳定，以及由此给集体和自己造成的不良后果；③提高民警的管理技能和效能；④进一步加强民警的警体技能训练，通过岗位练兵、岗位技能比赛等手段，不断提高民警的身体素质，以期在突发事件发生时能够以良好的身体素质处置；⑤加强对执勤（带班）民警的督查，监狱及上级有关部门要定期或不定期地开展对一线执勤（带班）民警的督查，检查民警是否严格执行有关制度，发现问题应及时指出并予以纠正；⑥加强民警出收工管理的制度建设和应急演练。目前，有些地方对于罪犯出收工管理的制度还不健全，主管部门应明确出收工管理的硬性规定，如罪犯出收工人数与执勤（带班）民警人数的比例、夜间加班时出收工的民警人数等。各监区和分监区还应根据自己的实际情况，细化罪犯出收工时的应急措施，并开展应急演练。

 拓展训练

一、训练与操作

1. 某监区服装加工车间，罪犯收工时，对水、电、设备进行了检查，由于当天停水，没有发现有些水龙头没有关闭，至晚上水溢车间时才发现。幸好没有造成重大的经济损失。

分析：忽视收工后的劳动现场管理。收工管理中，忽视水、电的检查，给监狱财产造成损失。应当由专人在收工时负责对车间的水、火、电进行检查，防止出现重大问题。

2. 江南某监狱二监区150余名服刑人员，在4名民警的带领下，由生活区前往劳动区劳动，当队伍经正常程序出生活区大门约30米时（见下图），服刑人员陈某突然冲出队列，向40米开外的道路跑去，企图强行脱逃，后被民警当场追回。

分析：此事件中，陈某强行脱逃的行为虽然没有得逞，但执勤民警应该从中

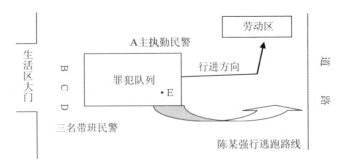

吸取哪些教训？

第一，民警对陈某的思想动态掌握不明，在队列行进中未能很好地发挥服刑人员班组长的"包夹"作用。

第二，4 名民警带队时所处的位置不正确。正确的位置是：主执勤民警在队伍的左前侧，负责整个出工队列的口号、队列前进节奏的掌控等。另三名民警所处的位置应该为队列的右中侧一名、队列的左右后侧各一名，形成对整个出工队列的包夹状。

第三，前往没有外围墙的劳动区，出收工途中即使距离不远，也应该安排更多的警力执勤，如果监区（分监区）警力不足，可以申请上级机关在出收工时间段予以警力支持。

二、讨论与思考

1. 如何避免罪犯出收工时队列不整、秩序混乱情况的发生？

2. 队列行进过程中，值班带队民警的正确站位是什么？

3. 如何避免出收工中误报人数情况的发生？

4. 如何避免出收工中突发事件的发生？

三、阅读书目

1. 孙平主编：《监狱管理理论与实务》，中国政法大学出版社 2004 年版。

2. 腰明亮编著：《监狱安全生产管理》，中国政法大学出版社 2006 年版。

3. 戴艳玲：《中国监狱制度的改革与发展》，中国人民公安大学出版社 2004 年版。

学习项目二　罪犯劳动现场作业和质量管理

一、罪犯劳动现场作业和质量管理的要求

（一）充分考虑生产主体的特殊性

监狱生产的主体——罪犯，存在着先天的素质缺陷以及不可选择性，为避免这一特殊性对产品质量的影响，要做到以下两点：

1. 在劳动现场作业和质量管理中，要根据生产劳动岗位的类型、技能要求、岗位职责，结合罪犯的刑期、劳动改造表现、身体素质、生产技能、心理特征，在生产岗位上予以合理分工，使有限的人力资源在合理的范围内进行优化调整，真正做到人尽其用。这不仅是提高产品质量的保证，也是矫治罪犯的重要组成部分。

2. 加强培训，提高技能。根据生产现场作业和产品质量的要求，针对监狱罪犯流动频繁的特性，开展多层次、多形式的培训，并使之日常化、制度化，以保证每个岗位上更新的人员能及时得到岗前培训和在岗培训，保证作业和产品质量。

（二）变事后的质量检验为事前的积极预防

目前，大部分监狱作业和质量管理的方法侧重于产品检验，即主要采取全检、抽检或用重点人、在重点部位进行检查的方式对产品进行检验。如用重点人（生产组长、质检员、总检等）对流水线的产品进行抽检，挑出不合格品，或者对成品进行检验，对不合格产品进行返工。这种方式对改进产品质量起到了一定的作用，但同时也加大了作业成本。作为对该方式的弥补，我们应做到：

1. 质量是生产出来的，不是检验出来的。加强过程管理，坚持按标准组织生产。包括：原材料和辅助材料标准、工艺工装标准、半成品标准、成品标准、检验标准等技术标准；产品工艺规程、操作规程、经济责任制等管理标准。按照产品生产的这条线，环环控制、层层设卡，使各作业处于可控状态。

2. 抓住影响质量的关键因素，设置质量控制点和关键点。控制点是生产现场在一定时期、一定条件下需要重点控制的质量特性、关键部位、薄弱环节以及主要因素等。应对控制点采取特殊管理措施和办法，实行强化管理，使生产处于很好的控制状态，保证规定的质量要求。

二、罪犯劳动现场作业和质量管理的流程

1. 增强罪犯的质量意识。罪犯的质量意识淡薄，致使产品质量低下，不但造成了人力、财力的浪费，还损害了监狱的形象。因此，监狱要通过多种方式，使罪犯明确：讲究质量才能合格完成任务，有了质量才会有改造成绩，从而注重作业质量。

2. 明确质量责任制。罪犯劳动现场质量管理小组应根据监狱制定的质量管理目标、计划和措施，建立质量管理责任制，落实质量管理目标的实现。

3. 建立完善的作业标准和质量保证体系。它是保证劳动现场制造质量稳定的合格产品的关键，它可以把各环节、各工序的质量管理职能纳入一个统一的质量管理系统，形成有机整体，不断地按"计划——实施——检查——处理"

（PDCA）的管理循环进行，使生产现场的质量问题做到自动发现、自动调整、自动改善、自动反馈，从而使现场质量管理工作制度化、经常化、标准化，使品质工作不断改进、不断提升，形成良性循环。

4. 严格执行操作规程，严明工艺纪律，认真做好生产控制与检验，保证产品合格，并使质量不断得到提升。

5. 合理组织生产，科学设置生产岗位，掌握生产节奏，减少生产波动，使生产平稳进行。

6. 要研究物流规律，对各个环节任务明确、环环相扣、不脱节，以使物流顺畅地运行，保证生产的需要。

7. 要使设备正常运转，大力做好操作、维护、保养、检修等工作，绝不让设备问题拖生产后腿。

8. 要做好生产过程中的原始记录，台账、报表的记录、整理、传输工作。

三、罪犯劳动现场作业和质量管理的内容及方法

（一）对劳动现场人员的管理

1. 明确不同岗位对罪犯的能力需求，确保罪犯有能力胜任该岗位。可从教育、培训、技能和经验四个方面确定任职或上岗资格。实施资格评定，尤其对参与关键过程、特殊过程以及特殊工种工作的罪犯，应按规定要求或技艺评定准则进行资格认可，保证其具有胜任工作的能力。

2. 明确每个罪犯的职责和权限，确保每名罪犯了解相应层次的质量要求。

3. 外协人员在现场进行技术指导时，严禁其与罪犯攀亲结友，严禁其为罪犯传递各种信件、提供违禁物品。

（二）设备（设施）的管理

1. 建立设备台账，并做出统计报表，按月、季呈报有关部门。

2. 设备操作要定机、定人，经培训合格后方可上岗操作，特种设备的操作人员持特种作业上岗证上岗，并在劳动改造科备案。

3. 各类设备必须制定安全操作规程，罪犯要严格按照操作规程进行作业，严禁私自拆卸设备安全防护装置、违章作业，确保正确使用设备（设施），并做好设备故障记录。

4. 制定设备维护保养制度，包括对设备关键部位的日常点检制度，确保设备处于完好状态。

5. 加强设备的日常维护和保养，定期检测设备的关键精度和性能项目，尤其是重点设备、关键设备的维护和保养。设备的维护和保养要贯彻"预防为主"的方针，防止设备事故的发生。

（三）物料的管理（包括原材料、半成品、成品）

1. 对现场使用的各种物料的质量应有明确规定，在进料及投产时，应检查

物料的质量，确保其符合要求。

2. 易混淆的物料应对其牌号、品种、规范等有明确的标识，确保可追溯性，并在加工流转中做好标识的移植。

3. 检验状态清楚，确保不合格物料不投产、不合格制品不转序。

4. 做好物料在储存、搬运过程中的防护工作，配置必要的工位器具、运输工具，防止磕碰损伤。

5. 物料堆放整齐，并坚持先进先出的原则。

（四）作业方法与工艺纪律的管理

在罪犯劳动现场，组成各工序的作业的稳定性直接决定了产品品质的好坏。保证产品质量必须将作业标准化，现场中的作业标准包括：工艺流程图、作业标准书等。

1. 确定适宜的加工方法、工艺流程，选用合理的工艺参数和工艺装备，编制必要的作业文件，包括操作规程、作业指导书、工艺卡等。除组织罪犯学习外，还必须在各个区域张贴，罪犯必须严格遵守工艺操作规程，不违章作业，服从生产管理和技术指导。

2. 确保罪犯持有必要的作业指导文件，并通过培训或技术指导等活动，确保罪犯理解和掌握工艺规定和操作要求。

3. 提供工艺规定所必需的资源，如设备、工装、工位器具、运输工具、检测器具、记录表等。

4. 严格工艺纪律，坚持"三按"（按图样、按标准或规程、按工艺）生产，并落实"三自"（自我检验、自己区分合格与不合格、自做标识）、"一控"（控制自检正确率）要求。

（五）工作环境管理——"6S 管理法"

1. 整理。对劳动现场进行整理，清除垃圾和各种废弃物，破除"留之无用、弃之可惜"的观念。

2. 整顿。对现场的配置设施进行明确的标示，对各区域进行明确的区分和定位，使车间布局合理、秩序井然。

3. 清扫。将现场的油污、灰尘清除干净，同时检查设备的运行状况，发现问题应及时处理。

4. 清洁。制定具体的实施制度和考核细节，巩固以上活动成果。

5. 安全。建立完善的安全管理规章制度，将安全管理自始至终贯穿于整理、整顿、清扫过程中，创造明快、有序、安全的改造环境。

6. 素养。通过明确服刑人员的劳动规范、文明礼貌规范，规定着装要求、胸卡佩戴方式等，营造规范化的改造氛围。

（六）工具、器具管理

罪犯在劳动现场能接触到的一切锐顿器具，都必须建账设卡。刃具实行民警直接管理，随用随领、用完即收、随时检查；钝器实行日领日收、每日检查的制度。做到账、物、卡三对口。如果监狱主业生产属机械制造，劳动工具多而杂，从有利于监管改造和有利于生产管理两方面着手，在对所有车间劳动工具进行逐一摸排登记的前提下，将劳动工具按危险程度分为 A、B、C 三类，实行分类管理，责任到人，并进行明示。比如，A 类工具属危险类工具，由值班民警直接管理，每天负责收发登记，检查使用情况，规定使用范围；B 类属次危险类工具，由各工序负责民警管理，每天收发由值班民警监管，工具柜钥匙收工之前交由值班民警保管，有效防止车间安全事故的发生。

一、训练与操作 1

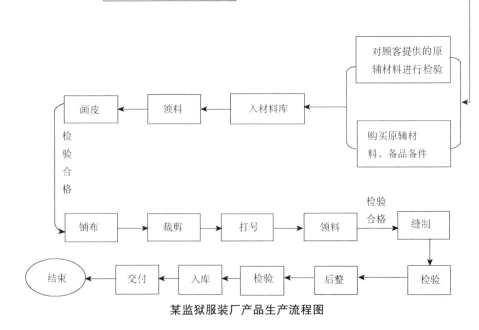

某监狱服装厂产品生产流程图

二、训练与操作 2

某监狱劳动现场质量管理制度

为了提高监狱经济的运行质量，确保罪犯劳动的顺利进行，使产品质量指标落到实处，特制定本制度。

一、坚决贯彻质量方针和质量目标，严格执行各项生产管理制度。

二、各劳动岗位应有岗位责任制，关键岗位人员应经技术人员培训合格后持证上岗，各生产设备都应按操作规程使用，各工序应按工艺卡执行。

三、各车间依据生产通知单进行生产。

四、各车间严格贯彻执行生产工艺作业文件，做好工序控制。

五、保持生产环境整洁。

六、日常保养生产设备，保证满足生产需要。

七、不合格原材料不使用，不合格产品不转序。

八、具体细则：

（一）采购员

1. 负责搜集供方有关产品信息，为本厂的《合格供方名录》提供相关资料。

2. 确保采购产品的质量，对供方进行评价和选择，严格按合格供方名单采购产品，防止不合格品投入使用。

（二）检验员

1. 严格按检验标准和规定检验采购产品、过程产品和最终产品，并予以记录。

2. 对检验结果按要求填写检验报告。

3. 对过程进行监控，以提高产品检验合格率。

4. 正确使用和防护检验设备。

5. 及时传递和报告质量信息。

（三）销售员

1. 广泛进行市场调查，收集分析顾客对产品及服务满意程度的信息。

2. 确保交付顾客的产品符合规定要求，及时做好交付后的服务工作。

3. 负责与顾客沟通。

（四）库房保管员

1. 严格执行库房的各项制度，熟悉保管物品的特性及应注意事项，确保物品不损坏、不变质。

2. 物资存放、保管做到科学管理，并坚持先进先出的发放原则。

3. 负责保管物资的验收、发放，收发物资要亲自检查、计量、摆放，特别要查对质量证明文件，不合格的不准入库，并做好记录。

4. 按规定进行盘点，保证账、物、卡相符，对数据的准确性负责。

（五）操作工

1. 严格按照车间生产工艺流程进行生产，并做好每班生产记录。

2. 严格按照产品质量标准进行生产，力争做到每半小时进行一次质量检查。

3. 严格按照设备使用说明和培训方法进行生产。

4. 及时准确地将设备运转状态反馈至机修工。

5. 如因操作原因出现与标准不符的要素时，按罪犯考核奖惩实施办法执行。

（六）机修工

1. 负责现场设备的维护工作，定期进行设备保养。

2. 及时发现设备存在的隐患，如发现异常现象，应立即停机维修，确保后续生产顺利进行。

3. 每天认真做好维修设备记录。

上道工序为下道工序把好关，下道工序为上道工序负好责，各岗位除需对本岗位工作严格把关外，同时应在本道工序开始前认真检查上一道工序是否存在产品质量问题以及是否存在造成产品质量问题的隐患，一旦出现产品质量问题，直接人员应承担直接损失，按规定予以惩罚。

三、阅读书目

1. ［美］弗雷德里克·泰勒:《科学管理原理》，马风才译，机械工业出版社2007年版。

2. 栾润峰:《精确管理》，东方出版社2006年版。

3. 孙爱民主编:《监狱执法管理工作创新与罪犯心理矫治及教育改造实用全书》，地质出版社2004年版。

4. 中国科技文化出版社编辑委员会:《新时期监狱长工作标准与监狱管理规范实务全书》，中国科技文化出版社2007年版。

5. 《最新监狱管理内参实务全书》，中国知识出版社2007年版。

 学习项目三　罪犯劳动现场定置管理

罪犯劳动现场的定置管理，是指为完成罪犯劳动任务，根据监狱生产活动的规律和目的，考虑罪犯劳动的安全、质量、效率等制约条件和物品自身的特点，划分适当的放置场所，确定物品在场所中的位置状态，明确人与场所、物品联系的信息媒介，使之达到最佳结合状态的一门科学管理方法。

监狱劳动现场的定置管理，既要遵循社会一般劳动的定置要求，又要根据监狱自身的特点，符合服刑人员强制管理的要求，为此，罪犯劳动现场定置管理要遵循以下原则：

第一，要符合教育矫治的强制性要求。罪犯是实施了一定犯罪行为的人员，刑罚惩罚是国家最严厉的防范手段，监狱作为国家的刑罚执行机关，具有维护场所安全稳定的重任。罪犯劳动工作地作为罪犯三大管理现场（生活现场、学习现场、劳动现场）之一，其定置必须首先考虑管理安全的需要，能够使监狱人民警察依据良好的监狱管理硬件设施和科学的内外部环境布置，确保罪犯在劳动工作中接受劳动教育和思想矫治。

第二，要符合监狱生产安全的需要。没有安全就谈不上生产，定置必须以安全为前提：①在生产设备的布局、原材料的摆放、生产工具的固定等方面，都要根据罪犯的特点做到科学设置；②要特别注重符合消防安全的需要，罪犯劳动一般以集中劳动为主，作为人口密集型的劳动场地的布置，必须依据国家有关消防安全的法规，开辟应急消防安全通道，做到道路畅通、消防安全、有备无患；③符合环境保护和劳动保护的规定标准。

第三，要符合生产流程的需要。劳动设备、工器具、材料等物品的定置，要考虑所生产产品的特性、工艺和流程，尽可能避免迂回运输，使其具有生产劳动的便利性。

第四，要符合思想教育、习艺技能培训的需要。罪犯劳动的最终目的是通过劳动手段，让罪犯接受劳动思想教育，培养正确的劳动观，使其在劳动中掌握一定的技能，为回归社会重新就业创造条件。因此，在劳动工作地的布置过程中，要充分考虑罪犯接受劳动教育的特性，让罪犯一进入劳动场地，就能感受到党和政府对他们的关怀、要求和期望。

一、罪犯劳动现场定置管理的工作流程

1. 确定罪犯劳动现场定置管理的目标任务。①营造团结互助、士气高昂的现场氛围；②为罪犯提供规范、健康、和谐、优美的劳动改造环境；③罪犯劳动现场所有设备、物品科学定位，既要符合安全管理的要求，又要便于劳动技能培训的开展；④对罪犯劳动现场进行科学的整理、整顿，保证罪犯劳动现场的人、物、信息达到最佳结合状态，提高生产效率。

2. 根据已选的劳动项目，对罪犯的劳动现场进行诊断，找出存在的问题及原因，设定方案，达到预定目标。①现场有哪些物品、工具需要定置，采用什么方法更方便、更安全；②研究罪犯的工作效率，检查作业中的不合理状态、人和物结合的不紧密状态以及生产、工作现场的无秩序状态；③查找不合理的工艺路线、运输路线；④不符合国家环境标准要求和罪犯改造安全要求的环境因素。

3. 设计劳动工作地定置管理图。根据习艺劳动项目、生产流程内容和提供厂房的面积，设计劳动子项目区域图，劳动设备摆放位置图，物流、人员和消防通道以及卫生间、谈话室、机修工具间、辅料房等设置定置管理图。在定置时，要做到：①单一的流向和看得见的搬运路线；②最大限度的操作方便；③最少的装运次数；④最短的运输距离，切实的安全防护；⑤最少的改进费用；⑥最大限度的灵活性和协调性。

4. 科学论证。邀请有关生产权威部门、行业主管部门和有实践经验的同志组成评估论证小组，对劳动工作地的布置设计平面图和定置管理图，进行科学评估论证，修缮不足，以期达到尽善尽美。

5. 定置实施。按照定置设计的具体内容进行定置管理，即对生产现场的材料、机械、操作者、方法进行科学的整理、整顿，将所有的物品定位，按图定置，使人、物、场所三者结合状态达到最佳程度。

6. 定置考核。这是定置管理的最后一个阶段。为了巩固已取得的成果，发现存在的问题，不断完善定置管理，就要坚持定期检查与考核工作。

二、罪犯劳动现场定置管理的方法

（一）定置图的绘制

1. 定置图的种类。定置图包括：习艺劳动区定置总图、区域定置图、库房定置图、办公室定置图、工具柜定置图和资料柜定置图等。

2. 定置图的绘制要求。

（1）定置图可按正视、俯视或立体示意图表示，要求做到简明、扼要、精练和完整。场所中需要定置物品的形状轮廓、尺寸比例、相对位置，应大致准确，区域划分应清晰鲜明。

（2）固定设备和物品，用粗实线绘出；可移动设备和物品，用虚线绘出；区域界线，用细点划线绘出。

（3）定置图中所有定置物均用阿拉伯数字标示，并在明细栏中给出汉字对照表，标在图的右方或下方。

（4）罪犯劳动现场与工作无关的欲清理物品，不要在定置图上出现。同时，随着工作情况的变化，定置图也应随之修改，使其符合实际。

（二）罪犯劳动现场定置实施

1. 生产现场的定置管理。

（1）区域划分的定置要求。按生产运行区域和工艺流程对生产现场的划分进行定置，设立生产区、检验区、堆放区，确定各区域各种设备、工器具和材料的位置及存放区。

（2）设备的定置要求。生产现场内的设备、工具和仪器，要通过合理划分工序、机位有效配置（以物料流转快捷为原则，避免回流、混流），实行标准化、规范化定置。

（3）非运行物品的定置要求。对非运行的设备、备用品、废弃物（垃圾）、绿化区等确定定置区域，定置后不得随意变动。

（4）流动物品的定置要求。对周转工具、辅助材料、半成品、成品、待处理品等流动物品，要按区域分类定置摆放，用后及时清理、收回，以保证现场整洁、道路畅通。

2. 仓库的定置管理。

（1）库房内储存的物品，均按物品类别存库，分区定置，按物资的品种、规格、型号、性能等因素区别存放，按"四号"定位（库号、柜号、层号、位号）、"五五"摆放（按五个为一个记数单元进行摆放）的要求，做到"齐、方、正、直"，保证安全、领取方便，账、卡、物相符。

（2）成品存放要按产品系列划分区域，进行定置，并悬挂标识牌，要与待检、返工、报废品区别存放。

（3）易燃、易爆、有毒物品要进行特别定置。

（4）库房内通道畅通、温度适宜、清洁整齐，禁放与生产经营无关的物品。

3. 工具柜与资料柜的定置管理。

（1）工具柜内物品要按上轻下重、精密粗糙分开、取用方便、存放安全、互不影响的原则定置。

（2）工具柜内只允许存放工具、量具等与生产经营有关的物品。

（3）物品定置后，要依次编号，排列有序，号码与定置表标注相符。定置图表应贴在工具柜门背后。

（4）资料柜内的合同、工艺单、出入库单、检验记录、客户资料、文件和报表等要分类放置，按时、按序装订成册，资料每册有目录及顺序号，对应资料编上顺序号。

4. 劳动区办公室的定置管理。

（1）办公室内各种物品要按规定摆放整齐，个人物品与办公物品分开存放。

（2）办公桌上可定置电话机、台历、茶杯、文具和电脑等，除办公时间外，一律不摆放文件、书报、资料等。

（3）办公桌玻璃板下，可放电话号码表、年历及与工作有关的图表，要求摆放整齐，不得放置与工作无关的照片、图表、画报等。

5. 特别定置管理。对易燃、易爆、放射、有毒、异味、挥发性强的物品；安全帽、绝缘手套、安全标志牌、消防器材等安全用具；保密合同、工艺单等资料，要实行特别定置管理。

（1）要有特别存放的场所，危险品必须定置在对人与生产设备不会造成危害的地方；消防器材位置要严格按定置图存放，符合消防管理的要求。

（2）要有特别的物品标识，对危险品及其存放场所要悬挂规定的危险品标识牌或示意图等。

（3）要有特殊的管理办法，如对易燃、易爆和有毒类的物品，要有专人管理，库房或柜门要上锁；消防器材的配置、定置和管理由生产经营科负责，消防器材的定置变动要得到生产经营科的同意。

一、训练与操作 1

某监狱一加工车间为节约成本、集中管理，在车间安排了过多的罪犯，造成劳动场地拥挤不堪，劳动现场脏、乱、差，经常引发罪犯之间的矛盾，罪犯岗位不明确，少数罪犯四处串岗，货物和设备堆放不整齐，工具出入库房记录不清，数量不准确，工具管理不善，随意放置。

问题：根据范例提供的材料，解析应如何做好该车间的定置管理？

解析：1. 清除与生产无关之物。对生产现场的物品进行整理，生产现场中凡与生产无关的物品，都要清除干净，防止误用、误送，腾出空间，创造整洁的劳动场所。

（1）生产车间或工序现场不准摆放与本生产工序无关的原材料或其他物品，保持现场环境卫生、整洁，并有专人打扫。

（2）对生产中产生的废料、废渣及时清理，并按环保要求，堆放在统一规定的地点或场所，能回收利用的应及时回收至材料库。

（3）生活用具应集中存放在规定的物品柜内。清洁、整齐、优美的环境能带来良好的心情，使罪犯减少烦躁不安的情绪，认认真真地劳动改造。

2. 按定置图实施定置。

（1）车间内应标明明显的区域界线，主要有人员通道、物流通道、生产资料存放处、生产工具保管室、卫生间、谈话室等辅助用房，对服刑人员个人用品也要设置一定的储物柜。

（2）物品的定置要与图相符，位置要正确，摆放要整齐，贮存要有器具。可移动物，如推车、电动车等，也要定置到适当位置。

（3）生产车间或工序的设备应分类安装摆放，并成条成线、整齐划一，各种设备要有明显标识。

（4）各车间、工序要制定定置管理图，如有情况变化应及时修正定置管理图。

（5）生产成品或半成品摆放要有序，并设有相应标识，限制原辅料和成品的堆放高度。

（6）维修工具摆放整齐有序，放在规定的工具箱内。民警要坚持亲自从工具库领出工具，发放给罪犯，并做好记录。要求落实工具的束缚管理，不能够束缚的，要求统一放置在民警能够目视到的地方。

（7）要求罪犯遵守劳动纪律，坚守岗位，不串岗或擅自串区域，有生产需要时应报告现场值班干警审批。

3. 放置标准信息名牌。放置标准信息名牌要做到牌、物、图相符，设专人管理，不得随意挪动。要以醒目和不妨碍生产操作为原则。

总之，定置实施必须做到：有物必分类、分类必定位、定位必标示，确保环境整洁、物流有序、安全文明。

二、训练与操作2

某监狱罪犯劳动现场定置管理制度

第一条　目标和原则

1. 规范现场物品放置秩序，创造整洁有序的环境。

2. 促进现场安全工作，消除安全隐患。

3. 避免因现场物品混乱而影响工作秩序，提高工作效率。

4. 提倡并推行"6S"。

第二条　定置范围

1. 区域定置：裁剪区、缝纫区、整理区、原料区、成品区。

2. 生产用品定置：原辅料、半成品、成品、回收材料、废旧包装等。

3. 操作用品定置：运输工具、计量器具、生产用具等。

4. 维修用品定置：工具箱、材料箱、备件箱等。

5. 清洁用品定置：扫帚、拖把、垃圾桶、毛巾等。

6. 操作记录用品定置：桌椅、台账、记录板等。

7. 劳保安全用品定置：更衣橱、消防用具等。

8. 生活用具定置：餐具、衣物等。

第三条　定置管理程序

定置管理按如下顺序进行：作业、动作分析，确定定置对象、定置点、定置数量、定置物负责人，绘制定置图，物品按图就位，检查考核。

第四条　定置管理的具体要求

1. 区域定置。按生产运行区域和工艺流程将生产现场划分为裁剪区、缝纫区、整理区、原料区、成品区。

2. 生产用品。

（1）原辅料、半成品、成品、回收料要分类定置。

（2）原辅料、半成品、成品按照规定分类标示，摆放整齐有序，留足通道。

（3）空桶、废旧包装物分类定置，界线分明，排列整齐。

（4）保持定置物品存放环境卫生，每日进行清洁。

（5）定置区域严禁摆放不属于本区的非定置物品。

3. 操作物品。

（1）工具箱，定置要方便、合理，并与环境保持和谐美观，箱内要有工具定置图，挂在醒目位置。图、号、物相符，数量准确，摆放整齐，消除与生产操作无关的器具。

（2）运输工具按图就位，随用随推，用完就位。

（3）计量器具标志清楚，摆放整齐，保持清洁，位置合理。

4. 维修用品。工具箱、材料箱（库）、备件箱，均有各自的定置图，并分类按图就位。箱（库）内物品的存放要整齐有序、清洁，无与定置无关的物品，保证定置物品的数量准确。

5. 清洁用品。拖把、抹布等放在清洁卫生工具间内，垃圾桶要定期清理，保持清洁。

6. 操作记录用品。桌椅排放位置应符合生产管理的需要，台账应摆放整齐。

7. 劳保安全用品。

（1）更衣橱内，衣物、鞋、帽要分类存放。

（2）消防器具数量和定置位置要符合消防安全规定，摆放整齐，有明显标记。

8. 生活用具定置要符合整洁、规范的要求。

第五条　检查与考核

1. 检查考核周期。监狱定置管理领导小组对各监区定置管理考核为每季度一次，各大队定置管理小组应每月进行自查。

2. 检查考核内容。

（1）各单位加强劳动区定置管理工作，建立定时巡检制度，定期检查考核记录。

（2）现场区域划分必须与定置图相符；区域内的物品放置整齐规范；安全通道界线明确清晰。

（3）一切与现场无关的东西，必须清理出现场，不许在现场存放。

（4）加工过程中，加工产品不落地，材料、半成品、产成品整齐摆放在指定位置，不合格品与合格品严格区分，标志明显。

（5）边角余料不乱堆、乱放，必须放在回收箱或垃圾箱内，一个批次生产任务完成后必须立即清理出现场。

（6）不许在通道上作业，通道上无生产材料、周转箱和杂物。

（7）工作结束后必须清扫缝纫设备及工作台，保证设备、工作台干净无积灰、无"黄袍"。

（8）工作结束后必须对个人周边的卫生进行清理，保持地面清洁。

（9）各类信息标志牌应按规定制作；每个操作者必须熟练正确使用各类信息标志牌。

（10）库房应建立定置台账；库房、货架、货位必须用标志牌标记；货物必须按标准高度、宽度堆放整齐。

（11）工具、量具必须按定置管理要求摆放，不得乱放。

（12）生产厂房内无乱堆、乱放，无卫生死角。

（13）工具箱、窗台、设备上洁净无物。

（14）门窗无破损，玻璃洁净。

（15）水池洁净，无长流水，下水畅通。

（16）厂房周围清洁，不得有纸屑、痰迹、垃圾等，厂房周围走道平整，环境优美。

三、拓展训练 1

某监区车间定置图如下，试根据定置理论，指出其不足之处：

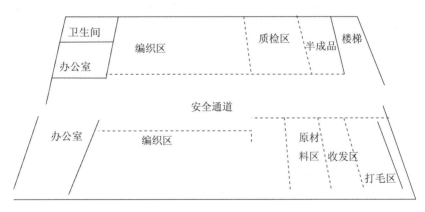

三监区车间平面定置图

四、拓展训练 2

某监狱三监区按照上级要求，拟将原从事室外劳动的 150 余名罪犯转入室内从事服装生产，所里提供该监区一座 2800 余平方米的旧仓库作为车间厂房（工作地），要求该大队在 20 日内完成对车间（工作地）的定置，并及时开工生产。

定置思路：

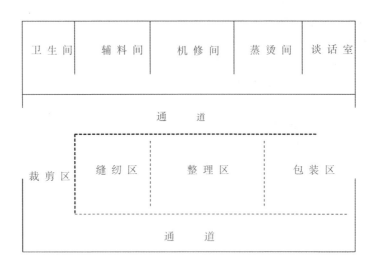

车间布置图

1. 根据服装生产流程，可将 2800 余平方米的工作地划分为三个主要区块：①前道区，主要存放原辅料和裁剪品，约 300 平方米。②中间区，主要安装缝纫机设备，约 1700 平方米。③后道区，主要用于整理、包装、蒸烫等，约 500 平方米。④在车间右侧设谈话室、机修间、辅料间、卫生间等，约 300 平方米。⑤右侧设车间大门，左侧设消防通道。

2. 在车间墙面上悬挂劳动纪律、生产操作规程、劳动产量完成表、定置管理图等。

3. 在车间四角悬挂音响设备，给窗户安装合适的窗帘，在卫生间等区域摆放合适的绿色植物和花卉盆景。

五、讨论与思考

1. 一车间在加工服装过程中，部分罪犯责任心不强，将半成品堆放在成品定置区。出货装车时，不少半成品被当作成品装车运走，给厂家造成了不良影响，也给监狱带来了负面影响。根据定置管理的理论，阐述应如何加强该车间的管理？

2. 如何做好监狱仓库的定置管理？

3. 如何做好监狱劳动现场工具柜和资料柜的定制管理？

4. 对罪犯劳动现场易燃、易爆、放射、有毒、异味、挥发性强的物品，应该如何做好定置管理？

六、阅读书目

1. 崔平主编：《现代生产管理》，机械工业出版社 2003 年版。

2. 吉林音像出版社编辑委员会：《监狱管理百科全书》，吉林音像出版社 2004 年版。

3. 《监狱内部管理规章制度全集》，中国知识出版社 2005 年版。

4. 王恒勤：《中国监狱劳教改革新论》，群众出版社 2003 年版。

 学习项目四　罪犯劳动现场监督管理

罪犯劳动现场的监督管理，是指监狱依据国家法律法规，对罪犯劳动现场或某一特定环节、过程进行监视、督促和管理，确保劳动现场生产的正常运转和秩序的稳定。

一、罪犯劳动现场监督管理的内容

1. 民警直接监督管理。劳动改造是改造罪犯的三大手段之一，在组织罪犯进行生产劳动的过程中，需要警察进行劳动组织、安全检查、纪律检查、质量检查、总结讲评，这些活动都是面对面地进行，在直接管理中实施完成的。罪犯在生产劳动中需要严密的组织、严格的纪律。警察的管理是否到位，是否尽职，对产品的数量，质量、劳动效率的高低、安全状况的优劣起着至关重要的作用。警察应在具有充分安全保证的前提下深入到劳动工地、车间等较为直接的现场，检查罪犯的劳动纪律、劳动态度，掌握罪犯完成生产任务的数量和质量，检查安全生产规章制度是否落实，是否存在安全生产隐患和事故苗头。

2. 实施监管安全监督。监督罪犯在劳动现场执行国家的法律法规和劳动场所的纪律的情况。

3. 实施生产安全监督。监督检查罪犯的劳动纪律、劳动态度。掌握罪犯完成生产任务的数量和质量，检查安全生产规章制度是否落实，是否遵守操作规程，是否存在安全生产隐患和事故苗头，确保生产的顺利进行。

二、罪犯劳动现场监督管理的要求

1. 劳动现场监督管理中，民警要熟悉我国法律法规中有关罪犯劳动的规定，并结合具体情况贯彻执行。例如，认真参加相关法律法规知识学习；熟记民警一日管理工作规范和"十不准""十严禁"等规定；遇到问题能依法严格处理；等等。

2. 全面监控与重点监控相结合。劳动现场监督管理中，民警要了解罪犯的思想、行为现状及其变化趋势，特别要掌握重点罪犯在劳动现场的思想和行为，进行早晚各一次的每日点评或适时的个别教育，要与换班民警进行相关情况的交接，掌握重点，防患未然。遇有重大问题，应及时处置并立即汇报上级。

3. 劳动现场管理民警应掌握较高的劳动技术水平，能及时发现违规行为并能亲自实践示范、指导罪犯作业和技能培训。

4. 劳动现场管理民警在现场监督管理中应坚持原则，办事公道，奖罚分明，富有开拓创新精神，具有良好的领导艺术和工作方法。

5. 劳动现场监督管理是全过程的、全方位的监督管理过程，坚决杜绝"脱管"现象。少数民警在现场监督管理中喜欢借故离开现场，认为离开几分钟不会出什么事，但罪犯往往会在警力薄弱时趁机"闹事"。

6. 劳动现场管理民警在劳动现场管理过程中要坚决制止过分依赖劳教"班组长"。实践中，少数民警会自觉或不自觉地过分依赖使用劳教"班组长"，让班组长替代检查产量、质量、分配劳动任务等，这不仅违反了民警直接管理的规定，还会引发罪犯间的矛盾，也是民警执法权的隐形转移，所以，应坚决予以制止。

7. 劳动现场管理民警在劳动管理过程中要避免追求"效益第一"的错误认识，以免偏离教育为本的目的。

三、罪犯劳动现场监督管理的方法

1. 进行现场巡视。现场巡视是劳动现场监督管理的核心内容，执行现场管理（带班）任务的民警必须坚持"科学、文明、严格、直接"的管理原则，正确履行职责。

（1）按规定每小时清点一次人数，并做好签名记录。

（2）不间断检查劳动工具，特别是刀、剪、利器、铁锤等固定情况。

（3）根据定置管理的要求，督促罪犯清理与劳动无关的物品；督促罪犯有序摆放劳动原材料和劳动物品。

（4）制止劳动现场罪犯不遵守劳动纪律、脱岗、串岗、大声喧哗、嬉笑打闹、睡岗等行为。

（5）制止罪犯在车间劳动时，着装不整、披衣、敞怀、赤足、赤背和无胸牌上岗。

（6）督促罪犯严格遵守操作规程，不违章作业，不偷工减料，不降低产品质量或故意生产次品，不私自转让或交易劳动成果，注意生产安全，保质保量完成劳动定额。

（7）检查劳动设备运转情况，指导罪犯正确使用设备，对生产设施和工具要勤擦拭、勤保养、不随便拆毁、不随意丢弃，督促劳教人员厉行节约，杜绝浪费。

（8）检查劳动现场卫生情况，确保劳动现场干净整洁。

（9）防范和处置劳动现场可能发生的斗殴、脱逃、自杀、违禁品流入（流出）等事件。

2. 每日检查罪犯劳动现场设施完好情况。包括门、窗、铁栏栅是否坚固，收工后厂房大门是否上锁等。

3. 落实互监包夹机制。为彻底消除管理的死角和日常巡查的时间差，通过罪犯联号互监包夹的形式来实现罪犯之间相互监督、相互帮助、互融互教、共同提高、共同进步的目的。罪犯联号互监包夹，是指以 2~4 名罪犯（一般为 3 名）组成的一个联号同行组，通过罪犯之间的相互监督，对重控罪犯落实包夹，从而达到罪犯严格遵守监规纪律，防范各类违规事件、监管事故发生的目的；每个劳动组以相邻岗位从左至右、从前至后的原则，确立 3 人为一个联号组（即所谓的"小联号"），不足或多余 3 人的，组成 2 人或 4 人联号组；每个劳动组一般确立 4~6 个联号组，并按照第一至第六的顺序对联号组进行编号，每个联号组设联号组长 1 名，表现较差的罪犯放在中间，联号组长安排在监区厂房主通道一侧，防止罪犯违规行为的发生。对一些事务犯（包括护监组长、生产组长、机修工、护监员等），规定在不流动时固定其区块和岗位，与相邻位置的其他事务犯组成联号。

拓展训练

一、训练与操作 1

民警王某、张某、李某在二楼劳动现场执行带班任务，罪犯陈某因连续两天未完成劳动任务，民警王某指使罪犯组长林某去询问陈某未完成劳动任务的原因，陈某当即与组长林某发生争吵并相互推搡，民警王某发现两人争吵后立即赶过去处理，对陈某进行了严肃的批评和指责，陈某未做任何答辩，突然转身冲向未安装铁栏杆的窗户（铁栏杆因前两天需要修理正准备重新安装），实施跳楼，幸好楼层不高，陈某只受了轻伤。

思考：民警王某在带班过程中的行为是否适当？有哪些值得注意的地方？

分析：民警王某在带班过程中的行为不当，严重违反了民警直接管理的要求，造成了一定的后果，应当给予一定的纪律处分。

1. 进行现场巡视，及时发现劳动现场问题，并亲自处理。对陈某未完成劳动任务的原因，自己应亲自了解，而不能指派组长去了解，组长只能在民警的直接领导下协助民警做一定的工作，不能替代民警执行工作，过分依赖罪犯组长做工作，就有可能使组长成为民警的"拐棍"。

2. 每日检查罪犯劳动现场的设施完好情况。民警王某和其他带班民警，包括所在监区的领导，应及时修缮窗户的铁栏杆，对窗户损坏的后果和隐患应该有预见性，如果有困难可以寻求上级组织或领导帮助完成。

3. 劳动车间的门、窗是民警执勤的重点部位，在已知车间窗户损坏的情况下，民警要把窗户作为执勤的重点进行守护。

二、训练与操作 2

某监狱罪犯劳动现场生产劳动规范

1. 听到开工或收工号令后，应立即按规定的时间集合。

2. 劳动中服从分工，积极工作。

3. 在劳动中不允许谈笑打闹，不允许睡觉。

4. 认真完成劳动定额任务，严格执行岗位责任。

5. 严格控制不合格率和物耗标准，对生产中出现的问题要如实、及时报告。

6. 按规定保管、使用劳动工具、劳动器材。

7. 严格执行作业标准，不违章作业、不违反操作规程、不违反劳动纪律。

8. 质检员认真负责，严格执行质量标准，操作者应服从质检员检查。

9. 未经警官批准，不准擅离工作岗位，如有类似情况，互监小组成员应及时报告。

10. 爱护机械设备、工具、器具和农作物。

11. 能够记背《安全操作规程》。

三、训练与操作 3

范例 1：罪犯魏某，在服装加工过程中从事打扣眼工作，魏某为了图方便，把大口烟机上的安全栓私自拔掉，在打扣眼过程中，操作不慎，造成左手食指被扣眼机打伤一节食指，针对此案例，民警应如何做好现场的监督管理工作？

范例 2：罪犯周某因与其他罪犯争吵被罚了分，一段时间怨气很大，总认为自己争吵不是什么大事，而且没造成什么后果，民警对他的处罚过重了，周某就将怨气发泄到自己的劳动工具横机上，故意不按操作规程作业，使机针大量撞断。

分析思路：1. 监督罪犯遵守劳动现场的劳动纪律。

2. 监督罪犯按操作规程劳动。

四、训练与操作 4

范例 1：2008 年底，监区某罪犯反映，有 3 名温州籍的罪犯准备了自制刀具和铁棒，预谋从劳动车间的仓库挖洞实施集体脱逃，民警了解这一情况后，迅速向上级反映，引起了监狱领导的高度重视，组织专案组破获了这一案件，阻止了一起严重的脱逃案件。

范例 2：2007 年 11 月 1 日，韦某在劳动现场用剪刀实施自伤自残，严重扰乱了监狱正常的劳动秩序，性质恶劣，影响极差。

分析思路： 1. 完善狱情监督机制，提高监督质量。

2. 劳动现场监督管理中，民警要了解罪犯的思想、行为现状及其变化趋势，特别要掌握重点罪犯在劳动现场的思想和行为，进行早晚各一次的每日点评或适时的个别教育，要与换班民警进行相关情况的交接，掌握重点，防患未然。遇有重大问题，应及时处置并立即向上级汇报。

五、讨论与思考

1. 什么是罪犯劳动现场的监督管理？

2. 罪犯劳动现场监督管理的内容有哪些？

3. 如何做好危险犯的劳动现场监督管理工作？

六、阅读书目

1. 杜中兴主编：《现代科学技术在监狱管理中的应用》，法律出版社 2001 年版。

2. 黄绍华、孙平主编：《监狱现场管理实训教程》，中国政法大学出版社 2006 年版。

3. 孙平主编：《监狱管理理论与实务》，中国政法大学出版社 2004 年版。

4. 腰明亮编著：《监狱安全生产管理》，中国政法大学出版社 2006 年版。

学习单元九　罪犯劳动保护

 案例导入

　　某监狱机械加工车间，主要生产设备为金属切削机床（车床、磨床、钻床、冲床等），同时，车间还安装了桥式起重机，配备了1辆叉车。根据近几年的事故统计资料，大部分事故为机械伤害和物体打击，其中，2005年内发生冲床断指的事故共有4起。

　　思考：1. 简述在金属切削过程中存在的主要危险因素。

　　2. 为杜绝或减少冲床事故的发生，应该采取哪些有效的安全措施？

　　3. 简述防止触电的安全措施。

　　分析：1. 金属切削过程中存在的主要危险因素有：

　　（1）机械伤害。①机械设备旋转部位（齿轮、联轴节、工具、工件等）防护设施或防护装置失效，人员操作失误或操作不当等可能导致发生咬、绞、切等伤害；②机械设备防护不到位，工件装夹不牢固，操作失误等造成工件、工具或零部件飞出伤人；③机械设备之间的距离或设备活动机与墙、柱的距离过小，活动机件运动时造成人员挤伤；④切削加工时，长屑、断屑或短屑防护不当造成割伤或崩伤；⑤冲剪压作业时由于防护装置失灵、人手误入冲剪压区等造成伤手事故；⑥机械设备上的尖角、锐边等可能造成划伤；⑦检修过程中防护措施不到位，人员配合失误，未佩戴合适的防护用品等，都有可能导致机械伤害和物体打击。

　　（2）触电。①设备漏电，未采取必要的安全技术措施（如保护接零、漏电保护、安全电压等）或安全措施失效导致人员触电；②操作人员的操作失误，或违章作业等可能导致人员触电。

　　（3）起重伤害。起重设备质量缺陷、安全装置失灵、操作失误、管理缺陷等因素均可引起起重机械伤害事故。

（4）火灾。机械设备使用的润滑油属于易燃物品，在外界火源的作用下可能引起火灾。电气设备故障、电线绝缘老化、电气设备检查维护不到位等，也可能引起电气火灾。

（5）车辆损坏。

（6）噪声。

（7）振动。

（8）高处坠落。

2. 为杜绝或减少冲床事故的发生，可以采取以下安全措施：

（1）应选择安全性能好的冲压设备。

（2）在冲压设备上安装安全防护装置：固定栅栏式或活动栅栏式防护罩，双手按钮式或双手柄式操作的安全装置，光线式、感应式等安全防护装置，安全连锁装置，等等。

（3）工具模具的选用、安装合适，防止其飞出伤人。

（4）冲压者应严格执行操作规程：工作前，仔细检查并进行试车；设备运转时，严禁将手或手指伸入冲模内放置或取出工件，在冲模内取放工件须使用手用工具；冲模安装调整、设备检修，以及需要停机排除各种故障时，都必须在设备启动开关旁挂警告牌；工作结束时，关闭电动机，直到设备全部停车；清理设备工作台面，把脚踏板移到空挡或锁住。

（5）加强对机械设备的检查、维护、保养工作，发现机械设备有问题，及时进行维修。

（6）加强对操作人员的安全教育，提高操作者的安全意识。

3. 防止触电的安全措施主要有：①接零、接地保护系统；②漏电保护；③绝缘；④安全电压；⑤屏护和安全距离；⑥连锁保护。

 学习项目一 罪犯劳动保护概述

知识储备

一、罪犯劳动保护的概念

罪犯劳动保护，是指监狱在依法组织罪犯劳动生产过程中对罪犯的安全和健康进行保护的法律法规、制度、各项保障和维护措施的总称。

二、对罪犯实行劳动保护的原因

（一）实行罪犯劳动保护是罪犯的合法权益

根据《中华人民共和国宪法》的有关规定和安全生产方针，监狱和管理人员都必须采取各种组织措施，为罪犯劳动者提供良好的劳动环境和劳动条件，尽量防止因生产过程中存在危险因素和致病因素而使其受到人身伤害，以保障罪犯的合法权益，避免人力、物力和财力不应有的损失。罪犯劳动保护是罪犯人权的重要组成部分，是以法治管工作的重要内容。监狱要给罪犯提供良好的工作环境，按规定给罪犯发放劳动保护用品和保健食品，设置安全防护设施，积极预防和治疗各种职业病。劳动保护是人力资源保护中最核心的部分，也是满足罪犯劳动者的安全需要、激发其劳动热情的必要方面。

（二）实行罪犯劳动保护有助于罪犯劳动力的发挥和运用

劳动过程本身存在一些不安全、不卫生的因素，如果不及时加以防止和消除，就易发生职业危害和工伤事故，损害劳动者的人身安全和健康，甚至危及劳动者的生命。对劳动过程的组织行为的一些不安全、不合理的因素如不及时改正，也会对劳动者的安全和健康造成危害，最终影响劳动生产的正常进行。例如，延长劳动者的劳动时间，造成劳动者过度疲劳，积劳成疾；劳动者劳动技能没有达到上岗的要求而仓促上岗，发生工伤事故；等等。重视劳动保护，达到劳动保护与安全生产的要求，要做到：执行国家有关劳动保护的法律法规的规定，监狱的劳动安全设施必须符合国家规定的标准，监狱要为罪犯提供符合国家规定的劳动安全卫生条件和必要的劳动防护用品，监狱管理人员不得违章指挥、强令冒险作业，不得有危害罪犯生命安全和身体健康的行为，对未成年犯和女犯实行特殊的劳动保护。严格执行有关的法律法规和规章制度，保证劳动场所的生产安全。

对罪犯实行劳动保护是党和国家的一贯政策，是监狱的一项重要工作。改善劳动者的劳动条件，保证所有劳动者的生命安全和身体健康，调动罪犯的劳动生产积极性并加强思想政治工作，做好劳动保护，排除各种不安全、影响劳动者健康的因素，消除罪犯生产劳动中的安全隐患，保护他们的合法权益，使他们安心改造，早日回归社会。

（三）罪犯劳动保护是监狱工作的一项政策

我国对罪犯贯彻惩罚和改造相结合、教育和劳动相结合的原则。监狱对罪犯除依法监管外，还要根据改造工作的需要，组织罪犯从事生产劳动。《监狱法》第 72 条规定："监狱对参加劳动的罪犯，应当按照有关规定给予报酬并执行国家有关劳动保护的规定。"这条规定一方面明确了监狱在组织罪犯进行劳动生产活动中，罪犯必须同我国普通劳动者一样，受国家有关劳动法规的保护，他们在从事劳动生产中的安全和健康同样要得到保证。另一方面说明，罪犯劳动保护是保障罪犯的合法权益的重要方面，也是监狱工作的一项重要政策，应当引起高度重视。

（四）罪犯劳动保护是对罪犯实施劳动改造的条件

对罪犯实施劳动改造，就是把有劳动能力的罪犯组织起来，强制他们参加生产劳动，使其矫正恶习，逐步养成劳动习惯，成为守法公民。如果他们在劳动过程中，经常发生伤亡事故或身体健康受到较大的危害，就不能达到劳动改造的目的，反而使罪犯对参加劳动生产产生抵触情绪，从而影响劳动改造。由此可见，只有保护罪犯在劳动生产过程中的安全和健康，才能调动他们劳动的积极性和主动性，达到劳动改造的目的。当然，对罪犯实施劳动改造，要具备多种条件，做多方面的工作，罪犯的劳动保护只是其中的一个重要方面。

（五）罪犯劳动保护是监狱生产顺利进行的保证

在监狱生产中，不安全的因素是多方面的，有的是主观的，是管理方面的问题，如监狱领导的官僚主义、对安全工作抓得不紧、罪犯在劳动过程中进行破坏等，这些都是妨碍安全的直接和间接的原因。这些不安全的因素，通过人们的努力，采取各种措施，有的可以控制，有的可以预防。因此，在生产过程中，切实加强劳动保护工作，尽可能地消除各种不安全、不卫生的隐患，实现安全生产，才能保证生产的顺利进行。一旦发生人身伤亡事故，就会打乱正常的生产秩序，影响生产的顺利进行。

三、对罪犯实行劳动保护的方法

对罪犯实行劳动保护，以国家法律法规和制度为依据，以监狱相应的规章制度和具体措施为内容。保护劳动者在生产劳动中的安全与健康，保护劳动力再生产的顺利进行，改善劳动条件，化危险为安全、有害为无害、无序为有序、脏乱为整洁，实现安全、文明生产。劳动保护工作，因行业不同，有各自特点和任务，监狱生产可以从以下三个方面积极地开展工作：

1. 保障生产过程中的人身安全。防止工伤事故和职业病发生，这是我国劳动保护工作的核心。监狱在组织罪犯参加劳动生产的同时，执行劳动保护法律和规定，严禁违反法律法规及制度规定的不负责任、不重视生产安全和危害罪犯人身安全的行为，为罪犯创造良好的劳动条件，保护罪犯的人身安全和健康。

2. 合理确定罪犯的生产时间和休息时间，保障罪犯的休息权。我国《宪法》《劳动法》等法律法规对劳动者的休息权、劳动者的工作时间和休假制度作出明确的规定。在此基础上，《监狱法》对罪犯劳动时间、休息时间也作出相应法律规定，其目的是保障劳动者权益并使劳动力能得到恢复，保持充沛的精力投入再生产。监狱罪犯劳动时间因特殊情况需延长或缩短时，必须经过必要程序在合法合规的情况下进行。擅自加重罪犯劳动强度的做法违反法律法规，侵害罪犯合法休息权，不仅给罪犯带来不必要的痛苦，而且还会给监狱安全生产带来隐患。

3. 对女犯和未成年犯的特殊劳动保护。根据女犯和未成年犯的生理特点，

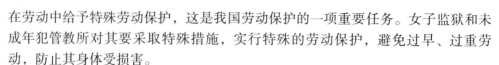

在劳动中给予特殊劳动保护，这是我国劳动保护的一项重要任务。女子监狱和未成年犯管教所对其要采取特殊措施，实行特殊的劳动保护，避免过早、过重劳动，防止其身体受损害。

 学习情境

一、监狱建立劳动保护制度

劳动保护法规是为了保障劳动者的安全健康，根据国家"安全第一、预防为主、群防群治"的安全生产方针，我国全国人大常委会颁布了《劳动法》《职业病防治法》《消防法》《环境保护法》《建筑法》等多部涉及劳动保护和安全生产内容的相关法律。国务院颁发了《建设工程安全生产管理条例》《关于防止厂、矿企业中矽尘危害的决定》《生产安全事故报告和调查处理条例》和《关于特大安全事故行政责任追究的规定》等条例。公安部、劳动部、卫生部颁发了有关防火、防爆、卫生、电气、交通等方面的安全标准和规范规程。所有这些具有法律效力的有关劳动保护的法律法规，都是我国劳动保护工作的法律依据，是做好劳动保护工作的法律保障。凡是玩忽职守、违反法规而发生重大伤亡事故，造成严重后果的责任者，应该受到法律法规的制裁和处理。为了使上述有关劳动保护的法律法规得到贯彻执行，监狱还必须因地制宜地制定相应的规章制度。一般分为两类规章制度：①生产行政管理制度。如安全生产责任制度、安全教育制度、安全生产监督检查制度、工伤事故调查分析处理制度等。②安全技术制度。如安全技术措施制度、安全技术操作规程等。

二、监狱采取安全技术措施

安全技术是指在生产过程中，为了预防伤亡事故，保障罪犯人身安全和改善劳动条件所采取的各项技术措施的总称。监狱生产是现代化大生产的组成部分，罪犯是运用现代化的机器设备进行劳动的。这些设备大部分具有高速、高温、高压等特点，如果设计不合理，使用者对其操作规程认识不足或操作不当，就容易发生事故，导致设备损坏和人身伤害。此外，不同的行业也有不同的生产特点，不同的企业也有不同的生产要求。因此就产生了各种安全技术，如电气技术、起重技术、锅炉压力容器安全技术、防火防爆技术、焊接技术、化工原料运输技术、地下施工技术等，这些技术是针对各种具体问题的。在监狱中，不同产品的生产工艺过程、劳动对象、生产操作方法和生产的外界条件，各有不同的特点，如果不认识和掌握这些特点，也会引起意外事故，危及罪犯安全。因此，任何监狱在任何时候，都要从监狱的生产条件出发，根据各个生产环节的特点，采取各种措施，保证生产的安全。这些，正是安全技术所要解决的问题。

从事不同行业的监狱生产，所面临的安全技术问题也是不同的。比如，机械行业和其他加工装配行业，使用的机器设备、电器设备、动力锅炉等生产手段比较多，因此，特别需要注意各种有关的安全技术问题；煤炭行业和其他采掘行业，特别是那些在地下作业的矿井，在生产过程中，容易发生片帮、冒顶、瓦斯爆炸、跑车等危险，因此，需要加强这方面的防护措施；建材、化工、冶炼行业，高温是突出特点，需要注意防止爆炸和燃烧。比较突出、比较有普遍意义的安全技术主要有：

1. 机器设备的安全技术。机器设备是现代工业企业经常使用的一种生产设备。每个监狱都应当加强这方面的安全技术工作，以免在使用机器设备的过程中发生事故。

2. 电气安全技术。电气作为能源，被广泛地应用于生产的各个领域，在生产过程中，因设备设施及管理、操作等问题导致触电而发生伤亡的事故时有发生，因此，用电安全也是安全生产的重要内容。

3. 动力锅炉和受压容器的安全技术。许多监狱使用蒸汽动力，都是由各种型号的锅炉供应的。这些锅炉的工作压力一般都比较高，如果不注意安全，一旦发生爆炸，就会使罪犯的生命安全和国家财产受到严重威胁。

除了上述几方面的安全技术外，每个监狱还必须根据自己的生产特点，采取其他相应的安全技术措施。例如，冶炼生产中容易发生砸伤、碰伤和轧伤，农业生产中容易发生农药中毒，等等，都应有相应的安全技术措施。有些生产环节繁重的体力劳动比较多，罪犯体力消耗比较大，容易引起工伤，也需要技术革新，减轻体力劳动强度。

三、监狱工业卫生

工业卫生，是为了改善劳动条件，避免有毒有害物质危害劳动者，防止发生劳动者中毒和患有职业病而采取的技术组织措施的总称。它主要解决对劳动者健康的威胁问题。

根据《职业病防治法》第2条规定，职业病是指企业、事业单位和个体经济组织等用人单位的劳动者在职业活动中，因接触粉尘、放射性物质和其他有毒、有害物质等因素而引起的疾病。劳动者在从事生产活动中，机能状态和健康水平可能受到各种因素的影响。生产工艺过程、劳动过程、劳动组织和外界环境中的职业因素对劳动者的健康和劳动能力产生一定毒害而引起的疾病，称为职业中毒。目前，常见的主要职业毒害的种类，按其一般特性可分为：

1. 与生产过程有关的毒害。①化学因素及物理化学因素，主要有生产性毒物、生产性粉尘、放射性元素等；②物理因素，主要包括不良气象条件、电磁辐射、噪音、震动等；③生物学因素，主要是指某些微生物或寄生虫等。

2. 与劳动过程有关的职业毒害。①过长的作业时间；②过大的作业强度；

③不合理的劳动制度；④不合理的劳动组织（如工作时间非常混乱等）。

3. 与工作场所条件有关的毒害。①废料、垃圾未及时清理；②缺少防尘、防毒、防暑的各项设备，或设备不完善；③缺少通风、采暖设备，或虽有设备但效能不好；④照明有缺陷；⑤安全防护设备有缺陷等。

上述这些毒害，如果不采取相应措施，就有可能引起多种职业病，如职业中毒、尘肺（包括煤肺）、热射病和热痉挛、日射病、职业性皮肤病、电光性眼炎、职业性白内障、职业炭疽、职业性森林脑炎等。所以，监狱在组织罪犯劳动的过程中，必须认真严肃地对待工业卫生方面的工作，尽可能地避免罪犯在参加生产劳动中患上各种职业疾病和职业中毒。

某监狱环境保护管理规定

一、防治污染

1. 为加强环境保护，开展"三废"综合治理，应建立监狱安全环保组织体系，日常的环境管理工作由安全管理部门负责。

2. 凡有废水、废渣、废气及噪声排放的车间、部门，应根据《环保法》所规定的"谁污染，谁治理"的原则，积极改善环境，做好综合治理，符合排放标准后，方能进行排放。

3. 凡涉及环保的新建、改建、扩建工程项目，有关设计、施工部门应提出防止该工程对环境影响的报告书，经上级有关部门审核批准后，方能进行设计或建设。其中，防治污染和公害的设施必须与主体工程同时设计、同时施工、同时投产。

4. 外购设备的排污、除尘等指标必须符合国家的有关规定。凡排污超过国家规定标准的，必须同时选用防止污水、烟尘的辅助设施。

5. 对自行设计、制造生产的产品、设备、排污设计，经过鉴定，必须达到国家规定的标准。

6. 本监狱有毒、有害废水，必须经过净化处理，达到国家标准后方能进行排放。

7. 生产过程中产生的超过国家规定的噪声、振动，要限期采取消隔、吸声、防振等措施。

8. 定期开展废水监测。

二、管理

1. 对易跑、冒、滴、漏的设备要加强管理，及时组织检查、修理。部门修理不了的，应及时上报设备管理部门，采取处理措施，防止污染。

2. 对"三废"及噪声治理设备，各单位由设备管理人员负责管理保养，定期检修，确保环保设备设施正常运行。未经安全设备处同意而擅自拆除治理设备或装置的，追究有关人员和部门领导的责任。

3. 安全设备处、行政等有关部门应经常检查疏通各类地下管道和化粪池、小便池等。发现管道淤塞及池便外溢时，应及时采取治理措施。

4. 行政管理部门应搞好监狱绿化，净化空气，种植花草树木，保持生态平衡。

三、经费来源

1. 每年从本企业改造资金中拨出一定比例的经费作为环保经费，由安全管理部门统筹安排，编报计划，专款专用。

2. 省、市环保部门向本监狱收取的排污费中70%返回到企业后，应作治理污染费用。

四、奖罚

1. 凡在防治污染、综合利用、环境保护方面做出显著成绩的部门和个人，按企业奖惩规定，给予一定的奖励并与经济责任制挂钩。

2. 对违反环境保护管理规定并屡教不改者，予以批评并按《中华人民共和国环境保护法》有关规定处理。

 学习项目二　　罪犯劳动现场生产安全防范

🔑 案例导入

某年某月某日，某监狱进行火灾事故应急响应演练。

思考：火灾应急程序应包括哪些内容？

分析：火灾应急程序的内容：

1. 监狱可能出现的火灾种类。

2. 明确可能发生火灾的装置、设备或场所及火灾的后果。

3. 确定各种火灾的灭火方式和使用的消防器材。

4. 监狱重点消防部位的消防器材配备（地点、型号、数量等）。

5. 火灾应急机构及有关人员——总指挥、特殊作用人员（消防队员、急救人员、点验员、危险物品处理专家等）、一般人员的职责。

6. 火灾初起时立即采取的措施（报警、急救、火势控制、保护现场）。

7. 对内警报、对外通报和联络（应急机构、执法部门、邻居、公众、媒体等）。

8. 疏散组织，不同风向时的疏散路线。

9. 重要记录和设备的保护及危险物品的处理。

10. 灭火过程中应急人员应佩戴的防护用品。

11. 应急期间的必要信息：装置布置图、危险物质数据、程序、作业指导书、联络电话号码等。

12. 火灾现场监管安全事项。

知识储备

一、罪犯劳动现场安全生产的概念

罪犯劳动现场安全生产，是指监狱在有关安全生产法律法规、规章制度、文件规范的指导下采取各种安全生产技术和措施，提供安全生产条件、消除安全隐患，在组织罪犯劳动生产的过程中，保护生命和健康安全、财产安全，保证监狱劳动生产正常进行，促进改造罪犯质量和劳动生产率的不断提高的一切活动及措施。根据《安全生产法》第3条规定，我国安全生产方针为"安全第一，预防为主、综合治理"从源头上防范化解重大安全生产风险。我国制定了一系列有关安全生产法律、法规、规章和标准。规范监狱企业安全生产管理，减少监狱内伤亡事故原发生，在完善安全生产法律体系的同时，还需要监狱各部门的领导和监狱民警强化安全生产的意识，切实履行安全生产的责任，从严管理安全生产工作。

二、监狱安全生产教育

监狱安全生产教育有三种形式：即新入监犯人三级安全教育、特种作业人员安全培训和经常性安全教育。

（一）新入监犯人三级安全教育

三级安全教育是指对新入监罪犯人进行工人的厂级安全教育、车间级安全教育和岗位（工段、班组）安全教育，它是监狱企业安全生产教育制度的基本形式。

（二）特种作业人员安全培训

特种作业，是指容易发生事故，对操作者本人、他人的安全健康及设备、设施的安全可能造成重大危害的作业。特种作业教育是指对接触危险性较大的特种作业人员，如电气、超重、焊接、司机、锅炉、压力容器等工种的工人所进行的专门安全技术知识培训。特种作业人员必须通过脱产或半脱产培训，并经过严格考试合格后，才能准许操作。这种培训至少每年一次。根据《特种作业人员安全技术培训考核管理规定》，规范特种作业人员的安全。特种作业人员必须经专门的安全技术培训并考核合格，取得《中华人民共和国特种作业操作证》（以下简称《特种作业操作证》）后，方可上岗作业。

1. 特种作业范围：①电工作业；②焊接与热切割作业；③高处作业；④制冷与空调作业等。另外，在新工艺、新技术、新设备、新产品投产前，也要按新的安全操作规程，教育和培训参加操作的岗位工人和有关人员。

2. 特种作业人员必须具备以下基本条件：

（1）年满18周岁，且不超过国家法定退休年龄。

（2）经社区或者县级以上医疗机构体检健康合格，并无妨碍从事相应特种作业的器质性心脏病、癫痫病、美尼尔氏症、眩晕症、癔病、震颤麻痹症、精神病、痴呆症以及其他疾病和生理缺陷。

（3）具有初中及以上文化程度。

（4）具备必要的安全技术知识与技能。

（5）相应特种作业规定的其他条件。

3. 特种作业的培训与考核。特种作业人员应当接受与其所从事的特种作业相应的安全技术理论培训和实际操作培训。

（1）特种作业学员必须在严格的指导下从事实际操作，严禁单独上岗操作。

（2）特种作业指导人对特种作业学员实习期间的培训负有全面的责任。

（3）特种作业学员每半年接受一次相关工种的安全技术考核，经考核合格后，可继续从事特种作业的工作。

（4）持有学员证满12个月的人员，所在部门及个人应向监狱提出正式参加特种作业安全操作证的申请。

（5）申请特种作业取证人员，备齐培训所需的材料，按时间要求参加相应工种培训。

（6）安全培训主要培训法律、法规、操作标准、事故案例和有关新工艺、新技术、新装备等知识。

（7）特种作业人员经过培训考核合格后，由主管部门下发《特种作业操作证》。

（8）《特种作业操作证》每3年复审1次。有下列情形之一的，复审或者延期复审不予通过：①健康体检不合格的；②违章操作造成严重后果或者有2次以上违章行为，并经查证确实的；③有安全生产违法行为，并给予行政处罚的；④拒绝、阻碍安全生产监管监察部门监督检查的；⑤未按规定参加安全培训，或者考试不合格的；⑥具有其他规定情形的。

（9）有下列情形之一的，考核发证机关应当撤销特种作业操作证：①超过特种作业操作证有效期未延期复审的；②特种作业人员的身体条件已不适合继续

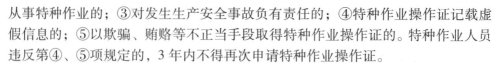

从事特种作业的；③对发生生产安全事故负有责任的；④特种作业操作证记载虚假信息的；⑤以欺骗、贿赂等不正当手段取得特种作业操作证的。特种作业人员违反第④、⑤项规定的，3 年内不得再次申请特种作业操作证。

（三）经常性安全教育

经常性安全教育，要在生产过程中自始至终坚持。一般的教育方法是民警班前布置、班中检查、班后总结，使安全教育制度化。重点设备或装置大修，应进行停车前、检修前和开车前的专门安全教育，安技部门应配合主管部门和检修单位进行教育，以确保安全检修。监狱集中力量确保安全检修。对重大危险性作业，施工部门和安技部门在作业前必须按预定的安全措施和要求，对施工人员进行安全教育，否则不能作业。另外，还要进行必要的"离岗安全教育""复工安全教育"等，以确保安全生产。经常性的安全教育是安全控制的有效措施，经常性的安全教育有多种形式。

1. 利用班前会和班后会强调安全注意事项。民警在班前会上，进行较为透彻的危险点分析，向罪犯讲清危险点在哪里，并将其落实到人，要有专人对工作上的危险点进行控制、监督；在班后会上，要及时总结工作中的得失和危险之处，提醒罪犯在以后的工作中注意克服。

2. 熟记安全规程。根据罪犯的工作岗位，发放相关专业的安全规程，做到人手一册，要求熟记安全条款，并随时进行现场考问抽查。

3. 安全检查。养成工作前和工作中主动检查是否符合安全要求的良好习惯。

4. 及时沟通，把好安全检查关。分监区主管民警和罪犯生产班组长、安全员应每天开安全生产碰头会，民警及时了解查明罪犯班组反映的安全情况。在每项技改工作中，详细制定施工方案、审批表、验收单、技术报告等，做好验收总结工作，从组织措施、技术措施、安全措施等方面予以确保，消除危险源和危险点，严把安全检查关。

5. 监区召开事故现场会，有针对性地进行安全教育。监区就本部门发生的事故及时召开事故现场会，进行讨论，分析造成事故的原因及教训，提出整改方案。让每名罪犯记住事故原因和教训，预防和减少事故的再次发生，认真制订并落实反事故措施和安全技术措施计划。

6. 加强宣传，开展竞赛。组织开展安全技术交流，在班组与班组、个人与个人之间，开展安全生产竞赛活动，强化"安全生产无小事"的思想意识，采取办墙报、写简讯、电视媒体宣传报道、发放安全用电知识和有关法律、法规知识的小册子等有效形式，大力宣传安全活动，树立关爱生命、热爱健康的思想意识。

拓展训练

一、材料分析

枣庄监狱实现安全生产 18 周年[1]

枣庄监狱牢固树立安全首位意识，坚决贯彻上级工作部署，提高安全生产组织管理水平，实现疫情防控和生产安全一体推进，实现安全生产 18 周年。

不断完善责任机制。及时调整监狱安委会、消防安全委员会及双体系建设机构，完善安全生产权责规定，制定安全生产工作任务分工和全员安全生产责任清单，逐级签订安全生产目标责任书，实行安全责任实名制和一票否决制，层层传导责任压力。修订完善安全管理制度 49 项并汇编成册，制定 34 类工种技术操作规程和消防设施、设备操作规程，修订涵盖 8 个专项预案、16 类现场处置方案的综合预案。严格劳务加工项目准入条件，加强加工项目环境影响、生产条件、保障措施等方面的综合安全评估，确保符合国家产业政策和环保标准。

持续推进双体系建设。不断完善安全风险管控体系，结合季节性特点和加工生产特点，围绕人、物、环境和管理，每季度对所有作业活动和设备设施逐项进行安全评估，判定风险等级。坚持完善安全隐患排查整治体系，围绕消防安全、用电安全、危化品管理、生产现场管理等重点，经常性组织警务督察、综合检查和专项检查，并排查整改各类问题隐患，逐条登记，分列归类整理。加强生产管理，落实规范化操作规程，专业安全技术人员组织服刑人员安全培训并跟班指导，值班干警现场巡查安全规程落实情况。严格落实危化品专库存放、专人管理、专人领用等制度，堵塞安全漏洞。加强应急体系建设，完善安全事故应急处置预案，坚持监区每月、监狱每季度开展演练，推进与驻地消防救援、气象等部门联动，有效纳入地方应急管理体系。

营造浓厚文化氛围。加强安全生产法规宣传贯彻，开展"安全生产月"和《安全生产法》宣贯等活动，监狱主要负责人、分管负责人和安全管理干警等各个层级分别讲好"开工第一课"，不断提升全员安全素质。制定年度安全培训计划，定期组织安全管理人员及中层主要负责人常态化接受安全培训，重点部位人员全部持证上岗。邀请安全生产专家通过视频教育等形式开展技术操作、消防自救、职业病防治等知识培训。用好育新网、广播站、育新报等媒介，加大宣传力度，利用每周三学习日抓好服刑人员安全法规以及安全知识、安全技能应会必会

---

[1] 山东省枣庄监狱："枣庄监狱实现安全生产 18 周年"，载澎湃政务，https://m.thepaper.cn/baijiahao_17873079，访问时间：2022 年 4 月 29 日。

宣传教育，积极营造浓厚安全生产文化氛围。

 学习情境

一、建立安全生产技术保障

（一）安全生产技术的分类

罪犯在从事生产劳动过程中，为预防各类事故发生所采取的各种技术措施，称为安全生产技术。安全生产技术因产业的性质与使用的机器设备的性质不同而多种多样，一般按以下两种性质分类：

1. 按产业性质来分，有煤矿安全生产技术、冶金安全生产技术、化工安全生产技术、建筑安全生产技术、运输安全生产技术等。

2. 按机器设备性质来分，有电气安全生产技术、起重安全生产技术、锅炉与受压容器安全生产技术、焊接安全生产技术、机械安全生产技术等。

安全生产技术不论从产业性质还是从机器设备性质来分，都应根据它的自身特点，研究它的固有规律，采取预防手段，保证安全生产、保证人身安全、保护国家财产。

（二）安全生产技术的任务

安全生产技术的基本任务是：

1. 分析生产过程中引起伤亡事故的原因，采取各种安全技术措施、改善劳动条件、消除事故隐患、预防事故发生。

2. 收集整理各种资料信息，及时制定有关安全生产的制度、规程、标准，并确定专门的安全生产人员。

3. 编写对罪犯进行安全生产教育和安全技术宣传的材料，负责对罪犯进行全员培训。

二、安全生产组织保障

建立安全生产管理体系。为保障监狱生产过程的安全，监狱必须建立健全安全生产管理体系。在该体系中，首先，监狱要成立安全生产领导小组，组长由监狱"一把手"担任，负责对全监狱安全生产工作进行统一管理和协调；其次，要设置安全生产专门机构，日常指导和监督全监狱各部门、各环节的安全生产工作；最后，各监区或分监区都要配备专职或兼职安全生产管理人员（必须由监狱人民警察担任），负责该监区或中队的安全生产工作。每个生产班组也必须指定安全员，督促、检查本班组的安全生产工作。所有专职或兼职安全生产管理人员，必须具备安全生产专门知识，具有领导安全生产和处理一般事故的能力，要有高度的责任心和事业心。这样才能形成监狱、监区、班组多级管理体系，形成全监狱的安全生产工作"层层有人负责、事事有人管理"的局面。

三、安全生产制度保障

(一) 安全生产责任制

安全生产责任制，是监狱生产最基本的一项管理制度，也是安全生产规章制度的核心。它根据"管生产的必须管安全"的原则，对监狱的各级领导、职能部门、管理罪犯劳动的人民警察、工程技术人员和从事劳动生产的罪犯在生产过程中应负的安全责任，明确地加以规定。有了这个制度，安全生产劳动才能从组织领导上统一起来，才能使监狱的安全生产工作真正地做到责任到人、齐抓共管的局面。

(二) 安全生产检查制度

安全生产检查是指为保障监狱生产安全，对易于或可能发生危险事故的生产场所部位进行检查的专门活动。安全生产检查制度是发动全体管理人员和罪犯检查隐患、消除不安全因素的有效办法。通过检查，互相促进，做到及时发现问题，堵塞漏洞，保证安全生产。

安全检查的方式依据不同的分类方式可分为：定期检查和不定期检查、专业检查和群众性检查、全面检查和专题检查。这些检查应形成制度，在一般情况下，要求监狱每季度检查一次，生产班组结合周末清扫组织检查，每个罪犯每天上岗前自检一次。安全生产检查的内容主要有：①从思想和管理方面入手，查思想、查制度、查纪律；②检查安全技术措施执行情况，如设备的安全装置和工业卫生设备是否良好；③安全操作规程制度的执行情况，生产设备特别是电气、运输、锅炉、受压容器和安全作业工具是否定期检修；④个人防护用器的正确使用情况是否符合安全要求等。

(三) 安全生产教育制度

为了更好地贯彻执行安全生产的各项制度和安全技术操作规程，增强每个罪犯的安全生产意识，必须经常性地开展安全生产教育，使安全生产教育制度化。开展安全生产教育应该从经常性的安全生产教育、新入监罪犯和调动工作岗位罪犯的安全生产教育、特殊危险工种罪犯的安全生产教育三方面进行。

经常性的安全生产教育，就是要求带班的管理人员和负责安全的有关人员经常运用各种形式讲解和宣传安全生产制度、操作规程，制定切实可行的安全生产措施，表扬安全生产中表现好的罪犯，查找隐患，杜绝违章作业，随时警惕事故的发生。

新入监罪犯的安全生产教育应与上岗培训一并进行，使罪犯在掌握基本技能的同时，熟悉工作环境，了解操作设备的性能、保险装置、安全知识；明确劳动现场的具体要求，易发生事故的部位和安全措施；能够按规定要求使用各种防护用品；等等。调动工作岗位罪犯的安全生产教育要同新入监罪犯一样进行，待达到上岗的各项要求后，才准其独立上岗操作。

对从事特殊危险工种的罪犯，要进行严格的训练和考核，考核合格者可发给特殊工种操作证书，无证的绝不能从事特殊危险工种作业。

除上述主要制度以外，各监狱可根据本单位实际需要制定制度。所有这些制度对监狱生产过程中的安全、稳定都起着重要作用。

四、安全生产责任追究

当监狱在工作指导思想上存在严重偏差，对安全生产重视不够、措施不力时，安全事故就会发生。为了杜绝重大事故，教育全体管理人员和从事生产的各类人员，对生产安全事故负有责任的有关单位和个人应追究其相应的责任。

根据有关法律、法规和制度的规定，对生产安全事故负有责任的有关单位和个人可能承担的责任有民事责任、行政责任、刑事责任三种。承担民事责任的方式主要有排除妨害、消除危险、赔偿损失等。承担行政责任的方式有两种：一是行政处分，二是行政处罚。行政处分是行政机关内部，上级对有隶属关系的下级违反纪律的行为或者是对未构成犯罪的轻微违法行为给予的纪律制裁，具体方式有：警告、记过、记大过、降级、降职、撤职、留用察看、开除。行政处罚是行政机关因行政相对人违反了行政法规而给予的法律制裁，具体方式有：警告、罚款、没收违法所得、没收非法财物、责令停产停业、暂扣或者吊销许可证和执照、行政拘留等。承担刑事责任是行为人实施刑法规定的犯罪行为所产生的法律后果。刑罚是实现刑事责任的基本方式，它分为主刑和附加刑。主刑分为管制、拘役、有期徒刑、无期徒刑和死刑；附加刑主要有罚金、剥夺政治权利、没收财产等。

在监狱中承担生产安全事故的责任人，一般指监狱的主要负责人、直接主管人和直接责任人员。这三类人均对生产安全事故的发生负有直接领导责任或主要责任。此外，监狱的主管上级领导和各级负有安全生产监督管理职责的部门领导和工作人员，对发生的安全生产事故也应当承担领导责任和管理责任。一旦发生生产安全事故，在处理完事故之后，对发生事故的责任要进行科学的分析，对有关责任人必须予以严肃处理。触犯法律的，应依据有关法律规定进行民事和刑事处罚；未触犯法律的，应当依照有关规定予以行政处分或行政处罚。

一、问题解决

1. 监狱对安全生产认识不足问题的解决。对安全生产重要性的认识问题，上至监狱领导，下至每一位民警、监狱服刑人员，对监狱安全要牢固树立"安全第一"的思想，从维护监狱安全稳定这个大局出发，认识搞好安全工作的极端重要性。①正确处理安全生产与其他工作的关系。监狱领导应站在"安全是监狱工作的前提"的高度来重视安全生产工作，安全生产工作不只体现在文件上，还要体现在实际工作中。②正确处理安全与经济效益的关系。当安全与效益发生矛盾时，要重安全、再重效益。③监狱应维护罪犯的合法权益，关心罪犯的身心健康，爱护罪犯劳动力。应消除不正确认识的存在，解决监狱安全生产工作的最大隐患。

2. 监狱生产现场管理隐患问题的解决。全国监狱工伤死亡的人员中，由于生产现场管理不善造成的事故就占 86%，是目前监狱安全事故发生的最主要因素。监狱生产现场管理的好坏直接关系到安全生产状况的好坏。监狱应长期坚持生产现场管理的有关制度规定，逐项落实管理措施，提高生产现场管理水平，整顿现场管理，消除安全生产带来的诸多隐患。

3. 安全生产管理制度不健全问题的解决。监狱安全生产管理制度应按监狱安全生产工作的实际，及时制定调整，结合监狱特点和自身实际进行系统、有机的消化吸收，形成一套行之有效的制度、办法。适应监狱安全生产管理制度和《安全生产法》的新要求，对安全生产工作中出现的新情况、新问题认真研究，具体制定整改措施，安全工作不留死角。

4. 监狱安全生产条件差问题的解决。监狱布局调整后，监狱逐步从一些安全生产风险较大的行业退出，但是，还有一些从事高危行业生产的监狱没有完全掌握安全生产工作规律，没有采取有针对性的防范措施，特别是部分新上项目和劳务项目，人为地导致安全生产隐患。安全生产条件改善，才能提高安全系数。监狱不能挪用安全投入资金，同时，要加大监狱安全生产投入，改善监狱安全生产条件。

5. 监狱安全生产监督管理机构不健全问题的解决。按照《安全生产法》的要求，设置安全生产机构。监狱对安全生产管理人员设置有效的激励机制和约束机制，明确责、权、利。在监狱体制改革实施监企分开的过程中，把安全生产监管职能与监狱企业齐抓共管，使监狱安全生产工作受到重视和加强；按照《安全生产法》的相关规定，结合监狱管理体制的特点，依法接受当地安全生产管理机构的监督检查，完善事故报告及善后处理机制。

二、案例分析与讨论

某监狱服装车间发生重大火灾事故，重伤 3 人，直接经济损失达五十余万元。该厂房是一栋三层钢筋混凝土建筑。一楼为裁床车间，内用木板和铁栅栏分隔出一个库房。库房内总电闸的保险丝用两根铜丝代替，穿出库房顶部，且搭在铁栅栏上的电线没有用套管绝缘，下面堆放了 2 米高的布料和海绵等易燃物。二楼是手缝和包装车间及办公室。三楼是成衣车间。车间实施封闭式管理，唯一的上下楼梯平台上还堆放有杂物；楼下 4 个门，2 个被封死，1 个用铁栅栏与厂房隔开，只有 1 个供罪犯上下工进出，全部窗户外都安装了铁栏杆。

起火原因是库房内电线短路时产生的高温熔珠引燃堆在下面的易燃物。起火初期火势不大，有罪犯试图拧开消火栓和用灭火器灭火，但因不会操作未果。火势迅速蔓延至二、三楼。一楼人员全部逃出。二、三楼约三百多名罪犯，慌乱逃生。由于要下楼梯、拐弯、再经通道才能逃出厂房。路窄人多，浓烟烈火，致使人员中毒窒息、严重灼伤，造成重大事故。

经调查确认以下事实：

1. 该车间电工无证上岗，车间长期超负荷用电，电线、电器安装不符合有关安全规定的要求。

2. 监狱平时未对罪犯进行安全防火教育培训。发生火灾时，未指挥罪犯有序撤离。

3. 多处违反消防安全规定。对于消防部门所发的"火险整改通知书"，未认真整改，留下重大火灾隐患。

试根据上述材料：

1. 分析火灾的直接原因、造成重大人员伤情的主要原因和间接原因。

2. 根据有关法律法规，提出处理建议。

3. 提出整改措施。

分析： 1. 直接原因：库房电线短路引燃易燃物而蔓延成灾。一楼裁床车间内设置库房，用可燃物（木板）隔开，加之厂房平时没有安全防火教育培训，罪犯自救能力差，是火灾迅速蔓延扩大的主要原因。违反消防安全一系列规定（如安全出口、疏散通道等），使得发生火灾时，罪犯无法迅速撤离，是造成重大人员伤情的主要原因。

主要原因：

（1）监狱没有履行安全生产职责，在不符合安全生产的条件下进行生产；平时缺乏安全管理及安全教育。

（2）监督部门没有履行安全监督管理职责。在消防整治小组发出"火险整改通知书"后，没有督促及时整改。

（3）消防部门派出的整治小组，在检查该厂火险中，虽然发了"火险整改通知书"，但督促整改不力。

2. 处理意见：

（1）根据《安全生产法》和《消防法》的有关规定，追究监狱主要负责人的法律责任或行政责任。

（2）根据《安全生产法》和《消防法》的有关规定，追究监狱相关负责人、管理人员及其他从业人员的法律责任或行政责任。

（3）根据国务院 302 号令《关于特大安全事故行政责任追究的规定》，追究监管监督部门负责人和有关主管人员的法律责任或行政责任。

（4）根据《安全生产法》第 77、78 条和《消防法》的有关规定，追究消防整治部门的法律责任或行政责任。

3. 整改措施：

（1）监狱从上到下教育民警与罪犯树立"以人为本、安全第一"的思想，履行各自的安全责任。

（2）安全生产监督管理部门及消防主管部门应按照有关法律、法规的规定，对监狱的安全生产和防火情况进行有效的监督检查。不符合安全生产条件时，不予进行生产。

（3）应按照有关法律法规标准规定的要求，在开工前具备安全生产条件，并经有关部门批准后，方可从事生产。

（4）应按照有关法律法规标准规定的要求，加强安全管理和安全教育培训，提高所有人员的安全素质。

监狱规章制度拓展

某某监狱安全生产规定

一、安全意识与安全行为

1. 安全生产，人人有责。各有关人员必须加强法制观念，认真贯彻执行党和国家有关安全生产、劳动保护的法律、法令、法规。严格遵守安全技术操作规程和各项安全生产规章制度。

2. 积极参加各项安全生产活动。主动提出改善劳动条件、防止伤害事故的建议或意见，出现不安全因素及时汇报。

3. 对不符安全要求，有严重危险的厂房、生产线、设备、设施等，有权向上级报告。遇有严重危及生命安全的情况，有权停止操作，并及时报告领导处理。

4. 操作人员未经三级安全教育或不合格者，不准参加生产或独立操作。电气、起重、冲压（剪）、木工平刨、车辆的驾驶、锅炉、压力容器、焊接（割）、登高架设，爆破等特种作业人员，均应经安全技术培训和考试合格，持特种作业许可证操作。外来参观学习人员，应接受安全教育，由有关人员带领。

二、生产现场

1. 进入作业场所，必须按规定穿戴好防护用品。要把过长（拖过颈部）的头发放入帽内，操作旋转机床时，严禁戴手套或敞开衣袖（襟），不准穿脚趾及脚跟外露凉鞋、拖鞋，不准赤脚赤膊，不准系领带或围巾。尘毒作业人员在现场工作时，必须戴好防护口罩或面具，在能引起爆炸的场所，不能穿能集聚静电的服装。

2. 操作前应检查设备或工作场地，排除故障和隐患，确保安全防护、信号连锁装置齐全、灵敏、可靠，设备应定人、定岗操作，对本工种以外的设备，须经有关部门批准，并经培训后方可操作。

3. 工作中应集中精力、坚守岗位，不准擅自把自己的工作交给别人，二人以上共同工作时，必须有主有从，统一指挥，工作场所不准打闹、睡觉和做与本职工作无关的事，严禁酗酒者进入工作岗位。

4. 凡运转的设备，不准跨越、横跨运转部位传递物件；不准触及运转部位；不得用手拉、嘴吹残屑，不准站在旋转工件或可能爆裂飞出物件、碎屑部位的正前方操作、调整、检查、清扫设备，装卸、测量工件或需拆卸防护罩时，要先停电关车；不准无罩或敞开防护罩开车；不准超限使用设备；工作完毕或中途停电，应先切断电源，才准离岗。

5. 修理机械、电气设备前，必须在动力开关处挂上"有人工作，严禁合闸"的警示。必要时设人监护或采取防止意外接通的技术措施。警示牌必须谁挂谁摘，其他工作人员禁止摘牌合闸。一切动力开关在合闸前应细心检查，确认无人检修时方准合闸。

6. 一切电气、机械设备及装置的外露可导电部分，除另有规定外，必须有可靠的接（零）地装置保护其连续性。非电气工作人员不准装修电气设备和线路。使用 I 类手持电动工具必须绝缘可靠，配用漏电保护器、隔离变压器，并戴好绝缘手套后操作。行灯、机床、钳台局部照明应用安全电压，容器内和危险潮湿地点不得超过 12V。

7. 行人要走指定通道，注意警示标志，严禁贪近道跨越危险区，严禁攀登吊运中的物件，严禁在吊物、吊臂下通过或停留，严禁从行驶中的机动车辆中上车、跳下、抛卸物品，车间内不许骑自行车。在厂区路面或车间安全通道上进行土建施工，要设安全遮拦和标记，夜间设红灯。

8. 高处作业、带电作业、禁火区动火、易燃或承载压力的容器内、管道动火施焊、爆破作业、有中毒或窒息危险的作业，必须向安全办办理申批手续，并采取可靠的安全防护措施。

三、设备、设施

1. 安全、防护、监测、信号、照明、警戒标示、防雷接地等设施，不准随意拆除或非法占用，消防器材、灭火工具不准随便动用，其安放地点周围，不准堆放无关物品。

2. 对易燃、易爆、有毒、放射性和腐蚀性等物品，必须分类妥善存放，并设专人管理。易燃易爆等危险场所，严禁吸烟和烟火作业。不得在有毒、粉尘作业场所就餐、饮水。

3. 变电室、配电室、液化气站、空压机房、锅炉房、油漆房、危险品库等要害部位，非岗位人员未经批准严禁入内。在封闭厂房（空调、净化部）作业和深夜班、加班作业时，必须安排两人以上一起工作。

4. 生产过程产生有害气体、液体、粉尘、渣滓、放射线、噪声的场所或设备设施，必须使用防尘、防毒装置和采取安全技术措施，并保持可靠有效，操作前应先检查和开动防护装置、设施，运转有效方能进行工作。

5. 搞好生产作业环境和安全卫生，保持厂区、车间、库房的安全通道畅通，现场物料堆放整齐、稳妥、不超高，及时清除工作场地的粉尘、料和工业垃圾。

6. 新安装的设备、新作业场所及经过大修或改造后的设施，需经安全验收后，方可进行生产作业。

7. 严格交接班制度，重大隐患必须记入值班记录，末班下班前必须切断电源、气（汽）源，熄灭火种，检查、清理场地。

8. 发生重大事故或恶性未遂事故，要及时抢救，保护现场，并立即报告领导、主管部门和上级部门。

9. 各类操作人员除遵守以上内容外，还必须遵守本工种安全操作规程。

学习项目三　　罪犯劳动人身安全

案例导入

某月某日某时，罪犯王某在生产车间劳动，因违章作业，致使其被机器压伤后截肢，造成重伤。

思考：王某违章操作是否构成工伤？

分析：《监狱法》第73条规定："罪犯在劳动中致伤、致残或死亡的，由监狱参照国家劳动保险的有关规定处理。"司法部的《罪犯工伤补偿办法（试行）》第7条规定："罪犯在下列情况下致伤、致残或死亡的，应当认定为工伤：（一）从事日常劳动、生产或从事监狱临时指派或同意的劳动的；（二）经监狱安排或同意，从事与生产有关的发明创造或技术革新的；（三）在紧急情况下，虽未经监狱指定，但从事有益于监狱工作或从事抢险救灾救人等维护国家和人民群众利益的；（四）在劳动环境中接触职业性有害因素造成职业病的（职业病种类、名称按国家有关规定执行）；（五）在生产劳动的时间和区域内，由于不安全因素造成意外伤害的，或者由于工作紧张突发疾病死亡或经第一次抢救治疗后全部丧失劳动能力的；（六）经监狱确认其他可以比照因工作、残或死亡享受工伤补偿待遇的。"

王某的行为系在劳动场所、劳动时间完成监狱布置的生产任务，该行为是劳动行为，具有劳动性质，在监狱劳动中受伤就应该认定为工伤。

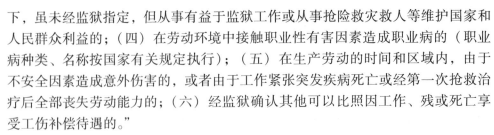

一、事故与工伤事故

（一）事故与工伤事故的概念

"事故"是指在一定条件下发生的、使人身受到伤害或机器设备受到损毁的意外的随机事件。"工伤事故"是指在工作时间、工作区域范围内受到外力作用而发生的与生产（工作）有关的伤害事故（包括人身伤害、中毒、中暑等）。罪犯工伤事故指罪犯在从事生产劳动中或在生产领域内，因生产原因发生的伤亡事故。一般包括急性中毒事故或罪犯虽不在生产劳动岗位，但由于监狱生产设备或劳动条件不良而引起的伤亡。

（二）因工伤亡事故和非因工伤亡事故的区别

因工伤亡事故是罪犯在劳动工作时间、生产岗位上发生的与生产或工作相关的人身伤亡事故，包括轻伤、重伤、死亡、急性中毒等。只有同时具有以上三个基本要素，才能认定为因工伤亡事故，缺少任何一个要素都属非因工伤亡事故。

二、罪犯伤亡事故发生的因素

罪犯在生产劳动中发生伤亡事故的因素是多方面的、复杂的。例如，生产环境存在着对罪犯安全不利的因素，可能引起伤亡事故的发生；工具、机器设备、工艺过程、操作方法有缺陷，可能引起伤亡事故的发生；罪犯在劳动过程中心理或生理状态受到影响，可能引起伤亡事故的发生；自然突变和罪犯人为破坏以及其他难以预料的特殊情况也可能引起伤亡事故的发生。

一般把事故因素分为直接因素和间接因素两种。直接因素概括为五个方面：①机械作用。由于外力的机械作用而引起的事故种类很多。②化学物质作用。许多化学物质作用于皮肤、粘膜、中枢神经、呼吸器官、血液等可引起多种伤害和中毒。③热作用。包括由于直接或间接接触高温物体所引起的灼伤、烫伤，由于低温缺乏保暖设备和措施所引起的冻伤。④爆炸作用。机械、化学和热效应的联合作用可引起伤亡事故。⑤电流作用。包括由于接触带电物体，电流通过人体而引起的电击和电伤。

除上述直接因素以外，还有某些间接因素。例如，在高温环境，人的注意力降低，反应速度迟缓，精确度降低，出汗多，人体导电性增加；在低温环境，手脚冻僵，动作不灵活；工作地点通道照明不足或不合理，影响视力，妨碍行动；强烈而持续的噪声、震动，影响人的注意，听不清楚音响的信号；作业场所粉尘弥漫，影响视线；劳动时间长，劳动者过度疲劳，精力不足，瞌睡；等等。上述种种因素都可能促成伤亡事故的发生。

三、工伤事故的分类

1. 工伤事故按伤害性质主要可分为：①机械伤。由于机械力作用造成伤亡事故，如机械轧伤、绞伤、冲剪伤、割伤、撞伤等。②化学伤。由于接触酸碱等化学物品而引起的化学灼伤。③温度伤。由于接触火焰、高温或低温物而造成的烧伤、烫伤或冻伤。④电击伤。由于接触带电部分而引起的电击或灼伤。

2. 工伤事故按其伤害程度可分为：①轻伤。一般是指伤害较轻，达不到重伤事故范围的伤害事故。②重伤。因工伤造成残废或局部残废。③多人事故。一次事故同时伤及 3 人或 3 人以上的事故。④死亡事故。是指当场死亡或经医治无效而死亡的事故。

 学习情境

一、工伤事故的报告

罪犯在劳动过程中发生了工伤事故，应根据国务院《生产安全事故报告和调查处理条例》和国家有关部门的有关规定进行及时报告。报告的方法和要求是：

1. 罪犯凡在休工满一个劳动日以上的轻伤事故，由监区长组织带工监狱人民警察、安全技术员等有关人员进行调查，分析原因，拟订改进措施，指定专人限期贯彻执行。同时，认真填写事故报告，在事故发生后 2 天内报监狱安全技术部门。

2. 如发生多人重伤、死亡事故时，最先发现的人员应立即报告监区长，监区长应立即报告监狱领导和安全技术部门，迅速组织抢救，并保护好现场。监狱领导应立即将事故概况（包括事故发生时间、伤亡人数、伤亡程度、事故简要经过和原因）用电话、电传或其他快速办法向监狱局及有关部门报告，在监狱党委领导下，由监狱长组织有关部门成立调查小组迅速进行调查，调查后，必须确定事故原因，拟定改进措施，提出对事故责任者的处理意见，写出事故调查处理专题报告，上报监狱局及有关上级部门。对于一次死亡 3 人以上的重大事故和一次死亡 10 人以上的特别重大事故的调查处理报告，还要同时报送司法部及国家有关部门。

3. 各监狱基层单位对砂轮破碎、工具零件飞出、吊运断绳、倒塌、触电、火警、爆炸等性质恶劣、情节严重但没造成伤亡的重大未遂事故，必须立即报告安全技术部门（火警、爆炸等同时报告消防部门），严肃认真地组织调查处理。

4. 监狱安全技术部门应定期填写伤亡事故报告表，经监狱领导审批后报上级主管部门。

5. 各级领导应对工伤事故的调查、报告的正确性和及时性负责。如果有隐瞒不报、虚报或者故意延迟报告等情况，除责成补报外，责任者应受到处理，情节严重的还要追究刑事责任。

二、工伤事故的调查分析

对罪犯生产劳动过程中的工伤事故，必须进行认真的调查分析，只有从思想、管理和技术上查明事故的真实原因，才能采取切实有效的改进措施，防止重复事故的发生。工伤事故的调查分析，是一项复杂细致的工作，各级领导和安全技术人员只有深入现场，依靠群众，做好耐心细致的工作，才能查清事故的真正原因。工伤事故的调查分析一般要经过以下步骤：

1. 询问伤员。只要伤员的体质及心理状态许可，就应当尽早让伤员自己叙述或回忆事故发生的经过，以及导致事故的原因。如果伤员处于不能提问的状态，那么一旦恢复正常状态，就应尽早询问。

2. 询问事故现场的人证（目击者）。对事故现场的人证，应当分别仔细询问事故发生的有关情况。证人的证词中有任何互相矛盾的地方，应当立即调查核实，以便找出真正原因。

3. 检查现场。事故现场各种物品的位置和摆设，如工具、设备、用品的位置和一切异常状况都要立即记录下来，对于较为复杂的事故环境，应绘制现场图或摄影，以备进一步调查时使用。

根据上述调查的结果，如果被调查者采取合作的态度，取得的结果又合理准确，便可以得出事故原因的结论。

三、工伤事故结果的处理

根据发生事故的主要原因，单位必须及时做出处理。①要采取针对性改进措施，一般应包括：排除危险或致险物；提供预防事故的保护装置；制定预防事故的新规定、新制度，避免类似事故再度发生。②要分析事故责任，对造成事故的责任者进行处理。对严重违反安全生产制度和劳动纪律的罪犯，要依法惩处；对工作不负责、严重失职，以致造成严重事故的监狱人民警察，也必须追究责任，情节特别严重的，以党纪国法论处。事故责任分为：

1. 监狱管理人员及领导责任：①不及时发出指令；②指令错误；③发生事故人员对规范或指令不理解；④个人安全装备不全（安全带、护目镜、安全帽、面罩等）；⑤误用工具或未提供安全工具或设备；⑥装备未事先检查；⑦方法错误；⑧计划错误；⑨仓促行事。

2. 发生事故罪犯本人的责任和其他罪犯的责任：①不愿意劳动而进行破坏；②已提供适当工具但不使用；③面具、护目镜、安全帽等安全装备不使用；④不适当地使用工具或设备；⑤使用不安全的工具或设备；⑥和他人打闹或嬉戏；⑦故意不遵守指令或操作规范；⑧思想不集中；⑨技术不熟练；⑩个人身体体质不良；⑪操作时个人身体位置不对；⑫操作方法错误；⑬由于他人的动作造成（互相配合不好）事故。

3. 监狱工伤事故报告。事故发生的调查、处理最终要写出详细的报告，报告的内容包括：①对事故的记录（时间、地点等）；②有关伤员的各种材料；③事故发生经过记录；④工伤种类及性质（受伤部位、致残手段等）；⑤事故原因及责任分析；⑥对事故责任者的处理意见或决定；⑦提出避免类似事故再度发生的建议和措施。

总之，在生产过程中发生意外事故时必须认真对待，严肃处理，坚持"三不放过"，即事故原因分析不清不放过，事故责任者和其他人没有受到教育不放过，没有制定出防范措施不放过，一定杜绝类似事故再次发生。

四、预防伤亡事故发生的措施

绝大多数伤亡事故可以预防和避免。利用现有技术条件，不断改善罪犯劳动条件，消除不安全因素，控制伤亡事故，预防伤亡事故的安全技术措施：

1. 改进生产工艺过程，实行机械化、自动化。机械化、自动化不仅是发展生产的重要手段，也是安全技术措施的根本途径。

2. 正确地安装设备安全装置。安全装置包括防护装置、保险装置、信号装置和安全色标四种。

3. 定期或不定期地对设备进行预防性的机械强度试验及电器绝缘检验。

4. 严格遵守技术操作规程，对机器设备进行维护保养和有计划的检验。

5. 工作地点的合理布置与整洁。工作地就是罪犯使用机器设备、工具及其他辅助设备对原材料和半成品进行加工的地点。完善工作地组织与合理的布置工作地点，并经常保持整洁，不仅能够促进生产，还是保证罪犯安全与健康的必要条件。

6. 个人防护用品的供应。个人防护用品是为了在生产中预防事故、保护罪犯身体安全健康所采取的一种辅助措施。一般在已采取的主要措施仍不能消除有害影响时才采用。

7. 制定与贯彻安全技术操作规程，普及安全技术知识，遵守劳动纪律。

拓展训练

一、案例分析

某监狱企业，制定了如下安全管理制度：安全生产责任制度、安全生产教育培训制度、安全生产检查制度、防爆设备安全管理制度、危险品管理制度、重大危险源管理制度。请问：该监狱的安全生产管理制度是否健全？如不健全，请补充。

分析：缺少以下制度：安全操作规程制度，应急预案制度，动火制度。

二、监狱制度拓展

某监狱安全生产例会制度

为及时传达和贯彻上级领导的指示和文件精神，分析监狱安全生产动态，解决安全生产中存在的问题，决定安全生产重大事项等，决定推行定期召开监狱安全生产工作例会制度，具体规定如下：

1. 会议由监狱分管安全生产的副监狱长、监狱企业总经理牵头，由劳动改造与安全生产科、三大队负责落实，时间一般定在每月上旬，月度安全生产与经济工作两个例会一起召开。

2. 参加人员为监狱安全办成员、监狱企业职能科室及所属生产单位的负责人、专（兼）职安全员等。

3. 会议主要程序：

传达上级指示或文件精神，分析安全生产动态；

各责任制单位安全生产工作汇报；

研究解决安全生产中存在的问题，提出整改措施，落实责任人和整改期限；

制定安全生产重大事项，布置下步安全生产工作重点；

监狱领导总结讲话。

4. 严格实行签名制度，因故不能参加会议者，必须向安全委员会主任或副主任说明理由，经同意后，才能指定其他领导参加。

5. 各责任制单位根据单位实际，定期（监区每月1次，分监区每月2次）召开安全生产例会，及时传达和落实安全例会会议精神。

学习项目四　罪犯劳动卫生

 案例导入

　　某监狱车间主要从事制鞋生产，根据市场需求，加工订单产品需要冬鞋夏制反季节操作，有一道工序是从包裹里取填充物料，因为短绒飘飞，毛絮容易沾到头上、身上，在没有安全防护的情况下还容易吸入呼吸道，夏季车间温度高，毛絮更易沾到汗水打湿的身上，个别人因皮肤过敏会引起身体不适，被称做最脏的工序。再有制鞋粘合的"粘热熔胶"工序中，胶水具有刺激性、又粘手，如果防护不当，手指容易受伤。由于单位资金紧缺，舍不得花钱安装必要的防尘设备，生产区灰尘和有害气体浓度超标。车间防暑降温系统安装不到位，厂方提供的劳动防护用品不合格，所以严重危害值班干警及罪犯身体健康，影响罪犯劳动积极性，为此，劳动安全卫生监察机构根据反映进行调查，根据调查结果对该厂进行了经济处罚，并责令其停产整改。

　　思考：通过该案例，谈谈罪犯劳动保护工业卫生制度建设对罪犯劳动改造的良性促动。

知识储备

　　一、罪犯劳动卫生的概念

　　罪犯劳动卫生指监狱在罪犯劳动中为了改善劳动条件，保护罪犯劳动者的健康，避免有毒、有害物质的危害，防止其患上职业病和职业中毒而采取的措施的总称。

　　1. 职业危害因素。

　　（1）化学因素。这是引起职业危害最为常见的有害因素。例如，有机化合物（如苯、汽油等），化学农药（如杀虫剂、杀菌剂），高分子化合物（如合成橡胶、塑料等），以及刺激性与窒息性气体。

　　（2）物理因素。例如，生产过程中的高温、高压、高湿，各种强烈的辐射、振动，生产性噪音，各种电磁波（如 X 射线、微波）。

　　（3）生物因素。主要是医疗、生物等行业中出现的职业危害，如各种病毒的侵袭、感染等。

　　（4）劳动组织和劳动制度因素。如工作时间安排过长、劳动强度过大导致劳动者疲劳无法恢复。由于长时间重复一种不良动作，导致劳动者个别器官或人体系统的失调，造成慢性病。

　　（5）劳动环境因素。如噪声过大、粉尘含量过高、照明不足、防暑降温设

施不良等，都会造成长期处于此环境下工作的劳动者受到慢性伤害。

2. 引起职业病的原因。职业病指罪犯长期从事有职业危害因素的工作而引起的疾病。我国列入劳动保护的有 18 种职业病：①职业中毒；②尘肺；③热射病和热痉挛；④日射病；⑤职业性皮肤病；⑥电光性眼炎；⑦职业性白内障；⑧职业性难听；⑨振动性疾病；⑩潜涵病；⑪高山病和航空病；⑫职业性炭疽；⑬放射性疾病；⑭职业性森林脑炎；⑮煤矿井下滑囊炎；⑯布氏杆菌；⑰煤肺；⑱炭黑尘肺。对上述职业病患者应实行劳动保险，但更重要的是对职业病的预防。

 学习情境

一、防止职业病和职业毒害的措施

1. 组织措施。各级政府职能部门和生产部门应组织安全、卫生监督网，强化监察，保障劳动者的生产环境符合安全标准和卫生标准。

2. 技术措施。改革旧工艺，采用新技术，将有毒有害因素与操作者隔离，尽量采用仪表控制、远距离操作，采用通风、回收、净化的方法防尘防毒，采用合理的厂区规划与恰当的照明等。

3. 医疗措施。按期普查，以预防为主，对患职业病罪犯及时进行治疗。此外，还应改进劳动制度，有的岗位可以实行轮换制。

二、监狱劳保用品的管理与使用

根据劳保用品特殊要求管理，既要遵守行业规范，又要遵守司法部的规章，监狱劳保用品既涉及罪犯劳动保护，也是监狱安全管理的重要内容。

三、防护用品和保健食品

防护用品和保健食品是保护员工在生产过程中安全健康的一种辅助措施，是根据工种劳动条件、有毒有害物质危害程度，发给不同防护用品和不同等级保健食品的原则确定的。它不是一般的生活福利待遇，必须严格按照规定的发放范围、原则和标准执行。

 拓展训练

一、问题思考

1. 如何正确判断与识别劳动环境的危险因素和职业伤害危险因素？

2. 怎样训练监狱基层民警掌握保护罪犯劳动安全所需的基本知识和基本技能？

3. 如何提高防范职业健康事故的发生能力和处置能力？怎样确保监狱民警和罪犯在劳动过程中的人身安全？

二、案例分析

某监狱在狠抓劳动生产的同时，关心罪犯的身体健康状况。根据电子线圈劳动小组在焊接过程中产生的烟尘被人吸入后会产生不良影响的问题，某分监区为每个岗位配备了一台小型的排风扇，使在焊接过程中产生的烟尘被及时抽走，避免其对罪犯身体造成伤害；针对从事焊接工种容易造成眼部疲劳的问题，由车间带班干警每天定时组织罪犯做两次眼保健操，确保每名罪犯以健康的身心投入改造。监狱在组织罪犯生产劳动的过程中，监区针对手加工劳动的特点，采取了一系列改善罪犯劳动环境的重要举措。通过在生产车间播放相声、笑话、健康知识、规章制度以及轻松音乐等，使罪犯在劳动之余既能得到身心放松，又能掌握安全生产知识。同时，为罪犯营造出一个规范、健康、和谐、轻松的劳动改造环境，从而有效促进罪犯改造质量的提高。

三、管理制度

某监狱劳动保护用品管理规定

为了加强监狱企业劳动保护用品的管理，保障劳动者在生产过程中的安全与健康，确保安全生产，特制定本规定。

本规定所称个人劳动保护用品，是指各类操作人员使用的安全帽、安全（绝缘）鞋、劳保服、防护眼镜、防护手套、防尘（毒）口罩等个人劳动保护用品。

一、管理

1. 劳动保护用品的发放和管理。应按国家规定免费发放劳动保护用品，不得收取或变相收取任何费用。

2. 劳动保护用品应实行招标采购。招标前，应查验劳动保护用品生产厂家或供货商的生产、经营资格，验明商品合格证明和商品标识，以确保采购劳动保护用品的质量符合安全使用要求。

3. 劳动者应正确使用劳动保护用品，妥善爱护，负责保管，不得任意改制、转让或出售。

4. 一人进行多工种作业的，按从事的主工种标准发放劳动保护用品。

5. 脱离生产（工作）岗位满 6 个月的劳动者，所发放劳动保护用品的使用期应相应延长。

6. 调离监狱企业的劳动者，要将劳动保护用品交还单位，单位给予移交证明。

7. 外单位来监狱企业的培训人员、实习生的劳动劳动保护用品，由委托单位自行解决。

8. 合同承包作业的劳动保护用品，原则上应自行解决，如有特殊情况，自已无法解决的，经主管安全生产的监狱领导批准后，可适当发给或折价代购。

二、发放程序

1. 严格执行上级规定的标准与原则，不得随意扩大发放范围和提高标准。

2. 劳动保护用品的发放必须凭证建卡，填写领料单，经本部门负责人签字，由劳安科审核、登记，凭证到劳保库领取。

3. 新员工进厂凭三级安全教育卡，老员工变换工种凭调令单，到劳安科换卡后发放劳动防保用品。

4. 各部门如因特殊需要增加劳动保护用品，由使用单位提出申请，报劳安科经监狱主管领导批准后，办理发放手续。

5. 根据生产发展和安全、文明生产的需要，对现行劳动保护用品发放标准提出的改进建议，一般由监狱主管领导审核，报监狱长审批同意后执行。

三、考核

1. 对发放、节约使用劳动保护用品做出成绩者，给予表扬；对任意扩大发放范围和标准，无故损坏劳动保护用品者，要求赔偿或给予处罚。

2. 对不正确使用劳动保护用品或不使用劳动保护用品者，视情节轻重，给予通报批评，情节严重者给予行政处罚。

 学习项目五　罪犯劳动时间安排

 案例导入

某监狱从事来料加工，因为产品订单生产时间紧、任务重，为此监狱安排罪犯每天加班两个小时，劳动定额提高20%。

思考：你认为能否让罪犯超时、超额劳动？依据是什么？

知识储备

一、罪犯劳动时间的概念

劳动时间也称工作时间，劳动时间是指劳动者为履行劳动义务，在法定限度内应当从事劳动或工作的时间。它的长度由法律直接规定，或由劳动合同依法约定。其表现形式分别有工作小时、工作日和工作周三种，工作日是工作时间的基本形式。在监狱，罪犯劳动时间特指罪犯依法在狱内必须用来完成其应完成的劳动改造生产任务和其他劳动任务所需要的时间。

二、罪犯劳动时间的特性

1. 强制性。一方面，罪犯入监后，通过一定的入监教育和劳动技能培训，强制他们参加必要的劳动，并保证足够的劳动时间和一定的劳动强度，充分保证劳动效果，让他们付出艰辛的体力达到劳动的要求，才能发挥劳动改造的真正作用，才能从思想上触动罪犯灵魂深处的根深蒂固的鄙视劳动的恶习，树立新的人生观、价值观和劳动观。

2. 法定性。罪犯劳动时间必须符合我国有关法律、法规的规定，保障他们的合法权益，保证他们的休息时间和接受教育、参加各种学习所必需的时间，不允许超过法定劳动时间、随意延长劳动时间或滥行加班加点。

 学习情境

由于劳动者所从事的工作性质各异，各自分工有别，因而从事不同的劳动所需的工作时间并非完全相同，通常将劳动时间划分为标准劳动时间和特殊劳动条件下的特殊劳动时间两类。

一、罪犯劳动时间的规定

（一）标准劳动时间

标准劳动时间是指由国家法律规定的，在通常情况下一般劳动者从事工作所需要的时间。标准劳动时间的确定应该根据本国的政治、经济发展的状况和生产力发展水平等因素，一般来说，发达国家的标准劳动时间短于发展中国家的标准劳动时间。我国《劳动法》第36条规定："国家实行劳动者每日工作时间不超过八小时、平均每周工作时间不超过四十四小时的工时制度。"《监狱法》第71条第1款规定："监狱对罪犯的劳动时间，参照国家有关劳动工时的规定执行；在季节性生产等特殊情况下，可以调整劳动时间。"这样，实际上已经从法律上规定了罪犯在狱内组织参加生产劳动的标准时间。

（二）特殊劳动时间

《监狱法》第71条第1款规定："……在季节性生产等特殊情况下，可以调整劳动时间。"也就是说，在确保罪犯在狱内各项活动正常进行的前提下，在劳动时间总量控制的条件下，监狱可以根据自身的生产特点、气候特点等，遵循季节性、特殊性的原则，适当调整劳动时间，即执行特殊劳动时间。特殊劳动时间有以下几种：

1. 缩短劳动时间。缩短劳动时间是指在法律规定的特殊条件下，罪犯的劳动时间短于标准劳动时间。监狱常见的特殊劳动条件下缩短劳动时间的有以下几种情况：从事有毒、有害等劳动；在恶劣天气下从事劳动；夜间从事的某些特殊劳动；罪犯思想波动太大，进行针对性集体教育时；未成年犯依法从事的一些劳动；等等。

2. 延长劳动时间。延长劳动时间是指在法律规定的特殊条件下，罪犯的劳动时间超过标准劳动时间。这种劳动时间主要适用于受自然条件和技术条件限制的季节性、突击性比较强的劳动岗位的罪犯。如从事农业、砖瓦等生产的监狱，延长劳动时间是对某一时段来计算的，平均劳动时间必须遵照法律规定的标准劳动时间，只是对这一时段劳动时间作一定的调整。延长劳动时间必须在确保罪犯安全生产和教育学习时间的前提下进行，并要履行一定的审批程序。

根据司法部《关于罪犯劳动工时的规定》，延长劳动时间必须在确保罪犯安全生产和教育学习时间的前提下进行，并要履行一定的审批程序。监狱生产单位需要延长劳动时间，须提前拟定加班计划，经监狱狱政、劳动管理部门审核，报监狱长批准，方可实施。在下列特殊情况下，延长劳动时间可以不受上述规定时间的限制：①发生自然灾害、事故或者因其他原因，威胁生命健康和财产安全，需要紧急处理的；②生产设备、公共设施发生故障，影响生产和公众利益，必须及时抢修的；③农忙季节需要抢收抢种的。

组织罪犯加班的监狱生产单位，事后应当安排罪犯补休，确实不能安排补休的，根据延长劳动时间的长短，支付一定数量的加班费。夜间加班至 23 时以后的，应安排夜餐。

在法定节假日安排罪犯劳动，根据延长劳动时间的长短，支付高于平常加班的加班费。夜间加班至 23 时以后的，应安排夜餐。罪犯加班费用，从生产成本中列支。

3. 不定时劳动时间。不定时劳动时间是指在法律规定的特殊条件下，罪犯每日劳动起止时间不固定的劳动时间。这种劳动时间主要适用于劳动范围或生产条件不能受固定时间限制的劳动岗位的罪犯。由于实行这种劳动时间不利于对罪犯的日常管理和教育，所以监狱很少采用。

（三）罪犯休息时间

1. 罪犯休息时间。休息是每个国家公民应享有的权利，罪犯也应享有这个权利。罪犯休息时间是指罪犯按照有关法律规定不必直接从事劳动生产，而由监狱统一组织安排其他活动和他们在规定范围内自己支配的时间。休息时间除了能保障罪犯有充分的睡眠和休息用以消除疲劳，保障罪犯有足够的精力继续投入生产劳动和接受改造，还起着保障罪犯有一定的休闲时间参加各种有益活动和学习知识、学习技术，不断提高罪犯改造质量的作用。

2. 罪犯休息时间的法律规定。

（1）工作日内的间歇休息时间。工作日内间歇休息时间是指罪犯在工作日内享有的劳动期间休息时间。工作日内的间歇休息时间由各监狱根据季节或生产经营实际情况而决定，一般罪犯每劳动 4 个小时，休息时间为 1~2 个小时，最低不得少于半小时，并保证用餐。

（2）工作日间的休息时间。工作日间的休息时间是指罪犯在一个劳动日结束后至下一个劳动日开始时的休息时间。工作日间的休息时间应以保证罪犯体力和劳动能力能够恢复为标准。我国法律虽然没有明确规定工作日间的休息时间，但根据《劳动法》第36条的规定，国家实行劳动者每日工作时间不超过8小时，平均每周工作时间不超过44小时的工时制度。所以，罪犯劳动日间的休息时间一般应不少于16个小时。对于工作日间的休息时间，监狱在保证罪犯睡眠时间的前提下，可以组织罪犯进行学习和开展集体活动，但不允许从事其他体力劳动。实行轮班制的监狱，其班次必须平均轮换，不得让罪犯连续劳动两班次。

（3）休假日。休假日是指罪犯劳动满一个工作周之后的休息时间。通常监狱应安排在星期六、星期天休息，对于有些监狱，在生产经营的特殊情况下，可根据实际需要安排罪犯在周内的其他时间补休。参照我国《劳动法》第38、39条的规定，应保证罪犯每周至少休息一日。对于一些因生产特点不能实行《劳动法》第36、38条规定的，经有关部门批准，可以实行其他工作和休息办法。

（4）法定节假日。法定节假日是指法律规定劳动者用于开展纪念、庆祝活动的休息时间。在我国，根据《全国年节及纪念日放假办法》第2条的规定，全体公民放假的节日：新年、春节、清明节、劳动节、端午节、中秋节、国庆节。监狱也必须执行本法的规定，在上述节假日停止罪犯劳动，但可以组织罪犯开展各种有益活动。

二、罪犯劳动作息时间

我国《劳动法》规定的劳动者休息休假权益，监狱都必须参照执行，监狱再根据各地的实际情况制定监狱罪犯劳动作息时间表，遵照执行。

讨论与思考：

1. 劳动任务与监管改造的关系如何协调？
2. 劳动任务与学习任务二者关系如何协调？

学习项目六　罪犯劳动保险

案例导入

原告吴某原系被告某监狱服刑犯人，2000年1月，原告在服刑劳动过程中因工受伤，同年3月，被告自行为原告做伤情鉴定，确定原告的伤情构成七级伤残。原告出狱后不久即诉至法院。原告认为，根据《中华人民共和国监狱法》第 73 条的有关规定，即"罪犯在劳动中致伤、致残或者死亡的，由监狱参照国家劳动保险的有关规定处理"，原告应获工伤赔偿金为 12 万余元，现自愿只要求赔偿 8 万元。

被告某监狱辩称，原告在服刑期间劳动中受伤并构成七级伤残属实，但原告和被告之间不存在劳动关系，不应按照正常的工伤标准确定赔偿数额。只能依照国家司法部颁发的《罪犯工伤补偿办法（试行）》（以下简称《补偿办法》）的规定给予原告补偿，即刑满释放时发给一次性伤残补偿金，七级伤残发 12 个月的其本人劳动酬金和基本生活费，原告服刑期间每月收入为近 500 元。

法院判决：

南京市栖霞区人民法院受理本案后，经审查认为原告所主张的法律关系中双方主体不是平等的民事主体，《中华人民共和国监狱法》第 73 条规定由监狱处理，应当是明确了处理的主体为监狱，《监狱法》没有规定当事人对监狱处理不服可以向人民法院起诉，也未规定当事人可以直接向人民法院起诉，因此，人民法院直接受理此案缺乏法律依据。同时，原告在服刑劳动过程中因工受伤致残属实，应给予补偿，《补偿办法》是司法部于 2001 年颁发的，当时国家没有统一的工伤补偿规定，2004 年 1 月 1 日国务院颁发的《工伤保险条例》生效，《补偿办法》规定的标准滞后且较低。经法院做双方工作，双方进行庭外协商并达成和解协议，由被告给予原告一次性补偿。为此，原告向法院申请撤诉，法院经审查裁定准予原告撤诉。

法官评析：

栖霞区法院龙潭法庭庭长认为，该案虽以双方当事人达成庭外和解、原告撤诉而告终，但所涉及的相关问题值得思考。如何完善此类纠纷的处理机制，同时促进监狱加强管理、规范处理，是很有必要的。罪犯与监狱之间不属于《中华人民共和国劳动法》所调整的劳动关系。因此，不能认定罪犯和监狱之间存在劳动关系。而根据《行政诉讼法》的相关规定，罪犯劳动中因工受伤，也不能认为是行政机关侵犯了其人身权、财产权。此外，罪犯在劳动中因工受伤，也不属于民事侵权造成的人身损害赔偿纠纷。罪犯在劳动中受伤，一般是由于罪犯自己行为不慎，未注意到安全，或是监狱未提供到位的安全设施和措施。鉴于双方是实施劳动改造与接受改造的关系，因此监狱不能构成侵权人，双方之间更不是雇佣关系。当然，罪犯在劳动中因第三人侵权行为致伤，或者监狱干警故意或重大过失致使罪犯伤亡，则可适用人身损害赔偿这一法律关系，明确赔偿责任。因此，在目前法律规定的条件下，人民法院直接受理罪犯工伤补偿纠纷，既缺乏法律依据，也不符合我国《民事诉讼法》第 108 条的规定。

服刑罪犯在劳动改造中的工伤事故，时有发生。如不能依法给予工伤补偿，就会直接影响到和谐改造关系的构建，进而影响到整个社会的和谐。在监狱服刑的罪犯发生工伤后，罪犯及其亲属往往以《工伤保险条例》为依据计算补助金，而监狱则以《补偿办法》为依据计算补助金，月补助标准后者比前者高出 850～1600 元。一方面，罪犯及其亲属与监狱有较大分歧，导致与监狱纠缠不休；另一方面，监狱民警对罪犯工伤补偿法律依据理解不透，释疑说理工作不到位，导致上访事件不断。当务之急是从立法上予以完善，首要的是在《中华人民共和国监狱法》中对罪犯工伤补偿作出比较明确的规定。同时，现行的《补偿办法》没有规定服刑罪犯不服补偿的救济途径，不具体也不完善，直接导致罪犯工伤既不能依据民法要求赔偿，又不能依据《中华人民共和国劳动法》主张工伤保险，也不能依据《中华人民共和国国家赔偿法》来主张赔偿。因此，应当尽快出台、完善罪犯工伤补偿办法。

知识储备

一、罪犯劳动的社会保险的概念

　　所谓社会保险，是指由国家依法建立的，使劳动者在年老、患病、伤残、生育和失业时，能够从社会获得物质帮助的制度。劳动保险实际上是"劳动的社会保险"的简称。1995 年 1 月 1 日起施行的《中华人民共和国劳动法》将劳动保险改称为"社会保险"。

　　社会保险是由国家依法建立的，具有强制性和社会性。社会保险既是一种社会保障，又是基于法律强制性的规定而建立的对劳动者的社会权益的保障，是国家对劳动者履行的社会职责，又是保护劳动力维护社会稳定的一种措施。罪犯在监狱服刑期间也依法享受一定的社会保险待遇。《中华人民共和国监狱法》第73条明文规定："罪犯在劳动中致伤、致残或者死亡的，由监狱参照国家劳动保险的有关规定处理。"这里的"劳动保险"就是指社会保险，这条规定明确了罪犯享受社会保险的范围及执行的标准。按照有关规定，应对罪犯在劳动中病、伤、死亡等给予一定的物质帮助，消除罪犯的后顾之忧，调动罪犯改造和劳动生产的积极性，将党和国家对罪犯改造的政策落到实处。既能体现党和国家对罪犯所实行的人道主义政策，也有利于保障罪犯的合法权益。

二、罪犯社会保险的原则

　　根据《中华人民共和国监狱法》第73条的规定，罪犯在劳动中致伤、致残或者死亡的，应参照国家劳动保险有关规定处理，在执行过程中必须贯彻以下原则：

　　（一）罪犯的社会保险必须坚持有利于对罪犯改造的原则

　　监狱工作的最终目标是把罪犯改造成为守法公民和自食其力的劳动者。而强

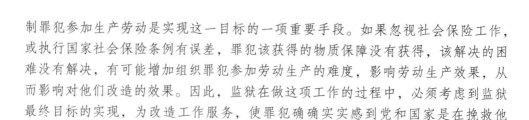
制罪犯参加生产劳动是实现这一目标的一项重要手段。如果忽视社会保险工作，或执行国家社会保险条例有误差，罪犯该获得的物质保障没有获得，该解决的困难没有解决，有可能增加组织罪犯参加劳动生产的难度，影响劳动生产效果，从而影响对他们改造的效果。因此，监狱在做这项工作的过程中，必须考虑到监狱最终目标的实现，为改造工作服务，使罪犯确确实实感到党和国家是在挽救他们，给他们一条悔过自新的光明大道。

（二）罪犯的社会保险必须贯彻按国家法规制度执行的原则

对罪犯执行的社会保险的范围和标准，是根据国家的经济发展水平和我国监狱承受能力决定的。随着我国经济发展水平的提高，监狱承受能力的增强，罪犯社会保险水平也应相应提高。在现阶段，罪犯的社会保险只能做到基本保障。所以，各监狱在执行罪犯社会保险时，应从解决罪犯的实际困难，消除他们的后顾之忧出发，正确地把握有关条例、规定的内容，既不扩大和提高范围和标准，也不缩小和降低范围和标准，将这项工作做好、做细，保障罪犯的合法权益。

三、罪犯因工伤残和患职业病保险的规定

罪犯因工伤残和患职业病保险，是指罪犯在狱内参加生产劳动的过程中负伤和患职业病，暂时或永久丧失劳动能力时，在医疗、生活等方面获得帮助的社会保险项目。其特征如下：

1. 罪犯因工伤残和患职业病保险的发生与罪犯在狱中劳动有直接联系。一般是罪犯在劳动过程中因不安全或不卫生等因素而造成负伤或患职业病而丧失劳动能力，监狱对其生活和医疗给予一定保障，并且保障的程度高于非工伤或患病。

2. 罪犯因工伤残和患职业病保险实行"无过错补偿"的原则。凡是罪犯在劳动过程中发生任何工伤、中毒等事故，不论事故责任归于监狱还是罪犯本人，均应由监狱给予一定的补偿和保障。

3. 罪犯因工伤残和患职业病保险的标准应根据法律、法规的强制规定执行。如保险的范围、待遇、具体办法等均按法律、法规的强制规定处理，任何监狱不允许擅自降低标准。

4. 罪犯因工伤残和患职业病除生活和医疗给予保障外，确永久丧失劳动能力或无法继续在监狱服刑，根据我国法律规定，经有关机构审批，可办理保外就医。

 学习情境

一、罪犯发生工伤或患职业病后监狱的处置

罪犯发生工伤或患职业病后，监狱应当采取措施，罪犯因工负伤，监狱应当及时抢救治疗。治疗期间，实行劳动报酬制度的，照发本人劳动酬金。根据司法部《罪犯工伤补偿办法（试行）》第 6 条规定，省（区、市）监狱管理局应当建立罪犯工伤补偿基金，作为对因工伤亡的罪犯提供经济补偿的资金来源。罪犯工伤补偿基金的征集管理办法，待商有关部门后另行制定。该办法未出台前，罪犯工伤补偿费用由各监狱在生产成本中列支。

二、罪犯劳动的工伤认定范围

根据司法部《罪犯工伤补偿办法（试行）》第 7 条规定，罪犯在下列情况下致伤、致残或死亡的，应当认定为工伤：①从事日常劳动、生产或从事监狱临时指派或同意的劳动的；②经监狱安排或同意，从事与生产有关的发明创造或技术革新的；③在紧急情况下，虽未经监狱指定，但从事有益于监狱工作或从事抢险救灾救人等维护国家和人民群众利益的；④在劳动环境中接触职业性有害因素造成职业病的（职业病种类、名称按国家有关规定执行）；⑤在生产劳动的时间和区域内，由于不安全因素造成意外伤害的，或者由于工作紧张突发疾病死亡或经第一次抢救治疗后全部丧失劳动能力的；⑥经监狱确认其他可以比照因工作、残或死亡享受工伤补偿待遇的。

三、由监狱作出罪犯的工伤结论认定

罪犯在劳动过程中发生伤、残或死亡事故，罪犯所在监区应当及时向监狱提出工伤申请报告。监狱应当在收到报告的 30 日内完成调查取证工作，作出是否定为工伤的决定，并通知罪犯本人或家属。

四、罪犯工伤的鉴定

罪犯因工负伤，由监狱组织生产安全、劳动管理和医疗部门的人员按照国家有关标准和程序，对因工伤残罪犯的劳动能力和伤残等级进行鉴定，包括劳动功能障碍程度和生活自理障碍程度的等级鉴定。

劳动功能障碍分为十个伤残等级，最重的为一级，最轻的为十级。

生活自理障碍分为三个等级：生活完全不能自理、生活大部分不能自理和生活部分不能自理。

罪犯对鉴定结论不服的，可以向监狱的上级机关申请重新鉴定，监狱上级机关应当委托当地省级劳动鉴定委员会或聘请有关专家进行重新鉴定，重新鉴定后的结论为罪犯劳动鉴定的最终结论。向监狱上级机关申请进行重新鉴定的费用由申请人承担。

五、罪犯工伤的评残标准

罪犯工伤评残标准，依据劳动部、卫生部制定的《职工工伤与职业病致残程序鉴定标准》执行。

六、罪犯因工伤残等级待遇

罪犯因工负伤医疗终结后，按照确定的伤残等级享受下列待遇：

1. 因工伤残的罪犯，被评残为一级至四级的，服刑期间，劳动酬金照发。办理保外就医、假释和刑满释放手续的，发给一次性伤残补助金。标准为：一级伤残相当于 36 个月、二级 32 个月、三级 28 个月、四级 24 个月的本人劳动酬金加基本生活费。

2. 因工伤残的罪犯，被评残为五级至十级的，服刑期间，安排适当的劳动，按规定享受相应的劳动酬金待遇。刑满释放时，发给一次性伤残补助金。标准为：五级伤残相当于 16 个月、六级 14 个月、七级 12 个月、八级 10 个月、九级 8 个月、十级 6 个月的本人劳动酬金加基本生活费。

七、罪犯因工伤残后的治疗

罪犯因工负伤，治疗未终结就已刑满释放的，应继续在指定医院治疗。治疗终结后，按规定评定伤残等级，发给一次性伤残补助金。

八、罪犯因工死亡丧葬的处理

罪犯因工死亡的，由监狱负责处理丧葬事宜，丧葬费用由监狱负担。罪犯因工死亡，发给直系亲属一次性死亡补助金。标准为：相当于 48 个月的本人劳动酬金加基本生活费。有供养直系亲属的，根据供养人数，酌情增发，增发数额最多不超过 12 个月的本人劳动酬金加基本生活费。罪犯因工死亡，监狱最多负责 3 名参加丧葬的亲属的食宿、交通费。

九、罪犯因工伤残的认定范围及标准

1. 罪犯因工伤残的认定范围。罪犯因工伤残的认定可参照《劳动保险条例》第 11 条及有关部门的规定。一般包括：参加监狱安排的岗位劳动或临时组织的生产任务劳动而造成的负伤、残疾或死亡；因在狱中所从事的劳动性质而造成的疾病（符合规定的职业病名单），以及由此造成的疾病或死亡；因监舍等建筑物质量低劣，没有及时修理而倒塌，造成罪犯负伤、残疾或死亡；因紧急情况下从事对监狱有益的工作而造成的负伤、残疾或死亡；在监狱等劳动区域内参加劳动时，遭受非本人所能抗拒的意外灾害而造成的负伤、残疾或死亡；等等。

2. 罪犯因工伤残和患职业病的确认。罪犯因工伤残，由国家规定的劳动鉴定部门根据职工工伤与职业病致残程度鉴定最新标准进行鉴定，并出具证明。

参照《劳动保险条例》及其有关规定，罪犯因工残疾可分三种：①完全丧失劳动能力，生活不能自理。②完全丧失劳动能力，生活基本可以自理。③完全丧失劳动能力，还能从事某些工作。罪犯因工伤残的等级确定，必须在规定期限内向政府有关部门申请，特殊情况下可以适当延长上报期限。受理部门对工伤认定并作出规定后，发给《工伤认定通知书》。

罪犯职业病的诊断，可按照卫生部颁发的《职业病诊断与鉴定管理办法》及职工工伤与职业病致残程度鉴定最新标准进行，凡被确诊患职业病的罪犯，职

业病诊断机构应当发给《职业病诊断证明书》。

十、罪犯因工伤残及患职业病的有关待遇

罪犯在狱内因工伤残及患职业病的待遇规定：

1. 罪犯病、伤期间，仍在狱内执刑，丧失劳动能力的，可不参加生产劳动；尚能从事某些劳动工作的，应对其岗位进行调整，从事轻便劳动。

2. 罪犯病、伤期间，生活费仍由监狱承担，对特殊病、伤，生活上应予以照顾，不允许因没有参加生产劳动而降低其生活待遇。

3. 罪犯在狱中实行医疗全保险制，因工伤残及患职业病，所有医疗费用全部由国家、监狱负担。如果外诊住院，各项费用（如伙食费、挂号费、手术费、住院费和药费）也由国家、监狱负担。

4. 罪犯因公伤治疗未终结就要离开监狱（如办理保外就医、假释、刑满释放），应继续在指定医院治疗，医疗费用应由国家、监狱负担。治疗终结后，按规定评定伤残等级，并发给一次性伤残补助金，其标准可参照企事业单位职工的有关待遇执行，确因伤病不能自己回家的，监狱应派车由监狱人民警察送回。

5. 罪犯在狱内因工死亡时，为料理丧事而发生的费用由监狱承担，监狱应给其年迈配偶或未成年子女发放一次性死亡补助金，其标准可参照企事业单位职工的有关待遇执行。

 拓展训练

一、对罪犯工伤补偿的认识问题

监狱服刑罪犯在劳动改造中发生工伤的事件时有发生，罪犯或其亲属因为不能接受监狱对工伤补偿的处理意见，进行上访的事件也时有发生。服刑罪犯在劳动中常常对致伤、致残或者死亡补偿产生分歧，对此原因和罪犯工伤补偿的法规、法理依据等罪犯工伤补偿的认识要充分。产生这种情况，一是因为罪犯及其亲属存在误解；二是由于监狱处理此项工作的民警对罪犯工伤补偿的法规、法理依据理解不透，依法说理解释工作没做到位。因此，监狱具体处理此项工作的民警必须对"罪犯工伤补助金"的法规、法理依据有较准确的认识，进而做好对工伤罪犯或其亲属的解释工作。

二、不认定为工伤的有关情节

由下列行为造成负伤、残疾或者死亡的，不应认定为工伤：①自杀或自残；②打架斗殴；③酗酒；④违反监规纪律；⑤犯罪；⑥蓄意违章或故意损坏生产工具；⑦经监狱确认不应认定为工伤的其他行为。

三、罪犯工伤的善后处理问题

应妥善处理罪犯工伤的善后工作及罪犯工伤补偿。掌握罪犯工伤补偿的法规依据，做到有理、有利、有据，处理过程中有理有节。针对工伤罪犯或其亲属对监狱处理意见的异议，应耐心予以解释。罪犯工伤与企业职工工伤相比，有以下本质上的不同之处：①造成罪犯工伤与企业职工工伤的劳动前提具有本质的区别。②罪犯工伤补偿与企业职工工伤补偿的目的、作用不同。③罪犯与企业职工和各自所在单位的关系不同。④罪犯与企业职工的各自所在单位的性质有本质的区别。

学习项目七 特殊罪犯的劳动保护

案例导入

某监狱安排王某（17周岁）到锅炉房干司炉工作，被王某拒绝。这样一来，监狱认为王某虽然未年满18周岁，但身体健壮，有力气从事一些体力劳动，王某不服从分配，给监狱的工作造成不良影响。于是，对王某提出批评并记过处分。王某不服，认为对其调整的工作，属于国家规定禁止未成年工从事的范围，因此，提出申诉，要求撤销处分，安排其力所能及的工作。

思考： 监狱的做法是否合法？王某的诉求是否应予以支持？应当怎样处理？

分析： 罪犯王某年仅17周岁，属于未成年工，依法应受到特殊保护。可以安排王某的工作，但工作范围不能违反劳动部《未成年工特殊保护规定》第3条第8项和第17项的规定，即用人单位不得安排未成年工从事矿山井下及矿山地面采石作业和锅炉司炉等工作，王某拒绝监狱安排上述工作是正当的，应予支持；监狱因王某不服从分配而作出对其记过处理的决定是错误的，应立即纠正。《劳动法》第64条明确规定："不得安排未成年工从事矿山井下、有毒有害、国家规定的第四级体力劳动强度的劳动和其他禁忌从事的劳动。"第95条规定："用人单位违反本法对女职工和未成年工的保护规定，侵害其合法权益的，由劳动行政部门责令改正，处以罚款；对女职工或者未成年工造成损害的，应当承担赔偿责任。"

知识储备

一、劳动保护与安全生产的要求

执行国家有关劳动保护的规定，监狱的劳动安全设施必须符合国家规定的标准，监狱要为罪犯提供符合国家规定的劳动安全卫生条件和必要的劳动防护用品，监狱管理人员不得违章指挥、强令冒险作业，不得有危害生命安全和身体健康的行为，对未成年犯和女犯实行特殊的劳动保护，严格执行有关的法律法规和规章制度，保证劳动场所的生产安全。

二、对哪些罪犯进行特殊劳动保护

一是对女犯的特殊劳动保护，二是对未成年犯的特殊劳动保护，以下分别论述：

（一）女犯特殊劳动保护

1. 女犯特殊劳动保护的概念。女犯特殊劳动保护有广义和狭义之分。广义上是指根据女犯的生理特点，在劳动保护方面，女犯所应享有的一切劳动权益保护；狭义上是指根据女犯的生理特点，在劳动安全卫生方面采取的不同于男犯的劳动保护。本节所指的是狭义上的概念，这与我国《劳动法》中的"女职工特殊劳动保护"的意义完全一致。对女犯实行特殊劳动保护，充分地体现党和国家对女犯的特殊关怀，对女犯在服刑中的安全和健康的保障，也体现了我国劳动改造制度的完善和科学。对女犯实行特殊劳动保护，要保障女犯在劳动过程中的安全与健康，减少有害因素和不安全因素的威胁，减少妇女病、职业病和伤亡事故的发生。

2. 女犯特殊劳动保护的特征。女犯特殊劳动保护是罪犯劳动保护工作的一个组成部分，除具有一般劳动保护的特征外，还具有自身的特征：

（1）女犯特殊劳动保护具有明显的女性性别需要的特性。女性在身体结构、骨骼结构、呼吸、血液循环等方面与男性不同，导致女性在体力和耐力上差于男性，使其在同一劳动强度下，尤其在重劳动强度下，女性的负担要比男性的大，这使其在工作强度上逊色于男性而需要得到全社会的关怀和理解。因此，女犯特殊劳动保护具有女性性别需要的特性。

（2）女犯特殊劳动保护具有不同于男犯的特殊保护特性。由于女犯在生理机能上不同于男犯，在保护劳动者合法权益的宗旨上，要采取有别于男犯的特殊保护，尤其针对女犯在月经期、更年期身体的特殊变化，更应加强对女犯的特殊劳动保护，禁止其从事某些不利于健康的工作。

（3）对女犯特殊劳动保护具有保护下一代的特殊意义。女性担负着生育下一代的重任，对于一些女犯，如果她们刑满释放，走向社会，很有可能要担负生育的重任。因此，为使她们有能力完成这一重任，保证下一代健康成长，就更需要对这些女犯进行特殊劳动保护。

（二）未成年罪犯特殊劳动保护

由于监狱存在年满 16 周岁未满 18 周岁的未成年罪犯，对于这部分未成年罪犯，除了对他们实施监管教育改造之外，根据我国法律规定，可以适当地安排其从事与年龄相当的劳动项目和承担一定的劳动任务。但是，未成年罪犯虽已年满 16 周岁，能够参加工作，但仍属未成年人，其身体和智力尚未发育成熟。为了

有利于青少年的健康成长，必须在劳动过程中对其安全和健康采取特殊保护措施，以适应其生理发育和知识增长的需要。安排其劳动的要求：

1. 适应未成年罪犯的身心健康发展。未成年罪犯正处于生长发育时期，可塑性很强。如在工作环境良好、设备先进、良好的工作条件下工作，则有助于未成年罪犯的身心健康发展。反之，如在一个环境恶劣、设备不完善、工作条件差的情况下工作，则对未成年罪犯身心健康发展不利。

2. 尊重未成年罪犯的人格尊严。未成年罪犯在劳动过程中，首先要保护其生命健康等人格权利，当此权利受到侵害时，未成年罪犯的生命健康将不能得到保护。所以，在劳动过程中，应尊重未成年罪犯的人格尊严，同时采取预防措施，以保护未成年罪犯的人格尊严。

3. 保障未成年罪犯的特殊权益。未成年罪犯之所以特殊于成年罪犯，在于自身机体特点及其担负任务的不同，所以应保障未成年罪犯的特殊权益，同时也是保障未成年罪犯群体的需要。

4. 保护和教育相结合。未成年罪犯正处在生长发育时期，求知欲很强，渴望学习，渴望知识，希望接受再教育，以增长知识来满足工作的需要。监狱不但应教给他们文化科学技术知识，还应教给他们劳动安全卫生知识，教育是手段，保护是目的，以保护其在劳动过程中的安全健康。

 学习情境一

一、女犯特殊劳动保护

（一）女犯特殊劳动保护的法律规定

根据我国《中华人民共和国监狱法》第 72 条的规定："监狱对参加劳动的罪犯……执行国家有关劳动保护的规定。"所以，监狱应对女犯予以在劳动过程中的特殊劳动保护，与我国女职工同样待遇。

（二）对女犯特殊劳动保护

1. 对女犯在劳动过程中的特殊劳动保护。女犯的生理特点，决定了不应分配女犯担负特别繁重的体力劳动和有害女性生理机能的工作。专家实验证明，妇女负重 20 公斤以内，子宫颈位无明显变动；超过 20 公斤时，子宫颈下降，停止负重后恢复负重前的位置；当负重 30 公斤以上时，出现明显的暂时性子宫下垂、子宫位移。因此，我国《女职工劳动保护特别规定》附录"女职工禁忌从事的劳动范围"第 1 条规定："女职工禁忌从事的劳动范围：（一）矿山井下作业；（二）体力劳动强度分级标准中规定的第四级体力劳动强度的作业；（三）每小时负重 6 次以上、每次负重超过 20 公斤的作业，或者间断负重、每次负重超过 25 公斤的作业。"上述这些规定对女犯在劳动过程中同样适用。

2. 对女犯生理机能变化过程中的特殊劳动保护。对女犯生理机能变化过程中实行特殊劳动保护是十分必要的，有些有毒有害工种，如果防护不好，会严重损害妇女的生理机能，如影响月经和生育机能等。女性生理机能变化过程中的劳动保护，一般是指在女性的月经期、孕期、生育期、哺乳期"四期"实行的特殊保护。女犯在狱中，应该做好月经期的特殊保护。月经是健康妇女的正常生理现象，月经来潮时出现的生理变化，使正常的生理防御能力暂时被破坏，若不注意卫生，很容易引起各种妇女病。另外，月经期间，因女性机体活动能力发生一定的变化，生理波动也较大，使她们的劳动能力有所下降。所以，我国对妇女经期特殊劳动保护制定了相关的法律和规定，参照我国《劳动法》第 60 条规定，不得安排女职工在经期从事高处、低温、冷水作业和国家规定的第三级体力劳动强度的劳动。

《女职工劳动保护特别规定》附录"女职工禁忌从事的劳动范围"第 2 条规定："女职工在经期禁忌从事的劳动范围：（一）冷水作业分级标准中规定的第二级、第三级、第四级冷水作业；（二）低温作业分级标准中规定的第二级、第三级、第四级低温作业；（三）体力劳动强度分级标准中规定的第三级、第四级体力劳动强度的作业；（四）高处作业分级标准中规定的第三级、第四级高处作业。"《女职工劳动保护特别规定》第 3 条还规定："用人单位应当加强女职工劳动保护，采取措施改善女职工劳动安全卫生条件，对女职工进行劳动安全卫生知识培训。"

女子监狱应设专门的卫生室，并配备温水箱、冲洗器及洗涤设备等，以保证她们特殊生理期的安全和健康。

二、未成年罪犯的特殊劳动保护

（一）未成年工的定义？

在我国，未成年工是指年满 16 周岁未满 18 周岁的未成年人。未成年工特殊劳动保护，是指根据未成年工的生长发育特点和其接受义务教育的需要，对其在劳动关系中所应享有的特殊权益的保护，包括限制就业年龄、限制工作时间、禁止从事某些作业、定期进行健康检查等特殊劳动保护。

未成年工与童工不同，二者以法定最低就业年龄为界，在此年龄之上的为未成年工，在此年龄之下的为童工。使用童工是非法行为，要受到法律制裁，只有特殊行业经批准才能招用童工。未成年工就业为法律所允许，但因其仍是未成年人，所以应对其进行特殊保护。

（二）法律法规有关规定

《未成年人保护法》确立了对未成年工进行特殊劳动保护的基本原则。《未成年人保护法》第 61 条规定："任何组织或者个人不得招用未满十六周岁未成年人，国家另有规定的除外。营业性娱乐场所、酒吧、互联网上网服务营业场所等不适宜未成年人活动的场所不得招用未满十六周岁的未成年人。招用已满十六周岁未成年人的单位和个人应当执行国家在工种、劳动时间、劳动强度和保护措施等方面的规定，不得安排其从事过重、有毒、有害等危害未成年人身心健康的劳动或者危险作业。任何组织或者个人不得组织未成年人进行危害其身心健康的表演等活动。经未成年人的父母或者其他监护人同意，未成年人参与演出、节目制作等活动，活动组织方应当根据国家有关规定，保障未成年人合法权益。"《未成年工特殊保护规定》第 3 条对未成年工禁止从事的劳动范围作了较细致的规定；第 4 条则对患有某种疾病或具有某些生理缺陷的未成年工所禁止从事的劳动范围作了详细规定。《劳动法》第 58 条第 1 款规定："国家对女职工和未成年工实行特殊劳动保护。"第 64 条规定："不得安排未成年工从事矿山井下、有毒有害、国家规定的第四级体力劳动强度的劳动和其他禁忌从事的劳动。"《劳动法》及《未成年工特殊保护规定》则对有关特殊保护的具体范围和措施作了详细规定。根据有关法律的规定，关于未成年罪犯的特殊劳动保护，主要包括以下几方面的内容：①禁止未成年工从事某些禁忌劳动；②对未成年工的使用和特殊保护采取登记制度；③定期进行健康检查。

（三）不安排未成年罪犯从事以下范围的劳动

1. 《生产性粉尘作业危害程度分级》国家标准中第一级以上的接尘作业。

2. 《有毒作业分级》国家标准中第一级以上的有毒作业。

3. 《高处作业分级》国家标准中第二级以上的高处作业。

4. 《冷水作业分级》国家标准中第二级以上的冷水作业。

5. 《高温作业分级》国家标准中第三级以上的高温作业。

6. 《低温作业分级》国家标准中第三级以上的低温作业。

7. 《体力劳动强度分级》国家标准中第四级体力劳动强度的作业。

8. 矿山井下及矿山地面采石作业。

9. 森林业中的伐木、流放及守林作业。

10. 工作场所接触放射性物质的作业。

11. 有易燃易爆、化学性烧伤和热烧伤等危险性大的作业。

12. 地质勘探和资源勘探的野外作业。

13. 潜水、涵洞、涵道作业和海拔 3000 米以上的高原作业（不包括世居高原者）。

14. 连续负重每小时在 6 次以上并每次超过 20 公斤，间断负重每次超过 25 公斤的作业。

15. 使用凿岩机、捣固机、气镐、气铲、铆钉机、电锤的作业。

16. 工作中需要长时间保持低头、弯腰、上举、下蹲等强迫体位和动作频率每分钟高于 50 次的流水线作业。

17. 锅炉司炉。

未成年工患有某种疾病或具有某些生理缺陷（非残疾型）时，用人单位不得安排其从事以下范围的劳动：①《高处作业分级》国家标准中第一级以上的高处作业。②《低温作业分级》国家标准中第二级以上的低温作业。③《高温作业分级》国家标准中第二级以上的高温作业。④《体力劳动强度分级》国家标准中第三级以上体力劳动强度的作业。⑤接触铅、苯、汞、甲醛、二硫化碳等易引起过敏反应的作业。

（四）对未成年工的健康检查

由于未成年工正处于身体发育时期，因此，定期的身体检查可以及时了解未成年工的身体状况，以保证其健康。根据《未成年工特殊保护规定》第 6 条的规定，监狱应按下列要求对未成年罪犯定期进行健康检查：①安排工作岗位之前；②工作满一年；③年满 18 周岁，距前一次的体检时间已超过半年。未成年罪犯的健康检查，应按《未成年工特殊保护规定》所附《未成年罪犯健康检查表》列出的项目进行。监狱应根据未成年罪犯的健康检查结果安排其从事适合的劳动。对不能胜任原劳动岗位的，应根据医务部门的证明，予以减轻劳动量或安排其他劳动。

（五）对未成年罪犯劳动使用和特殊保护实行登记

未成年罪犯劳动，除符合一般用工要求外，还须向劳动行政部门办理登记。劳动行政部门根据《未成年罪犯健康检查表》《未成年罪犯登记表》，核发《未成年罪犯劳动登记证》。未成年人须持《未成年罪犯劳动登记证》上岗。未成年罪犯劳动登记制度，使劳动行政部门得以对未成年罪犯特殊保护措施的贯彻情况进行跟踪监管，有利于未成年工的健康成长，它体现了党和政府对青少年的关怀与爱护。

（六）职业安全卫生教育、培训

未成年罪犯上岗前，监狱应对其进行有关的职业安全卫生教育、培训。

讨论与思考：

1. 为什么对女犯和未成年罪犯要进行特殊劳动保护？

2. 未成年罪犯劳动保护的特殊规定有哪些？

学习单元十　罪犯劳动绩效管理

 学习项目一　罪犯劳动考核与奖惩

学习目标与任务

● 了解罪犯劳动考核与奖惩的基本内涵，掌握当前监狱通用的罪犯劳动考核奖惩的程序及实施办法。

案例导入

2004年11月，刑释人员李某、陆某和假释考验人员邓某等纠合在一起多次商量抢劫小车，并密谋抢后将车主杀害。12月6日晚10时许，李某、邓某、陆某等携带猎枪和尖刀等作案工具，驾车窜到F市某大酒店后巷，将途经该处的高某劫持到别处，用透明胶纸捆绑后，活埋于预先挖好的土坑内，致使高某窒息死亡。然后将高某的宝马735型小轿车（价值人民币106.488万元）开走销赃，得款16万元。2005年8月30日，F市中级人民法院以抢劫罪判处李某、邓某、陆某三人死刑。

"宝马劫杀案"三主犯服刑情况回放

主犯一：李某，1975年8月出生，1997年1月29日因抢劫罪被判刑10年。服刑期间获表扬6次，获监狱级改造积极分子2次，获省级改造积极分子1次，减刑3次计4年1个月。罪犯普遍认为李某是"醒目仔"。该犯于2002年8月1日获准减刑出监。

主犯二：邓某，1976年9月出生，1999年4月16日因抢劫罪被判刑6年6个月。服刑期间获表扬5次，获监狱级改造积极分子2次，省级改造积极分子1次，服管服教。2003年4月24日获准假释，考验期至2005年3月21日。

主犯三：陆某，1977年9月出生。累犯，曾经犯抢夺罪、交通肇事罪等。1999年2月4日因抢劫罪被判刑7年。服刑期间获表扬6次，获监狱劳动能手1次，获监狱级改造积极分子1次，获省级改造积极分子1次，共减刑2年10个月。具有一定的管理能力。2002年9月22日获准减刑出监。

思考："宝马劫杀案"三名主犯在服刑期间改造表现都较为突出，都获得过行政、刑事奖励，提前释放或获准假释。他们出监后如何纠合在一起？是什么原因使他们重新犯罪、走上不归路？

狱内表现与社会现实表现如此的不对等，不能不引起我们对现行的罪犯考核评价制度的科学性和现实意义的深思！

知识储备

一、罪犯劳动考核与奖惩的基本内涵

（一）罪犯劳动考核的内涵

罪犯劳动考核是指监狱机关按照一定标准，采用科学的方法对罪犯劳动过程中所表现出的思想、行为及劳动成果进行考查和评定的管理活动。罪犯劳动考核是罪犯考核的重要内容，罪犯考核的内容分为思想改造和劳动改造两个部分。思想改造主要考核罪犯认罪伏法、遵守监规监纪、政治思想文化技术学习、生活卫生等方面的表现；劳动改造主要考核罪犯劳动态度、劳动产量、产品质量、材料消耗、文明生产等方面的表现。罪犯考核结果直接作为对罪犯实施行政、刑事奖惩的主要依据。

罪犯的劳动考核是罪犯劳动管理的一项重要工作，它是对罪犯在劳动过程中所表现出的状态的一种判断，是硬性措施，它是保证罪犯正常从事生产劳动、完成生产任务的必要手段。

罪犯的劳动考核在罪犯劳动管理中发挥着重大作用，具体如下：

1. 对罪犯劳动进行考核有利于提高罪犯的劳动效率和改造质量。劳动考核一般是通过计分制直接表现其结果，数字高低直接与罪犯的待遇挂钩，由于其清晰度高、透明性强，考核结果容易被罪犯接受和理解。监狱机关及监狱人民警察也往往会从计分的高低上判断罪犯改造表现的好坏，并与其能够获得的减刑、假释等报偿性权利挂钩，因此，罪犯为了达到这一目的，往往会加倍努力劳动，通过生产产品的数量和完成任务的状况，具体体现自己的劳动积极性，让监狱机关和监狱人民警察能切实感受到自己思想的转化，并由此判断出该罪犯已获得一定的改造效果的状态，提高监狱人民警察对其劳动考核的分值，达到获得报偿权利的机会。从这一点上看，对罪犯劳动进行考核确实提高了劳动生产率。此外，由于产品实体具备了可观性和可验性，罪犯在劳动中也会端正自己的劳动态度，认认真真地工作，仔仔细细地操作每一步骤，这又能使罪犯的思想和心理得到矫正，提高改造质量。关于这一点，主要表现在两个方面：

（1）劳动考核提高了教育改造工作的质量。罪犯劳动考核的结果一方面反映了罪犯的劳动熟练程度和水平，另一方面也反映罪犯在劳动中的态度、思想意

识，也就是说，罪犯劳动考核的记录，反映了劳动改造和教育改造两个方面的结果。因此，认真做好劳动考核工作，可提高教育改造工作的质量。

（2）劳动考核为罪犯获得其他法定权利提供依据。对罪犯进行考核的目的就是判定罪犯的改造表现，将改造表现与这些可能实现的权利挂钩，比如获得减刑、假释、监外执行、奖励、劳动报酬等法定权利。监狱机关对罪犯劳动进行考核的结果，正是监狱机关保障罪犯的这些法定权利的重要依据。

2. 罪犯劳动考核是对罪犯劳动过程的全程评价。每一项考核结果都是针对罪犯劳动过程的真实表现作出的，其中，能否遵守劳动纪律，能否遵守操作规程是重要的评定依据，是监狱人民警察对罪犯悔过程度的判断依据之一。其作用主要表现在两个方面：

（1）有利于罪犯自我约束。任何一个有悔过意识的罪犯都会通过一定的表现来表达这种意识，而遵守劳动纪律、认真从事生产劳动是其悔改意识的主要行为表现。因此，做好罪犯劳动考核工作，能约束罪犯的劳动行为，督促罪犯主动服从管理，从而达到正常生产秩序的稳定，从根本上约束罪犯劳动过程的行为。在劳动过程中，各项制度、规章等都有明文规定。罪犯很清楚如果出现错误行为，考核结果就差，影响其获得其他法定权利，甚至会受惩罚，这是一般罪犯在入狱期间不希望发生的事情。因此，大多数罪犯会主动约束行为，服从劳动纪律。而那些投机取巧、偷懒怠工的罪犯一旦真正受到惩罚，也会约束自己的行为。

（2）有利于罪犯之间互相监督。由于劳动考核都有直观、真实的记录，它直接反映了一个罪犯或一个罪犯劳动团体的改造成果。罪犯之间对各自的考核结果也心知肚明，但根据规定，获得优秀考核结果的罪犯才能得到相应的权利。因此，罪犯间会产生竞争、互相监督劳动过程等行为，甚至主动批评不恰当的行为，极大地激发了罪犯的上进心和荣誉感，发挥正面作用。

3. 对罪犯进行劳动考核有利于经济效益的提高。监狱生产与其他社会生产一样，都要核算成本、衡量经济效益。生产产品的数量、质量、原材料耗费、设备损耗，都与长期的经济效益相关，罪犯在劳动过程中直接与这些项目接触，他们对原材料的耗费情况、生产产品的数量和质量、工具及设备的使用状况等，都会直接影响经济效益。通过劳动考核，可以督促罪犯严格定额消耗原材料，合理使用工具及设备，保证完成任务和产品质量，提高监狱生产的经济效益。

（二）罪犯劳动奖惩的内涵

罪犯劳动奖惩是指监狱机关根据《监狱法》及其他有关法律法规的规定，按照一定的标准和程序，对罪犯在一定时期内的劳动改造表现进行综合考查和评定，然后根据考评的结果给予罪犯奖励或惩处的一项基本的刑罚执行制度。它是我国行使监狱职能、惩罚与改造罪犯的重要手段。科学合理地实施罪犯劳动奖惩，对于调动罪犯劳动改造的积极性，稳定监管改造秩序，提高劳动改造质量，具有十分重要的意义。

二、罪犯劳动考核的主要内容

罪犯劳动考核，是监狱及其民警对罪犯的劳动改造所进行的考查和评定。这是监狱的一项经常性工作，对正确执行刑罚、促进罪犯劳动改造具有重要意义。我国《监狱法》第 56 条规定："监狱应当建立罪犯的日常考核制度，考核的结果作为对罪犯奖励和处罚的依据。"罪犯劳动考核与奖惩之间有着极为密切的联系。劳动考核是对罪犯实施奖励和处罚的依据，劳动奖惩是对罪犯进行考核的结果。所以，在实践中，往往将二者合并使用，称之为罪犯劳动考核奖惩制度。

罪犯劳动考核是罪犯考核的重要组成部分。罪犯考核主要包括以下几个方面的内容：①思想改造方面。这是罪犯考核的重点，主要考查罪犯认罪态度、悔改程度以及坦白交代余罪和揭发检举他人违法犯罪行为的情况等。②接受思想、文化、技术教育等方面。主要考查罪犯的学习态度、学习成绩、学习效果以及遵守学习纪律、完成作业情况等。③遵守监规纪律方面。主要考查罪犯对监规纪律和狱内各种规章制度的遵守情况。④劳动生产方面。主要考查罪犯的劳动态度和完成生产任务、遵守劳动纪律和操作规程的情况，以及在节约原材料等方面的表现。

我国监狱在改造罪犯实践中创造了一套切实可行的罪犯考核方法，主要包括：

1. 平时考核与定期考核相结合。即对罪犯的改造表现进行日记载、周检查、月小结、季评比、半年评审、年终鉴定。这是我国监狱长期实行的一种有效的罪犯考核方法，在实践中收到良好的效果。

2. 民警考核与罪犯评议相结合。所谓民警考核，是指监狱民警深入罪犯学习、劳动和生活现场，认真地观察、了解罪犯的日常表现，并定期对罪犯的改造表现作出评定。这是一种最基本的考核方法，是直接管理原则在罪犯考核工作中的体现。所谓罪犯评议，即首先由罪犯个人根据考核的标准自行对照检查，然后由罪犯小组进行评议，并将评议结果报民警审核。这种方法的优点在于：可以激励罪犯进行自我教育、自我约束和相互监督，并且有利于民警对罪犯的改造表现作出客观公正的评价。

3. 定性分析与计分考核相结合。长期以来，我国监狱对罪犯的考核基本上是采用以定性为主的方法。此种方法比较简单，很难对罪犯的改造表现作出比较精确的评定。

罪犯考核激励机制贯穿于罪犯改造全过程，对科学改造罪犯、促进监狱安全稳定具有重要作用。三十多年来，监狱在建立健全罪犯考核激励机制方面积累了丰富经验，主要经历了四个阶段：

1. 查评考核阶段。此阶段主要以查评法和罪犯汇报考核法为基础，在一定时期内，通过罪犯自我检查、小组评议和监狱人民警察评审等程序，评审罪犯改造表现。特点是：评审手段依靠定性手段，评审依据为主观印象。优点是考核仅能为监狱人民警察控制，缺点是评议结果易受感情影响，存在较大的主观因素，对罪犯的激励与约束作用效果较差。

2. 百分考核阶段。1990年司法部在总结各地监狱对罪犯的考核制度的基础上进行改革，制定了《司法部关于计分考核奖罚罪犯的规定》，简称百分考核制。其具体内容是：将罪犯的考核内容逐项分解为认罪服法、监规纪律、"三课教育"（思想、文化、技术教育）、生活卫生和劳动态度、劳动质量、劳动消耗、劳动纪律和安全文明生产等方面的具体指标和要求，每项指标都确定有一定的分值，合计为100分。

此阶段是以记事考核法（对罪犯正反典型事例记载在簿，加以肯定和否定的考核方法）为基础，以司法部推行的百分考核办法为依据，确定了思想改造和劳动改造的考核指标，总分为100分，实行奖分和扣分制度，以分兑现减刑等。优点是：能为奖惩提供详实的材料，用分体现奖惩依据，具有较强的直观性和量化性。不足之处在于：不能反映表现一般罪犯的改造情况，考核内容不够全面和客观，思想改造难以考核，导致罪犯只注重劳动改造考核，而忽视思想改造和其他方面的考核；奖分和扣分受警察主观因素影响大；为追求平等而忽略了考核中的区别对待；加分与减分具有累加性，所得分数并不是悔改程度和真诚改造的充分体现。

3. 计分考核阶段。此阶段以《司法部关于计分考核奖罚罪犯的规定》为依据，经过修改完善，实行只扣分不奖分，每月评嘉奖，半年评表扬，年终评积极分子或记功等，并以此作为呈报减刑的依据，直接说明改造效果。此考核制度有效地避免了加分的弊端，在规范罪犯改造行为、评价罪犯改造绩效、调动罪犯改造积极性、稳定改造秩序方面发挥了积极作用。但是，随着监狱工作的发展进步，其局限性（操作性差、实际效果不足等）逐渐显现：考核内容不够全面和科学，实际操作中仍然过于侧重罪犯劳动绩效考核；因受减刑比例限制，罪犯考核奖励也实行比例限制；考核实行"年度制"，一年内未获得奖励的罪犯改造成绩将被视为"归零"；等等。不但有失公平，而且容易挫伤部分罪犯的改造积极性，导致激励和约束机制作用大打折扣。

4. 达标累进制考核阶段。此阶段从2007年5月开始试行。制定罪犯改造达标条件，实行月考核，只要罪犯达到规定的评奖条件，就可以获得相应的奖励。

此制度细化了罪犯考核内容，完善了劳动改造考核方式，完善了奖惩种类、条件和程序，取消了年度考核期限制，实行不限期累积成绩计奖。这种考核制度更为科学和公平，但不足之处是达标的标准难以统一和细化。

三、罪犯劳动奖惩的主要内容

罪犯劳动奖惩主要包括行政奖惩、刑事奖惩和物质奖励。

（一）行政奖惩

行政奖惩是监狱运用期望理论激励罪犯改造的手段，它介于计分考核与刑事奖惩之间，是联系二者的桥梁和纽带。从目前全国来看，在对罪犯实施行政奖惩的过程中，各监狱同样存在着标准不同、尺度不一的问题，因此，要科学、有效地发挥行政奖惩的作用：①要统一完善和制定适应当前监管形势的行政奖惩种类和标准，尤其是惩处罪犯的具体标准。应当准确清晰地划分警告、记过、禁闭、严管、加戴戒具、单独监禁的具体情形，以法律为准则，建立统一的惩处条例，从而消除缺乏规范、执行随意、严而无度的传统弊病，以发挥足够有效的威慑和惩戒力度，达到转化思想、鞭策改造的功能。②要主动与计分考核挂起钩来，使监狱对罪犯行政奖惩的依据数字化，通过建立统一的罪犯计分考核评估体系，达到行政奖惩的统一性，同时缩短行政奖励评定的间隔，变半年、年度评定为月度、季度评定，充分体现行政奖惩激励的过程性和及时性。③要紧密与刑事奖惩挂起钩来，在这里，我们还是强调统一性的问题，就是统一每个行政奖惩在兑现刑事奖惩中所体现的价值。例如，同样一个年度监狱表扬奖励，在有的省市监狱可减刑3个月，在有的省市监狱则可减刑6个月甚至1年；再如，一名罪犯因违规受到禁闭处分，有的监狱规定在此之后1年之内不得减刑，有的监狱则规定在此之后2年内不得减刑，严重影响了监狱整体执法的严肃性和一致性。所以，制定一个"以分计奖，以奖减刑"的统一规范显得尤为重要。

（二）刑事奖惩

刑事奖惩是在押罪犯（尤其是长刑犯）十分关注的、无时不想、无时不议的话题，这就要求我们尽快完善有关法律制度，真正做到依法、科学。①要改进和完善减刑制度：细化法律关于减刑起始时间的规定，增加减刑起始时间的档次划分，并对每个档次的起始时间加以明确规定；适当缩短减刑的间隔期，同时，相应地缩小每次减刑的幅度，避免出现无刑可减的情况，采用"大目标，小步走"的方法，使罪犯始终在希望中改造；增加"依据死缓犯在缓期考核期间的表现予以决定是否延长其考验期"的制度，促使该类罪犯在死缓执行期间认罪悔罪，遵规守纪，积极改造。②要提高假释适用力度。鉴于假释具有诸多的优越性，近年来，国内一些法律专家、学者及司法工作者都主张在适用范围和条件下尽量提高假释适用率，倡导采用社会危害相对论的观点，积极适用假释制度，建议将部分余刑较短、符合条件的罪犯尽量予以假释，这样可以使罪犯从监狱生活到社会生活有一个逐步适应的过渡阶段，有利于推进监狱行刑的社会化。③制定科学合理的加刑制度，与当前减刑制度配套使用，适当延长那些主观恶习深、无悔改表现，特别是那些长期违反监规、抗拒改造的罪犯的刑罚执行期限，应用正负强化激励理论，多方面调动罪犯改造的积极性，促进罪犯加速改造。④要结合老、弱、病、残等弱势服刑群体的自身改造实际，制定符合他们的关于减刑条件、幅度和程序的专门规范，并作为减刑制度的基本内容之一予以明文规定，以体现法律对弱势群体考核奖惩的公平性。

（三）物质奖励

为适应市场经济形势，更好地运用奖惩手段改造罪犯，从主观意识上调动罪犯的改造积极性，物质奖励这一措施逐渐被监狱采用。为使其更好地发挥作用：①要推广实行罪犯低工资制。从监狱的经济承受能力、社会经济发展现状出发，制定罪犯低工资制试行的原则办法，按照罪犯从事劳动的苦、脏、累、险程度和技术水平高低、贡献大小及改造表现好坏评定罪犯的工资，按月发放，计入其"生活大账"，这样既能激励罪犯的劳动改造，又能发展监狱经济，获取良好的经济效益和社会效益，体现社会主义人道主义原则。②要与其他考核奖惩激励机制配套使用。如在"百日安全竞赛"等各类劳动竞赛、专项活动中评出优胜个人，在给予行政奖励的同时，给予一定的物质奖励，综合运用多种奖励手段，发挥改造罪犯的综合效应。③要与罪犯检举、揭发行为密切联系。细化对罪犯检举揭发的考核内容，制定相应的物质奖励标准，充分调动罪犯靠拢政府的积极性和主动性，同时，也使激励罪犯汇报犯情的方式方法更加隐蔽，不易被他犯察觉，从而有效弥补其他奖励手段存在的弊端。

 学习情境

2021 年司法部对监狱关于罪犯的考核工作出台了新的规定。

监狱计分考核罪犯工作规定

第一章　总　则

第一条　为正确执行刑罚，规范监狱计分考核罪犯工作，根据《中华人民共和国监狱法》等有关规定，结合实际，制定本规定。

第二条　计分考核罪犯是监狱按照管理和改造要求，以日常计分为基础、等级评定为结果，评价罪犯日常表现的重要工作，是监狱衡量罪犯改造质量的基本尺度，是调动罪犯改造积极性的基本手段。

第三条　监狱计分考核罪犯工作应当坚持党对监狱工作的绝对领导，坚持惩罚与改造相结合、以改造人为宗旨的监狱工作方针，坚持依法严格规范，坚持公平公正公开，坚持监狱人民警察直接考核和集体评议相结合。

第四条 计分考核自罪犯入监之日起实施，日常计分满600分为一个考核周期，等级评定在一个考核周期结束次月进行。

第五条 监狱应当根据计分考核结果给予罪犯表扬、物质奖励或者不予奖励，并将计分考核结果作为对罪犯实施分级处遇、依法提请减刑假释的重要依据。

第六条 监狱成立计分考核工作组，由监狱长任组长，分管狱政管理的副监狱长任副组长，有关部门负责人为成员，负责计分考核罪犯工作的组织领导和重大事项研究。监区成立计分考核工作小组，由监区长任组长，监区全体民警为成员，负责计分考核罪犯工作的具体实施。

监狱的狱政管理部门承担计分考核工作组日常工作，监区指定的专职民警负责计分考核工作小组日常工作，监区管教民警负责罪犯日常计分和提出等级评定建议。

第七条 监狱计分考核罪犯工作实行考核工作责任制，"谁考核谁负责、谁签字谁负责、谁主管谁负责"，监狱人民警察及相关工作人员在职责范围内对计分考核罪犯工作质量终身负责。

省、自治区、直辖市司法厅（局）对计分考核罪犯工作承担指导责任，监狱管理局承担监督管理责任。

第八条 监狱计分考核罪犯工作应当依法接受纪检监察机关、人民检察院、社会团体和人民群众的监督。

第二章 日常计分的内容和标准

第九条 日常计分是对罪犯日常改造表现的定量评价，由基础分值、日常加扣分和专项加分三个部分组成，依据计分的内容和标准，对达到标准的给予基础分，达不到标准或者违反规定的在基础分基础上给予扣分，表现突出的给予加分，符合专项加分情形的给予专项加分，计分总和为罪犯当月考核分。

第十条 日常计分内容分为监管改造、教育和文化改造、劳动改造三个部分，每月基础总分为100分，每月各部分日常加分分值不得超过其基础分的50%，且各部分得分之间不得相互替补。

第十一条 罪犯监管改造表现达到以下标准的，当月给予基础分35分：

（一）遵守法律法规、监规纪律和行为规范；

（二）服从监狱人民警察管理，如实汇报改造情况；

（三）树立正确的服刑意识和身份意识，改造态度端正；

（四）爱护公共财物和公共卫生，讲究个人卫生和文明礼貌；

（五）厉行节约，反对浪费，养成节约用水、节约粮食等良好习惯；

（六）其他遵守监规纪律的情形。

第十二条　罪犯教育和文化改造表现达到以下标准的，当月给予基础分35分：

（一）服从法院判决，认罪悔罪；

（二）接受思想政治教育和法治教育，认识犯罪危害；

（三）接受社会主义核心价值观和中华优秀传统文化教育；

（四）参加文化、职业技术学习，考核成绩合格；

（五）接受心理健康教育，配合心理测试；

（六）参加监狱组织的亲情帮教、警示教育等社会化活动；

（七）参加文体活动，树立积极改造心态；

（八）其他积极接受教育和文化改造的情形。

第十三条　罪犯劳动改造表现达到以下标准的，当月给予基础分30分：

（一）接受劳动教育，掌握劳动技能，自觉树立正确劳动观念；

（二）服从劳动岗位分配，按时参加劳动；

（三）认真履行劳动岗位职责，按时完成劳动任务，达到劳动质量要求；

（四）遵守劳动纪律、操作规程和安全生产规定；

（五）爱护劳动工具和产品，节约原材料；

（六）其他积极接受劳动改造的情形。

第十四条　罪犯有下列情形之一，经查证属实且尚不足认定为立功、重大立功的，应当给予专项加分：

（一）检举、揭发他人违法犯罪行为或者提供有价值破案线索的；

（二）及时报告或者当场制止罪犯实施违法犯罪行为的；

（三）检举、揭发、制止罪犯自伤自残、自杀或者预谋脱逃、行凶等行为的；

（四）检举、揭发罪犯私藏或者使用违禁品的；

（五）及时发现和报告重大安全隐患，避免安全事故的；

（六）在抗御自然灾害或者处置安全事故中表现积极的；

（七）进行技术革新或者传授劳动生产技术成绩突出的；

（八）省、自治区、直辖市监狱管理局认定具有其他突出改造行为的。

罪犯每年度专项加分总量原则上不得超过300分，单次加分不得超过100分，有上述第一至五项情形的不受年度加分总量限制。

第十五条　罪犯受到警告、记过、禁闭处罚的，分别扣减考核分100分、200分、400分，扣减后考核积分为负分的，保留负分。受到禁闭处罚的，禁闭期间考核基础分记0分。

第十六条　对因不可抗力等被暂停劳动的罪犯，监狱应当根据实际情况并结合其暂停前的劳动改造表现给予劳动改造分。

第十七条　对有劳动能力但因住院治疗和康复等无法参加劳动的罪犯，住院治疗和康复期间的劳动改造分记 0 分，但罪犯因舍己救人或者保护国家和公共财产等情况受伤无法参加劳动的，监狱应当按照其受伤前 3 个月的劳动改造平均分给予劳动改造分，受伤之前考核不满 3 个月的按照日平均分计算。

第十八条　罪犯入监教育期间不给予基础分，但有加分、扣分情形的应当如实记录，相应分值计入第一个考核周期。

监狱应当根据看守所提供的鉴定，将罪犯在看守所羁押期间的表现纳入入监教育期间的加分、扣分，并计入第一个考核周期。

第十九条　对下列罪犯应当从严计分，严格限制加分项目，严格控制加分总量：

（一）职务犯罪罪犯；

（二）破坏金融管理秩序和金融诈骗犯罪罪犯；

（三）组织、领导、参加、包庇、纵容黑社会性质组织犯罪罪犯；

（四）危害国家安全犯罪罪犯；

（五）恐怖活动犯罪罪犯；

（六）毒品犯罪集团的首要分子及毒品再犯；

（七）累犯；

（八）因故意杀人、强奸、抢劫、绑架、放火、爆炸、投放危险物质或者有组织的暴力犯罪被判处十年以上有期徒刑、无期徒刑以及死刑缓期执行的罪犯；

（九）法律法规规定应当从严的罪犯。

第二十条　对老年、身体残疾、患严重疾病等经鉴定丧失劳动能力的罪犯，不考核劳动改造表现，每月基础总分为 100 分，其中监管改造基础分 50 分，教育和文化改造基础分 50 分。

第三章　等级评定

第二十一条　等级评定是监狱在日常计分基础上对罪犯一个考核周期内改造表现的综合评价，分为积极、合格、不合格三个等级。

等级评定结果由计分考核工作小组研究意见，报计分考核工作组审批，其中积极等级的比例由计分考核工作组确定，不得超过监狱本期参加等级评定罪犯总人数的 15%。

第二十二条　罪犯在一个考核周期内，有下列情形之一的，不得评为积极等级：

（一）因违规违纪行为单次被扣 10 分以上的；

（二）任何一部分单月考核得分低于其基础分的；

（三）上一个考核周期等级评定为不合格的；

（四）确有履行能力而不履行或者不全部履行生效裁判中财产性判项的；

（五）省、自治区、直辖市监狱管理局明确不得评为积极等级的情形。

第二十三条　罪犯在一个考核周期内，有下列情形之一的，应当评为不合格等级：

（一）有违背宪法关于中国共产党领导、中国特色社会主义制度言行的；

（二）有危害民族团结或者国家统一言行的；

（三）有歪曲、抹黑中华优秀传统文化、革命文化和社会主义先进文化言行的；

（四）有鼓吹暴力恐怖活动或者宗教极端思想言行的；

（五）宣传、习练法轮功等邪教的；

（六）以辱骂、威胁、自伤自残等方式对抗监狱人民警察管理，经警告无效的；

（七）受到两次以上警告或者记过处罚的；

（八）受到禁闭处罚的；

（九）有三次以上单月考核分低于60分的；

（十）省、自治区、直辖市监狱管理局明确应当评为不合格等级的情形。

第二十四条　对本规定第十九条所列罪犯，在积极等级评定上应当从严掌握。

第四章　考核程序及规则

第二十五条　计分考核工作组、计分考核工作小组研究考核事项时，作出的决定应当经三分之二以上组成人员同意后通过。

对不同意见，应当如实记录在案，并由本人签字确认。

第二十六条　日常计分实行"日记载、周评议、月汇总"。监区管教民警每日记载罪犯改造行为加分、扣分情况，计分考核工作小组每周评议罪犯改造表现和考核情况，每月汇总考核分，不足月的按日计算。

第二十七条　对罪犯加分、扣分，监区管教民警应当以事实为依据，依法依规提出建议，报计分考核工作小组研究决定。

对罪犯违规违纪行为事实清楚、证据确凿，且单次适用分值2分以下的扣分，监区管教民警可以当场作出决定，并报计分考核工作小组备案。

对单次适用分值5分以上的加分、10分以上的扣分和专项加分，由计分考核工作小组报计分考核工作组审批。

第二十八条　罪犯同一情形符合多项加分、扣分情形的，应当按照最高分值给予加分、扣分，不得重复加分、扣分。

第二十九条 罪犯通过利用个人影响力和社会关系、提供虚假证明材料、贿赂等不正当手段获得考核分的，应当取消该项得分，并根据情节轻重给予扣分或者处罚。

第三十条 罪犯在监狱服刑期间又犯罪的，取消已有的考核积分和奖励，自判决生效或者收监之日起重新考核；考核积分为负分的，保留负分，自判决生效或者收监之日起继续考核。

第三十一条 罪犯暂予监外执行期间暂停计分考核，自收监之日起继续考核，原有的考核积分和奖励有效。因违反暂予监外执行监督管理规定被收监执行的，取消已有的考核积分和奖励，自收监之日起重新考核；考核积分为负分的，保留负分，自收监之日起继续考核。

第三十二条 罪犯在假释期间因违反监督管理规定被收监的，取消已有的考核积分和奖励，自收监之日起重新考核。

第三十三条 罪犯因涉嫌犯罪被立案侦查的，侦查期间暂停计分考核。经查证有违法犯罪行为的，侦查期间的考核基础分记0分；经查证无犯罪行为的，按照罪犯立案前3个月考核平均分并结合侦查期间的表现计算其侦查期间的考核分；立案前考核不满3个月的按照日平均分计算。

罪犯因涉嫌违规违纪被隔离调查的，参照执行。

第三十四条 罪犯因办案机关办理案件需要被解回侦查、起诉或者审判，经人民法院审理认定构成犯罪的，取消已有的考核积分和奖励，自收监之日起重新考核；考核积分为负分的，保留负分。但罪犯主动交代漏罪、人民检察院因人民法院量刑不当提出抗诉或者因入监前未结案件被解回的，保留已有的考核积分和奖励，自收监之日起继续考核。

办案机关或者人民法院认定不构成犯罪、经再审改判为较轻刑罚或者因作证等原因被办案机关解回的，保留已有的考核积分和奖励，并按照解回前3个月考核平均分计算其解回期间的考核分；解回前考核不满3个月的按照日平均分计算。

第三十五条 除检举违法违纪行为、提供有价值破案线索等不宜公示的情形外，罪犯加分、扣分、每月得分和等级评定结果应当及时在监区内公示，公示时间不少于3个工作日。

第三十六条 罪犯对加分、扣分、每月得分和等级评定结果有异议的，可以自监区管教民警作出决定或者公示之日起3个工作日内向计分考核工作小组提出书面复查申请；本人书写确有困难的，可由他人代为书写，本人签名、按捺手印予以确认。计分考核工作小组应当进行复查，于5个工作日内作出书面复查意见，并抄报计分考核工作组。

罪犯对计分考核工作小组的复查意见有异议的，可以自收到复查意见之日起3个工作日内向计分考核工作组提出书面复核申请；计分考核工作组应当进行复核，于5个工作日内作出书面复核意见，并及时抄送人民检察院。计分考核工作组的复核意见为最终决定。

第三十七条　罪犯转押的，转出监狱应当同时将计分考核相关材料移交收押监狱，由收押监狱继续计分考核。

第五章　考核结果运用

第三十八条　一个考核周期结束，计分考核工作小组应当根据计分考核结果，按照以下原则报计分考核工作组审批：

（一）被评为积极等级的，给予表扬，可以同时给予物质奖励；

（二）被评为合格且每月考核分均不低于基础分的，给予表扬；

（三）被评为合格等级但有任何一个月考核分低于基础分的，给予物质奖励；

（四）被评为不合格等级的，不予奖励并应当给予批评教育。

一个考核周期结束，从考核积分中扣除600分，剩余考核积分转入下一个考核周期。

第三十九条　监狱决定给予罪犯表扬、物质奖励、不予奖励或者取消考核积分和奖励的，应当及时在监区内公示，公示时间不得少于3个工作日，同时应当及时将审批决定抄送人民检察院。

第四十条　监狱根据计分考核结果除给予罪犯奖励或者不予奖励外，可以依照有关规定在活动范围、会见通信、生活待遇、文体活动等方面给予罪犯不同的处遇。

第四十一条　监狱对罪犯的计分考核结果和相应表扬决定及有关证据材料，在依法提请减刑、假释时提交人民法院和人民检察院。

第六章　考核纪律和监督

第四十二条　监狱人民警察及相关工作人员在计分考核罪犯工作中有下列情形之一的，依纪依法给予处理；构成犯罪的，依法追究刑事责任：

（一）捏造事实、伪造材料、收受财物或者接受吃请的；

（二）打招呼说情或者施加压力，干预计分考核的；

（三）超越职责范围或者未经集体研究决定，为罪犯计分考核的；

（四）隐匿或者销毁罪犯检举揭发、异议材料的；

（五）因故意或者重大过失导致计分考核台账或者资料遗失、损毁的；

（六）故意延迟登记、错误记录或者篡改计分考核台账或者资料的；

（七）违反计分考核议事规则，个人或者少数人决定计分考核事项的；

（八）拒不执行或者擅自改变集体决定事项的；

（九）借集体研究之名违规办理罪犯计分考核的；

（十）其他违反法律法规的情形。

第四十三条　监区在计分考核罪犯工作中应当严格执行各项制度规定，每月至少召开一次计分考核罪犯工作会议，总结计分考核工作，评价管教民警工作，规范和改进工作行为。会议情况应当及时报告监狱。

第四十四条　监狱应当定期或者不定期开展计分考核罪犯工作检查，每季度至少召开一次计分考核罪犯工作会议，听取计分考核工作组工作汇报，总结和改进计分考核工作。会议情况应当及时报告监狱管理局。遇有重大或者共性问题，应当分析研判、提出意见建议，向监狱管理局请示或者报告。

第四十五条　省、自治区、直辖市监狱管理局应当加强对监狱计分考核罪犯工作的监督管理，及时研究解决计分考核罪犯工作中的重大政策和群众反映强烈的问题，每半年至少开展一次抽查检查，督促整改问题隐患。重大工作情况应当及时向司法厅（局）请示或者报告。

第四十六条　省、自治区、直辖市司法厅（局）应当加强对监狱计分考核罪犯工作的指导，每年至少听取一次监狱管理局的专题汇报。

第四十七条　省、自治区、直辖市司法厅（局）党委（党组）、监狱管理局党委和监狱党委以及监区党组织应当将计分考核罪犯工作纳入重要议事日程，加强领导和监督，纪检监察部门履行监督责任，用好监督执纪"四种形态"，依纪依法追究责任。

第四十八条　监狱应当定期向人民检察院通报计分考核罪犯制度规定及工作开展情况，邀请人民检察院派员参加计分考核罪犯工作会议，听取意见建议。

第四十九条　监狱对人民检察院在检察工作中发现计分考核罪犯工作有违法违规情形提出口头或者书面纠正意见的，应当立即调查核实。

对纠正意见无异议的，应当在5个工作日内予以纠正并将纠正结果书面通知人民检察院；对纠正意见有异议的，应当采取书面形式向人民检察院说明情况或者理由。

第五十条　监狱纪检部门应当在监狱会见室和监区设置举报信箱，及时受理罪犯及其亲属或者监护人反映的计分考核问题。

第五十一条　监狱应当根据狱务公开有关规定，向社会公众公开计分考核内容和工作程序，向罪犯亲属或者监护人公开罪犯考核情况及对结果有异议的处理方式。

监狱应当通过聘请社会监督员、召开罪犯亲属或者监护人代表会等形式，通报计分考核工作，听取意见建议，自觉接受社会监督。

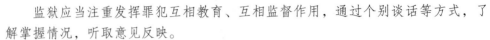

监狱应当注重发挥罪犯互相教育、互相监督作用，通过个别谈话等方式，了解掌握情况，听取意见反映。

第五十二条 监狱应当按照档案管理有关规定，固定保全计分考核罪犯的各类台账资料，确保计分考核罪犯工作全程留痕，防止篡改、丢失或者损毁，做到专人专管、专档备查。

第五十三条 省、自治区、直辖市司法厅（局）、监狱管理局和监狱应当依法保障监狱人民警察在计分考核罪犯工作中的正当履职行为，对受到恶意举报、污蔑、诽谤的监狱人民警察，应当及时调查澄清，并依法追究相关人员责任；对工作实绩突出的监狱人民警察，应当及时给予表彰奖励。

第五十四条 省、自治区、直辖市司法厅（局）、监狱管理局和监狱及其工作人员在计分考核罪犯工作中有违反本规定行为的，应当视情节轻重，对相关责任人员依纪依法进行处理；构成犯罪的，依法追究刑事责任。

第七章 附 则

第五十五条 省、自治区、直辖市司法厅（局）应当根据本规定，结合本地区情况，制定计分考核工作细则，并报司法部备案。

第五十六条 本规定所称"以上"、"以下"，包括本数；所称"不满"，不包括本数。

第五十七条 本规定自 2021 年 10 月 1 日起施行。司法部《关于计分考核罪犯的规定》（司发通〔2016〕68 号）同时废止。

认真研读上面司法部《监狱计分考核罪犯工作规定》，讨论以下几个问题。

1. 日常计分内容有哪几个部分组成？

2. 日常计分基础分包括哪几个部分？每月基础分满分是多少？各部分满分分别是多少分？需要达到哪些标准才能拿到基础分满分？

3. 监狱有哪些情形会给予罪犯专项加分？监狱什么情况会给予罪犯日常加扣分？

4. 计分考核的结果怎么对罪犯等级评定？每个等级会得到什么奖励？等级评定和奖励怎么在减刑假释中得到体现？

拓展训练

一、当前罪犯劳动考核奖惩中存在的问题

1. 单纯地以"分"计奖，造成罪犯功利性改造的现象，诱发罪犯之间的矛盾。以"分"计奖，激发罪犯对"分"的重视，使之自觉约束日常行为，减少了违规行为的发生，从一定程度上说，罪犯重视"分"的分量，就是重视改造。

但是，单纯以"分"来刺激罪犯改造，产生的弊端不容忽视，造成功利性改造的现象十分突出，有的甚至到了斤斤计较的地步，这激化了罪犯之间的矛盾，给监管安全埋下了隐患。

2. 忽视改造群体与改造个体的差异，形成改造中强势群体和弱势群体的对立。在罪犯群体中，由于存在着年龄因素、身体状况、智力体能、技能以及工种等差异，形成了改造中的强势群体和弱势群体，在平等的竞争环境下，处于不平等的地位。有的罪犯由于工种特殊，或者掌握技能熟练，每月可以得分较高；有的罪犯年老体弱，只能干辅助性或者打扫卫生等轻体力劳动，每月得分很低，差距之大可以想象。强势群体的罪犯优越感增强，看不起弱势群体的罪犯，有的甚至故意辱骂他们，间接导致两大群体的对立，弱势群体自卑感增强，自杀倾向极为明显。

3. 执行标准上的不统一，动摇了部分罪犯群体的稳定，导致罪犯思想上的波动。某监罪犯分为两部分，即压力机生产监区和劳务监区。长期以来，奖励政策明显向主业监区——压力机生产监区——倾斜。劳务监区有1/3的罪犯是主业监区"淘汰"下来的，他们劳动时间长、耗费体力大，但得到的"待遇"却不如主业监区的罪犯，这直接诱发部分罪犯不安心劳动，与主业监区罪犯攀比，产生嫉恨心理。有少数罪犯"托关系""走门路"，不愿意到劳务监区改造，罪犯思想一直处于波动状态，由此影响到罪犯群体的稳定。

4. 罪犯分级处遇制度的缺陷。"分级处遇中依时晋升现象在狱政管理中并不鲜见"。我国监狱现行的对罪犯实行的分级处遇制度过于简单，不能最大程度地体现罪犯改造情况的差异性，不能充分调动罪犯改造的积极性，这主要是因为现行的分级管理，依据的是罪犯服刑时间长短和粗略的改造表现来定级，服刑时间达到要求，没有重大违纪、能完成劳动任务就予晋级，而且，四个级别的处遇差距也不大，缺乏公平性、科学性。

二、对策与建议

（一）完善考核模式，增强激励效能

监狱现行的累进达标制考核方式，是对原有计分考核制度的完善和发展，在考核理念、考核方式和考核内容上都有较大的突破，显示出较强的易操作性和科学性。但这种考核方法仍存在考核不精确、易受警察主观因素影响等问题。面对复杂多变的罪犯，如果用简单、统一的标准去考核评价，其公正性、科学性和合法性显然是不足的。累进达标制考核应当进一步细化和量化：①细化考核内容。要坚持区别对待和易于操作的原则，科学界定罪犯分类标准，对不同类型的罪犯制定不同的考核标准。具体内容包括认罪悔罪、日常生活、教育学习、劳动生产等四个方面。②完善考核方式。建立科学的罪犯评价体系，除按照日记载、周评议和月小结方式考核外，还应实行动态标准管理，将考核标准分为若干类和若干级。根据罪犯年龄、文化程度、智力状况、健康状况等分类，可设为老病残类、新犯类、重点罪犯类、短刑犯类等。每类罪犯都设有若干个考核标准级别，级别越低，考核达标标准要求越高，反之，达标标准要求越低。罪犯可通过改造成绩的累积，由低级别向高级别升级，罪犯如果违纪或改造达不到要求，可相应降低考核级别（即提高考核标准，从严考核）。在考核标准设计上，可分为否定性标准（如罪犯认罪悔罪、遵守监规纪律等）和一般性考核标准（如行为规范、生活卫生、学习教育、劳动生产等），否定性标准采取定性考核，一般性考核标准采取量化考核。③实行"倒扣制"。即罪犯如果违纪，除当月扣分外，视情节可能撤销部分已累计的成绩或现已享有的某种优惠待遇。④规范考核程序。如通过开发罪犯考核电脑软件来完善和规范罪犯考核工作流程及审批权限。⑤完善监督程序。除采取狱务公开监督方式外，还应引进罪犯申请复议、申诉程序，充分接受罪犯监督。同时，要加强警务督察制度的落实，逐级督察，确保罪犯考核激励制度的公平与公正。

（二）完善处遇机制，增强激励力度

扩大处遇级差，丰富处遇内容，通过增设罪犯的开放、半开放处遇，进行劳动种类变更、娱乐权限调控、会见和通信次数的增减等，使罪犯考核体系与罪犯改造的全过程密切关联，充分发挥各种激励措施的作用；建立集法律、行政、教育等手段于一体的累进考核制度与累进分级处遇制度相结合的激励长效机制，随时依据罪犯表现决定晋级、降级，并相应变更其所享受的待遇和自由程度，使罪犯处遇随其本身的改造表现处于变动状态。

（三）逐步完善考核奖惩制度

实现定性考核与定量考核有机结合。在对罪犯进行考核时，要做到科学、合理、公正。所谓科学，就是对五项规范进行细化和量化，制定切实可行的细则，尽量避免民警的"自由裁量权"，减少民警奖惩时的随意性。对有定额工种的罪犯，要从完成的定额、工件的质量和技术含量、苦脏累程度等方面进行加、扣分，鼓励罪犯参加技术革新、降低能耗。对无定额的罪犯，要从完成任务的质量、工时、劳动强度、风险责任等方面进行考量，合理划定档次和奖励分标准。对于少部分没有生产任务的罪犯，要从改造态度、罪犯意识、文明礼貌、生活卫生等角度进行量化，制定合理可行的奖励等次，既要鼓励他们积极改造，又要树立他们改造的信心。

（四）不断创新考核方法，实现分类考核与分块考核

结合不同的改造群体，要适应考核的需要，进行合理、合法、合情的变更和创新。①将强势群体与弱势群体分开考核。②分块考核。监区劳动任务不同，定

额也不同，合在一块考核，有失公正，罪犯矛盾较为突出。如监区对罪犯的劳动进行合理分块，奖励分按人均划拨，既避免了罪犯之间的攀比，又体现了公正。③针对从事同种劳动或劳动强度相差不大的罪犯，采取相对平衡的考核办法。

（五）强化执法监督，实现公正文明执法与廉洁执法的有机结合

对罪犯进行考核是一项严肃的执法行为，这不仅涉及罪犯的切身利益，也涉及民警的公正文明执法和廉洁执法。要保证考核的公正、准确，必须做到：①建立完善的考核监督体系，确立考核民警责任制，监区主管考核民警对"计考"办负责。②畅通罪犯申诉渠道，允许罪犯和罪犯家属以合理的方式申诉。③定期邀请监狱纪委、驻监检察室参与到罪犯的奖励评定、工种调配、档次划定等执法程序中来。④对民警故意违反考核奖罚制度的行为，如随意加、扣分、关键岗位调配不当、擅自加奖励分等，必须及时查处，确保执法严肃，做到廉洁公正。

 学习项目二　罪犯劳动报酬

学习目标与任务

● 了解和掌握罪犯劳动报酬的基本概念、内涵、实施依据及操作标准，并知晓罪犯劳动报酬的分配原则及科学运用。

 案例导入

某省率先在监狱进行罪犯劳动报酬制度改革试点工作。按照这项新的制度，该省监狱系统每月发放罪犯劳动报酬二百多万元人民币，每名参加监狱强制性劳动的罪犯可以根据劳动绩效获得十几元到三百元不等的劳动报酬。

罪犯劳动还可以领"工资"，该省监狱系统这一改革举措引起了广泛的争论。不少人认为强制性劳动本就是国家对服刑罪犯进行改造的手段之一，是对其所犯罪行的一种惩罚，无酬劳动是"天经地义"。但一些专家学者却认为，给罪犯发放劳动报酬是推行人性化管理的重要举措，也是与国际行刑管理接轨的必要，他们甚至认为这一改革措施对我国监狱管理改革具有里程碑意义。

孙某入狱已经3年多了，他用"史无前例"这个词向记者描述监狱实行的罪犯劳动报酬制度，他至今清楚地记得第一次领到劳动报酬的具体日子。他说："刚开始听说这事既好奇又怀疑，第一次拿到钱时十分激动，觉得难熬的监狱生活好像有点曙光了。"因为家中贫困，在监狱里孙某成为无接济、无书信、无会见的"三无人员"。今年10月，做车工的孙某拿到全大队最高"工资"267元。

他的工作就是操作电动缝纫机,一天有五六百件衣服从他手上过。他告诉记者:"以前都是靠监狱的'三无'人员基金以及其他犯人的资助生活,老是向别人伸手,人就特别自卑。现在凭自己的劳动每月都有二百多元的收入,再也不用向别人伸手,觉得自信多了。"

该省监狱实施罪犯劳动报酬管理8个月来成效显著,先后收到罪犯家属二千多封来信,盛赞这一人性化监管改造的新举措。

该省监狱内的服刑罪犯中大约有1/3来自贫困家庭,给在狱中服刑的亲人每月接济一二百元,对这些家庭来说是一笔不小的负担。一些因没有家庭接济生活特别困难的犯人,为得到"经济援助",被迫给那些经济条件好的犯人当"马仔",替他们料理日常生活、完成生产任务,甚至充当他们的打手,严重影响监管秩序。

因抢劫罪被判刑11年的罪犯杨某说:"以前总是认为劳动是被迫的,大家都想方设法逃避劳动,装病不出工,工作时不停喝水、上厕所、说话,脑子里总在琢磨别的事。现在什么都不想,就想多劳动多拿报酬,人也觉得踏实。"10月份,杨某给家里寄回去380元钱,这也是自他1996年入狱来的第一次,家里人收到这笔汇款时,怎么都无法相信。

该省某监狱副教导员告诉记者,以前罪犯对劳动的抵触情绪很强烈,犯人劳动时也不安心,闹事时有发生,监狱安全险情不断,民警压力非常大。实现劳动报酬制后,不少罪犯开始踏实工作,生产纪律空前好转,当"马仔"的现象大为减少,监狱安全大大提高。11月份与3月份相比,罪犯违规率下降了36%,有些监狱的"严管队"和禁闭室已连续几个月没有进过一名违规抗改的罪犯。该省监狱管理局测算,若按每个罪犯家庭每月要接济狱中罪犯200元计算,劳动报酬制度的实行每年可为罪犯家属减轻经济负担二千多万元。

据介绍,在重新犯罪的罪犯中,有相当一部分是因为出狱后几个月内没有找到工作,因生活无着落而重新犯罪。该省监狱系统将罪犯每月劳动报酬的40%存入他们的账户,在罪犯刑满释放时一次性发放给他们,这意味着每名罪犯在出狱时都将有一笔数量不等的积蓄,这将大大减少因一时生活无着落而重新犯罪的情况。罪犯们在获得一定数目的劳动报酬的同时,劳动技能也得到提高,为他们日后走出高墙到社会上谋生培养了一技之长。监管干部告诉记者,当地工厂对技术工人的需求十分迫切,那些技术熟练的罪犯在出狱后深受厂家欢迎,一些企业甚至主动与监狱方面联系,希望推荐有一技之长的刑满释放人员。

思考:该省监狱罪犯劳动报酬制度有何优缺点?

知识储备

一、罪犯劳动报酬的基本原理

在联合国 1955 年第一届预防犯罪和罪犯待遇大会"罪犯应获得公平的劳动报酬"决议的推动下，罪犯有偿劳动逐渐被世界各国普遍接受。《监狱法》颁布前，我国一直按照"假定工资"制度，以饮食、被服、医药等实物形式，对罪犯实行有偿劳动。1994 年《监狱法》颁布实施，其中，第 72 条规定："监狱对参加劳动的罪犯，应当按照有关规定给予报酬……"这一规定，明确了我国罪犯有偿劳动制度，使罪犯劳动报酬以法律形式确定下来。

北京市《关于给予罪犯劳动报酬的暂行规定》中，对给予劳动报酬的范围、条件以及分配原则和分配办法都作了明确的规定，监狱中凡是直接从事生产劳动的罪犯；为保证生产劳动正常进行，从事生产管理、设施维修和维护劳动现场秩序的罪犯；在食堂、卫生和其他服务性岗位劳动的罪犯，都在给予劳动报酬的范围。

二、罪犯劳动报酬的基本特征

对罪犯劳动报酬的概念，有多种不同的解释：①"假定工资说"，认为罪犯劳动报酬是直接用于罪犯伙食、被服、医药等的实物支出。这是《监狱法》颁布以前，我国监狱一直沿用的解释。②"生产工资说"，认为罪犯劳动报酬是监狱根据罪犯为监狱生产所作贡献的大小而给予的货币或实物，这里提出了根据生产贡献按劳取酬的思想。对生产工资说，还存在两个方向的分歧，一个是坚持实物的工资性质；另一个是主张实物工资货币化，变"暗工资"为"明工资"。③"奖励说"，认为罪犯劳动报酬是监狱根据罪犯在劳动改造和生产中的改造表现和劳动数量与质量所给予的一种物质奖励。

罪犯劳动报酬的改造机制本质决定了它具有以下特征：

(一)公平原则的变异性

罪犯劳动报酬的改造机制本质和人权保障的需要，决定了罪犯劳动报酬的公平原则具有一定的变异。在内部公平方面，要兼顾脑力和体力的差异，还要对老病残犯予以保障，既要体现按劳分配，还要避免过分悬殊；在外部公平方面，不仅要体现同行业劳动价格的平衡，还要考虑社会大众的接受程度；在竞争公平方面，要给每名罪犯以劳动和获得劳动报酬的机会，不宜过度建立劳动机会竞争和优胜劣汰机制。

(二)报酬关系的非契约性

监狱与罪犯之间的劳动关系，不是雇佣关系，而是依法确立的强制劳动关系，因此，监狱向罪犯支付劳动报酬不具有契约性，不能用有关社会劳动关系的法律、法规进行调解，而要按照有关罪犯劳动关系的法律、法规、制度执行。监狱可以根据刑罚和改造罪犯的需要，变更罪犯的劳动岗位，变更罪犯的劳动报酬关系，而不需要与罪犯协商，更不需要建立契约和变更契约。因为，罪犯劳动报酬关系是建立在刑罚和改造罪犯、特别是强制劳动的基础之上的。

（三）价格的非谈判性

一般劳动报酬，往往由雇佣双方协商劳动报酬的具体额度；而对于罪犯劳动来说，由于其劳动的依法强制性、改造目的性和非经济效益性，加之监狱生产对罪犯劳动力的不可选择性，决定了罪犯劳动价格的非谈判性。罪犯不能与监狱就劳动报酬的额度进行讨价还价，也不能自由选择不同报酬的劳动岗位，只能严格执行有关规定。

（四）获取的非机会性

分享工资理论提出了劳动者工资与企业利润联系的工资分配思想。但是，由于市场竞争和经营管理带来的机会性利润或亏损的存在，不利于罪犯正确认识劳动的价值，且其与罪犯劳动不具有直接相关关系，因此，罪犯劳动报酬不宜实行分享工资制，不应参与由供求关系和经营性因素带来的机会性利润或亏损的分享或分担。

（五）经济效益淡化性

一般劳动报酬以效率和效益为导向，追求的是经济效益最大化；而罪犯劳动报酬作为一种改造机制，虽然也要求提高效率和效益，但最终目标是为了改造罪犯，因此，在报酬的结构、组成和发放形式上，与一般劳动报酬存在较大差异。它要体现对罪犯劳动权益的保障；要调动罪犯劳动的积极性；要促进罪犯对劳动价值进行直观感悟。

（六）报酬的非自由支配性

一般劳动报酬，是以货币形式支付给劳动者的，由劳动者自由支配，自主决定各种开支的比例；而监狱的刑罚和改造性质，决定了罪犯劳动报酬具有非自由支配性。对于生活费开支，要由监狱按实物量标准进行控制，不能省吃俭用，也不能奢侈浪费；对于医药费支出，不能有病不医或小病大医；对于货币性报酬，要按监狱规定比例，进行积累或使用；即使个人消费部分也要限制额度，且应接受监狱的教育和引导，不能过度消费。

 学习情境

一、罪犯劳动报酬标准的确定

罪犯劳动既有社会劳动的一般性质，又有其刑罚改造的特殊性质。因此，在罪犯劳动报酬计发制度设计过程中，既要符合经济规律要求，吸收各种工资理论的科学成果，还要考虑其特殊性，体现罪犯劳动报酬的本质和特征，充分发挥改造机制的作用。

　　劳动报酬标准是指单位时间的劳动报酬数额，它可以按小时、日、周、月、年规定，是劳动报酬水平的基本标志。在社会企业中，工资标准的确定方法一般包括工资调查和数学测算两大类。前者通过采集、分析当地同行业的工资标准数据，参照确定本单位的工资标准；后者根据本单位以前年度的工资状况和当期工资增减计划，采用系数、比例、倒扣、盈亏平衡等经济数学方法，来确定工资标准。根据罪犯劳动报酬的本质和特征，考虑罪犯劳动报酬作用的充分发挥，充分体现社会公平，保障罪犯权益，罪犯劳动报酬标准的确定一般应采取工资调查的方法，在进行标准调整时，也可以辅以数学测算法。

　　采用工资调查法确定罪犯劳动报酬标准，不能简单照搬当地社会同行业企业的工资标准，要考虑罪犯劳动报酬的特殊性，进行必要的增减调整。①要分析当地社会同行业企业的工资构成，扣减生产要素工资等非直接劳动工资；②要分析当地社会同行业企业的工资形式，增减因市场供求关系或经营性因素等形成的机会性工资；③要从罪犯劳动力的不可选择性出发，根据罪犯劳动力综合素质，进行一定比例的调整。另外，还要考虑罪犯劳动时间的问题，进行必要的等比调整等。总之，要去除非直接劳动因素形成的非直接劳动工资，使罪犯劳动报酬标准准确体现罪犯的直接劳动价值。

　　我们可以综合确定罪犯劳动报酬标准：

　　罪犯劳动报酬标准＝当地社会同行业企业工资标准±前述非直接劳动工资调整额度

　　这里，如果调整后的罪犯劳动报酬标准低于当地社会最低保障工资，则应当执行当地社会最低保障工资。

二、罪犯劳动报酬的构成

　　罪犯劳动报酬既包括用于罪犯生活的实物，也包括直接付给罪犯的货币，也就是说，罪犯劳动报酬由实物和货币两部分构成。

　　实物报酬是用于罪犯恢复体力和脑力的，保障罪犯基本生活需要而发生的吃、穿、用、住、医等方面的开支。具体讲，它包括目前监狱罪犯生活费中除日用品补助费（即零花钱）以外的伙食费、被服费、医疗费、杂支费、水电费、防疫费、生活设施用具购置费等开支项目，另外，它还应该包括食物制作人工费、监舍和食堂用房折旧费等。

　　货币报酬是以货币形式发放给罪犯的劳动报酬，它是罪犯劳动报酬总额扣除实物报酬后的部分。由于原来在罪犯生活费中列支的日用品补助费（即零花钱）是以货币形式支付给罪犯的，因此也应该将其作为货币劳动报酬。

按照保障罪犯权益和创造良好刑罚改造环境的要求，罪犯的基本生活实物支出，必须由监狱统一管理和使用，即罪犯劳动报酬的实物部分，统一由监狱按照标准和有关规定，以实物形式支付，因此，不存在过多的计发制度设计问题。而发挥罪犯劳动报酬的功能和作用，特别是改造作用，关键在于货币劳动报酬的计发。下面重点研究货币报酬的计发问题。

三、货币劳动报酬的计发制度设计

（一）货币劳动报酬标准的确定

货币劳动报酬是罪犯劳动报酬总额扣除实物报酬后的部分，因此，其具体标准可以按如下公式确定：

货币劳动报酬标准＝罪犯劳动报酬标准－实物劳动报酬标准

其中，罪犯劳动报酬标准，按前述工资调查法或数学测算法核定；实物劳动报酬标准，根据有关监狱基本支出经费标准中的罪犯生活费标准，扣除自用品补助费（即零花钱）、食物制作人工费、监舍和食堂用房折旧费等核定。

这里，如果货币劳动报酬标准为负数或者较小，则说明罪犯实物支出标准过高，应考虑降低标准，以适应社会平均基本生活水平，体现社会公平；如果数额过大，则说明实物支出标准过低，应考虑提高标准。同时，要分析罪犯劳动报酬标准中，是否有机会性暴利和生产要素报酬等非直接劳动工资尚未扣除。

（二）货币劳动报酬计发方式选择

计件工资、计时工资、岗位工资和技术等级工资是直接生产人员获得劳动报酬的最基本形式。目前，监狱罪犯多数从事直接一线生产劳动，因此，可以根据生产工艺组织形式，选择这四种形式之一作为货币劳动报酬计发的基本形式。①对产品数量能够单独准确计量，并且产品数量能准确反映劳动量支出的工种，可以采用计件工资；②对产品数量受流水线或管理人员有效控制，或产量处于次要地位的工种，可以采用计时工资；③对专业化、自动化程度较高的流水作业工种，可以采用岗位工资；④对技术复杂程度比较高、劳动差别比较大、分工比较粗及工作物不固定的工种，可以采用技术等级工资。

这四种基本形式具有各自的优点，但也存在各自的缺点。如计件工资，它能够从劳动成果上准确反映实际付出的劳动量，不仅激励性强，而且比较公平，能够促进工作方法改进，提高劳动生产率，但它也容易产生片面追求数量，忽略质量、物耗、安全和不爱护机器设备等问题。计时工资，它能够促进技术水平和出勤率的提高，但容易产生不能准确反映劳动强度和劳动量以及"干多干少一个样、干好干坏一个样"的问题。因此，有必要辅以薪点工资或绩效工资，以弥补它们的缺点和不足。对于年功序列工资，是建立在增加员工凝聚力和忠诚度基础上的，体现的是年功资历，如果在罪犯劳动报酬计发中采用，论资排辈，显然是不适宜的。对于职务等级工资和年薪制，主要适用于管理人员和经营者。按照直接管理的原则，罪犯不从事管理岗位，因此，这两种形式也不适宜在罪犯劳动报酬计发中应用。

（三）货币劳动报酬计发方式设计

针对不同生产工艺组织形式下的不同劳动岗位，确定适宜的计发方式组合形式，就是计发方式设计。为发挥各种计发方式的优点，弥补缺点和不足，在各岗位的计发方式设计上，应实行结构工资制度。也就是根据生产工艺组织形式，选择计件工资、计时工资、岗位工资和技术等级工资之一作为基本计发形式，在此基础上，辅以薪点工资和绩效工资。

$$货币劳动报酬＝基本工资×薪点工资率×绩效工资率$$

其中，基本工资是采用计件工资、计时工资、岗位工资或技术等级工资形式确定的工资；薪点工资率是该岗位人员的薪点与标准薪点的比率，具体薪点是在劳动技能、劳动责任、劳动强度和劳动条件等岗位因素点数评价和技术等级、学历素质、工龄年限、工种等个人因素点评价的基础上确定；绩效工资率是绩效考核结果与绩效标准值的比率，具体绩效考核指标应包括基本工资计酬对象以外的各种劳动要求，如出勤、消耗、安全、设备、纪律、环境、文明生产等。

这是货币劳动报酬计发的基本模型，在具体设计上，要针对不同岗位的特点进行适当调整。一般情况下，罪犯劳动岗位可以分为直接生产、辅助生产、勤杂服务和辅助管理四大类。对于直接生产岗位，要尽可能采用计件工资，在薪点评价上，要突出技术等级；在绩效考核上，要突出消耗、安全、设备等。对于辅助生产岗位，要尽可能采用计件工资和计时工资，在薪点评价上，要突出劳动责任、劳动强度和劳动条件；在绩效考核上，要突出出勤、安全、纪律、环境、文明生产等。对于服务勤杂岗位，要尽可能采用计时工资和岗位工资，在薪点评价上，要突出劳动责任、劳动强度、劳动条件；在绩效考核上，要突出出勤、安全、纪律、环境、文明生产等。对于辅助管理岗位，要尽可能采用岗位工资和技术等级工资，在薪点评价上，要突出劳动责任和工种等；在绩效考核上，要突出出勤、安全等。

目前，北京市关于罪犯劳动报酬具体的分配办法是：①按件计酬；②按效益计酬；③按劳动技能确定专业技术等级，按等级计酬；④按超定额累计计酬；⑤按岗位计酬。

四、罪犯劳动报酬的支付和使用

罪犯劳动报酬的非自由支配性，决定了它的支付和使用的特殊性。

（一）实物报酬的支付和使用

实物报酬主要用于生存和发展，用于罪犯在监狱内恢复和保持脑力体力，用于保持身体健康。为避免过度开支、奢侈浪费或过度节俭、损害权益，实物报酬必须由监狱集中管理，即由监狱按照规定的标准以实物形式向罪犯支付。

（二）货币报酬的支付和使用[1]

罪犯劳动报酬作用的发挥，关键取决于货币劳动报酬。因此，监狱要正确管理和引导货币劳动报酬的支付和使用，要根据刑罚和改造罪犯的需要，针对不同罪犯的具体情况，明确用途，进行积累，并从改造罪犯的角度出发进行教育和引导。

1. 进行受害补偿积累。对于附带民事赔偿而尚未赔偿的罪犯以及给他人造成直接伤害的罪犯，要将他们的货币报酬的一部分或全部积累起来，用于完成法定赔偿，或引导其对受害人和受害人家庭进行补偿。

2. 进行家庭补助积累。对于家庭收入微薄、生活困难的罪犯，要将他们货币报酬的一部分或全部积累起来，定期寄回家中，补贴家用。

3. 进行就业资金积累。将货币报酬的一部分或全部积累起来，待刑满释放后用于重新创业的启动资金。

4. 开展社会捐助活动。引导罪犯从劳动报酬的自由支配部分中，拿出一部分奉献爱心，用于希望工程等社会捐助活动。

5. 引导自由支配报酬的使用。对罪犯进行消费观念和生活观念教育，引导他们恰当支配和使用劳动报酬的自由支配部分，避免奢侈浪费和过度消费。

在货币劳动报酬的支付和使用中，要针对不同罪犯的具体情况，确定劳动报酬的积累和使用方案，既可以按比例进行积累和使用，也可以全额逐项积累和使用。

罪犯劳动报酬科学实施探讨

一、正确实施罪犯劳动报酬必须立足于我国国情，考虑我国经济发展的现状

虽然我们可以借鉴国外的有益经验，但不能照搬有些国家的做法。我国当前仍属于发展中国家，至今仍有数千万人没有解决温饱问题，农村和城市都存在大量的贫困人口及失业人口。因此，罪犯劳动报酬标准的确立一定要慎重把握，不宜定得太高，否则国家难以承受，也会因社会公平问题而对公众产生负面影响。另外还需注意，在我国，狱中服刑的罪犯，其伙食费、服装费、医疗费等基本生活费用都由国家财政拨款统一支出，罪犯无需自理，因此，劳动报酬实际上是罪

---

[1]　张海兵："论罪犯劳动报酬"，载《中国监狱学刊》2008年第5期。

犯在已经获得上述实物消费以后额外得到的，这与有些国家的情况是不一样的，因此，在确定罪犯劳动报酬的标准时应考虑这一因素。

二、正确认识罪犯劳动实物报酬存在的必要性

罪犯的生活费必须以实物形式支付，这是由监狱刑罚和改造罪犯的特殊需要所决定的。罪犯被集中关押、集中管理，这种集中决定了他们的生活必须按照监狱的统一规定执行。如罪犯的服装要统一，罪犯的被服要统一，罪犯要定期体检，罪犯伙食要达到实物量标准，罪犯的住所要集中，等等，这是监狱文明和进步的要求，体现了对罪犯的基本生存权益的保障。也就是说，实物报酬的存在是必需的，并将长期存在下去，这是罪犯劳动的特殊性所决定的，主张实物报酬完全货币化的理论是行不通的。

三、正确处理罪犯劳动报酬与计分考核的关系问题

罪犯劳动报酬与罪犯计分考核，具有共同的管理基础，如定额管理、质量管理等，也具有共同的管理指向，都是为了调动罪犯的改造积极性。但是，它们是改造罪犯的不同手段，因此不能相互取代，也不能相互叠加，更不能按计分折算报酬，简单处理劳动报酬的发放。因为罪犯劳动报酬体现的是价值（分配）关系，反映的是劳动成果，借以使罪犯感悟劳动的价值和意义，而计分考核体现的是罪犯的改造成绩，如果劳动报酬简单地按计分折算发放，势必会使劳动报酬成为计分考核的附属物，成为改造成绩的反映，而通过劳动成果促进罪犯感悟劳动价值的改造作用将难以发挥。当然，也不能将二者简单割裂开来，比如在计算绩效工资时，可以引用计分考核的结果，但必须剔除非劳动考核的内容。

四、罪犯劳动报酬的实施必须紧密结合罪犯的具体情况和特点

罪犯劳动既有社会普通劳动者共有的属性，也有自身的特殊性，因此，在罪犯劳动报酬给付的标准、原则、比例、用途、管理、发放等方面，都须考虑罪犯劳动的特殊性和罪犯群体的特点。从劳动报酬给付的标准看，罪犯的劳动报酬额普遍低于本国同行业、同工种普通社会劳动者工资的数量，这是各国的普遍做法。

此外，罪犯劳动报酬的管理和发放可采取有别于普通劳动者的一些特殊形式。这也是许多国家和地区通行的做法。例如，美国联邦监狱产业有限公司要扣除犯人劳动报酬的50%，用以赔偿受害人、支付孩子的抚养费以及法庭的罚款等，但是不扣除监狱犯人的膳宿费用。在我国澳门地区，囚犯之薪俸在无任何债务情形下由监狱代为存放于囚犯账户，囚犯有权每月从中收取一定数额的钱作为狱内零用钱。倘若囚犯有如下义务：①抚养家庭；②对被害人作出损害赔偿；③缴纳罚金及司法税。则其报酬之半数归于其家庭，报酬的1/4用于按上述顺序偿还其债务，剩余部分则存放于其账户。我们可以考虑借鉴上述国家和地区的做

法，把罪犯劳动报酬分为几大部分，采取不同的管理和发放形式。例如，分为生活补助金、家庭救济金、就业储备金等几个部分：生活补助金用于罪犯在狱中生活必需品的支出，家庭救济金用于生活困难的罪犯家属的必要支出，这两部分可以按月定期发放。就业储蓄金由监狱按月提取，在罪犯服刑期间代其保存管理，在其释放时一次性发放，用于罪犯在出狱初期的基本生活费用。此外，可考虑在罪犯劳动报酬中抽取一定的比例，用于建立受害人赔偿基金，由专门机构集中加以管理，对社会上的犯罪受害人进行赔偿，这样可以增加罪犯的赎罪意识，同时对受害人群体进行帮助和安抚。

五、借鉴西方某些国家的做法，逐渐探索罪犯自愿劳动模式

目前的罪犯劳动模式无疑具有强制性质，这种强制性劳动的模式也具有其必要性和合理性。但是，如果在条件成熟的时候，实行自愿劳动的模式，则更能体现罪犯在劳动中的主体性地位，更有利于实现罪犯的再社会化目标。可以说，自愿劳动模式的建立，将使我国监狱文明走向一个新的高度。而罪犯劳动报酬制的推行，有助于发挥利益导向作用，引导和激励大多数罪犯自愿参加劳动，这就为罪犯劳动由强制劳动向自愿劳动转变提供了一定的条件。当然，自愿劳动模式的建立，还需要其他条件的配合，短时间内，我国尚不具备这样的条件，但在理论上展开对这个问题的探讨还是有一定意义的。

学习单元十一　罪犯劳动教育

 学习项目一 罪犯劳动心理分析

学习目标与任务

● 了解罪犯劳动心理的基本理论，熟悉罪犯劳动心理状态，掌握影响罪犯劳动心理的因素。

知识储备

一、罪犯劳动心理的基本原理

我国《刑法》《刑事诉讼法》和《监狱法》等法律明确规定，依法被判处刑罚的罪犯，在服刑期间凡有劳动能力的，应当参加劳动生产。监狱组织有劳动能力的罪犯参加劳动生产是监狱的法定职责，也是罪犯应当履行的法定义务。司法实践中，罪犯劳动改造、狱政管理和教育改造共同成为我国监狱改造罪犯的三大基本手段，是培养罪犯热爱劳动思想意识、树立正确劳动观念、端正劳动态度、学会劳动技能、养成劳动习惯、珍惜劳动成果，成为遵纪守法、自食其力的有用人才的保障。监狱组织罪犯劳动，不同于社会劳动生产，是带有一定的强制性的。罪犯在劳动生产活动中，由于受到劳动生产环境、本人劳动态度和劳动能力以及其他罪犯的劳动行为影响和民警管教的方式方法等影响，必然会产生相应的与劳动场所环境有关的一系列心理活动，形成相应的劳动心理，如积极劳动心理、消极劳动心理等。科学的心理观认为，心理是人脑的机能，是物质的产物。人脑不能够自行产生心理，人的心理内容往往来源于客观现实，人的心理是对客观现实的一种主观反应。

罪犯心理，主要是罪犯在服刑期间受监管场所环境因素影响而产生和存在的一种特殊心理现象，它是刑罚惩治这一法律措施作用于罪犯时所产生的心理效应。罪犯在劳动过程当中，呈现出的心理现象主要包括：心理过程、心理状态和个性心理。具体包括感觉、知觉、情感、注意、记忆、意志等影响罪犯心理产生、变化、发展的各种因素（附：心理现象结构图）。

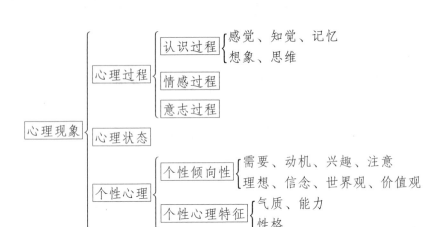

心理现象结构图

二、罪犯劳动心理特征

我国《监狱法》第 4 条规定："监狱对罪犯应当依法监管，根据改造罪犯的需要，组织罪犯从事生产劳动……"第 7 条第 2 款又专门规定，罪犯必须参加劳动。第 69 条则规定："有劳动能力的罪犯，必须参加劳动。"上述法律规定表明，参加劳动是罪犯的一项法定的义务，监狱组织罪犯依法参加劳动生产是具有强制性的。由此，罪犯在服刑当中参加劳动，既带有严厉的强制性，也具有一定的惩罚性。加上罪犯服刑前的心理状态不一，对监狱组织的劳动生产的态度不同，表现出了不同的心理特征：

（一）厌恶心理

入监后，一部分罪犯虽然出自劳动人民家庭，但是由于受好逸恶劳、贪图享乐等错误思想意识的影响，缺乏正确的劳动观，看不起劳动、看不起劳动人民。在监狱劳动改造活动当中，时常从言谈中表露出轻视劳动人民、歧视劳动改造的态度，经常散布不满言论，厌烦、厌倦、抵触劳动。从行为上表现为：不积极参加监狱、监区组织的各种劳动生产，劳动过程中消极散漫，怕苦、怕累、怕脏、出工不出力等，难以确保劳动对罪犯的教育改造效果。

（二）抗拒心理

在监狱、监区组织的劳动生产活动中，有些罪犯思想上片面或是错误地认为，监狱的劳动就是为了惩罚，让其吃苦头、出苦力，是一种痛苦、报复。加上实践中，的确有个别监狱、监区因为劳动生产任务重，或受季节性劳动的影响，存在超时间、超体力、超强度劳动的现象；或受经费制约、经济利益驱动，一味地强调劳动的利润效益，唯利是图，把监狱办成企业，把罪犯当作廉价劳动力、挣钱的工具，导致高压下的劳动。由此，一些罪犯产生了抵触、抗拒劳动的心理，经常畏惧劳动改造、逃避劳动生产。抗拒心理严重者，特别是在劳动生产大忙季节，往往会千方百计泡病号、无病呻吟、小病大养，甚至自伤自残、越狱脱逃。还有的罪犯公然宣称：宁可违纪关禁闭，也不参加劳动。以致严重破坏了生产秩序和监管秩序，严重削弱了监狱劳动改造的效果。

（三）热爱心理

主要是指监狱收押的本身就出自劳动人民家庭，劳动态度比较端正，积极认罪悔改，入狱前一直从事劳动生产，有一定的劳动技能技术的罪犯的心理表现。他们能够正确认识自己的犯罪危害，真心悔过自新、痛改前非，具有希望通过自己的劳动来弥补自己犯罪给社会、受害人造成损害的积极心理，愿意在服刑期间以劳动的汗水来洗刷自己的罪恶，获得心理上的安慰，弥补给社会、被害人造成的损失。持此种心理的罪犯往往能够以积极的劳动态度主动参加监狱、监区开展的劳动教育和组织的各种劳动生产活动，他们吃苦耐劳、踏实肯干，劳动教育与劳动改造的效果较好。

（四）从众心理

这是一些平时生活自主能力差、依赖性较强、缺乏主见的罪犯在劳动生产活动中的心理表现。他们在监狱组织的日常劳动教育、劳动生产活动中缺乏主见，喜欢随波逐流，人云亦云。对于各种劳动生产活动、思想观念、劳动态度，往往是别人什么样自己就什么样，跟着大家、跟着感觉走。在行为上，表现为别人怎么干自己就怎么干，既不冒尖，也不落后，完成劳动任务便罢，往往不能够真正从思想上认识劳动光荣、劳动伟大的意义，影响劳动改造效果的正常发挥。

（五）无所谓心理

这是指在监狱、监区组织的劳动教育、劳动生产活动中，罪犯的思想行为极不端正，混刑度日，"日落西山，减刑一天"。他们缺乏正确的劳动观，对监狱组织的劳动教育抱无所谓的态度，"你说你的，我做我的"。在行为上，表现为混一天算一天，得过且过。特别是某些暴力犯、刑期太短或者刑期过重的罪犯，常常内心感到减刑、假释无望，以致失去改造的信心，悲观沮丧，破罐子破摔，一切听天由命。在错误的劳动态度、扭曲的劳动心理的引导下，这部分罪犯对劳动教育往往应付差事，敷衍塞责；对劳动生产活动消极被动，敷衍了事。

三、影响罪犯劳动心理的因素

（一）罪犯劳动者的人格

在心理学中，人格有时往往和个性同义。我国《大百科全书——心理卷》和《大百科全书——教育卷》都指出：人格也称个性。人格是构成一个人的思想、情感及行为的特有模式，这个独特模式包含了一个人区别于他人的稳定而统一的心理品质。人格的本质特征主要体现为：①独特性；②稳定性；③整体性；④功能性。人格的结构则包括：①气质；②性格；③认知风格；④自我调控。从心理学角度来看，罪犯劳动者的人格亦不例外。在监狱服刑改造期间，罪犯一方面作为社会人，其具有常人的人格、人格特征和人格结构。另一方面，因为受到刑罚处罚，在服刑改造环境下又会出现罪犯特有的心理。由于罪犯人格的变异，导致其相应的心理变化，以致在服刑期间不能够以正常的心态正视现实生活，特别是不能够面对监狱、监区组织开展的劳动生产、教育改造等活动。他们对劳动教育、劳动生产等往往怀有抵触、对抗心理。在认知上，缺乏正确的劳动观，劳动态度不端正，好逸恶劳思想严重；在情感上，对劳动产生消极、厌倦情绪，千方百计逃避、抗拒劳动改造；在意志上，消极消沉，萎靡不振，经不起劳动锻炼，难以承受各种挫折、磨难、打击，遇事就打退堂鼓；在行为上，缺乏积极果敢，消极被动，或是软磨硬抗，混刑度日，甚至公然抗拒。罪犯不良的人格，直接影响其劳动改造的态度，影响监狱劳动改造的效果。

为此，监狱、监区可以奥尔波特的特质理论、卡特尔的人格特质理论和艾森克的"外倾性、神经质、精神质"人格三因素模型，对新入监的罪犯进行心理分析和心理矫治。亦可采用德国心理学家斯普兰格（E. Spranger, 1928）的方法，依据人类社会文化生活划分的六种人格形态，对存在心理问题的各种罪犯进行人格测验、价值观分析和行为矫正。

（二）罪犯劳动生产的环境因素

人类的生存、发展离不开客观环境。同样，一切劳动活动的开展，都离不开一定的环境场所。监狱、监区组织罪犯依法进行劳动教育、劳动生产活动时，也要根据劳动活动的内容、性质、规模、方式方法等，选择安排在合适的场地开展。例如，农业生产劳动多在开放的野外处所环境作业，工业生产多在封闭、半封闭的厂房车间环境进行，服务加工生产劳动多在流动分散的环境进行。从心理学原理来看，人的主观心理的形成，总是要受到所处的客观环境因素的影响，这是对客观外界刺激的一种能动反映。马克思和恩格斯指出："意识一开始就是社会的产物，而且只要人们还存在着，它就仍然是这种产物。"[1] 人的心理或意识是随着语言的发生、发展而发生、发展的，也是随着社会实践的丰富而日益丰富发展的。就监狱、监区罪犯劳动实践而言，劳动生产的环境也直接、间接、或多或少地影响着罪犯的心理。

1. 照明与色彩对罪犯劳动心理的影响。科学研究表明：视觉获得信息占全部感觉信息的83%，视觉是获得外界信息的最主要通道。从心理学角度来看，当多种感觉通道提取信息发生矛盾时，人们总是对视觉信息作出反应。例如，照明对罪犯劳动者的影响表现为照明光性质对辨认颜色的影响：人对颜色的辨认受照

---

〔1〕《马克思恩格斯全集》（第23卷），人民出版社1972年版，第202页。

明光谱能量分布的影响，在能量分布均匀、显色指数高的照明光下，由于物体颜色失真小，颜色辨认的错误少，劳动效果好。照明强度对视觉作业绩效的影响表现为：随着照明水平的提高，作业绩效的改进变得越来越小。也就是说，照明水平提高所得到的效益随着照明水平的增高而递减。照明有最佳水平，到了最佳水平后，如果继续提高，作业绩效反而有所下降。颜色对罪犯劳动心理的影响表现为：从人的视觉角度看，不同颜色会使劳动者产生不同的空间知觉。例如，"后退色"（蓝色等）能造成空间扩大的感觉，给人以"凹进"的感觉；"前进色"（棕色等）能造成空间缩小的感觉，给人以"凸出"的感觉。色彩的心理作用能影响到我们的温度知觉，例如，把蓝绿色归为冷色，把红橙色归为暖色，这是颜色的冷暖效应（cold and warm effect of color）。色彩还影响到人的重量知觉，如"重色""轻色""稳固色""动摇色"等。再就是颜色对生理心理的影响表现为：不同颜色会使人的某些生理过程发生不同的变化，例如，红橙等暖色能提高人的兴奋水平，并有助血压升高和脉搏加快的作用，而青蓝绿等冷色则有使人趋向宁静，有降低血压、减缓脉搏的作用。德国科学家经实验证明，环境色彩对劳动生理疾病有一定的治疗功能。监狱、监区劳动生产场地环境色不宜多，不可采用太艳丽的色彩。颜色浓度不能过深，明度不宜过低。厂房顶棚和侧墙可采用浓度低、明度高的颜色。顶棚一般采用白色或乳白色、浅黄、淡黄、淡灰等反射系数大的颜色，可以增加来自上侧的反射光。墙面颜色的浓度和明度与顶棚一致，或比顶棚深一点，墙面避免采用深暗色。地面的颜色可以采用浓度和明度中等、反射率较小的颜色。墙面、地面的色调选择要和机器设备相协调，如在高温作业宜采用冷色调，低温作业宜采用暖色调，常温作业的冷、暖、中色调可任意选用，以使得罪犯在劳动当中心理感觉舒适、愉快、放松，从而提高劳动生产效率。

2. 噪声与大气环境对罪犯劳动心理的影响。一般情况下，噪声在 80 分贝以上即对情绪产生影响，在 100 分贝以上则对身体产生影响，超过 70 分贝的噪声就掩盖了工作中的正常信号。从监狱劳动生产实际来看，过于嘈杂的环境容易使罪犯心情烦躁、情绪不稳、注意力分散，难以安心生产，影响劳动生产效率。噪声严重的，还会对罪犯身心健康造成损害，引发生产事故。另外，如果监狱组织罪犯长期处在被一氧化碳污染的大气环境中，会使罪犯劳动者大脑及神经系统受到刺激，引起劳动者注意力不集中。若长期接触氯、二氧化硫等，罪犯劳动者就会出现眼病和呼吸系统疾病，并伴有神经衰弱和消化不良等，严重影响劳动效率。温度对劳动者的影响也不容忽视，人的心理感觉舒适温度为 23℃～26℃。实验证明，当环境温度达到 85℃时，不用 1 小时，劳动者就会出现恶心、抽搐等生理反应，严重的还会引起虚脱。温度超过 32℃时，中枢神经系统调节能力减弱，需要高度注意及精细工作的效率即开始受影响。在低温下持久工作，劳动者就会呼吸急促、注意力不集中，产生否定情绪等。

因此，监狱在组织罪犯从事劳动生产过程中，一定要注意环境因素对罪犯劳动心理的影响，通过积极营造良好、适宜的劳动环境，调动罪犯的积极性，提高劳动安全系数，提高劳动改造效率。

（三）管教民警的工作方式方法

监狱、监区组织罪犯开展劳动生产，总是离不开管教民警的管理教育。由于罪犯劳动者是一个由特殊的劳动个体组成的特殊的劳动群体，他们往往劳动态度消极，劳动观念不端，缺乏劳动习惯，缺乏劳动技能，对劳动生产多有抵触、对抗情绪。管教民警在对罪犯进行劳动教育、劳动生产的过程中，所采用的方式方法，显然会直接或间接地对罪犯劳动者的心理产生各种影响。

1. 严厉强制法。即管教民警一味用严格的要求、严厉的态度、严肃的口吻，不分罪犯劳动者的年龄大小、体力强弱、身体好坏以及掌握劳动技能情况和熟练程度，要求罪犯毫无条件、简单地服从命令，绝对地听从指挥，罪犯若稍讲条件、稍有违抗，便严厉处罚。这种简单粗暴的做法极易引起罪犯产生对监狱组织的劳动教育和劳动生产的抵触、抗拒心理。严重时会激化矛盾，导致罪犯不服管教、不服安排、抗拒劳动。有的罪犯在农忙季节、任务繁重时期，宁可故意违纪而被关禁闭，也不愿参加劳动生产。还有的罪犯甚至铤而走险，用自杀、自伤自残或脱逃等方式逃避、抗拒劳动生产。

2. 因人而异法。即管教民警在组织罪犯劳动生产时，能够深入罪犯三大现场，掌握"四知道"，熟悉了解罪犯劳动力的基本情况，例如，罪犯的劳动态度是否端正，劳动观念是否正确，劳动技能是否熟练，以及每个罪犯劳动者的年龄大小、刑期长短、犯罪目的动机、改造表现好坏、捕前职业、身体健康状况等，因人而异，区别对待，依法合情合理安排监督罪犯的劳动生产活动。这种以人为本的做法，能够赢得罪犯对管教民警的敬佩、尊重、服从心理，自愿自觉积极参加劳动教育和劳动生产。

3. 应付差事法。即管教民警工作责任心不强，缺乏敬业精神，不能够认真依法履行职责，得过且过，不敢严格大胆管理，害怕罪犯报复。工作中往往放不开手脚，畏畏缩缩，敷衍塞责，罪犯愿干就干，要求到了就行，罪犯干得好坏无所谓，只要不出事，不惹麻烦就行。对劳动生产中罪犯违规违纪现象不及时批评处理，对劳动表现好的罪犯也不表扬，并标榜"以人为本""文明执法"的幌子，这种不负责任的做法会损害管教民警的良好形象，损害国家法律的尊严，助长一些消极抗改罪犯的讨价还价、软磨硬抗、逃避劳动、混刑度日的心理。

某监狱对服刑罪犯开展"关注心理健康人生"讲座

 案例实训

1. 下面是××省第×监狱在押罪犯刘××劳动心理转化过程的材料，请结合本案，用有关心理学与罪犯劳动心理原理进行分析。

××省第×监狱在押罪犯刘××，男，汉族，1972 年 7 月出生，广东省江门市人，高中毕业。2008 年 6 月因为贩毒、强奸被广东省江门市中级人民法院依法判处有期徒刑 18 年，现在××省第×监狱服刑改造。

该犯出生于干部家庭，父母亲均在政府机关工作，从小娇生惯养，在家里一直被爷爷、奶奶宠着，父母亲则由于工作忙，几乎无暇顾及。高中毕业后，高考落榜，整天无所事事，混天度日。后来，经不住朋友哥们花天酒地、灯红酒绿的拉拢诱惑，遂参与了贩毒、强奸行为，被捕入狱。入监服刑后，刘××觉得自己刑期长，看不到希望，于是破罐子破摔，怕苦怕累，软磨硬扛，经常找各种各样的理由借口逃避劳动，有时甚至抗拒劳动。

入监改造半年后，监狱民警发现该犯表现消极，对前途悲观失望，对同监罪犯冷淡，关系紧张，对监狱组织的劳动生产抵触心理较强。有几次，竟然故意泡病号、违纪来逃避劳动。还暗地里对其他罪犯公然叫嚣："宁可关禁闭，也不愿去出工劳动。"针对刘犯的改造表现情况，管教民警没有放弃对他的帮教，及时调取罪犯档案，结合其服刑改造实际，分析了罪犯刘××的思想状况和行为表现。根据其文化程度较高、体力健壮的特点，由监狱罪犯心理咨询矫治中心民警对其进行了心理测验。根据心理测验的结果，民警及时制订了相应的计划方案，对其开展了个别谈话教育。首先，民警强制性安排其必须按时参加监狱组织的劳动思想教育学习，写心得体会，帮助其提高劳动思想认识，端正劳动态度。其次，利用其讲哥们义气、心理坦率、脾气耿直的闪光点，特意安排他参加一些能够力所能及、体现其能力的劳动任务。其一旦完成，民警及时利用个别谈话时间和集体讲评时予以肯定和表扬。同时，对存在的不足及时批评。最后，民警充分利用刘犯文化程度高、爱好家电维修的特点，安排他参加监狱组织的家电修理实用技术培训班。慢慢地，刘××从入狱开始厌恶劳动、抵触劳动心理较重，到主动向民警要求积极参加监狱组织的各项生产劳动。在生产大忙季节，甚至多次主动提出加班加点的请求。一年后，由于该犯表现积极，遵守监规纪律，劳动成绩突出，被评为监狱改造积极分子。根据刘××的表现，监狱及时为其报请减刑，经过法院裁定，其获得减刑一年奖励。

思考： 1. 刘××入监时的劳动心理状况如何？有什么特点？

2. 根据刘××的劳动表现，监狱民警是怎样进行教育转化的？采取了哪些措施？

心理小测验

通过心理测验，自我测试一下个人的能力和职业发展趋向。

以下有6个象征物：扳手、试管、口琴、麦克风、洋囡囡、原子笔，每个象征物旁边都有一个锦囊，说明象征物的意义和选取者的将来前途。你要选哪一个呢？

扳手（技能型）

吃苦耐劳，有操作机械的能力；喜欢做和物体、机械、工具、动物、植物有关的工作；是勤奋的技术家，如农、牧者、机械师、电器师、匠人等。

试管（研究型）

有数理能力和科学研究精神；喜欢观察、学习、思考、分析和解决问题；是重客观的科学家，如生物、医学、化学、物理、地质、天文等。

口琴（艺术型）

有艺术、直觉、创造的能力；喜欢运用想象力和创造力，从事美感的创造；是表现美的艺术家，如音乐家、画家、设计师、演员、舞蹈家等。

麦克风（企业型）

有领导和说服他人的能力；喜欢以影响力、说服力和人群互动，追求政治或经济上的成就；是有自信心的领导者，如企业家、政治家、法学家等。

洋囡囡（社会型）

有教导、宽容及与人温暖相处的能力；喜欢与人接触，以教学或协助的方式，增加他人的知识、自尊心、幸福感；是教育或社会工作者，如教师、心理治疗学家、辅导或社会工作人员。

原子笔（传统型）

有敏捷的文书和计算能力；喜欢处理文书或数字资料；注意细节，按照指示完成琐碎的事；是谨慎的事务家，如会计师、银行人员、财税专家、文书人员、秘书、资料处理人员。

 学习项目二　罪犯入监初期的劳动教育

学习目标与任务

● 了解罪犯入监初期劳动教育的基本原理；熟悉罪犯入监初期劳动教育的工作流程；掌握罪犯入监初期劳动教育的操作要领；了解罪犯入监初期劳动教育问题的协调；掌握罪犯入监初期劳动教育的实训规程。

知识储备

一、罪犯入监初期劳动教育的基本原理

发展离不开教育。正如康德所说，"人只有通过教育才能成为一个人。人是教育的产物"。联合国《囚犯待遇基本原则》第 6 条规定："所有囚犯均应有权参加使人格得到充分发展的文化活动和教育。"对于罪犯来说，因为其正处在被强制再社会化的过程中，所以，教育对促使其成为合格的社会人来说也是必要的。我国《监狱法》第 62 条规定："监狱应当对罪犯进行法制、道德、形势、政策、前途等内容的思想教育。"第 63 条规定："监狱应当根据不同情况，对罪犯进行扫盲教育、初等教育和初级中等教育，经考试合格的，由教育部门发给相应的学业证书。"调查表明，目前监狱大多数在押罪犯的文化程度只有初中以下水平，导致这些群体对法律的无知，接受劳动能力的低下。因此，监狱积极加强罪犯的劳动教育，把罪犯的刑期变为学期，提高罪犯的职业技术水平是必然趋势。

罪犯入监初期劳动教育即罪犯岗前培训，是指监狱对收监在押的罪犯在安排上岗劳动前，专门集中组织其进行有关劳动岗位的基本理论常识学习、岗位所需专业技术培训，并经岗位技能培训考核合格后，方能上岗操作。

切实做好罪犯入监初期的劳动教育，是确保监狱有效对服刑罪犯实施劳动改造的基础，是维护监管劳动场所安全、提高劳动改造效果的保证。监狱通过组织罪犯开展入监初期的劳动教育，能够使罪犯尽快熟悉监狱劳动的性质、目的、内容等，促使罪犯形成正确的劳动观念，端正劳动态度，遵守劳动纪律，积极主动参加监狱组织的劳动生产活动。

入监初期的劳动教育一般分两个阶段：①新入监时在入监队接受培养劳动观念、端正劳动态度、树立正确劳动思想的理论教育培训；②从入监队分流到各监区后进行的劳动岗位所需专业知识、技术操作实践培训。

新分流的罪犯从分配到监区到能相对独立操作，根据从事工种、岗位、技术要求等的不同，至少需要 1~3 个星期的时间。为此，监狱、监区首先要做的工作是提高罪犯的劳动思想意识，使罪犯的思想与监狱、监区的管理意识相一致，并以实际行动作为保证。

罪犯入监初期的劳动教育，是监狱、监区加强狱政管理、教育改造和劳动生产管理的一个重要方面，它直接关系到今后罪犯接受监狱劳动教育、劳动技能培训、劳动生产考验的效果，监狱各级领导、有关部门要高度重视、认真组织、合理安排，确保罪犯入监劳动教育计划周密完善，方法可行，效果良好。

二、罪犯入监初期劳动教育的工作流程

（一）合理分工，明确岗位

对于新收监的罪犯，监狱经过一段时间的入监教育分配到监区后，监区应及时给他们确定安排相应的、较为固定的劳动岗位，并根据其劳动能力分配相应的劳动任务。

罪犯劳动岗位的安置，应根据监狱、监区的劳动任务、劳动强度、劳动技能要求以及罪犯的个人实际情况，包括罪犯的性格、体能、文化素质、能力倾向、原有技术与特长等进行，确保罪犯的劳动与个人能力相适应，做到人尽其才，物尽其用。如女犯、未成年犯，老年犯等，适合安排强度比较低的劳动岗位；身体素质好，文化程度较高的罪犯，适合劳动强度较大、技术含量较高的劳动岗位；原籍农村的罪犯，尽量安排到农业生产岗位，从事农业生产劳动；捕前系城镇的罪犯，尽量安排从事一定的第三产业劳动，让其尽快学会必要的实用性的谋生技能。

罪犯劳动岗位合理确定后，再根据监狱、监区劳动任务将其编入相应的劳动班组，定岗定位，进行相应的劳动生产。

（二）针对岗位，强化培训

监狱、监区在对罪犯劳动岗位合理安置后，在上岗前必须进行相应的劳动岗位技能教育培训，旨在使罪犯尽快熟悉并掌握岗位工作流程、所需基础知识和技能、操作规程、操作要领。罪犯上岗前的劳动教育培训的主要内容包括：罪犯所在劳动岗位常识、技能、操作要领及操作程序、安全生产、基本生产工艺、设备

使用、维修、保养和消防设施的使用等。特殊工种和机械设备操作须按照统一规定，坚持先教育培训、后持证上岗，严禁无证上岗，违规操作。

1. 罪犯入监初期劳动教育培训的任务，应以技能实际操作为主，理论知识为辅：

（1）熟悉劳动岗位基本知识。通过劳动教育，主要让新入监罪犯及时了解监狱劳动的性质、任务，端正劳动态度，掌握劳动所需要的岗位基本知识。

（2）学会劳动技能操作要领。监狱通过组织罪犯参加劳动技能培训，让新入监罪犯熟悉岗位所需要的操作技能技术，为其尽快适应岗位要求提供保障。

（3）掌握操作基本程序。通过专门、专业的教育培训，教育罪犯很快了解本职岗位工作流程、步骤，以便按照程序完成生产任务。

（4）懂得安全生产知识。安全生产是监狱劳动生产的前提保障，监狱应当及时在罪犯上岗前，使其全面系统地接受安全生产法律法规、方针政策的学习教育，切实把好安全生产第一关。

（5）明确劳动质量的要求。通过对新入监罪犯教育培训，让罪犯从思想上高度重视劳动质量问题，掌握劳动质量考核评价标准，明确考核原则、方式方法，为严把劳动质量关打好基础。

2. 罪犯入监初期劳动教育培训的方法主要有：

（1）集中教育培训法。即在罪犯上岗前，监狱、监区安排懂技术、会管理的民警对罪犯进行所需岗位业务基础理论知识辅导讲授，了解劳动岗位基本常识，为岗位技能实践操作奠定基础。必要时，监狱、监区可聘请合作方工厂、企业的技术师傅或技校老师对罪犯进行专业技能指导培训。

（2）师傅带徒弟法。监狱、监区根据劳动生产岗位需求，安排懂技术的民警或生产技术员作为师傅，直接手把手、面对面地对罪犯进行岗位技能操作与练习；或者由表现好、懂技术的骨干罪犯或班组长在民警的监督指导下教罪犯进行现场操作与顶岗练习，提高劳动培训的效果与质量。

（3）考核检验法。监狱、监区在组织罪犯劳动教育培训结束后，采取理论与实践相结合的方法进行考核，检验教育培训的效果。成绩合格者，由有关部门和负责培训的机构发给合格证或上岗证。

经过监狱、监区教育培训，凡罪犯在未掌握或熟练岗位技能前，或者未取得合格证的，应当禁止罪犯单独上岗或独立操作。

三、罪犯入监初期劳动教育的操作要领

罪犯情况较为繁杂，根据在押罪犯刑期长短不一、文化程度不齐、体力能力不同、掌握劳动技能不同、劳动态度各异等特点，监狱应提前因人而异制订周密详尽、切实可行的教育培训计划。从罪犯入监开始，就分期、分批、分阶段组织罪犯进行相应的劳动专题教育培训，尽量缩短培训期，延长熟练期。同时，针对罪犯的文化水平、劳动技能和个体素质等差异，在教育培训方法上体现层次性、差异性，以满足不同层次罪犯劳动生产的需要，克服当前"大锅饭""囫囵炖"的做法，保证新入监罪犯劳动教育计划切实可行，方案取得实效。

（一）事先计划，周密组织

一般而言，罪犯入监初期劳动教育培训应当按照事先的教育计划，遵循下述流程进行：

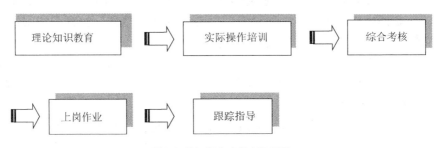

罪犯入监初期劳动教育流程图

监狱、监区为了顺利实施新入监罪犯教育培训计划，应坚持责任到人，计划实施前要召开会议向新入监罪犯做出说明，指明目标，提出要求和期望。应当提前做好周密的罪犯劳动教育培训计划并形成书面材料，明确培训的时间和内容、相关负责人、培训方法、培训资料、考核方式、考核标准、上岗守则等，确保罪犯劳动教育培训计划顺利实施、圆满完成。

（二）基本常识和实际操作相结合

新入监罪犯劳动教育培训的内容一般包括：正确劳动观教育、劳动岗位基础知识、岗位职责、ISO9001质量体系基本知识、危险预知训练、作业指导书、工具使用、物料分类、设备操作、设备点检（部位和方法）、常见故障应对、安全生产、劳动保护等。

实践中，由于监狱、监区罪犯教育培训的内容较多，所以，一定要有计划、有步骤、有顺序地进行，除了安排进行罪犯所从事的劳动岗位基础知识、岗位职责培训和上岗试做外，还要安排脱岗专题培训（一般利用罪犯的教育时间），理论和实际操作相结合，使罪犯尽快做到应知、应会，早日达标，尽快上岗。

（三）进行理论知识和实际操作考核

监狱、监区在罪犯入监劳动教育培训期间，每天要对新入监罪犯的表现进行评价并书面化、公开化。通过入监教育培训后，要组织必要的书面考试和实际操作考核，考试成绩透明化，考试后要进行针对性的辅导，该"回炉"的要"回炉"，保证劳动教育取得预期效果。

（四）充分利用"传、帮、带"，做好教育培训

为了提高新入监罪犯的劳动教育培训效果，监狱要善于调动各种力量，尤其是发挥生产技术员、技术熟练骨干罪犯"传、帮、带"的作用，建立完善的"传、帮、带"责任制，在重点保证劳动安全的基础上，使新入监罪犯尽快掌握劳动岗位作业技能，达到独立上岗的目标。这样不但能达到化整为零、落到实处的效果，而且可以使新入监罪犯尽快适应劳动环境，融入劳动班组，投入劳动生产，产出劳动成果。

通过开展新入监罪犯岗位培训竞赛，奖勤罚懒，奖优罚劣，激发新入监罪犯的劳动热情，促进良性竞争。对于劳动态度好、上手快、成绩突出的新入监罪犯，可以将其成绩整理成文，在小组会、宣传栏进行宣传，还可以请本人总结经验、心得，与大家分享，努力营造良好的团队精神和争优创先集体氛围。

监狱、监区为了提高技术熟练罪犯的积极性，确保"传、帮、带"的效果，可以将新入监罪犯的劳动表现、培训考试、成绩考核和负责"传、帮、带"的罪犯捆绑在一起，同奖同罚、荣辱与共。对"传、帮、带"成绩出色、方法独到的罪犯，要给予适当的表彰奖励，体现责、权、利对等原则，培养集体主义观念和互帮互助的团队意识。

四、罪犯入监初期劳动教育问题的协调

1. 要及时协调好入监教育中劳动教育内容的关系和联系。监狱、监区要保证罪犯在入监队进行劳动教育培训的时间，新入监罪犯的劳动教育培训一部分内容是在入监队通过"三课"完成的，而以往罪犯的入监教育已形成了一整套完整的程序和内容，偏重于进行政策法规、行为规范、内务卫生教育和队列、内务训练，因此，劳动教育培训要和罪犯的入监教育的其他内容做好协调，为下一步到监区进行劳动教育技术培训打好基础。

2. 要协调处理好劳动教育与"三课教育"的关系。监狱、监区要打破以往概而统之的教育培训内容、方式，及时协调好劳动教育与思想政治教育、文化知识教育之间的关系，在注重实效上下功夫。①不能用思想政治教育、文化知识教育的内容取代罪犯的劳动教育，应正确处理好三者之间的关系，强化罪犯的劳动教育。②不能以劳动教育冲击思想政治教育和文化知识教育，应各有侧重，突出重点。③努力协调好三者之间在教育内容、教育时间、教育方式上的组织安排，做到相互配合、相辅相成，形成教育合力，优化教育实效。

3. 要协调处理好劳动教育与狱政管理的关系。劳动生产与狱政管理是监狱改造罪犯的两个基本手段，是相辅相成的。监狱、监区在做好日常各项工作的过程中，要顾全大局，统筹兼顾，及时协调好劳动教育与狱政管理之间的关系，注

重配合，讲究实效。①忌以"管"代"教"。不能用狱政管理的内容取代罪犯的劳动教育和劳动生产，削弱罪犯劳动教育的效果。②忌以"教"代"管"。在改造罪犯各项活动中，重视教育但不忽视管理，更不能以劳动教育代替狱政管理，做到各负其责、有的放矢。③"管""教"结合。积极协调好两者之间的关系，在安排劳动教育、组织劳动生产时，要考虑狱政管理工作；在进行狱政管理时，要充分考虑为劳动教育服务，密切配合、分工协作、形成合力，做到寓教于管，寓管于教。

五、罪犯入监初期劳动教育的实训规程

监狱、监区在组织罪犯入监初期劳动教育中，要根据本监狱、监区的劳动生产项目（农业生产、工业生产、产品加工等），采取请合作方（或社会）技术人员授课与本监狱、监区老师讲课相结合的方法，对罪犯进行相关生产项目理论方面的培训，让罪犯一入监就接受规范化、标准化的生产劳动技术培训。通过这种培训方法：①使本监狱、监区生产项目更有针对性，做到干什么、学什么，缺什么、补什么。②劳动生产技术教育培训做到具有计划性、系统性、全面性，缩短罪犯劳动技能学习的过滤期。③在全封闭的入监队进行相关生产劳动技术理论教育培训，有效地克服和弥补罪犯分流到监狱、监区后才学习劳动技术的不足，能够使罪犯尽快适应监狱生产劳动所需，顺应社会生产所需。

立足监狱、监区生产劳动项目的需要，组织罪犯劳动教育时，对关键生产劳动环节，有针对性地培养罪犯技术骨干力量，在罪犯中做好生产劳动技术的"传、帮、带"工作。例如，在农业生产、来料加工、成品制作等劳动过程中，在综合考查分析的基础上，把劳动表现好、文化程度高、接受能力较强的罪犯作为技术骨干进行重点培养，有针对性、有目的地给他们"开小灶""加餐"等，让他们在短时间内成为熟练技术工，然后由他们辅导解决其他罪犯在生产劳动中遇到的技术问题，带动其他罪犯熟练掌握来料加工、成品制作技术，将教育培训周期由原来的半个月缩短到5~7天，真正做到"快、省、优、传、帮、带"，建立良好的生产劳动风气，提高劳动生产效率。

根据生产劳动需要，监狱、监区通过及时有效地对罪犯进行劳动教育培训，有利于及时发现和转化罪犯错误的劳动观念，端正劳动态度，调动罪犯劳动积极性，优化劳动力资源，做到人尽其用。在监狱生产劳动的实践中，最重要的就是如何调动罪犯的劳动积极性，并管理好、使用好罪犯。要根据罪犯的劳动表现、文化素质、接受能力、身体条件、兴趣特长、回归就业等综合情况，与监狱的生产劳动项目、技术含量、工艺要求、操作规程等情况相结合，在生产劳动的实践中，贯彻人性化管理，做到人尽其才、人尽其用，提高劳动效率，并进一步提高监狱教育改造质量。

案例实训

根据案例分析监狱民警对罪犯熊某某在入监初期劳动教育过程中的基本流程和应当掌握的基本要领。

某监狱罪犯熊某某，男，汉族，现年32岁，原籍四川，初中肄业，2008年7月因犯强奸罪被广东某法院判处有期徒刑11年。在某监狱入监队经过2个月时间的入监教育后，被分流到某监狱二监区服刑改造。该监狱二监区主要以服装辅料加工、生产T恤衫为主，主要生产工序有制图、下料、裁剪、横机、套口、缝工、缩毛、熨烫、包装等生产环节。按照服装加工流程需要，监区研究决定先安排熊某某到套口片学习。在经过前期服装加工理论知识培训考核基础上，采用师傅带徒弟的办法，进入车间操作程序。民警指派一名生产技术员担任其师傅，熊某某跟在师傅身边熟悉车间使用套口设备型号、结构、工作原理，了解常见型号套口设备的性能。师傅采用手把手的方式教熊某某熟悉T恤衫套衫、开衫、圆领衫的套口工艺流程，讲解操作要领。随后，车间要求其能上机进行实践操作，进行对针、空套等简单操作练习。15天后，要求其能按照负责的程序独立完成生产任务。其间对操作过程中出现的问题，如成品出现的各种瑕疵辨别、掌握和如何避免的问题，由负责套口片的检验员负责指导解决。生产过程中，由安全员负责针对工序特点进行专门的安全生产教育。

思考：

1. 结合本案谈谈监狱对入监初期罪犯劳动教育的工作流程有哪些？

2. 谈谈监狱民警对罪犯熊某某在入监初期劳动教育过程中应掌握的基本要领？

拓展训练

马克思指出：在从猿到人的转变过程中，劳动起了决定作用，劳动创造了人本身。

思考：请问你是如何理解其涵义的？作为一名监狱人民警察，你将如何将其应用到罪犯入监劳动教育当中？

学习项目三　罪犯服刑中的劳动教育

学习目标与任务

● 了解罪犯服刑中劳动教育的基本原理；熟悉罪犯服刑中劳动教育的工作流程；掌握罪犯服刑中劳动教育的操作要领；了解罪犯服刑中劳动教育问题的协调；掌握罪犯服刑中劳动教育的实训规程。

知识储备

一、罪犯服刑中劳动教育的基本原理

（一）罪犯服刑中劳动教育的意义

恩格斯曾经指出，劳动"是整个人类生活的第一个基本条件，而且达到这样的程度，以致我们在某种意义上不得不说：劳动创造了人本身"。[1] 社会发展历史证明，劳动是社会发展的动力，劳动创造人类赖以生存的物质财富，同时也创造了人本身。当前，监狱在押罪犯中，多数都是因为好逸恶劳、贪图享受、不劳而获而走上犯罪道路的，监狱在服刑改造场所组织开展罪犯劳动教育和职业技术培训，是解决罪犯犯罪思想根源问题，促进其悔过自新、改恶从善的前提基础，是适应国家劳动制度改革、落实监管工作的"首要标准"，是提高教育改造质量、减少重新违法犯罪的一项重要举措，也是探索教育改造工作新途径的一种有效手段。劳动作为我国监狱改造罪犯的基本手段之一，《监狱法》第 4 条规定："监狱对罪犯应当依法监管，根据改造罪犯的需要，组织罪犯从事生产劳动……"第 7 条第 2 款规定，"罪犯必须参加劳动"。第 69 条又规定："有劳动能力的罪犯，必须参加劳动。"我国《宪法》第 28 条也明确规定，国家对犯罪分子实施惩办和改造。由此可见，监狱组织罪犯参加生产劳动是国家法律的规定，也是党和国家对罪犯实施惩办改造的基本政策。

根据"惩罚与改造相结合，以改造人为宗旨"的监狱工作方针，监狱对服刑改造中的罪犯进行劳动教育应坚持立足转变罪犯思想、着眼监狱劳动实际、服务刑满释放就业的原则。通过对罪犯的劳动教育和职业技术培训，使他们掌握一技之长，加速思想转化，成为自食其力的守法公民。

罪犯从社会到监管场所，生活环境发生了明显的变化，由相对自由、宽松、

---

〔1〕《马克思恩格斯选集》（第 3 卷），人民出版社 1972 年版，第 508 页。

开放的社会环境，进入到相对封闭、自由受到一定限制的监管场所并接受强制性教育、劳动，如何尽快使罪犯了解监管改造法律手段和监管场所的有关规定，更好地适应监管场所生产劳动和生活，认识到劳动的性质，为更好地通过劳动来改造自己，搞好服刑中罪犯劳动教育至关重要。

（二）罪犯服刑中劳动教育的内容

1. 思想教育。

（1）思想教育的目的。思想是行动的指南。监狱、监区通过组织罪犯开展劳动思想教育，使处于服刑中的罪犯明白劳动的意义、价值，树立热爱劳动的思想意识和劳动光荣的观念，并通过树立正确的劳动观来矫治罪犯好逸恶劳、不劳而获的恶习劣德，早日成为遵纪守法、自食其力的社会有用人才。

（2）思想教育的内容。

第一，教育罪犯树立正确的劳动观。劳动对于人的思想、行为、道德有积极的影响，对人形成正确的认识，树立正确的世界观、人生观有很大的作用。[1]在服刑时，监狱通过及时组织开展劳动思想教育，使罪犯树立劳动伟大、劳动光荣的信念及热爱劳动的思想意识，端正劳动态度，摒弃贪图享受、好逸恶劳的恶习，积极投入到监狱、监区组织开展的各种劳动教育和劳动技能培训中。

第二，教育罪犯养成集体主义观念。集体主义精神要求个人的行为融入集体之中，个人要服从集体。监狱、监区劳动生产往往是集体形式的生产规模，离不开罪犯之间的合作与分工。实践中，罪犯劳动生产多是以监狱（几个监狱）、监区（几个监区）或是分监区、劳动小组为单位进行的，通过集体主义教育，能够使罪犯形成集体主义观点，正确处理集体利益与个人利益关系，改变自私自利、个人主义的思想，树立关心集体、关心他人、乐于助人、勇于奉献的团队精神。

第三，教育罪犯遵守劳动纪律。无规矩不成方圆，劳动生产离不开科学、严格的规章制度和纪律约束。通过劳动纪律教育，使罪犯形成良好的约束能力和自我控制能力，遵规守纪，学会做人，学会做事。在劳动生产当中，让罪犯服从管理，听从指挥，自觉维护正常的监管改造秩序。

第四，教育罪犯学会生存技能。通过生存技能教育，使罪犯清楚地认识到，现代社会中，劳动是人的社会生存方式，竞争必然导致适者生存、不适者被淘汰，必须靠自己的劳动能力和技术专长，立足于社会，生存于社会，发展于社会。通过监狱教育培训，让罪犯变刑期为学期，利用服刑改造时间，学会一技或几技之长，学会合法谋生的本领，为回归社会后自食其力打好坚实的基础。

---

〔1〕 夏宗素主编：《监狱学基础理论》，法律出版社 1998 年版，第 217 页。

（3）思想教育的形式。

第一，集体教育。所谓集体教育，一般而言，就是把监狱、监区在押全体罪犯集中起来，利用上大课教育培训、集体劳动生产等形式所进行的一种思想教育。集体教育具有规范性、权威性、快速传播性等特点，有利于解决罪犯群体存在的劳动观念不正确、劳动态度不端正等问题。

第二，个别谈话教育。所谓个别谈话教育，就是监狱、监区针对罪犯的个别、特殊问题，采取面对面的思想影响、心理沟通和知识传授方式。个别教育具有针对性、灵活性、沟通性、渗透性、稳固性等特点，有利于解决罪犯个人劳动思想意识、劳动技能等个别性问题。

第三，讲评式教育。在劳动过程中，充分利用劳动前的分工安排，劳动后的讲评，进行日讲评、周小结、月评比以及半年总结和年终总结，对罪犯进行有意识、有步骤、有目的的思想教育。讲评式教育具有针对性、即时性等特点。

第四，劳动成果教育。劳动成果教育就是运用罪犯自己劳动生产的产品布置产品陈列室、展览室、公示栏或通过出售罪犯自己种植的农副产品，所得款项作为罪犯的劳动所得发放，让罪犯体会到劳动带来的收获和喜悦，学会珍惜劳动成果，从而树立热爱劳动的思想意识。

2. 安全生产教育。现行《安全生产法》第 28 条第 1 款规定："生产经营单位应当对从业人员进行安全生产教育和培训，保证从业人员具备必要的安全生产知识，熟悉有关的安全生产规章制度和安全操作规程，掌握本岗位的安全操作技能，了解事故应急处理措施，知悉自身在安全生产方面的权利和义务。未经安全生产教育和培训合格的从业人员，不得上岗作业。"

安全生产工作是监管场所安全工作的重要组成部分，安全教育是企业安全生产工作的重要内容，坚持安全教育制度，搞好对罪犯的生产安全教育，事关监管场所和社会大局的稳定。

监狱、监区如果没有安全生产保障，劳动思想矫治、劳动技能培养就不能真正发挥其作用。监管场所的安全生产工作比社会企业更复杂、更重要，必须引起高度重视。

（1）安全生产教育的目的。

第一，提高认识，统一思想。监狱、监区组织在押罪犯劳动生产中，罪犯是一个十分重要的主体。罪犯既是监狱惩罚改造的对象，又是劳动的积极参与者，一旦发生安全事故，罪犯很有可能是直接受害者，轻则影响到罪犯的身体健康，重则危及罪犯的生命安全，甚至危及监狱人民警察的人身安全和社会、国家财产的安全。因此，罪犯应在思想上重视安全生产工作，时时刻刻牢固树立安全第一的观念，要认识到搞好安全生产有利于维护罪犯自身健康安全与生产安全稳定，要积极配合监狱人民警察，搞好安全生产，避免安全事故的发生，自觉保护自己和他人的生命和健康，确保公共利益和国家财产不受损害。

第二，提高全体罪犯的安全知识水平和安全技能。安全知识包括生产活动中存在的各类危险因素和危险源的辨识、分析、预防、控制知识。安全技能包括安全操作的技巧、紧急状态的应变能力以及事故状态的急救、自救和处理能力。通过安全教育，使罪犯掌握安全生产知识，提高安全操作水平，发挥自防自控的自我保护及相互保护作用，及时消除安全隐患，有效地防止各种生产事故的发生。

在监狱生产劳动中，鉴于监管场所的经济实力和科技水平，设备、设施的安全状态尚未达到完全安全的程度，坚持不断地进行生产安全教育，减少和控制不安全行为，就显得尤为重要和必要。

（2）安全生产教育的内容。监狱安全教育的内容主要包括安全思想教育、安全法制教育、安全知识教育和安全技能教育。

第一，加强安全生产思想教育。主要是使罪犯接受国家安全生产方针政策教育、形势任务教育和安全生产重要意义教育等。通过形式多样、丰富多彩的安全教育，使罪犯牢固树立起"安全第一"的思想，提高全体罪犯的安全意识，激励其安全动机，自觉采取安全行为，实施事故预防措施。

第二，加强安全生产法制教育。主要是使罪犯接受国家安全生产法律法规教育、监狱安全生产规章制度教育、遵纪守法教育、权利义务教育等。由此，使罪犯在生产劳动当中学法、知法、懂法、守法，以法规为准绳约束自己，以制度规范自己，认真履行应尽的义务；同时，学会以法律为武器维护自己的合法权利，自觉与各种违规违纪行为作斗争。

第三，加强安全生产知识教育。主要是加强罪犯安全管理、安全技术和劳动卫生知识教育。以此要求罪犯在劳动过程中，熟练掌握各自岗位必要的安全生产技术，加强对矿山、井下、高危、高温、高压等行业和从事有害、有毒、有辐射作业罪犯的管理教育与劳动安全防护，积极做好职业病、地方病、多发病、流行病以及各种疫情的预防和治疗。坚持预防为主，防患未然，切实提高企业的整体安全系数。

第四，加强安全生产技能训练。主要是针对监狱、监区各个不同劳动岗位或工种的罪犯所必需的安全生产方法和手段的训练，例如安全操作技能训练、危险预知训练、紧急状态事故处理训练、自救互救训练、消防演习、逃生自救训练等。经过系统强化训练，使罪犯掌握必备的安全生产技能和技巧，预防和减少安全生产事故的发生并降低伤亡率，降低安全生产风险。

（3）安全生产教育的形式。安全教育应结合监狱、监区劳动实际，利用各种教育形式和教育手段，以生动直观的方式，来实现安全生产的目标。监狱、监区罪犯的安全教育形式大体可分为以下几种：

第一，广告式。包括安全广告、标语、宣传画、警示标志、展览、黑板报、墙报、监狱小报、传单等形式。它以精练的语言、醒目的方式、合适的场合、较短的周期、通俗易懂的内容等，时时处处提醒罪犯严格遵守监狱安全生产规章制度，注意安全并了解怎样才能确保安全。

第二，演讲式。包括课堂教育、讲座、讲演、经验介绍、现身说法、演讲比赛等形式。监狱、监区应采取灵活方式，可以是系统教学，也可是专题讨论。用以向罪犯宣传灌输安全生产知识，提高对安全生产的思想意识。

第三，座谈式。包括安全生产事故现场分析会、班前班后会、专题座谈会等。通过集体、分组座谈讨论的形式，使罪犯在参与过程中，直观生动地接受安全生产教育。

第四，竞赛式。包括口头、书面知识竞赛，安全、消防技能竞赛与其他各种安全教育活动检查评比等。以此激发罪犯学安全、懂安全、会安全、保安全的积极性，促使罪犯在竞赛活动中树立"安全第一"的思想，丰富安全知识，掌握安全技能。

第五，声像式。监狱、监区借助现代化录音、录像等手段，使安全教育形象生动，寓教于乐。主要形式为有关安全生产教育方面的广播、电视、录像、录音等。

第六，文娱式。监狱、监区积极以安全生产为主题，编写和演出相声、小品、话剧、舞剧等文艺演出的教育形式。

（4）安全生产教育制度。监狱、监区要搞好劳动安全教育，实现教育目的，必须建立并健全一整套劳动安全教育制度。监管场所的安全教育制度主要是三级安全教育，即对新入监的罪犯进行入监安全教育、监狱安全教育和监区（劳动现场岗位）安全教育，相辅相成，互为一体。

第一，入监安全教育。按照规定，罪犯入监安全教育主要由监狱教育科会同劳动生产部门组织进行。主要教育内容是：党和国家有关安全生产方针、政策及主要法律法规标准，本监狱、监区各项安全生产规章制度及劳动纪律，狱内危险作业场所安全要求及有关防灾救护知识，典型生产事故案例介绍，等等。

第二，监狱安全教育。监狱安全教育主要由监狱长会同分管监管安全、生产安全的领导和警察负责组织进行。主要教育内容是：本监狱生产性质、特点及基本安全常识要求，生产工艺流程、危险部位及有关防灾救护知识，监狱安全管理制度和劳动纪律，典型生产事故案例分析、预防事故措施预案，等等。

第三，监区（劳动现场岗位）安全教育。监区（劳动现场岗位）安全教育由监区长会同监区安全员及带班警察组织进行。主要教育内容是：监区劳动任务、劳动性质及安全生产基本要求，有关劳动设备、设施性能、使用说明、操作要领、安全特点及防护装置的作用与要求，岗位安全责任制度和安全操作事故苗头或发生事故时的紧急处置措施，同类岗位伤亡事故及职业危害介绍，有关个体防护用品使用要求及保管知识，消防器具使用、工作场清洁卫生要求，其他应知应会的安全内容。

3. 职业技术教育。监狱对罪犯进行职业技术教育是罪犯劳动教育的主要内容之一，是在社会主义市场经济条件下增强罪犯的社会就业适应能力、顺利回归社会的有效途径，也是提高监狱教育改造质量、巩固改造成果、有效预防犯罪的客观需要。

（1）职业技术教育的目的。监狱组织开展罪犯职业技术教育的目的在于依法准确执行刑罚，不断提高教育改造质量，全面培养罪犯的专业能力、谋生能力、竞争能力，使其树立劳动观念、学习观念、创业意识，再造罪犯的适应社会、自食其力的能力。

（2）职业技术教育的内容。

第一，社会主义市场经济知识教育。教育罪犯正确认识社会主义市场经济，了解市场经济的主要特征、市场规律与活动规则，培养罪犯诚实信用、遵纪守法、公平竞争、勤劳致富的思想意识。

第二，正确的择业观教育。教育罪犯正确认识社会、正确认识自己、正确对待劳动就业岗位，主动适应社会，不断完善自我、提高自我，做到自信、自立、自强，脚踏实地，勤奋敬业，做一个自食其力的劳动者。

第三，职业技能教育。监狱要根据社会劳动力市场的职业需要和刑满释放后的就业实际，并根据罪犯自身的素质、原有劳动技能和监管场所现有生产条件，开展形式多样、注重实效的劳动培训内容。当前，我国监管场所都普遍开展了适应社会需要的周期短、见效快的综合职业技能培训，主要包括：家用电器维修、裁剪缝纫、烹饪、食用菌栽培、美容美发、家禽饲养、果木园艺、木工、瓦工、电工、汽车农具车维修、家政服务等。

第四，生产岗位技术培训。监狱、监区根据罪犯在劳动中所从事的不同岗位、不同工种，与社会劳动部门一起有针对性地对罪犯进行上岗技术培训、岗位技术等级考核，使他们能尽快掌握专业技能，取得上岗证，适应监狱生产劳动的需要和回归社会就业的需要。

（3）职业技术教育的形式。

第一，集中培训形式。由监狱、监区统一组织罪犯参加有关职业技术的学习培训，经过考核，按国家的有关规定评定技术等级，发放社会统一认可的技术等级合格证书、上岗证书。

第二，以老带新形式。在生产实践中，由师傅或技术骨干带领新手，边干边学，包教包学，掌握专业知识和技能。

第三，经验交流形式。根据实际需要，监狱、监区定期或不定期组织开展生产技术经验交流会和现场操作表演会，以直观生动的方式，取得实训效果。

第四，其他形式。如监狱、监区通过召开事故分析会、质量分析会等总结经验，进行现场教学。

4. 罪犯劳动保护教育。罪犯应当享有的权利包括劳动权利、受教育权利、婚姻、家庭等基本权利[1]，监狱对罪犯进行劳动保护教育是罪犯服刑期间劳动教育的重要内容之一，是在坚持科学发展观，积极贯彻以人为本、构建和谐社会的背景下，监狱保障罪犯基本人权、培养罪犯劳动技能、增强其社会适应能力的现实做法，也是监狱提高教育改造质量、巩固劳动改造成果、公正廉洁执法、保护人权的积极体现。

（1）罪犯劳动保护教育的目的。监狱通过组织罪犯开展劳动保护教育，旨在从维护人权，贯彻以人为本，构建和谐社会大局出发，依法准确执行刑罚，不断提高教育改造质量，在全面培养罪犯的劳动技能、谋生本领、竞争能力的同时，加强劳动生产安全保护教育，树立安全观念，学会自我保护，学会生存发展。

（2）罪犯劳动保护教育的意义。

第一，加强对罪犯劳动的法律保护是我国社会主义性质的必然要求。《宪法》明确规定，我国是人民民主专政的社会主义国家，虽然阶级斗争在一定范围内长期存在，但它已不是我国目前的主要矛盾，所谓人民民主专政，就"专政"而言，主要针对人民内部矛盾。1954 年 9 月政务院颁布了《劳动改造条例》，首次用法规的形式明确规定："为了惩罚一切反革命犯和其他刑事犯，并且强迫他们在劳动中改造自己，成为新人，特制定本条例。" 1962 年公安部颁发的《监狱、劳改队管教工作细则（试行）》第 3 条进一步规定：管教工作应当认真贯彻执行改造第一、生产第二的劳改工作方针。1982 年《宪法》和 1979 年《刑法》以及 1994 年《监狱法》的颁布实施等都对罪犯劳动改造作出了明确的规定，体现了我国社会主义的性质。这说明，我国对罪犯的劳动改造活动已经从政策形态逐步发展成为国家的法律规范，成为我国社会主义社会性质的内在要求。

第二，加强对罪犯劳动法律保护是我国宪法人权保障的具体需求。我国《宪法》第 42 条第 1 款规定："中华人民共和国公民有劳动的权利和义务。"国家法律保护公民的权利。而监狱中的在押罪犯虽然是触犯了法律，被依法剥夺自由，

---

〔1〕　夏宗素主编：《监狱学基础理论》，法律出版社 1998 年版，第 270 页。

但其仍是中华人民共和国公民，劳动同样也是他的权利，只不过他的"劳动"有了"改造"的含义，但劳动的法律保护对被剥夺自由的罪犯也应一视同仁。罪犯虽然是被限制、剥夺了人身自由的公民，但也应该享有宪法规定的权利，在劳动保护、劳动对象（对生命有危害）、劳动环境（影响生命健康）、劳动保护措施、劳动时间、技能培训、劳动报酬、劳动保险等方面都应与普通公民享有同样的劳动法律保护。

　　第三，加强对罪犯劳动法律保护是我国进行国际人权斗争的需要。近年来，随着依法治国、改革开放的发展，刑事司法领域也越来越强调对罪犯的人权保障，这无疑反映了社会的文明和进步。但是，国际上某些不友好人权组织和一些反华势力，经常针对我国的人权问题提出指责，特别是以美国为首的西方国家，连续多年在联合国人权委员会上针对中国提出"人权提案"，遭到我国及其他国家的一致反对，每每以失败告终。对待监狱的人权问题，我们应该从两个方面来看待：①对于西方国家的无理指责，特别是试图以人权问题为借口来干预我国内政问题的企图，我们应进行针锋相对的反驳。②促使我们对内审视人权保障问题，特别是对罪犯劳动的法律保护问题，变压力为动力，正确处理我国监狱罪犯人权保障与罪犯劳动改造法律保护的关系，从而也更为有力地反击反华势力的人权攻击，顺应国际上人权斗争的需要。

　　第四，加强罪犯的劳动法律保护是现代监狱刑罚执行理念的要求。《监狱法》规定，监狱应当坚持"惩罚与改造相结合，以改造人为宗旨"的方针。其中，"改造"的含义就是转变罪犯的犯罪思想，让其通过劳动改造成为自食其力的新人。"惩罚"的最大含义并非强制劳动，而应该是剥夺罪犯的人身自由，这也是现代监狱刑罚执行的中心理念。罪犯作为被剥夺自由的公民，劳动依然是他们的权利和义务，只不过他们的劳动多了一层改造的功能。所以，罪犯的劳动改造也同样应该受到法律的保护，因为劳动本身就是他们的权利和义务。罪犯劳动改造的法律保护是现代刑罚执行理念的必然要求。

　　第五，加强罪犯劳动法律保护是维护监管秩序稳定、促进罪犯顺利改造的需要。从法理角度来看，对参加劳动的罪犯提供劳动法律保护，是我国监狱对罪犯实行人道主义的具体体现。实践证明，做好罪犯劳动法律保护，对促进罪犯的思想改造有着重要的作用：①可以使罪犯体会到在劳动中自己的健康和生命安全是有法律保障的，从而消除罪犯对劳动的恐惧心理和抵触情绪，积极投入改造；②使监狱在选择劳动对象时，可以从保障罪犯的法定权利的角度去考虑，从而减少狱内罪犯的反改造情绪，促进监狱秩序的稳定。总之，做好罪犯劳动改造的法律保护，可以为罪犯创造一个良好的改造环境，增强劳动的改造功能，以达到教育人、改造罪犯的目的。反之，如果忽视罪犯劳动改造的法律保护，罪犯发生工伤事故和职业病，而不给予应有的法律保护，必然引起罪犯思想混乱，使劳动改造工作不能正常进行，从而严重影响监管改造秩序。

（三）罪犯服刑中劳动教育的方法和艺术

1. 建立健全监狱、监区罪犯劳动教育组织机构。根据监狱、监区罪犯劳动教育实际，形成以教育科为核心、教学班为主课堂、专职教师为主讲的"集中教学"模式。监狱只负责入监教育、个别谈话教育和重点人员的教育，其他常规教育、技术教育全部教学课程统一由教育科组织实施。按照统一计划、集中上课、轮流进行、专人授课的方法实施。专人专职教学、教师相对固定讲课，既有充裕的时间和精力保证教员熟悉讲课内容，又有充分的时间和精力备课、编写教案。有利于教员摸索教学规律，提高讲课的效果和质量；有利于教育时间、人员、效果的落实；有助于教育基础资料的登记，促进教育质量的提高。

2. 突出教育的多样性，提高教育的针对性、有效性。监狱、监区要充分利用狱内与社会的教育资源，力争教育手段、形式的多样性，在确保政治大课教育时间的基础上，扩大罪犯技术教育、辅助教育比例，改善教学的硬件条件，充分运用广播电视、"多媒体"等现代化教学方法，开展电化教学、监内新闻、图片展览、读书征文、演讲、书画竞赛、运动会、歌咏比赛活动及心理咨询等辅助教育活动，创办特色教育，提高劳动教育的吸引力、亲和力，提高罪犯的积极性和参与度。

3. 罪犯技术培训全面创新。罪犯的技术教育突出职业技能，立足于罪犯刑释后谋生就业的目的。结合监管场所的生产任务确定培训项目，本着个人自愿及自身财力确定培训人员；根据罪犯文化水平，针对不同类型的罪犯，选择适合其年龄特点、文化水平、能力等级的培训项目，如电脑操作、家电、自行车维修、理发、烹饪；果树栽培、农业技术、服装加工、缝制皮鞋、纸制品加工、物业管理、家政服务等。

4. 监狱、监区可与劳动部门协作建立职业专门培训机构和中介机构。由政府劳动部门负责罪犯的教学、考试、办证等全过程，把对罪犯的技术培训纳入社会培训的轨道，及时为参加技术培训经考试合格的罪犯办理资质证书，提高监狱技术培训的档次和水平，也使其资质证书的效力和信誉度得到社会劳动就业部门的认可。创造条件，力争在监管场所设立职业中介点，为表现好、有一定特长的刑释罪犯提供职业中介服务，既解决少数表现好、有专业技能的罪犯的出路问题，又能调动在监罪犯认罪服教、真心改造的积极性与主动性。

二、罪犯服刑中劳动教育的工作流程

（一）明确目标，理清思路

监狱按照每年工作计划，由分管监狱监区领导专门召集教育、培训的同志研究罪犯劳动技能培训工作，总结分析过去劳动技术培训工作中的经验教训，确定当年劳动技术培训工作的思路和培训指标、培训重点、工作措施和方法。劳动技术培训立足于罪犯回归社会、谋生就业，立足于监管场所生产的条件和项目，根据罪犯文化程度、本人财力和意愿，确定培训项目。

（二）周密计划，科学安排

在制订各类技术培训工作计划时，监狱教育科要根据社会就业的需求和现实，从实用性、可能性、可行性出发，力求培训计划科学周密。坚持短、平、快的原则，妥善安排技能培训种类、培训时间、培训人数，满足不同刑期、不同年龄、不同文化程度罪犯的需求。

（三）严格措施，注重实效

为了防止职业技能培训工作流于形式，确保罪犯的技术培训取得实效，可以采取以下措施：

1. 科学制定规则、下达生产任务。每年年初，在研究、下达年度生产任务指标时，给罪犯的技术培训留有时间和空间。同时，明确规定罪犯参加技术培训要减免监区生产指标和扣减个人生产指标；规定凡当月参加技能培训的罪犯可不承担生产任务。

2. 改善培训条件。按照岗位培训要求，配置固定的专职师资队伍，建立专门的技术教育教研室和教室，购置电脑并联网，便于统一教学，以提高教学、培训质量和效果。

3. 合理解决培训经费。监狱、监区可以合理协调，从生产中拿出部分经费，作为罪犯技术培训费用。凡符合条件参加技术培训的罪犯，解决其培训费，教材及证书的工本费由个人承担。这样，可以为家庭经济困难的罪犯减轻培训负担，也使过去一些外地罪犯想参加技能培训而无经济来源的问题得到了妥善解决。

4. 注重实际操作。坚持先培训、后上岗，在职业技能培训中，坚持理论与实际相结合，注重实践，注重实效。如开办无线电修理、自行车维修、理发培训、食用菌栽培、烹饪技术等劳动技能培训班，坚持多练习、多操作、多指导，多出实用性人才。

5. 严格考核奖惩。凡参加技术培训的罪犯，必须按时到课、自觉遵守课堂纪律，严格操作规程，按时完成作业和训练任务。罪犯结业考试取得优秀成绩的，监狱应当及时给予一定的物质和精神奖励。对培训期间违规违纪、结业考试成绩不及格的，不仅不发结业证书，还要视情给予相应的处罚。

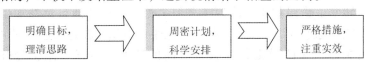

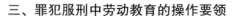

三、罪犯服刑中劳动教育的操作要领

（一）充分利用社会力量，促进技能培训工作健康发展

按照监狱工作法制化、科学化、社会化的"三化"建设要求，监狱对罪犯进行培训，要积极取得社会和当地政府的支持。监狱要与社会劳动和社会保障部门联系，将罪犯的技术培训纳入政府和社会就业培训范围，进而向政府申请培训经费，不仅使罪犯技术培训的经费得到较好解决，更重要的是把罪犯的技术教育纳入整个社会再就业培训之中，使其更加规范，更加完善，更具合法性和影响力。

（二）积极借助当地政府专门培训机构组织实施技能培训

按照《监狱法》的有关规定，监狱应当积极与当地的劳动人事和社会保障部门、劳动就业培训中心合作，实施罪犯的技能培训工作，充分利用社会技术培训资源。由政府就业培训中心负责罪犯的技术培训工作，包括培训计划、授课、考试、改卷、发证等。为了使技能培训工作健康发展，可以与当地的就业培训中心签订共建帮教协议，明确各自的职责、任务。与社会机构合作，还可以利用社会宣传媒体宣传罪犯技术培训，扩大影响范围。利用政府专门培训机构实施罪犯的技能培训，既可以充分发挥他们师资优势、教学经验，提高罪犯职业技能培训的教学质量和实际效果。同时，由他们负责培训、办证，具有较高的社会信誉度和专业权威，便于罪犯刑满释放后谋生就业。

（三）充分搭建职业中介机构

为解决罪犯回归社会后谋生就业的问题，监狱应积极探索、研究，依托当地劳动和社会保障部门和职业培训机构，建立职业中介机构，在监狱内设立无偿为罪犯就业服务的职业中介点，开展职业中介服务。定期与当地有关工厂企业（与本监狱生产业务往来的单位）、社区联系，为刑满释放人员积极提供就业场所和就业机会。

四、罪犯服刑中劳动教育的问题协调

（一）妥善处理好生产劳动与教育改造的关系

劳动生产和劳动教育目的是一致的，两者相互促进，相互提高。劳动本身就是一种特殊的教育活动，罪犯通过劳动锻炼消除不劳而获的错误思想意识，养成热爱劳动的习惯；通过劳动磨炼罪犯的意志、毅力，起到矫正激励的作用。为此，监狱劳动改造作为一种教育手段，任何时候都必须坚持，任何忽视劳动作为教育挽救手段的观点都是错误的。劳动中有教育，教育又促进劳动，只有提高了思想认识，转变了错误观念，改掉了恶习劣德，罪犯才能自觉参加生产劳动活动。监狱要统一思想认识，妥善安排好罪犯生产劳动与教育改造的时间，正确处理好两者的关系，保证罪犯劳动教育时间的落实。实行"监企分开，双轨运

行"。将发展潜力大、前景好的纯工人工厂和农场企业分离出来，按照市场竞争法则，自由参与市场竞争。使领导集中精力谋主业，民警一心一意抓管教。

（二）正确处理教育改造与狱政管理的关系

目前，监狱在押罪犯大多数虽出身劳动人民家庭，却存在各种各样的好逸恶劳的不良习惯。要改变他们的恶习，绝非仅靠单纯的教育就能够完成，必须通过多种形式、多种方法，其中，狱政管理工作就是重要手段。严格的队列训练和行为规范养成、奖惩措施的激励与约束、专项整治和对违规违纪的处罚等措施都是管理中行之有效的手段。通过上述手段，使罪犯矫正恶习劣德，养成良好的行为举止、生活习惯。在行刑工作中，狱政管理与教育改造两者不可偏颇，必须两手抓、两手硬，齐头并进，全面提高。

（三）正确处理严与宽的关系

按照宽严相济的刑事政策，讲文明和宽松并不否认严格管理，文明管理、宽松管理都是在依法管理的情况下进行的。依法管理、严格管理、科学管理、文明管理是一个整体，应把监管场所的一切管理教育活动纳入法制轨道，纳入社会的监督之中，要朝着严宽相济、管理有序、教育有效、生产发展的良好格局方向努力。

五、罪犯服刑中劳动教育的实训规程

1. 罪犯服刑中，监狱、监区开展罪犯劳动教育培训应当以为合作方、社会培养熟练工为突破口。①针对罪犯刑满释放后所掌握的知识技能长时间得不到运用很可能恢复到"零状态"，从而失去参与就业竞争的机会，监狱可以特聘生产项目合作方的技术人员为监狱的兼职职业技术教育老师，长期为监狱的生产技术提供技术指导和帮助；②在罪犯中广泛开展"岗位技术练兵"的活动，并通过"干啥、学啥、练啥、比啥"的劳动大比武，根据用工问卷选择进行有针对性的强化培训，为合作方节约技术培训成本；③积极开展与项目合作方的交流沟通，请合作方的经理、人事部、生产部等部门负责人到监狱参观指导，积极为合作方推荐刑满释放罪犯，使合作方认识到安置罪犯就业不仅是社会各界的共同责任，还可以把监管场所作为他们用工的培训场地，缩短从新工人到熟练工的期限，降低合作方培训的费用，一举多得。

2. 奖励与处罚。对取得合格证书或技术等级证书、在劳动改造期间表现良好的罪犯可给予奖励。符合减刑、假释条件的，可给予办理减刑、假释手续，对表现突出的，还可以给予必要的物质奖励。对学习期间严重违纪的罪犯，视情节按有关规定予以处罚。

3. 教育培训经费。职业技术教育培训经费，可以从罪犯的教育经费中开支，也可以依照劳动等部门职业技术教育经费的有关规定向罪犯适当收取，不足部分可以从生产收入中提取。对于改造表现较好、家庭经济困难、无力支付培训费用的罪犯，应适当减免其费用。

监狱应当充分利用国家对劳动预备制定点培训单位的优惠政策，争取当地政府对监管场所职业技术培训的经费补贴。监狱对罪犯职业技术教育的各类费用应单独建立账目，独立核算。职业技术教育经费由监狱教育部门统一掌握，用于罪犯的教育工作，不得挪用和浪费。监狱应按照"两公开，一监督"的规定，将开设的职业技术教育项目名称、培训时间、收费标准、经费使用情况等，向罪犯及其家属公开，接受社会监督。

案例实训

根据罪犯马××在服刑中劳动思想的转变，分析监狱民警采取的有关劳动教育措施。

罪犯马××，男，回族，四川省绵阳市人，初中肄业。2001年3月因为盗窃、抢劫被四川绵阳市中级人民法院判处有期徒刑10年，在市第一监狱服刑改造，3年后转监到西部某监狱。由于该犯在家系独生子，家居城市，从小娇生惯养，在家里过惯了饭来张口、衣来伸手的日子，一无所长。入监服刑后又嫌刑期长，破罐子破摔，怕苦怕累，经常逃避甚至抗拒劳动。转监后，监狱民警及时调取罪犯档案，结合其服刑改造实际，分析了罪犯马××的思想状况和行为表现，抓住其身强力壮的特点，拟定了管教计划方案，对其开展了个别谈话教育。先是强制安排其参加监狱的劳动思想教育学习，帮助其端正劳动态度，同时抓住其自身讲义气、喜欢帮助他人的闪光点，特意让他和两个体力较差的罪犯一组。当同组另外两个罪犯完不成任务时，马××总是在抱怨他犯的同时，甩开膀子帮助其完成劳动任务。民警及时利用个别谈话时间和集体讲评时予以肯定和表扬。随后，民警又发现马××爱好电器修理，便安排他到监狱组织的无线电修理技能培训班，逐渐地马××由不喜欢劳动到积极自觉参加监狱组织的各项生产劳动。1年后，由于遵规守纪，劳动成绩突出，马××被评为监狱改造积极分子，获得减刑10个月奖励。他激动地说："没有监狱民警苦口婆心的教育，就没有我的今天。是民警鼓舞了我重新生活的勇气。你们让我在服刑中不但改掉了好逸恶劳的恶习，学得一技之长，而且使我今后释放后工作有了着落和保障。"

正是监狱民警能够本着对国家、对社会与对罪犯本人认真负责的态度，通过大量耐心细致的与罪犯马××的个别谈话教育，发现该犯错误的劳动观念、错误的劳动态度所在，对症下药，因人而异，充分利用罪犯自身的闪光点，利用罪犯的兴趣爱好，监狱民警因势利导，抓住罪犯身强力壮的生理特点和兴趣爱好的心理特点，使得罪犯马××逐步改变，打消了厌恶劳动的错误思想观念，慢慢地在服刑中变刑期为学期，成为一个能够自食其力、对社会有用的人，巩固了劳动改造的效果，有效地提高了教育改造质量。

思考：

1. 结合本案谈谈对服刑中罪犯开展劳动教育的重要意义。

2. 通过本案分析说明对服刑中罪犯劳动教育的工作流程和操作要领的基本步骤和内容。

《安全生产法》第 28 条第 1 款明确规定："生产经营单位应当对从业人员进行安全生产教育和培训，保证从业人员具备必要的安全生产知识，熟悉有关的安全生产规章制度和安全操作规程，掌握本岗位的安全操作技能，了解事故应急处理措施，知悉自身在安全生产方面的权利和义务。未经安全生产教育和培训合格的从业人员，不得上岗作业。"

思考： 作为一名监狱人民警察，你觉得应当怎样才能够依法做好罪犯的劳动安全保护工作？

学习项目四　罪犯刑满释放前的劳动教育

学习目标与任务

● 了解罪犯刑满释放前劳动教育的基本原理；熟悉罪犯刑满释放前劳动教育的主要内容；掌握罪犯刑满释放前劳动教育的问题协调；掌握罪犯刑满释放前劳动教育的实训规程。

 知识储备

一、罪犯刑满释放前劳动教育的基本原理

遵循监狱工作"惩罚与改造相结合，以改造人为宗旨"的方针，监狱对刑满释放前的罪犯进行劳动教育应坚持立足转变罪犯的错误劳动思想观念，着眼监狱劳动改造实际，服务刑满释放就业的原则。通过对罪犯的劳动教育和劳动技能培训，使他们掌握一技之长，加速思想转化，早日成为自食其力的守法公民和建设社会的有用之才。

监狱组织罪犯生产劳动的主要目的在于使罪犯矫正恶习，养成劳动习惯，学会生产技能，并为释放后就业创造条件。[1] 罪犯由于不懂法律，以致触犯国家法律而犯罪，从社会到监管场所，生活环境发生了明显的变化，从相对自由、宽松、开放的社会环境，进入到相对封闭的监管场所，经过监狱的严格管理、教育改造、劳动改造，最终，大多数罪犯仍将重新回归社会。如何尽快使罪犯在刑满释放前重新了解社会形势政策，特别是熟悉与罪犯自身利益密切相关的社会帮教、安置就业、落户等政策，尽快适应社会、融入社会，加强罪犯刑满释放前的思想政治教育、文化知识教育以及劳动教育显得十分重要和必要。

二、罪犯刑满释放前劳动教育的主要内容

（一）加强培养劳动光荣思想教育

1. 监狱通过组织罪犯开展劳动光荣思想教育，促使罪犯端正劳动态度，明白劳动的意义、价值，树立热爱劳动思想意识和劳动光荣、劳动伟大的观念，并通过树立正确的劳动观来进一步矫治罪犯好逸恶劳、不劳而获的不良思想品德。

2. 监狱通过开展出监前的劳动思想教育，强化罪犯的集体主义观念。集体主义精神是社会主义道德观的核心，它要求个人的行为融入集体之中，个人要服从集体。而监狱组织罪犯积极参与劳动生产活动，就是一个以集体为主要形式的活动，在劳动过程中离不开罪犯相互之间的合作与分工。监狱通过加强出监之前的劳动教育，可以使罪犯在集体劳动中形成集体主义观念，正确处理集体利益与个人利益关系。

3. 监狱通过开展出监前的劳动思想教育，强化劳动纪律观念。"无规矩不成方圆"，监狱的劳动生产与社会的劳动生产一样，需要严格的规章制度和纪律约束作保障。通过劳动纪律教育，促使罪犯形成良好的约束能力和自我控制能力，学会做人，学会做事。

4. 监狱通过加强出监前罪犯的劳动思想教育，强化罪犯学会生存处世的能力。马克思主义理论告诉我们，劳动创造了人本身，创造了人类生存的物质财富。面对当前竞争激烈的社会，只有进一步强化罪犯的生存技能教育，能够让罪犯在出监前看清现实、正视社会，明确劳动是人赖以生存生活的方式，有机遇、有竞争、有压力、有挑战，罪犯只有竭力依靠自己的劳动能力和技术专长，立足于社会，生存于社会，发展于社会。

（二）加强劳动安全教育

维护监狱安全、确保社会安全是监狱的天职，安全生产工作是监管场所安全工作的重要组成部分，安全教育是企业安全生产工作的重要内容。出监前监狱加

---

[1]　夏宗素主编：《监狱学基础理论》，法律出版社 1998 年版，第 160 页。

强对罪犯的安全教育制度，搞好对罪犯的生产安全教育，可以有效地避免各种不安全因素，杜绝安全生产事故的发生，维护监狱和社会的稳定。

1. 通过组织开展罪犯出监前的劳动安全教育，促使罪犯更加熟悉国家有关安全生产的方针政策教育。通过利用各种形式、各种内容的安全教育，使罪犯更加牢固树立起"安全第一"的思想，提高全体罪犯的安全意识，积极预防各种安全生产事故的发生。

2. 通过加强出监前罪犯的劳动保护法制教育，促使罪犯加深牢记安全生产法律法规知识，出狱回归社会后遵纪守法，认真履行法律义务。出狱人保护是现代刑事政策的重要内容，是教育挽救、人道主义、给出路等刑事政策在出狱人身上的具体体现。出狱人保护是一项政策性很强的工作，它不仅直接关系到出狱人的切身利益，也关系到国家刑事政策的实现。[1] 监狱要及时教育罪犯在生产劳动当中学会时刻以法规为准绳约束自己，学会用法律武器维护自己的权益。同时，有针对性地强化监狱、监区劳动现场岗位的安全教育，确保罪犯服刑期间的人身安全，顺顺利利重新走向社会。

某监狱防暴队进行突发事件处置演练

（三）强化社会实用知识技能教育

在改革开放和社会主义市场经济条件下，监狱本着强化提高出监前罪犯的社会就业、生活适应能力、顺利回归社会能力培养的目的，强化罪犯出监前社会实用知识技能教育，既是提高监狱教育改造质量、巩固改造成果的需要，也是有效预防和减少罪犯刑满释放后重新犯罪的客观需要。

1. 加强改革开放和社会市场经济形势政策教育。教育罪犯在出监前能够正确认识社会主义市场经济形势，保持清醒的头脑，了解市场经济的主要特征、市场规律与活动规则，培养罪犯诚实信用、遵纪守法、公平竞争、勤劳致富的思想意识。

---

〔1〕　夏宗素主编：《监狱学基础理论》，法律出版社1998年版，第294页。

2. 加强正确的择业观教育。通过教育，可以促使罪犯正确认识社会、正确认识自己、正确对待劳动就业岗位，主动适应社会，不断完善自我，提高自我，做到自信、自立、自强、脚踏实地、勤奋敬业，做一个自食其力的劳动者。

3. 加强出监前职业技能教育。监狱、监区要从刑满释放人员回归社会生存发展实际出发，根据社会劳动力市场、社会安置帮教、重新就业培训等需要，立足监狱、监区劳动生产状况，在刑满释放前，重点把罪犯的出监劳动技术教育培训纳入整个社会再就业培训之中，加强罪犯职业技能培训，促使其更加规范，更加完善，更加适合监狱与社会发展形势，为刑满释放后谋生就业、创业打好基础。

4. 积极借助当地政府专门培训机构组织实施技能培训。监狱应当与当地的劳动和社会保障部门、职业技术学校、劳动就业培训中心合作，实施罪犯的技能培训工作。按照社会化发展要求，充分利用社会技术力量和培训资源，由政府就业培训中心负责罪犯的技术培训工作，包括培训计划、授课、考试、改卷、发证等。为了使技能培训工作健康发展，可以与当地的就业培训中心签订共建帮教协议，明确各自的职责、任务；与社会机构合作；还可以利用社会宣传、媒体宣传罪犯技术培训，扩大影响范围。利用政府专门培训机构实施罪犯的技能培训，既可以充分发挥他们的师资优势、教学经验，提高罪犯职业技能培训的教学质量和实际效果。同时，由他们负责培训、办证，具有较高的社会信誉度和专业权威，便于罪犯刑满释放后谋生就业。

5. 充分搭建监狱与社会的职业中介机构。为有利于罪犯回归社会后解决谋生就业的问题，监狱应积极探索、研究如何依托当地劳动和社会保障部门和职业院校、职业培训机构，建立职业中介机构，在监狱内设立无偿为罪犯就业服务的职业中介点，开展职业中介服务。定期与当地有关工厂企业（与本监狱有生产业务往来的单位）、社区联系，积极为刑满释放人员提供就业场所和就业机会。

三、罪犯刑满释放前劳动教育的问题协调

（一）妥善处理好生产劳动与教育改造的关系

监狱劳动生产和劳动教育的目的是一致的，两者应当相互促进，相互提高。劳动本身就是一种特殊的教育活动，罪犯通过劳动锻炼消除不劳而获的错误思想意识，养成热爱劳动的习惯；通过劳动磨炼罪犯的意志、毅力，起到矫正激励的作用。为此，监狱劳动改造作为一种教育手段，任何时候都必须坚持，任何忽视劳动作为教育挽救手段的观点都是错误的。劳动中有教育，教育又促进劳动，只有提高了思想认识，转变了错误观念，改掉了恶习劣德，罪犯才能自觉自愿参加生产劳动。监狱要统一思想认识，妥善安排好出监罪犯生产劳动与教育改造的时间，正确处理好两者的关系，保证罪犯劳动教育时间的落实。

（二）正确处理教育改造与狱政管理的关系

在押罪犯大多存在各种各样的不良习惯，改变他们的恶习，绝非仅靠单纯的教育就能完成，必须通过多种形式、多种方法，其中，狱政管理工作就是重要手段。严格的队列训练和行为规范教育、奖惩措施的激励与约束、专项整治和对违规违纪的处罚等措施都是管理中行之有效的手段。通过上述手段，可以使罪犯矫正恶习劣德，养成良好的行为举止、生活习惯。在行刑工作中不可偏颇，必须两者一起抓，寓教于管，寓管于教，齐抓共管，全面提高。

（三）正确处理严与宽的关系

"宽严相济"是新形势下党中央对政法工作提出的新的刑事政策，是对20世纪80年代"严打"刑事政策深刻反思后的理性回归，是践行科学发展观、树立以人为本核心价值观的体现。监狱、监区要切实遵行宽严相济的刑事政策要求，努力做到讲文明和宽松但不否认严格管理，讲严格但不悖于文明执法。文明管理、宽松管理都是在依法管理的情况下进行的。依法管理、严格管理、科学管理、文明管理是一个整体，应把监管场所的一切管理教育活动纳入法制轨道，纳入社会的监督之中。通过各种努力，确保监狱监区罪犯刑满释放前劳动教育朝着严宽相济、管理有序、教育有效、生产发展的良好格局方向有序运行。

四、罪犯刑满释放前劳动教育的实训规程

1. 刑满释放前，各监狱、监区开展罪犯劳动教育培训应立足于监狱和社会劳动生产发展的需求，以为合作方、社会培养熟练工、合格守法人才为突破口。①针对罪犯刑满释放后所掌握的知识技能长时间得不到运用很可能恢复到"零状态"，从而失去参与就业竞争机会的情况，监狱可以特聘生产项目合作方的技术人员为监狱的兼职职业技术教育老师，长期为监狱的生产技术提供技术指导和帮助；②出监前，在罪犯中广泛开展"岗位技术练兵"的活动，并通过"干啥、学啥、练啥、比啥"的劳动大比武，强化出监罪犯的劳动技能教育培训，提高罪犯参加劳动生产教育培训的主动性、自觉性，提高劳动技术水平与效率，为合作方节约技术培训成本；③监狱积极主动开展与项目合作方的交流沟通，请合作方的经理、人事部、生产部等部门负责人到监狱、监区参观指导，积极为合作方推荐刑满释放罪犯，使合作方认识到安置罪犯就业不仅是社会各界的共同责任，还可以把监管场所作为他们用工的培训场地，缩短从新工人到熟练工的期限，降低合作方培训的费用，争取最大、最好的生产效益和社会效益。例如，据报道，辽宁省营口监狱邀请省人力资源和社会保障厅职业技能鉴定中心和省局教育处来狱，专门设立6个考场，228名从事缝纫行业的罪犯参加初级职业资格证书考试，为他们出监后就业提供从业资格证明。有些服刑人员释放后就被监狱合作厂家聘用，一些技术能手尚未刑满释放出监，厂方就发出了聘用要约，工资在1200～

2000 元之间，这样充分调动了罪犯服刑期间学习技术的积极性。

2. 严格培训考核，适时进行奖励与处罚。对认真参加劳动教育培训，表现一贯良好，取得合格证书或技术等级证书，在劳动生产期间表现好的罪犯，可给予奖励。符合减刑、假释条件的，可给予办理减刑、假释手续；对表现突出的，还可以给予必要的物质奖励。反之，对不积极参加出监劳动教育培训，混刑度日，其间严重违纪的罪犯，视情节按《监狱法》和监狱生产的有关规定予以处罚，奖勤罚懒，鼓舞干劲。

3. 努力拓宽教育培训的经费来源。教育均应当有充分可靠的经费来源保障，对刑满释放前的罪犯劳动教育培训需要可靠的职业技术教育培训经费，可以从罪犯专门的教育改造经费中专项开支，专款专用，也可以依照劳动等部门职业技术教育经费的有关规定向罪犯适当收取，不足部分可以从生产收入中提取。对于改造表现较好、家庭经济困难、无力支付培训费用、年龄较大的罪犯，应适当减免其教育培训费用，确保这部分罪犯在出监前学到一定的实用技能。

此外，按照中央政法委关于大力推进社会矛盾化解、社会管理创新、公正廉洁执法"三项重点工作"的要求，监狱应当充分利用国家对劳动预备制定点培训单位的优惠政策，争取当地政府对监管场所职业技术培训的经费补贴，强化出监罪犯的劳动教育效果，为预防和减少重新犯罪，维护社会和谐稳定做出贡献。

案例实训

根据下面案例，运用所学理论知识分析监狱对刑满释放前开展劳动教育的有关内容程序要求。

"是大漠警官给了我第二次生命，给了我重新生活的勇气。我感谢所有帮助过我的监狱警官，你们让我在服刑中不但矫正了好逸恶劳的不良习惯，还学得一技之长，使我回到家乡很快就找到了工作。"这是兵团某监狱最近收到的一名四川籍刑满释放人员何某某寄回监狱的感谢信。近年来，由于注重加强服刑罪犯的劳动教育和就业指导，该监狱已经陆续接到了很多这样的感谢信。

何某某因为犯盗窃罪，被当地人民法院依法判处有期徒刑 8 年，被遣送某监狱服刑改造。入狱后，何某某常常以自己年龄大、家住农村、不需要技术为由，不积极参加监狱组织的劳动教育，甚至抵触管教，抗拒劳动。管教民警通过多次对罪犯何某某进行谈话教育，发现该犯存在错误的劳动观念，经常以年龄大、家住农村为由，逃避监狱组织各种劳动技能教育培训，流露出"学技术太苦，学技术没用，农村的活没有啥子技术，没有干不了的活"等言论。监狱管教民警了解到此情况后，详细调查了解了该犯捕前个人、家庭情况，得知何某某的妻子会干裁剪、缝纫活，何某某也乐意经常帮妻子干裁缝活，于是监狱根据该犯的兴趣、爱好、文化程度、改造表现等，随即专门拟定了个别教育计划，并与相关业务部门联系，根据何某某的情况把他推荐到某监区制衣车间，经过相应的技能培训，让其从事服装加工劳动，既发挥了他爱好缝纫技术的特长，调动了其参加劳动技能学习教育的积极性，又解决了刑满释放后的出路问题。

该监狱根据当前社会对缝纫技术工需求较大的实际，结合很多罪犯的就业意向：一方面，以罪犯刑满释放后的就业出路为着眼点，加强劳动岗位技术培训，促使每一位罪犯在服刑改造期间都能熟练掌握一两项相关的生产技术；另一方面，加强对罪犯刑满释放前的就业指导，帮助他们树立正确的就业观。同时，还加强与相关业务单位的联系，积极做好就业推荐工作。

目前，该监狱已有多名落实就业的人员给监狱寄回信件或打来电话表示感谢。例如，贵州籍刑满释放人员朱某不但自己在贵阳市找到了一份待遇不错的工作，对监狱民警表示感谢，还真诚地告诉民警自己还打算帮助推荐即将刑满释放的同犯唐某某到他所在的工厂工作。目前，唐某某也已开始在该厂上班，对未来的生活他们充满了希望。

根据这一情况，下一步，该监狱将在加强劳动教育的基础上，强化劳动技能培训，切实帮助服刑罪犯掌握一技之长，加强对罪犯刑满释放后再就业的培训指导，帮助他们解决好出路问题，巩固提高教育改造成果，更好地维护社会稳定。

思考：

1. 结合本案分析说明，监狱对刑满释放前开展罪犯劳动教育的主要内容和意义。

2. 刑满释放前罪犯劳动教育主要存在哪些问题？应当如何抓好有关协调工作？

中央政法委领导在讲话中指示："监管场所要把改造人放在第一位，通过创新教育改造方法，强化心理矫治，提高罪犯改造质量，要把刑满释放人员重新违法犯罪率作为衡量监管工作的首要标准，确保教育改造工作取得实效。"

思考：

请问监狱应当如何认真贯彻落实"首要标准"，提高教育改造质量，预防和减少重新犯罪率，为推进"三项重点工作"、构建和谐社会做出积极贡献？

学习单元十二　罪犯劳动文化建设

学习项目一　罪犯劳动日常文化建设

学习目标与任务

● 了解罪犯劳动文化建设的概念、特点、作用；掌握罪犯劳动竞赛的意义、操作要领和工作流程；掌握罪犯劳动团队文化的概念、意义和建设途径。

知识储备

党的十七大报告明确提出了"文化软实力"概念，在全面贯彻落实科学发展观、构建社会主义和谐社会的新形势下，大力发展教育、科学、文学艺术、新闻出版、广播影视、卫生体育、图书馆、博物馆、展览馆等各项文化事业，既是社会主义物质文明建设的重要条件，也是提高人民思想觉悟和道德水平的重要条件。文化建设的基本任务就是用当代最新科学技术成就提高人民群众的知识水平，通过合理和进步的教育制度培养社会主义一代新人，并用最能反映时代精神的健康的文学艺术和生动活泼的群众文化活动来陶冶人们的情操，丰富人们的精神生活。为此，中共中央开展了精神文明创建活动，根本任务是提高全民族的科学文化素质和道德水平，培养"四有"公民。

监狱作为社会系统的有机组成部分之一，是展示社会文明状况的一个窗口，加强监狱、监区文化建设，是依法治监的应有之义，也是创建现代化文明监狱的主要内涵。

一、日常文化的概念与特点

（一）日常文化的概念

文化是一种社会现象，是人类社会在历史发展进程中逐渐形成的，由一定的理想、价值、信念、处事方式等构成的，充分反映人们思想意识和精神面貌的物质与意识的结晶。文化是一种历史的积淀，也是一笔宝贵的精神财富。日常文化则是不同人群在不同行业、不同时期，受其所处的历史环境、社会背景、经济发展、风俗习惯、教育程度等影响，逐步形成、产生的具有一定时代特点、人文特质、行业特色的主流文化。按照文化形成的状态成分，一般包括物质文化与非物质文化。常见的有：市民文化、农村文化、校园文化、企业文化、节日文化、旅游文化、民俗文化、影视文化、网络文化、廉政文化、法律文化、警营文化、监区文化等。

目前，在日趋激烈的市场竞争中，创建企业文化，把企业文化作为企业的长期竞争优势，已为大多数企业和管理者所接受，并成为不争的事实。在当今市场经济条件下，企业之间的竞争，更多地表现为企业文化的竞争。美国国际商用机器公司（IBM）的信条是"IBM 就意味着最佳服务"。这就是该公司企业文化的精髓。IBM 公司的生产经营者懂得优质服务是顾客最需要的，这是该公司一贯奉行的诚信原则，也是 IBM 公司取得成功的一个奥秘。

企业文化在我国广泛传播和运用的时间不是很长，但企业文化毕竟是一种以意识形态为主体的文化形象。例如，我国著名企业海尔集团的海尔文化以观念创新为先导、战略创新为基础、组织创新为保障、技术创新为手段、市场创新为目标，伴随着海尔集团从无到有、从小到大、从大到强，从中国走向世界。海尔的企业文化从而也随着企业的发展不断得到创新发展。海尔集团广大员工在建设企业文化中普遍认同：主动参与是海尔文化的最大特色。当前，海尔的目标是创造中国的世界名牌，为民族争光。这个目标使海尔的发展与海尔员工个人的价值追求完美地结合在一起，每一位海尔员工将在实现海尔世界名牌大目标的过程中，充分实现个人的价值与追求。海尔文化不但得到国内专家和舆论的高度评价，还被美国哈佛大学等世界著名学府收入 MBA 案例库。由此可见，一个优秀企业的企业文化，在企业的发展壮大中显示出何等巨大的威力。同样，创建现代化文明监狱，加快监狱法制化、科学化、社会化建设步伐，也急需形成、建立与之相应的文化和文化氛围，并融入监狱刑罚执行、狱政管理、教育改造、劳动生产等活动的全过程，渗透于罪犯服刑改造的全方位，充分发挥文化育人对罪犯的改造功能。

（二）日常文化的特点

1. 日常文化的隐形性。日常文化作为一种意识形态，属于上层建筑范畴，因而它往往隐匿地存在于人们的心灵之中，并在人们的潜意识中自发、自觉地形成共识，在人们的心理上打上深深的烙印。"随风潜入夜，润物细无声。"日常文化融入人们的心灵，要经历一个长期的潜移默化的过程，而且这是一个逐渐变化、缓慢发展的过程。人们在长期的生活生产发展中形成了一定的日常文化，这种日常文化又反过来促进人们的自身发展。日常文化一旦较为稳定或定型，将长期发挥作用，并成为指引人们前行的精神力量与支配人们发展的内在动力。

2. 日常文化的个性化。日常文化不是一朝一夕形成的，它是特定时期、特定环境、特定人群独特的个性文化长期积淀形成的。一种思想理念，一种行为准则，要得到群体成员的共同认可、认同绝非易事。例如，当我们走进某监狱监区，看到墙上端端正正地挂着"黄浦江边失足，天山脚下新生"的警句，会感受到一种浓厚的监区文化气息扑面而来。"修合无人见，存心有天知"，其字里行间无不透出失足浪子认罪悔过、重新做人的信心与决心。监狱是把教育改造罪犯认罪服法、改恶从善，传授其知识，培养其技能作为一种忠于职守、服务社会的高尚事业来做。正因为如此，新中国成立至今，我国的监狱成功地改造了大批国民党战犯、伪满战犯、日本战犯以及大批普通刑事犯罪分子，监狱事业取得了举世瞩目的成就，富有个性化特点的监狱发展历史就是文化和执法交相辉映的历史。

3. 日常文化的传承性。一般而言，日常文化总是在一定的环境中逐步发展而形成的，它是一定的人群根据自身所处的政治、经济、教育、历史、环境等条件创造和实践的结果，往往发端于少数人的倡导和示范，随后慢慢成为一种特殊的文化形态和思想意识。日常文化是一定环境、一定时期、一定范围的人们长期坚持宣传、不断实践和不断规范发展的结果。例如，新形势下具有鲜明时代特色的网络文化、短信文化等。日常文化需要通过积极吸收集体的智慧，在不断补充、不断修正、不断自我完善的继承发展中逐步形成。

监狱中秋文艺晚会

4. 日常文化的传播性。日常文化是一定范围、一定时期、一定环境的人们所一贯信奉的主要价值观，这种价值观只能为某一类群体所独创和营造。日常文化的形成可以汲取古今中外各类优秀文化的营养，从中领会其真谛，去其糟粕、取其精华，从而培育自己的独特文化。同时，这种文化一旦为人们所认可，就很快具有较强的穿透力、感染力，能够迅速传播，影响和感染其他群体，使其得到认可、吸纳、接受，逐渐以点带面。

二、罪犯劳动日常文化的内涵

根据我国《宪法》《刑法》《刑事诉讼法》和《监狱法》等有关法律规定，凡有劳动能力的罪犯，必须参加劳动生产，实行劳动改造。司法实践表明，劳动成为监狱依法执行刑罚、惩罚改造罪犯的基本手段之一，在监管教育、改造罪犯中发挥了极其重要的作用。同样，监狱依法组织罪犯参加劳动生产、进行劳动改造活动作为一种社会现象，经过长期的发展，在罪犯群体劳动生产过程中逐渐产生、形成了一种新的、特殊的文化氛围和文化形态，即罪犯劳动日常文化。罪犯劳动日常文化是罪犯在监狱依法组织下，通过长期劳动生产实践产生、形成的热爱劳动、珍惜劳动成果、遵守劳动纪律、养成劳动习惯的一种朴素的、健康的主流意识形态，是罪犯劳动生产的精神产物。在服刑当中，积极向上的罪犯劳动日常文化有助于营造良好的改造环境，促使罪犯认罪悔过、加速思想改造、提高劳动生产效率、巩固劳动改造效果。

罪犯劳动日常文化在监狱劳动生产实践中主要表现为：①监狱通过依法、科学、有序、文明地组织劳动生产，让罪犯在劳动生产过程中潜移默化地形成热爱劳动、劳动伟大、劳动光荣的淳朴劳动思想意识；②通过参加劳动生产活动，让罪犯感受到不劳而获行为的可耻，培养其尊重劳动人民、珍惜劳动成果的高尚劳动品质；③通过参加劳动生产活动，让罪犯的思想意识、身心健康得到锻炼，吃苦耐劳的意志能力得到磨炼；④通过参加劳动生产活动，让罪犯感受到有计划、有组织的团队的力量，增强罪犯的集体主义观念。实践证明，淳朴的劳动思想意识、高尚的劳动品质、吃苦耐劳的意志能力、强烈的集体主义观念等，从根本上来说，都属于意识领域，都是罪犯劳动日常文化的具体表现，是良好的监狱、监区文化的重要组成部分。

三、罪犯劳动日常文化的作用

日常文化对特定人类群体（包括个体）能力的形成、保持和促进起着根本性的作用。日常文化反映着该群体在社会生活中的态度，决定着该群体与个体属性的价值取向，影响着该群体与个体自身的组织规范和行为准则，反映着该群体成员的敬业态度和奉献精神、创新精神和团队精神等。就罪犯劳动生产而言，形成和培养一种积极、健康的罪犯劳动日常文化，对于促进罪犯思想改造，提高劳动改造效果，确保刑罚执行功效，维护正常改造秩序，具有极为重要的作用。

（一）组织作用

监狱开展的劳动生产活动与社会劳动生产一样，总是离不开必要的劳动组织，而有效的或成功的劳动组织，总是善于将市场特征和产品特征运用自如。大量的劳动实践表明，运作无效或失败的劳动组织，要么是对市场认识不清，要么是对产品认识不清，要么是不能把握其特点予以协调运用。导致大获成功或一败涂地的不同的客观结果，原因各异，但关键在于文化的差异，根本在于文化的缺失。不同的价值观、不同的行为准则、不同的目标导向、不同的控制、不同的态度、不同的性格以及不同的工作氛围在相同的条件出现时，必然会产生虽然微小却很关键的不同反应，从而产生成败两种完全不同的效果。文化对于监狱罪犯劳动组织作用是极为重要的，它既对监狱劳动组织能力的形成（资源配置）起着重要的作用，也对监狱组织能力的发挥（资源运用）起着关键性的作用，同时，对罪犯劳动组织面对环境变化和刺激的反应也起着至关重要的作用。

（二）团队作用

健康向上的文化总是强调以人为本，十分尊重人的感情，久而久之，在某一特定的群体，如罪犯劳动组织群体当中酿造了一种团结友爱、相互信任、和睦相处的气氛，形成了一种积极向上的团体意识。一个组织，一个企业，没有这种团队意识将无法生存。监狱应当充分发挥和利用这种文化，使监狱劳动管理者和罪犯劳动者之间形成一种强大的凝聚力和向心力。罪犯在监狱组织的劳动生产过程中，形成一个集体、一个团队，共同的价值观造就了共同的目标和理想，从而在劳动改造中步调一致，形成一个统一的整体。这种团队互相勉励、互相配合、取长补短的工作方式，就能顺应罪犯改造与监狱生产的需要。因为监狱民警管理水平和罪犯劳动态度、年龄体力、劳动技能等差异，在罪犯劳动生产活动中，监狱民警与罪犯之间、罪犯与工人之间、罪犯与罪犯之间，有时难免会产生一些矛盾，而解决矛盾的最好办法，就是借助于日常文化，充分利用文化功能进行自我调节、自我化解、自我消融，从而达到齐心协力、团结进步的目的，培养良好的团队意识和集体主义精神。

（三）约束作用

作为一个好的劳动组织，必定有一套完整的、规范的、行之有效的管理制度。监狱罪犯劳动组织管理的规章制度离不开文化的支撑，是罪犯劳动日常文化的内容之一，它是在监狱组织罪犯劳动生产活动当中产生与发展起来的。罪犯劳动管理制度一旦形成，罪犯就必须严格遵守和执行，监狱民警就应当严格负责监管。如有违反者，要按照制度进行处罚；如有模范执行者，应按照制度予以表彰；如有作出重大贡献者，应按照制度给予重奖。由此可见，罪犯劳动组织管理制度对全体罪犯劳动者形成约束力。罪犯劳动组织管理制度其实是罪犯劳动日常文化中的一种意识形态和精神文化，它包含了监狱与罪犯劳动者在劳动生产当中的职业道德、劳动纪律、劳动评价等人文理念和文化要素。罪犯在劳动生产活动中，一旦有消极怠工、抗拒劳动等违规违纪行为，超越了道德底线，造成了严重的生产事故、安全事故等，就会上升到纪律的甚至法律的高度。同仁堂药店"济世养生、精益求精、童叟无欺、一视同仁"的道德规范约束着全体员工必须严格按工艺规程操作，严格质量管理，严格执行纪律，因此，同仁堂能够做到长盛不衰。反过来，"三鹿"企业集团的领导者和管理者置企业文化的道德规范于不顾，置起码的人性于不顾，生产出大量的问题奶粉，造成大量婴幼儿致病致死，企业的管理者及其直接责任人为此承担了沉重的道德和法律责任，"三鹿"陷于"死路"，企业也因此而破产。

（四）激励作用

按照党的十七大报告精神，文化是一种软实力，文化也是一种生产力。罪犯劳动日常文化的作用，还在于它所固有的共同价值观，通过监狱组织开展的劳动生产，使每个罪犯劳动者能够感受到自己在劳动中的存在及其行为的价值，这种自我价值的实现是人的一种满足，这种满足必将形成强大的激励，鼓舞先进，鞭策后进，从而使他们的精神境界在劳动改造当中得到进一步的升华。在以人为本的新形势与文化氛围下，监狱民警通过严格、文明、公平、公正执法，让罪犯在劳动改造中感受到尊重，从而获得一种精神上的满足，进一步鼓足干劲，力争上游；监狱民警对罪犯充满善意的批评，使罪犯能够克服自身的不良习气；监狱民警对罪犯的表扬与奖励，可以使其他罪犯学有榜样。因此，罪犯劳动中形成的良好的日常文化精神对罪犯认罪伏法、踏实改造有着极大的鼓舞、激励作用，罪犯劳动者会自然而然地产生强烈的成就感和自豪感，从而更加努力生产，早日重新做人。

清明节，监狱组织罪犯祭奠革命先烈，进行爱国主义思想教育

四、营造良好的罪犯劳动日常文化的基因

随着各行各业学习贯彻落实科学发展观活动的深入开展，以人为本的核心价值理念逐步深入人心，文化软实力的概念也越来越为人们普遍吸纳和运用。近几年来，关于文化，特别是企业文化，对企业经营业绩影响的研究已经得到了管理界的普遍关注。例如，美国兰德公司和麦肯锡公司通过对全球增长最快的 30 家公司的跟踪考察后联合撰写的一份报告表明，世界 500 强胜出其他公司的根本原因，就在于这些公司善于给他们的企业文化注入活力。凭着企业文化，这些一流

公司保持了百年不衰。更有学者预言，企业文化在未来十年内很可能成为决定企业兴衰的关键因素。

经过大量调研发现，目前社会的确涌现出很多业绩优秀的企业，然而真正具备优秀企业文化基因的企业并不多见。例如，有些曾经业绩增长迅速的企业，时间不长便过早地患上了"大企业病"，企业内部官僚主义严重，抱怨的人多，承担责任的人少，企业的活力逐步降低；还有的企业文化中过多地留下了领导人的痕迹和工作作风，却没有贯彻到企业整体的管理体系和制度中去，一旦领导人更换，企业的运营效率便明显下降。归根结底，虽然这些企业的文化理念口号喊得轰轰烈烈，但还没有真正建立起具有生命力的企业文化。

就监狱改造罪犯各项工作的实际而言，自然也离不开与之相应的文化要素。从监狱生产实际来看，要形成和建立良好的罪犯劳动日常文化应当具备两个要素：一是坚持以人为本，二是坚持以绩效为导向。这两个要素必须贯穿于监狱组织开展罪犯劳动生产管理活动的方方面面，罪犯劳动日常文化才能从"虚无缥缈"的价值观层面落实到罪犯劳动生产行为当中去。

（一）坚持以人为本

"以人为本"是科学发展观的核心价值理念，也应当是罪犯劳动日常文化的前提基础。在监狱各项管理工作中，尤其是罪犯劳动生产管理中，坚持以人为本，首先需要关注的是监狱、监狱民警以什么样的"人"为本。众所周知，罪犯虽然触犯了法律，受到了刑罚的制裁，但是罪犯依然是人，是受到我国法律保护的公民。因此，这里所讲的"人"，虽然是"犯人"——"犯了罪的人"，但其基本的人权并没有丧失，并没有被取消、被完全剥夺，同样依法享有法律赋予的基本权利，履行应当承担的法律义务。监狱在押罪犯的犯罪性质千差万别，犯罪的原因、动机、目的不一，犯罪心理状态、危害大小、刑期长短各异，认罪态度、改造表现不同。所以，监狱在组织罪犯劳动生产活动中坚持以人为本，应该是建立在对全体罪犯劳动者的差别化管理的基础之上。例如，某国有性质的企业高层领导也曾经试想着进行变革改革，提高员工的积极性和工作动力，但是被错误的"以人为本"意识捆住了手脚，迟迟不敢决策，吃"大锅饭"，搞平均主义，以致干多干少、干与不干、干好干坏均一个样，而无差别的管理方式最终导致企业优秀员工的积极性受到挫伤，造就了实际上的不公平，曲解了中国传统"和"文化的本意，也就没有做到"以人为本"。

每个监狱、每位民警由于立足点、思想认识、理解能力等不同，对"以人为本"可能都有不同的理解。但总结先进文化的共性，监狱、监狱民警应该立足监狱工作实际和罪犯改造实际，着重考虑从以下方面落实以人为本：

1. 监狱、监区应当以通过劳动改造矫正罪犯的恶习劣德、促成为自食其力的守法人才为目标来加强罪犯劳动管理。因此，监狱、监区在劳动生产环节应该高度重视罪犯群体与个体的劳动思想、劳动态度、劳动纪律、劳动技能的教育培训和出狱后谋生发展规划体系的建立。

2. 在劳动生产过程中，监狱、监区对于罪犯劳动者的改造表现应当给予适当的、及时的激励、认可或批评、惩处。由此，通过劳动改造环节，让罪犯明是非、知荣辱、辨善恶，培养罪犯热爱劳动光荣、不劳而获可耻的思想观念，提升罪犯群体高尚的道德情操境界。

3. 明确监狱与罪犯劳动者双方共同承担的责任。从本质上说，监狱民警和罪犯劳动者之间是管理和被管理、改造与被改造的关系。监狱、监狱民警与作为特殊劳动者的罪犯在体现以人为本、实现罪犯改恶从善、成为自食其力守法人才的改造目的与目标上都应该各自承担相应的责任，并提出明确的要求，不能一味地强制、压迫，要积极形成双方和谐互动的新型劳动关系。

4. 拓宽多样化的沟通渠道，改善监狱内部关系。监狱依法对罪犯实施劳动改造，是法定的、强制性的。在劳动生产过程中，罪犯劳动的性质往往容易导致民警与罪犯劳动者关系的紧张和对立。从以人为本的角度出发，监狱应当积极拓宽沟通渠道，逐步改善监狱内部关系，营造文明和谐的劳动生产环境。当然，强调改善沟通不能仅仅满足于形式，也不能无条件地让罪犯放任自流，其根本还是要在罪犯劳动环节、劳动环境当中建立尊重、文明、透明的沟通氛围，充分调动罪犯自觉服从民警管理、主动参加劳动生产的积极性。

在民族传统节日，监狱民警与少数民族罪犯一同欢度节日

（二）坚持以绩效为导向

随着改革开放的深化和社会主义市场经济体系的发展完善，"全额保障，监企分开，收支分开，规范运行"的监狱体制改革试点工作取得了可喜的成绩。监狱劳动生产组织与社会企业一样，存在着绩效导向目标。当然，监狱劳动组织又不同于社会企业。社会企业的目标就是获取最大利益、实现最大利润，劳动过程就是为生产而生产。监狱劳动组织尽管具有企业的一般性质，但又不是企业，其

组织罪犯劳动生产的目标不是为了追求最大经济利益与生产效益，而是为改造而生产。但监狱劳动生产不以追求经济效益为目标，并不是不讲效益。要在监狱组织开展的劳动生产活动中建立和落实以绩效为导向的罪犯劳动日常文化，应注意以下方面。

1. 监狱民警作为罪犯劳动生产组织管理者，应以身作则，并经常深入劳动生产第一线。监狱、监区的罪犯劳动生产管理、业绩不好，监狱民警应该首当其冲地承担责任，只有民警勇于负责，罪犯才愿意认责担责，才有利于培养罪犯的责任意识，形成良好的劳动生产日常文化氛围。否则，对罪犯劳动过程中出现的问题，上级指责下级，民警批评罪犯，罪犯相互推卸责任，必然会扰乱或妨碍正常的劳动生产秩序，难以使罪犯通过劳动生产形成集体观念、责任意识。

2. 科学合理安排劳动生产任务，对于罪犯劳动者自身发展和监狱、监区的劳动生产效果至关重要。这表明了人岗匹配的重要性。罪犯劳动生产组织管理的重要工作便是因人而异、合理分工、岗责明确、人尽其才，管理学上经常说"不要试图让火鸡上树，而是让松鼠上树"便是这个道理。监狱、监区在组织罪犯劳动生产时，要从以人为本出发，熟悉每个罪犯劳动者的年龄、健康状况、体力情况、文化程度、技术水平、捕前职业以及认罪服法、劳动态度、改造表现、人身危险大小、犯罪危害等，根据劳动性质、技术要求、劳动强度、劳动场所、监管安全等，合理安排罪犯劳动者进行相应的劳动，充分发挥每个罪犯的自身特长，调动罪犯劳动改造的积极性，提高劳动生产效率，并进一步提高劳动改造效果，大力营造积极向上的罪犯劳动日常文化氛围。

3. 建立客观公正的罪犯劳动质量考核评估体系。按照监狱组织罪犯劳动生产实际要求，及时建立有效的劳动质量考核评估体系，对于罪犯劳动者的思想意识影响至关重要。从科学发展观与以人为本出发，监狱、监区不应仅将注意力放在出工出勤率、任务完成率、产品合格率等具体的数字结果上，更应当密切监督检查罪犯在劳动生产过程中的思想行为表现。如罪犯错误劳动观念的转变、正确劳动态度的树立、落后危险犯的转化、劳动生产技能的掌握等。总之，监狱在关心罪犯劳动生产率的同时，更应当关注罪犯的思想改造率、违纪率、安全生产率、好人好事率等。应注重物质产品的生产，更应关注罪犯精神产品与良好的劳动日常文化建设。

4. 充分运用先进文化的激励作用，把罪犯劳动考核奖惩结果根据表现拉开差距。监狱、监区在组织罪犯劳动生产过程中，根据每个罪犯劳动者的真实改造表现，以劳动态度是否端正、劳动纪律是否遵守、安全生产是否坚持以及劳动任务是否完成等为依据，区别待遇，奖勤罚懒，奖优罚劣，从而培养积极向上的罪犯劳动日常文化，陶冶罪犯的思想情操，巩固提高劳动改造的效果。

监狱利用升国旗仪式，开展爱国主义教育

没有完美的个人，只有完美的团队

移动通信行业发展快速，手机产品几乎每 18 个月就更新换代。为反映这一行业特性，诺基亚在中国的五千多名员工的平均年龄只有 29 岁。诺基亚希望他们能跟上快节奏的变化，增加公司竞争力。为体现这个目标，在人力资源管理上，诺基亚采取"投资于人"的发展战略，让公司获得成功的同时，个人也可以得到成长的机会。

诺基亚中国公司注重将全球战略与中国特色相结合，其次，在关心员工、市场营销、客户服务等方面，考虑到文化差异，提倡本地化的管理能力。

在诺基亚，一个经理就是一个教练，他要知道怎样培训员工来帮助他们做得更好，不是"叫"他们做事情，而是"教"他们做事情。诺基亚同时鼓励一些内部的调动，发掘每一个人的潜能，体现诺基亚的价值观。

当经理人在教他的工作伙伴做事情、建立团队时，可以设计合理的团队结构，让每个人的能力得到发挥。没有完美的个人，只有完美的团队，唯有建立健全的团队，企业才能立于不败之地。

思考：

1. 简单阐述诺基亚建设优秀团队的重点。
2. 你心目中的优秀团队是什么样的？

组织学生参观考察当地监狱、监区，谈谈罪犯劳动日常文化的作用以及怎样进行监狱罪犯劳动日常文化建设。根据收获，写篇讨论案例。

学习项目二　罪犯劳动竞赛

学习目标与任务

● 了解罪犯劳动竞赛的概念和意义；掌握罪犯劳动竞赛的操作要领和工作流程；掌握罪犯劳动团队文化的概念、意义和建设途径。

知识储备

一、罪犯劳动竞赛的概念和意义

罪犯劳动竞赛是指监狱在对服刑罪犯执行刑罚、教育改造过程中，运用比、学、赶、帮、超等竞赛形式，通过在监狱之间、监区之间、罪犯小组之间以及罪犯个人之间组织开展劳动竞赛，达到激励先进，鞭策后进，带动中间，促使罪犯在劳动态度、劳动观念、劳动技能、劳动效率、劳动成果等方面都有所提高的劳动组织形式和方法。监狱积极组织开展罪犯劳动竞赛具有非常重要的现实意义。

（一）有利于端正罪犯的劳动态度

态度决定命运，细节决定成败。目前，监狱在押罪犯有相当多的一部分，就是由于受错误的劳动观念影响，形成错误的劳动态度，他们虽然自身多是劳动人民家庭出身，却看不起劳动人民、看不起劳动。对于监狱、监区组织开展的劳动生产活动，往往持消极态度，不愿意参加劳动、抵触劳动、厌恶劳动，甚至绞尽脑汁、挖空心思逃避劳动、抗拒劳动改造。

（二）有利于增强罪犯的劳动意识

从罪犯群体看，他们走向犯罪道路、沦为罪犯的一个重要原因就是贪图享乐、好逸恶劳，缺乏劳动感情和劳动意识，即使在监狱中也缺乏主动的劳动意识。开展劳动竞赛就是让罪犯在劳动竞赛中逐步养成主动的劳动意识，培养热爱劳动、劳动快乐的感情，树立劳动光荣的思想观念。

（三）有利于培养罪犯的劳动技能

罪犯在服刑改造期间所学、所掌握的劳动技能是他们今后回归社会重新择业、就业的重要条件。监狱在组织罪犯进行劳动时，有计划、有步骤、有意识地通过劳动竞赛的形式来提高罪犯的劳动技能，促使他们熟练掌握一定的劳动技术，对于他们回归社会重新就业、预防重新犯罪、维护社会和谐稳定具有积极的现实意义。

（四）有利于促进生产效益的提高

监狱定期、不定期地通过组织罪犯参加劳动竞赛，可以激励罪犯自觉改造的积极主动性，提高劳动生产率，并使监狱的劳动成果在积极的竞争中得到明显提高，激发罪犯珍惜劳动成果、创造财富的美好愿望。

二、组织罪犯劳动竞赛的工作流程

（一）制定科学可行的劳动竞赛实施方案

组织劳动竞赛的监狱监区，在组织实施活动之前，要本着教育矫治性原则、经济性原则和统筹兼顾的原则，制定详细的竞赛实施方案。

（二）进行全面深入的广泛宣传动员

为确保劳动竞赛能有序开展并取得预期效果，要以监狱、监区、分监区或者罪犯劳动小组等为单位，组织罪犯进行广泛的劳动竞赛动员。由于罪犯劳动竞赛是教育矫治罪犯的一项行之有效的重要措施，因此，作为组织罪犯劳动竞赛的监狱人民警察，一定要提高思想认识，做好宣传动员工作，切实让罪犯懂得开展劳动竞赛的目的、意义和基本要求，使罪犯认识到劳动竞赛与自身思想改造、与自身前途、与学会做人、学会做事的重要关系，排解和消除他们对劳动竞赛的抵触情绪和错误认识，使其不仅从思想认识上高度统一，还要以饱满的热情和激昂的干劲投入到竞赛活动中来，并努力在劳动竞赛中悔过自新，见贤思齐，争先创优，重新做人。

（三）加强罪犯劳动竞赛的组织实施

监狱、监区在宣传动员基础上，宣布劳动竞赛开始和结束时间，公布劳动竞赛规则和监督检验标准及考评成员名单。本着公平公正的原则，适当对罪犯劳动岗位进行相应调整，或者按原岗位以班组为单位开展劳动竞赛。

（四）罪犯劳动竞赛的监督验收和奖惩

监狱、监区罪犯劳动竞赛组织机构和监督检验组成员对劳动竞赛过程进行监督检查，并于劳动竞赛结束后，按劳动竞赛标准，对成果进行检验，确定优胜者。劳动竞赛结束后，组织者宣布优胜者名单，按劳动竞赛实施方案规定的奖励条件兑现相应的表彰奖励。同时，要号召全体罪犯向优胜者学习，在罪犯中掀起劳动"比、学、赶、帮、超"的热潮。对竞赛活动中表现较差或组织不力的小组和个人要进行适当的批评教育，以达到抑恶扬善、激励先进、鞭策后进的功效，使劳动竞赛与罪犯个人利益和前途挂钩，促使罪犯劳动竞赛永葆生机与活力，进一步巩固监狱劳动改造的效果，全面提高教育改造质量，预防和减少重新犯罪率，为实现监狱工作"首要标准"奠定良好基础。

三、组织罪犯劳动竞赛的操作要领

1. 周密计划，合理确定罪犯开展劳动竞赛的形式。监狱、监区组织开展罪犯劳动竞赛有多种形式，根据罪犯劳动生产活动的特点，监狱、监区组织罪犯开展的劳动竞赛形式主要有以下几种：

（1）罪犯之间掌握劳动熟练程度的竞赛。在罪犯入监初期，监狱、监区一般都会根据本所劳动生产项目内容，组织罪犯进行相应的劳动生产教育培训，对某一类相同项目的劳动内容在一定时间后，进行熟练程度竞赛，以便促进罪犯对劳动技能的把握；也可以根据实际进行书面知识和实际操作相结合的竞赛。

（2）罪犯之间劳动产量、质量的竞赛。监狱、监区应当根据不同生产内容，在同类生产项目中组织罪犯开展以质量、产量为主要内容的劳动生产竞赛，这种竞赛可以细化到人，并可根据每个人完成合格产品的数量、效益，确定某一时段的排列前位人员。

（3）罪犯班组之间劳动效益的竞赛。有些劳动项目不适宜以个人形式开展竞赛，有些虽然适宜个人开展，但监狱、监区出于监管改造和教育矫治的需要，把劳动能力参差的个人平均分配到各班组，罪犯以班组的形式开展劳动竞赛，更有利于罪犯的教育改造和团队意识的培养，增进相互间的团结。班组之间的劳动竞赛，不注重个人的劳动能力，而是注重团队的创造力，主要看罪犯整体劳动效益的高低。

（4）监狱与监区、监区与罪犯之间的安全生产竞赛。维护监管安全稳定是监狱的天职，安全生产应当成为罪犯劳动竞赛的重要形式，主要以监狱或监区为劳动竞赛单位，开展生产效益与安全生产的各类竞赛，在安全生产的前提下，考核生产效益，培养罪犯的安全生产意识。

2. 科学决策，根据不同竞赛类型，制定切实可行的劳动竞赛实施方案。以监狱或监区为单位，对劳动竞赛活动进行研究讨论，制定切实可行的劳动竞赛具体方案。劳动竞赛具体方案一般包括：目标任务、活动时间、实施方案、具体步骤、考核标准、监督检查、奖励惩罚措施、实施过程中所要注意的问题等。

3. 广泛宣传，发动全员教育。①召开监狱、监区全体民警宣传动员大会，宣布劳动竞赛活动的意义、目的及竞赛期间对监狱民警的要求；②召开监狱、监区或全体罪犯劳动竞赛宣传动员大会，进一步阐明劳动竞赛活动的目的、意义、纪律要求和具体的实施内容；③加强宣传动员，印发竞赛活动宣传单、宣传手册，让每一个罪犯认真学习和领会；④充分运用监狱监区板报、墙报、黑板报、监内小报、电台、闭路电视、文艺表演等形式进行宣传教育。

4. 扎实做好竞赛活动统计和资料积累工作。根据劳动竞赛活动方案：①科学制作各类表格资料。罪犯劳动竞赛表格一般包括日进度表、周累计表、月总计表、产量表、质量表等。②及时登记各种竞赛活动数据，准确记录竞赛活动期间的好人好事和违规违纪行为。③定期公布和评议，接受全体罪犯监督。监狱、监区应当在一定时间段内，如每日、每周、每月，定期公布竞赛活动进度、效果、特点以及成绩排名情况。允许罪犯咨询并提出异议，负责监督考评的组织机构要及时解答罪犯咨询意见并作出公正裁决，以维护劳动竞赛活动的严肃性和公正性。

5. 公示劳动竞赛活动名次，兑现奖惩。根据劳动竞赛活动方案，经监督考评组织机构认真核对评价后，及时将劳动竞赛活动最终获得名次成绩等情况予以公示，接受有关部门与全体罪犯的监督，对不同意见，应及时进行调查、核对并根据实际情况做出客观公正的处理。对获得名次的集体和个人，通过大会形式予以兑现表彰奖励。

四、组织罪犯劳动竞赛的有关问题协调

罪犯劳动竞赛，是监狱监管改造和教育矫治罪犯的一项有力措施，对于激发罪犯参加劳动生产、学习劳动技能具有积极的现实意义，但这一手段在具体运用过程中要注意以下几点：

（一）劳动竞赛要注重发挥教育矫治功能

劳动竞赛活动结束后，监狱、监区要及时开展向劳动竞赛先进集体和个人学习活动，不能为竞赛而竞赛，而是要通过竞赛活动起到教育矫治的效果，提高教育改造质量。要善于及时总结回顾劳动竞赛活动经验，积极修正不足，为今后更好地组织劳动竞赛积累丰富的经验，取得扎实效果。

（二）劳动竞赛不能经常性开展

如果监狱、监区接二连三地开展劳动竞赛，容易使劳动竞赛变味，使罪犯产生逆反心理或打疲劳战。竞赛毕竟具有一定的竞争性，不能过多或连续开展，否则就会失去应有的作用，变得庸俗化、利益化。要考虑罪犯的心理承受能力，防止个别罪犯因劳动竞赛而产生畏惧心理、抵触心理甚至抗拒心理，引发不安全事故，影响正常改造秩序。

（三）不能以唯劳动生产效益为目的

劳动竞赛虽然具有提高劳动生产效率的作用，但监狱举行各种类型的劳动竞赛还是要从监管改造与教育矫治罪犯的目的出发，把劳动竞赛作为改造罪犯的一种手段来运用。例如，某监区生产单位宣传条幅上，打出了"大干二十天、誓夺二十万"的豪言壮语。如此做法并非把罪犯改造质量当作监狱考察民警工作业绩的第一指标，实质上出现了"生产第一、改造第二"的状况。可想而知，在这种环境的影响下所建立的一系列评价和激励机制，怎能不以监狱生产为核心？结果导致罪犯的劳动潜能大打折扣，主观能动性变为消极应付所分配的生产任务，进行机械式劳动。因此，在制定劳动竞赛方案时，要把握好尺度，坚持效益服务于教育的宗旨，不能以效益为目的，应更加注重罪犯热爱劳动意识的教育和劳动习惯、劳动技能的培养。

（四）对竞赛优胜者的奖励要科学公正

对开展竞赛的优胜者，必要的奖励是应该的，但奖励不能过高、过窄、过

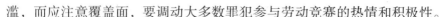

滥，而应注意覆盖面，要调动大多数罪犯参与劳动竞赛的热情和积极性。

（五）正确运用警示和导向作用

对在竞赛过程中违反规则而取消竞赛资格的罪犯，分管民警要及时做好个别罪犯的教育和思想转化工作，警示鞭策，正确引导，促其迎头赶上。

某监狱召开表彰奖励大会，对获得改造积极
分子的服刑罪犯予以表彰奖励

××监狱组织开展罪犯劳动竞赛活动方案

按照省司法厅、监狱管理局的指示精神，为了进一步调动罪犯参加劳动的积极性，强化罪犯劳动改造手段，培养罪犯热爱劳动的感情和熟练掌握劳动生产技能，巩固劳动改造效果，提高劳动改造质量，经研究决定于9月份在全监狱范围内开展以"大干30天，向国庆献礼"为主题的劳动竞赛活动，现将有关竞赛活动方案公布如下：

一、竞赛活动目标

通过开展"大干30天，向国庆献礼"劳动竞赛活动，促使罪犯进一步养成遵纪守法的良好习惯和积极劳动的自觉行为，在竞赛中感受劳动成果的来之不易，在竞赛中提高对劳动技能的熟练掌握，从而为刑满释放后重新走向社会、成为自食其力的守法公民奠定良好的基础。

二、竞赛活动时间

自9月1日起至9月30日止。

三、竞赛活动内容与考评标准

此次劳动竞赛活动以"大干30天，向国庆献礼"为主题内容。劳动竞赛活动采取集体与个人相结合的方式进行。集体以小组与小组之间为单位进行。同时，考核个人在活动中的成果成绩，以日记载、周汇总、月末总结评比的形式开展，每日满分为10分，罪犯每日个人得分即为自己的得分，小组成员得分合计为小组共同得分。

每日考评标准：

1. 比遵守纪律好。4分（得分：　　　）

严格遵守，未因违反劳动纪律或规定受到民警批评和处罚。发生一起事故扣1分。

2. 严格遵守劳动纪律和生产安全规定。

刀具及钝、锐器未进行固定的扣1分，未掌握消防安全知识的扣1分，未按定置管理要求摆放物品的扣0.5分，缺少设备卡、姓名牌、卫生差的扣0.5分。

3. 比劳动效益好。3分（得分：　　　）

每日按时完成劳动定额。

个人每日完成生产任务在小组最后一名的扣1分，每前进一名少扣0.1分；小组在监区每日最后一名扣1分，每前进一名少扣0.1分。

未能按规定完成劳动任务每日定额的扣2分。

4. 比劳动质量好。3分（得分：　　　）

劳动产品质量优秀率达标。

产品优秀率未达到50%以上的扣1分，未达到70%以上的扣0.5分。

因质量问题造成返工的扣0.5分。

因质量问题造成返工并影响整体劳动任务按时完成的扣1分。

四、竞赛奖罚规定

竞赛活动设集体奖三名：对获得集体第一名的奖组长30分，组员20分。对获得集体第二名的奖组长20分，组员10分。对获得集体第三名的奖组长10分，组员5分。竞赛活动设个人奖10名（第一名1个，第二名3个，第三名6个）：第一名奖30分，第二名奖20分，第三名奖10分。

对获得个人奖励的罪犯，同时可以享受所在小组的奖励。对活动期间有严重违规违纪行为的罪犯或发生重大质量事故的小组和个人，按监狱安全生产管理办法的有关规定予以处罚，并取消评比资格。

五、评比组织和方式

监狱、监区成立由单位领导、分管民警和有关人员组成的考评小组负责考评，坚持公平公正，以日考核、周汇总、月总评的方式进行，并及时予以公示，欢迎有关部门和全体罪犯监督。

××省第×监狱

××××年×月××日

根据××监狱组织开展罪犯劳动竞赛活动方案，并运用所学理论知识思考：

1. 监狱组织罪犯开展劳动竞赛的意义。

2. 监狱组织罪犯开展劳动竞赛的操作流程和有关问题的协调。

阅读某监狱"迎国庆百日安全生产竞赛"活动材料：

2009年7月，为庆祝新中国成立60周年，某监狱经过研究决定，在全监狱开展"迎国庆百日安全生产竞赛"活动。在监狱党委书记、政委张某某，监狱长陈某的亲自领导指挥下，召开专题会议进行研究部署。监狱有关部门相互协调，拟定出"迎国庆百日安全生产竞赛"活动计划与目标、竞赛实施方案、活动程序、竞赛检查评比标准及表彰奖励方案。

按照计划，此次竞赛活动分为三个阶段：6月20日~30日为宣传动员阶段；7月1日~9月30日为组织实施阶段；10月1日~10日为评比验收阶段。

劳动竞赛活动以监区为基本参赛单位，包括监狱一监区、二监区、三监区、四监区。竞赛内容主要有：①比劳动教育到课率；②比劳动教育考核合格率；③比劳动生产成绩大小；④比劳动生产安全无事故无违纪；⑤比劳动团队协作精神；⑥比劳动生产中的好人好事。竞赛活动由监狱统一领导组织，狱政科、教育科、生产科具体负责，实行监区一把手主管，有关部门积极参与，按照计划，分阶段、分内容、分步骤实施。监区、分监区把每一阶段的竞赛内容细化分解，目标明确，责任到人。

在监狱的正确领导下，经过100天的努力，终于圆满实现百日安全生产目标。按照竞赛活动目标责任，监狱、监区统一组织，采取一阶段一检查、一阶段一评比，做到专项检查和全面检查相结合，定期检查和突击检查相结合，防止走形式、走过场，杜绝弄虚作假。同时，及时由监狱统一把各监区各阶段劳动竞赛开展的情况、取得的成绩、存在的问题、好的经验做法张榜公布，通过监狱新闻播报、育新小报、板报、墙报等进行宣传，对竞赛中涌现出的好人好事、先进单位予以表扬奖励。最后，三监区在竞赛当中由于领导重视，组织得力，措施有效，成绩突出，名列第一。同时，对竞赛活动当中涌现出的40名积极分子给予了奖励。

学习项目三 罪犯劳动团队文化建设

学习目标与任务

● 了解团队文化的概念、构成要素以及罪犯劳动团队文化的概念、内涵；掌握罪犯劳动团队文化建设的功能和意义；掌握罪犯劳动团队文化建设中存在的问题及协调；掌握新形势下加强罪犯劳动团队文化建设的途径。

知识储备

一、团队文化概述

（一）团队文化的概念

所谓团队文化，是指团队全体成员在相互合作的过程中，为实现各自的人生价值，并为完成团队共同的理想目标而形成的一种潜意识文化形态。团队文化是社会文化与团队长期结合形成的传统文化观念的产物，它包含价值观、最高目标、行为准则、管理制度、道德风尚等内容。它以团队全体成员为工作对象，通过宣传、教育、培训和文化娱乐、交心联谊等方式，以最大限度地统一成员意志，规范成员行为，凝聚成员力量，为实现团队总体目标服务。

（二）团队文化的构成要素

作为一个成功的或优秀的团队，团队文化应当主要由以下几个要素构成：①人（People），任何团队都离不开人，人是构成一个团队最基本的要素、最核心的力量。没有人，也就没有团队。②共同的愿景目标（Shared Purpose），共同目标为团队成员导航，让团队成员知道要向何处去，是团队与团队成员思想行为的指南针、导航仪。③团队的定位（Place），团队的定位是要明确团队由谁选择和决定团队的成员、团队最终应对谁负责、团队采取什么方式激励下属等问题。④权限（Power），明确团队在组织中及团队内部人员的权限。⑤计划（Plan），明确团队要实现目标的计划和步骤。一个优秀的团队文化需要上述基本要素的有机结合，相辅相成，共同为团队文化建设服务。

（三）团队文化的核心

伟大导师毛泽东同志曾指出："没有文化的军队是没有战斗力的军队。"历史发展表明，良好的团队文化可以使团队成员在轻松愉快的环境中工作，团队成员之间都能够相互信任，有着共同的目标，在这样的氛围下，团队的创造力和内在潜力才能得到极大的激发，使团队的运作更加高效。同样，一个社会要延续下去需要依赖很多的要素，但最重要的就是要靠文化的传承。因为有文化，这个社会才会有凝聚力，有了凝聚力社会才能不断地发展，同样，有文化的团队才能持续有效、全面健康地发展。一个团队真正的高效，除了有一定的物质作为基础，更必须有精神作为动力。在文化的推动下，团队成员很容易形成一种积极、易沟通、爱学习的工作状态，像思想的熔炉一样把团队成员的思想熔在一起。

一个团队要形成强势、优势的文化，首先要知道团队文化的核心是什么？简而言之，团队文化的核心是统一的价值观，就是团队成员都认同的行为与规则。所以，要形成文化，首先要确定团队的规则，如果确定团队的规则是合作，那么确定了以后要通过沟通得到团队全体成员的一致认同，并形成相同的做人原则和做事准则，最后，团队成员会自动按照统一原则与准则行事，这个时候就形成了统一的价值观。由此，一系列的统一价值观就形成了团队的文化，构成了团队文化的核心。

（四）罪犯劳动团队文化的内涵

从社会实践来看，不同的社会活动会产生不同的团队，不同的团队必然会形成不同的团队文化。监狱作为社会系统的有机组成部分，在依法组织罪犯开展劳动生产活动中，自然会形成一个团体，产生相应的团队文化。罪犯劳动团队文化就是指在监狱依法组织罪犯劳动生产过程中，罪犯以监狱、监区为单位形成了较为稳定的劳动团队，团队的全体成员在监狱民警的指挥下，通过相互合作，为实现各自的理想信念与人生价值，并为完成罪犯劳动团队共同的目标而形成的一种潜意识文化形态。罪犯劳动团队文化是监狱、监区文化的重要组成部分之一，是罪犯劳动团体在长期劳动生产活动中形成的文化观念的产物，是监狱物质文明与精神文明的结合体，是提高劳动改造效果、巩固劳动改造质量的基础保障。

二、罪犯劳动团队文化建设的功能和意义

（一）罪犯劳动团队文化建设的功能

中央电视台《动物世界》经常播放一组画面：在非洲大草原上，一群羚羊在奔逃，紧跟着的一定是狮子；又见一群狮子在逃避，紧跟着的一定是发怒的象群；再见到成百上千的狮子和大象集体迁移逃命，那后面就是蚂蚁军团来了！蚂蚁是何等渺小微弱，但是团结起来的蚂蚁军团竟然让兽中之王退避三舍，可见团结、团队的力量是多么强大！动物界弱肉强食的竞争法则告诉我们：个体的弱小没有关系，只要能够团结起来、精诚合作，就能够形成强大的合力，战胜一切困难！同样，监狱在依法改造罪犯中，在罪犯劳动团队文化建设中，一定要注意加强对罪犯的思想道德、理想信念、遵纪守法、热爱劳动、团结友善、无私奉献等文化的教育，在劳动改造过程中，培养罪犯吃苦耐劳、互相帮助、互相爱护、遵规守纪、集体主义的思想境界与团队精神，并形成一种正面的、向上的主流文化意识形态，充分发挥团队文化的育人功能。

1. 目标导向功能。罪犯劳动团队精神的培养，是罪犯劳动团队文化的精髓。积极的团队文化能够使团队全体成员（罪犯）齐心协力，拧成一股绳，朝着共同的改造目标努力。对罪犯本人来说，劳动团队要达到的目标即是自己所努力的方向，团队整体的目标顺势分解成各个小目标，在每个罪犯身上得到落实，取得良好的改造效果。

2. 凝聚人心功能。现实社会中，任何组织群体都需要一种凝聚力，传统的管理方法是通过组织系统自上而下的行政指令，往往淡化了个人感情和社会心理等方面的需求。而团队精神则是借助对群体意识的培养，通过团队成员在长期的实践中形成的习惯、信仰、动机、兴趣等文化心理，来沟通人们的思想，引导人们产生共同的使命感、归属感和认同感，反过来逐渐强化团队精神，产生一种强大的凝聚力。良好的罪犯劳动团队可以依靠罪犯群体的团队精神，形成积极的文化，统领罪犯思想行为，同心同德，步调一致，自觉服从监狱民警的管教，争取早日成为自食其力的守法公民。

3. 激励上进功能。团队精神要靠团队全体成员自觉地要求进步，力争与团队中最优秀的成员看齐。通过成员之间正常的竞争可以实现激励功能，而且这种激励不是单纯停留在物质的基础上，还应能得到团队整体的认可，获得团队中其他成员的尊敬。监狱在组织罪犯劳动改造过程中，应当注意发挥罪犯劳动团队精神、团队文化的激励作用，通过及时开展劳动竞赛、劳动检查评比、考核奖惩等争优创先活动，大力表彰奖励优胜罪犯劳动团队和先进个人，鞭策后进，弘扬正气，鼓舞士气，营造积极向上的改造氛围。

4. 协调控制功能。任何团队成员的个体行为都需要控制，群体行为也需要协调。在监狱劳动生产中，罪犯劳动团队文化可以利用团队精神所产生的协调控制功能，通过团队内部所形成的一种观念的力量、氛围的影响，去约束规范，控制团队每个罪犯的个体行为。这种控制不是自上而下的硬性强制力量，而是凭借已经形成的团队文化对罪犯由硬性控制转向软性控制；由控制罪犯外在行为转向控制罪犯思想意识；由控制罪犯的短期行为转向对其价值观和长期目标的控制。因此，这种协调控制更为持久、有意义，而且容易深入人心，更好地督促罪犯自觉遵守劳动纪律、操作程序、安全生产规章，为罪犯劳动生产服务，为维护监管安全秩序服务。

（二）罪犯劳动团队文化建设的意义

当今社会，愈来愈重视企业团队文化建设，加强团队文化的建设对企业的发展有着一定程度上的积极意义。同样，就监狱改造罪犯和生产发展实际而言，加强罪犯劳动团队文化建设在监狱司法实践中也具有十分重要的现实意义和深远的历史意义。

1. 加强罪犯劳动团队文化建设是培养罪犯团结向上和集体主义精神的需要。按照法律规定，罪犯犯罪判刑入狱后，监狱应当对其执行刑罚和教育改造，通过狱政管理、教育改造和劳动生产等方式，让罪犯悔过自新，重新做人。劳动作为改造罪犯的基本手段之一，监狱、监区会根据劳动生产性质、任务和要求，将罪犯分组编队，组成一个个劳动组织团队。而在长期的劳动生产实践活动中，罪犯个人和群体会逐渐形成一种团队精神，凝练成为以积极向上、集体主义为中心的罪犯劳动团队文化，引导罪犯劳动团队又快又好发展。

2. 加强罪犯劳动团队文化建设是维护监狱劳动生产安全稳定的需要。罪犯劳动多是集体性的，大型的往往是以一个监狱、几个监狱为单位，小型的则是以监区、分监区或是罪犯劳动小组为单位组织开展的。建设良好的罪犯劳动团队文化，能够使得罪犯集体在劳动生产过程中，依靠共同的理想信念、改造目标、生产任务，把罪犯劳动团队中的每个成员（罪犯）的思想统一起来，发扬团队精神，互相监督，互相制约，把罪犯个人利益与罪犯劳动团队（监狱、监区）集体利益结合起来，认真负责，确保不发生违反劳动纪律、违规操作，确保无脱逃、破坏劳动秩序等违法违纪现象，利用团队精神、团队文化意识形态维护正常的劳动安全生产秩序。

3. 加强罪犯劳动团队文化建设是巩固罪犯劳动改造效果、提高改造质量的需要。现代企业的荣辱兴衰告诉我们：一千个不成功的企业可能有一千个不成功的理由，但是一千个成功的企业，必然会有一个重要的成功因素，那就是同心同德、精诚合作的团队精神的企业（团队）文化！海尔的张瑞敏正是运用团队力量，经过短短15年的时间，带领着一个亏空147万的小厂发展成为中国家电第一品牌，是团队的力量为海尔插上了腾飞的翅膀。世界著名企业——美国通用公司，由一个机构重叠、亏损严重的问题企业，奇迹般地崛起并成长为世界500强企业，不仅得益于它的统军人物韦尔奇，更得益于韦尔奇麾下整个团队中每位成员的努力。监狱组织罪犯劳动生产虽然不以追求经济利益为目的，但也并非不讲效益，重要的是追求罪犯思想改造的效果和质量。团队文化的核心就是利用团队精神，统一团队成员的人生观、世界观和价值观。而罪犯劳动团队精神总是依托于罪犯劳动团队文化之中，类似于"以厂为家""厂兴我荣、厂衰我耻"的企业文化，潜移默化地影响、制约着每个罪犯和罪犯劳动团队的劳动改造效果和劳动改造质量。

4. 加强罪犯劳动团队文化建设是创建现代化文明监狱的需要。面对新世纪，党和国家提出了创建现代化文明监狱的要求。这是新的机遇，也是新的挑战。由先进文化构成的法治理念、行刑理念是创建现代化文明监狱的重要内涵之一，监狱在劳动改造过程中，加强罪犯劳动团队文化建设则是最好的、最有效的实践。监狱、监区组织罪犯开展劳动生产活动，应当充分利用和发挥先进文化的育人功能，积极运用政治、经济、法律、伦理道德、体育、心理健康等先进科学的文化内容陶冶罪犯的思想情操，提高罪犯的思想意识和道德水平，提高劳动改造效果。利用先进文化教育罪犯、引导罪犯、激励罪犯，让罪犯从灵魂深处真心悔悟、痛改前非，用辛勤劳动来弥补自己犯罪给被害人、社会、家庭、亲友造成的痛苦与危害，用劳动的汗水洗心革面，重新做人。

5. 加强罪犯劳动团队文化建设是坚持以人为本、推进监狱科学发展的需要。2006 年全国政法工作会议提出，科学发展观要求我们树立正确的稳定观。正确的稳定观就是坚持以人为本，以和谐理念为指导，以和谐状态为目标，实现全面、动态、可持续的和谐稳定。[1] 以人为本是科学发展观的核心价值理念，也是推进监狱工作科学发展的基础。监狱改造工作的对象是"人"，是"犯了罪的人"，但其依然是公民，合法权益理应得到法律保护。监狱组织罪犯参加劳动生产是法律赋予罪犯的法定义务，是强制性的，罪犯必须遵守和履行。罪犯在劳动生产活动中，按照监狱、监区的组织和劳动生产的性质等需要予以分班分组进行，以便于田间、车间劳动作业。由此，罪犯劳动者就结成了一个个以监狱、监区、罪犯劳动小组为基本单位的团队，在劳动生产当中形成了团队成员之间彼此沟通、相互配合、相互帮助、相互监督的集体氛围，凝练成了相应的团队精神、团队文化。罪犯劳动团队文化源自罪犯劳动实践，反映了团队每个罪犯的思想状况、精神面貌。监狱组织罪犯劳动时，在依法强制罪犯履行劳动义务的同时，要坚持以人为本，充分考虑团队中每个罪犯自身与罪犯团体的年龄、性别、体力能力、身心健康、文化程度、有无技能、兴趣特长、熟练程度以及劳动态度、遵规守纪等情况，区别对待，因人而异，用其所长，避其所短，调动罪犯个体与团体参加劳动生产的积极性，主动参加劳动教育，参加技能培训，进而全面提高罪犯的劳动生产效率，提高劳动改造质量。

目前，团队精神已经成为企业核心竞争力必不可少的重要组成部分。团队已经成为众多企业实践企业文化管理过程中强有力的核心价值观。监狱罪犯劳动团队建设也已经成为监狱（监区）文化深植过程中一个至关重要的课题，加强罪犯劳动团队文化的建设在加快监狱体制改革和创建现代化文明监狱中愈加彰显出一定的重要性和必要性。

---

〔1〕 中共中央政法委员会编：《法治热点问题解读（2008）》，中国长安出版社 2008 年版，第 114 页。

三、罪犯劳动团队文化建设中存在的问题及其协调

监狱是国家的刑罚执行机关，是惩罚与改造罪犯的场所。罪犯由犯罪前的社会个体，进入监狱后形成一个新的团体（监狱、监区）。监狱按照狱政管理、教育改造、劳动生产等需要，分别以监狱、监区、分监区为单位，以及罪犯劳动小组、学习小组、互监组、包夹组等，建立起相应的组织（团体），并以此为基本单位，组织罪犯开展管理、教育、劳动、考核、奖惩等行政管理与刑罚执行活动。上述各种组织（团体）的形成和建立，往往不是罪犯自发、自愿的，而是通过监狱、监区按照一定的标准要求强制组建而成的。但久而久之，罪犯自然而然地便熟悉了新的组织（团队），弱化了强制性，增强了与新的组织（团队）的适应性、相容性。但目前，就罪犯劳动团队文化建设来说，仍然存在一定的问题。

1. 罪犯感觉自己在团队中得不到足够的重视。在罪犯劳动团体中，某些罪犯，特别是那些新入监的罪犯，刚进入新的监狱、监区或劳动小组，往往感到不适应，不被民警重视，自卑心理重。因此，此时不要过分渲染团队概念，团队最初应去解决自己"影响力范围"内的问题，给团队全体成员（即每个罪犯）规定一个时间范围，要求其制订自己的劳动生产改造计划以及如何达到这个目标。按照团队成功最关键的标准是培养团队精神和完成工作的能力标准，监狱民警应当及时加强集体主义观念教育。

2. 劳动任务轻重不一。由于监狱劳动性质、劳动强度、技能要求不同，加之劳动团队（监狱、监区或小组）中每个罪犯年龄、身体健康、劳动态度、劳动技能不一等因素，每个罪犯都有自己不同的劳动风格，尽管罪犯劳动团队中有一定余地可以兼容不同工作风格的罪犯，但也要制定起码的要求，以避免冲突。虽然罪犯对不同劳动的偏好可以通过岗位轮换、调整得到满足，但劳动的速度和质量是所有团队罪犯都必须遵守的标准，合理平等的业绩标准可培养罪犯劳动团队成员的相互尊重。

3. 考虑不周，把握不准"度"。监狱依法执行刑罚和劳动改造的实践中，有些罪犯劳动团队（主要是指新组建的监狱、监区或是由新收监罪犯组成的监狱、监区）刚开始运作时往往拥有远大目标和雄心壮志，但一旦突然遭遇罪犯哄监闹事、打架斗殴、自伤自残、脱逃及安全生产事故等突发性的棘手问题时，就会不知所措、打退堂鼓。因此，良好的罪犯劳动团队要未雨绸缪，精心筹划，应当提前全面考虑可能遇到的阻力和失败，制订应对突发性事件的计划。团队领导最好提前选择好项目、做好项目可行性论证，特别是应当做好狱情动态分析、安全防范预案，善于及时总结反思劳动团队成功和失败的经验与教训，并形成团队宝贵的精神财富，推进团队更好的发展。

4. 吃"大锅饭"、不负责任的态度。罪犯劳动团队成员（罪犯）不同于社会团队成员，他们多是由一些好逸恶劳、不劳而获思想行为严重的犯罪分子组成的。如果管理不严、教育不当，团队有的成员（罪犯）往往会消极怠工、出工不出力、随波逐流、混刑度日、缺乏责任感，甚至违法乱纪等。因此，良好的罪犯劳动团队必须有相应的客观公正的考核奖惩激励措施，奖勤罚懒，奖优罚劣，从而调动团队全体成员（罪犯）的积极性，形成同心协力、积极向上的团队精神。

5. 缺乏团队精神，不能相互包容。主要表现为：①"耍小聪明"型的成员（罪犯），胸藏机杼，对民警安排的劳动轻车熟路、游刃有余，以致在团队中自恃清高，缺乏进取创新意识。因此，要利用其"聪明"让其多承担、接受新的劳动任务或担任团队（监区、劳动小组）的负责人、小组长。②"沉默寡言"型的成员（罪犯），劳动踏实肯干，能应付。但他们不善于言谈，不善于分享观念，也不积极主动参与团体活动。对此，民警应当多鼓励安排他们与开朗自信的成员（罪犯）合作，或不断给予他们要求更高的工作。③"大材小用"型的成员（罪犯），他们总是感觉怀才不遇，未能人尽其才，劳动才能得不到重视、发挥。所以，民警要善于听取他们对团队劳动生产的合理化建议、意见，适时安排其承担一些更加重要、艰巨的劳动，让其在劳动团队中扮演更重要的角色。

四、新形势下加强罪犯劳动团队文化建设的途径

（一）合理配置罪犯劳动团队（监狱、监区）领导班子

优秀团队文化的前提是领导人。俗话说：兵熊熊一个，将熊熊一窝。此话虽粗，理却不粗。优秀的团队文化一定跟这个团队的创始人或者领导人有关，正如军旅电视剧《亮剑》中李云龙所说，一个团队的性格，往往来自于这个团队的第一任领导人。因此，对于企业来讲，为一个团队选择和调配一个合适的负责人至关重要。一个组织、一个团队的科学发展，离不开配置合理、团结务实、勤奋进取、开拓创新的领导班子。从领导科学来看，团队的领导一般有先锋型领导和赤字型领导两类。前者身体力行，试图通过榜样的力量灌输给团队成员同样的品质，后者是领导善于根据薄弱环节协调补差，领导团队；前者强调对现有资源进行激发，后者强调为团队成员提供发挥才智的空间；前者突出领导对团队要求些什么，后者突出团队对领导要求些什么。就罪犯劳动团队（监狱、监区）实际而言，无论是何种类型的领导，都应当做到秉公执法、依法行政、公正廉洁、务实高效，坚持以人为本，坚持监狱工作方针，基层劳动团队（监区）领导必须实现从传统的经营者角色到充满进取精神的企业家角色的转变，中层劳动团队（监狱）领导必须实现从行政管理者到支持辅导型教练角色的转变，高层劳动团队（司法厅、局）领导则必须实现从资源分配者到制度建设型角色的转变。在

罪犯劳动实践中做到坚持党的领导不动摇，坚持依法办事不动摇，坚持劳动改造不动摇，以身作则，率先垂范，凝聚团队人心，形成良好的罪犯劳动团队精神、团队文化。

（二）善于营建罪犯劳动团队文化建设的运作条件

主要包括：①注重罪犯劳动团队成员（罪犯）的精神面貌，团队内必须充满活力，可以通过激发监狱、监区罪犯的创造性、劳动热情、和谐的团队氛围体现出来；②罪犯劳动团队（监狱、监区）必须有完善的监管制度、组织纪律和为达到目标而设置的监控系统；③罪犯劳动团队（监狱、监区）应当拥有完成劳动生产任务所需的专业知识（包括技术专业知识、关于运作方法的知识以及政治知识）；④罪犯劳动团队（监狱、监区）应当有一定的影响力、知名度。罪犯劳动团队（监狱、监区）可以通过各种争优创先竞赛、比赛活动，在本系统、本监狱、本行业干出成绩，创出名声，造出声势，如上海的"青浦"、山东的"里能"、浙江的"乔司"等系统品牌文化，以此培养罪犯劳动团队的集体荣誉感。

（三）充分理解，给予团队管理必要的尊重

罪犯劳动团队是由管理者和罪犯劳动者共同组成的，要形成良好的团队意识、团队文化，理解是基础，团结是保障，相互尊重是纽带。①确保罪犯劳动团队内部的每个成员（罪犯）之间能够相互尊重、彼此理解。否则，团队将人心不稳、散沙一盘，难以完成劳动改造任务。②罪犯劳动团队的领导者能够为团队创造一种相互尊重的氛围，既不高高在上、以权压人，也不卑躬屈膝、放任自流，确保团队成员（罪犯）始终拥有悔过自新、积极改造的自信心。特别需要强调的是，在团队内慎用惩罚措施，按照心理学原理，惩罚容易导致行为退缩，是消极的、被动的，法律的内在机制就是惩罚。激励是积极的、主动的，能持续提高效率。适度的惩罚有积极意义，过度惩罚是无效的，甚至适得其反，激化矛盾，酿成事故。团队领导的激励和肯定有利于增加团队成员（罪犯）对团队（监狱、监区）的正面认同，而团队领导对于团队成员（罪犯）的频繁否定会让成员（罪犯）觉得自己对团队无足轻重或没有用，进而使成员（罪犯）否定团队。在劳动生产中，团队领导与罪犯之间、罪犯相互之间只有彼此尊重，团队共同的劳动才能比个人单独劳动更有效率，劳动改造效果才能得以更好地发挥。

（四）积极培养罪犯劳动团队的创新精神

作为一支具有创新精神的团队，应当具备以下的基本特征：①在团队风气上，能够容忍不同的观点，支持在可接受范围内进行不同的试验；②在成员的忠诚程度上，人们愿意留在团队，共同拥有价值观，并愿意为此付出努力；③在成员合作方式上，团队成员之间能够坦诚交流，互通信息。监狱罪犯劳动团队的创新精神要有一个长期的培养过程才能形成，作为监狱、监区领导，必须在组织上为罪犯劳动团队建设提供如下支持：①要明确罪犯劳动团队的任务目标；②积极协调领导、有关部门给予一定的劳动、劳力资源支持；③加强信息联络沟通，搜集、提供可靠的信息；④根据罪犯劳动需要，适时开展相应的劳动常识、劳动技能培训和教育；⑤及时为罪犯劳动提供必要的技术和方法指导。创新精神会形成创新团队，创新团队相应地就会形成先进的团队文化，并进一步推动团队发展创新。

（五）努力支持和利用团队来实现组织的共同目标

罪犯劳动团队是罪犯赖以生存发展的基础，是罪犯悔过自新、重新做人的摇篮。一个好的罪犯劳动团队（监狱、监区）应当非常清楚地了解自己、自己团队的劳动和改造目标体系，同时还能够积极主动与其他团队（监狱、监区）保持友好合作关系。因此，如果团队（监狱、监区）的领导能够与团队成员（罪犯）进行必要的沟通，团队成员（罪犯）为组织实现劳动与改造目标的积极性就会被充分地调动起来，团队的力量就能够充分发挥出来，罪犯劳动改造的质量和效果就会极大提高，并进一步彰显罪犯劳动团队精神，增强团队的凝聚力。

（六）高度重视罪犯劳动团队的文化建设

众所周知，文化是团队的灵魂，一个团队只有拥有自己的文化，才能具有真正的核心竞争力，否则，就是一团散沙。一个团队，只有在优秀团队文化的指引下，才有了前行的力量，每个人才能找到在团队中的地位和价值。只有如此，团队成员才能齐心协力，才能共同达成团队的目标，才能积累文化的能量，做出更大的业绩，不断地创造新的辉煌。当今社会，团队赖以运行的组织文化是团队能否成功的关键因素之一。为此，罪犯劳动团体领导者必须致力于创造一种支持团队建设的、制度性的、开放性的组织文化。这种文化既能使罪犯约束罪犯自己的言行，使其自觉遵守劳动规则，又能够支持罪犯劳动团队其他罪犯积极开发自身技能，建立一种勇于承担风险的自信心，还能使罪犯劳动团体领导者接受来自基层对上级领导者制定的战略方案、管理模式的种种质疑，容许团队成员工作中的失败，进而达到团队成员创造性潜能的最大释放。

中国有着悠久的历史，灿烂的文化。在中国传统文化中，处处闪烁着团队建设的睿智与思想，如"一个篱笆三个桩，一个好汉三个帮""三人行，必有吾师焉""三个臭皮匠，顶个诸葛亮"等，充分说明了中国历来都是重视团队力量的。中国文化向来追求和谐的人际关系，主张"以和为贵"的思想，这就为建设开放、和谐的团队，为创造团队成员之间坦诚相待、互相信任、互相依赖的优秀团队文化提供了很好的文化土壤。监狱在罪犯劳动团队与团队文化的建设过程中，应当充分利用中华民族的优秀文化，积极吸收国外先进的管理思想和管理理念，以良好的罪犯劳动团队文化促使罪犯之间形成和谐的改造关系，形成友好合作的个性品质。应善于用优秀的团队文化代替刻板的规章制度，增强罪犯劳动团队的凝聚力，统一罪犯的思想，约束和激励罪犯的行为，促使罪犯劳动团队为早日实现成为自食其力的守法公民的共同目标而奋斗。

 案例实训

阅读下面材料：

《致加西亚的信》引发管理思考

2002 年年末，《致加西亚的信》一书在浪潮软件掀起了一次"学习的革命"。浪潮软件山东大区的不少员工被书中的灵魂人物罗文的事迹所感动。浪潮软件总裁丁兆迎对记者说："有人说，这是一本站在管理者角度，让职员甘心接受管理的书。这么说也许有些偏颇，但也不是没有道理。作为管理者，不仅要注重工作的效益，还应统一思想方向，才能广纳贤才。"丁兆迎介绍，浪潮软件从成立之初起，就建立了一套科学有效的"以团队人才为本"的管理体制。在浪潮软件的管理思想中，"创新"是主旋律，整个团队都要不断地进行战略、制度、组织、观念和市场创新。丁兆迎介绍，浪潮软件还建立了适应自身发展的扁平化的组织体系。

浪潮软件副总裁肖成锋说："浪潮是我，我就是浪潮。"这是 EIS 产品部全体员工多年工作凝结的语言，从 2001 年的一个分销系统，扩展到分销物流、呼叫中心、专卖管理、客户关系管理、资金结算和电子商务多个系统，无不来自于这种共同的价值理念。

浪潮软件在队伍管理方面，EIS 团队已经开始在大连研发中心试行项目任务书制度和项目积分制度，对每一个项目成员的工作进行量化，为员工的评价提供参考数据。现在，EIS 团队成员不再是简单地遵守规则，已经成为建立和实施规则的积极推动者。

浪潮软件副总裁肖成锋认为："用好人才的关键是要做到岗位合适和对其充分信任。岗位合适分为三方面，一是根据个人的特点安排合适的岗位，二是个人要喜爱岗位，三是岗位工作要具有一定的挑战性。"行业信息化的快速发展，使得在 EIS 产品部，具有挑战性甚至是完全创新的岗位不断出现，每个想在 EIS 发展的员工，都能找到足够大的舞台。EIS 管理层根据企业需要和个人意愿多次调整工作岗位，部分原来表现并不出众的员工在调岗后成为核心骨干，就得益于岗位的转变。肖成锋认为，"以团队人才为本"，就是要求在企业文化建设中，更讲整体利益、团队价值。EIS 管理层承认每一个为团队做出贡献的员工的成绩和价值，但不允许任何个人认为团队离不开自己而发生不顾及整体利益的现象。在浪潮软件领导的强力支持下，年轻的 EIS 团队正处于蓬勃向上的发展中。

思考：

1. 结合本案例，谈谈你对团队工作优势的认识。

2. 一个优秀团队应当具备哪些基本特征？

3. 作为一名监狱人民警察，你认为怎样才能搞好罪犯劳动团队文化建设，如何协调处理其中存在的问题？

1. 阅读下列中国俗语，结合本章内容分析其中包含的团队文化的基本内涵。

（1）"一个篱笆三个桩，一个好汉三个帮"。

（2）"三个臭皮匠，顶个诸葛亮"。

2. 电视剧《亮剑》中主人公李云龙说："一个团队的性格，往往来自于这个团队的第一任领导人。"请问你是如何理解这句话的涵义的？对于罪犯劳动团队（监狱、监区）领导班子建设有何指导作用？

3. 阅读下面材料，谈谈收获感想。

团队人才让浪潮软件快速发展

2002 年，浪潮软件全年实现主营业务收入 5.56 亿元，净利润 6725.95 万元，分别同比增长了 67.32% 和 28.5%。在通信软件业务取得平稳增长的基础上，电子政务和烟草业务成为公司利润增长的两大亮点，其中，在烟草行业信息化领域的市场占有率达到 20%，列全国首位。

浪潮软件董事长兼 CEO 王柏华在接受记者采访时说："浪潮软件推崇并倡导的是'以团队人才为本'的理念。团队合作精神和'团队人才'是浪潮软件核心竞争力的重要组成部分和市场竞争中重要的价值体现。"

浪潮软件董事长兼 CEO 王柏华说，"团队人才"并不是浪潮软件的独创，而是早已被国际上认可的一种先进的管理理念。哈佛商学院的《第五项修炼》特别推崇"团队"能力。该学院非常强调"team"，强调提高每个"team member"的基本素质。王柏华认为，三类人才构成了软件企业的"团队人才"，第一类是懂技术、行业知识和管理的"软件金领"；第二类是系统分析及设计人员的"软件白领"；第三类是能够熟练编程的"软件蓝领"。三者缺一不可。

基于对"团队人才"的深刻认识，浪潮软件近年来通过与韩国 LG-CNS 的合资合作，加速了对"软件金领""软件蓝领"的培养，从而构成了一个比较合理的"团队人才"结构体系，使浪潮软件在两年多的时间内，发展成为由一千五百多名各类人才组成的我国软件业的中坚力量。